맛있는 중국어

新HSK

新

JRC 중국어연구소 기획 / 박수진 저

3급

시작에서
합격까지
4주
완성!

- HSK 인강 50% 할인쿠폰 제공
- 모의고사 무료 동영상 강의 제공
- MP3 파일 무료 다운로드

기본서 + 실전 모의고사 + 필수 단어장

맛있는 books

저자 **박수진**

북경어언대학 중국어교육학(교수법 및 교재 연구) 석사

차이나요(www.china-yo.co.kr) 대표
유튜브 노마드림 차이나요
인스타그램 @nomadream_chinayo

메가스터디 고등 중국어&HSK 전임
웅진스마트올 중등 중국어&HSK 전임
다락원 사이버 어학원, YBM e4u 사이버 어학원 중국어 강사

(전) 천재교육 밀크티 중학 중국어&HSK 전임
　　차이나로 중국어 학원 신HSK 전문강사
　　중국 북경 39中学 중국어 교사

(저서) 맛있는 중국어 HSK 3급
　　　맛있는 중국어 HSK 첫걸음 1~2급
　　　중국 MZ세대의 요즘 중국어 101
　　　톡 하면 톡 나오는 SNS 중국어
　　　신HSK FINAL TEST 4급
　　　신HSK FINAL TEST 5급
　　　Restart Chinese

무료 **모의고사 2회분 동영상 강의**

 맛있는스쿨에서 **동영상 강의 듣기**

맛있는 중국어 新HSK

新HSK

JRC 중국어연구소 기획 / 박수진 저

3급

맛있는 books

초판　1쇄 발행	2017년 11월 30일
초판 10쇄 발행	2023년 9월 20일

기획	JRC 중국어연구소
저자	박수진
발행인	김효정
발행처	맛있는books
등록번호	제2006-000273호
편집	최정임
디자인	이솔잎
제작	박선희

주소	서울시 서초구 명달로54 JRC빌딩 7층
전화	구입문의 02·567·3861 ǀ 02·567·3837
	내용문의 02·567·3860
팩스	02·567·2471
홈페이지	www.booksJRC.com

ISBN	979-11-6148-004-6　14720
	979-11-6148-002-2　(세트)
정가	22,500원

머리말

★ 이 책은 중국어 공부를 시작한 지 얼마 되지 않은 초보 학습자가 HSK 3급에 응시하여 중국어 실력을 점검하고 싶을 때 도움을 받을 수 있도록 집필했습니다.

★ HSK 3급은 중국어 입문 실력을 점검하는 시험으로, 단어 학습이 합격을 좌우합니다. 따라서 HSK 3급에서 요구하는 필수 단어를 숙지하고 기본적인 중국어 문형을 알고 있다면 무난히 합격할 수 있습니다. HSK 3급 필수 단어는 HSK 2급 단어 300개에 새로운 단어 300개가 더해져 총 600개입니다. 이처럼 단어가 급수마다 누적되기 때문에, 전(前) 급수의 단어를 얼마나 잘 알고 있는지가 시험 준비에 큰 영향을 끼칠 수밖에 없습니다.

★ 이 책의 특이한 점은 단어와 문형의 유기적인 학습을 고려한 부분입니다. 듣기 영역과 독해 영역은 우선 토픽별로 어휘를 정리하고 난 뒤, 관련 어휘가 사용된 문제를 각 영역의 모든 부분별로 풀어 볼 수 있도록 구성했습니다. 듣기 영역은 기본적인 단어 학습에 중점을 두었고, 독해 영역은 단어와 단어의 호응 구조(搭配)를 학습하도록 확장시켰습니다. 따라서 이 책은 학습과 복습이 자연스럽게 연결되고 수차례 반복됩니다. 쓰기 영역은 설명이 장황하지 않고 HSK 3급에서 꼭 알아야 하는 어법 요소만을 선별하여 간결하게 다루었기 때문에, HSK 출제 포인트에 맞춰 핵심 어법을 공부할 수 있습니다. 중국어 문장을 구성하는 아주 간단한 구조와 요소부터 시작하여 공략 학습을 거듭할 때마다 문장을 구사하는 능력이 점차 향상될 것입니다.

★ 마지막으로 단어장은 3급 단어를 전체적으로 보고 싶은 학습자를 위해 10개씩 30일로 부담 없이 구성했습니다. 이 단어장에는 비교적 쉬운 1, 2급 단어를 명시해 놓았고, 새로 등장한 3급 단어 중에서 특별히 중요한 단어에는 별 표시를 해두어 학습자가 선별적으로 공부할 수 있습니다. 또한 10개의 단어를 공부한 뒤 간단한 체크체크 문제를 풀면서 학습자 스스로 간결하면서도 효율적으로 자기 실력을 점검해 볼 수 있습니다.

★ 여러분은 『맛있는 중국어 新HSK 3급』을 통해 일정한 양의 어휘와 어법 학습으로 탄탄한 기본기를 다질 수 있습니다. 그리고 각 영역(듣기, 독해, 쓰기)은 출제 유형에 충분히 적응할 수 있도록 빈출 포인트를 갖춘 문제들로만 구성했습니다. 따라서 이 책은 HSK 3급 합격은 물론이고, 튼튼한 중국어 기초 실력을 갖추어 앞으로 중국어 공부를 하는 데에 있어서도 큰 밑거름이 되도록 도와줄 것입니다.

백수진

차례

듣기

독해

쓰기

제1부분

제2부분

HSK, 이제
맛있는 중국어 新HSK로 즐기세요!

맛있는 중국어 新HSK 3급은 기본서, 해설집, 모의고사, 단어장으로 구성되어 있습니다.

한눈에 보이는 공략	간략하고 명쾌한	실전에 강한	
기본서	**해설집**	**모의고사**	**필수단어 600**

1. 시작에서 합격까지 4주 완성
  □ 체계적인 학습 플랜에 따라 핵심 공략 마스터
  □ 기본서, 해설집, 모의고사 All In One 구성

2. 최신 경향을 200% 반영한 공략&문제
  □ 출제 난이도를 반영한 적중률 높은 공략 및 문제 수록
  □ 빈출 표현 및 필수 체크 포인트 제시, 간략한 설명과 도식화로 쉽게 이해할 수 있도록 구성

3. 반복적인 문제 풀이 훈련

핵심 공략 학습 ▶ 공략 트레이닝 ▶ 실전 트레이닝 ▶ 미니 테스트 ▶ 모의고사

4. 영역별 특성에 맞춘 특화된 트레이닝 코너
  □ 듣기 | 듣기 실력 향상을 위한 받아쓰기 훈련(녹음 대본에 병음 기입)
  □ 쓰기 | 문장 구조 분석을 위한 쓰기 실력 트레이닝&3급 빈출 쓰기 단어 수록(기출 단어에는 획순 제시)

3급 이렇게 학습하세요!

Step 1. 출제 비율 및 정답이 보이는 핵심 공략 파악

Step 2. 출제 경향 파악

Step 3. 기본 개념 및 핵심 공략 학습

✔ 중요 표현 및 단어에는 ✱ 표를 달아 놓았습니다.

✔ 빈출 공략에는 **필수체크** 표시를 해놓았습니다. 반드시! 외워 두세요.

✔ 전 영역의 모든 예문에는 병음을 달아 놓았고, 단어 설명도 친절하여 사전을 찾을 필요가 없습니다.

✔ 듣기 공략의 모든 단어와 독해 공략의 빈출 호응 표현에는 「중국어-한국어」 녹음이 수록되어 있습니다.

✔ 듣기 영역의 「공략 트레이닝」과 「실전 트레이닝」의 문제에는 병음을 달아 놓아 학습에 용이합니다.

✔ 중국어 문장 구조를 이해하기 쉽도록 도식화하여 정리했습니다.

Step 4. 공략별 문제 트레이닝

*영역별 특성에 맞게 설명 방식에 차별화를 두었습니다.

Step 5. 시간 적응 훈련을 위한 실전 트레이닝

*제한 시간 내에 문제를 풀어 보는 연습을 해보세요.
*해설집에는 간결하고 명쾌한 설명이 제시되어 있습니다.

Step 6. 각 영역별 특성화 코너 학습

*듣기 실력을 향상시킬 수 있는 **받아쓰기 트레이닝**(병음을 달아 놓았습니다)
*쓰기 **제1부분**의 기출 문장 분석 트레이닝
　　　　제2부분의 **빈출 쓰기 단어** 수록(획순을 제시해 놓아 따라 쓰기 쉽습니다)

Step 7. 영역별 미니 테스트

*영역별로 공략을 학습한 후에 미니 테스트로 자신의 실력을 점검해 보세요.

Step 8. 마무리 최신 모의고사 2회 ▶ 동영상 강의

*실제 시험의 문제 형식과 동일하게 구성된 모의고사 2회가 수록되어 있습니다.
*맛있는북스 홈페이지(www.booksJRC.com)에서 모의고사 동영상 강의가 제공됩니다.

MP3 파일 구성

♪MP3 파일 다운로드 www.booksJRC.com

기본서   듣기 영역의 공략 단어, 예문, 공략 트레이닝, 실전 트레이닝, 받아쓰기, 미니 테스트, 독해 빈출 호응 표현의 파일이 수록되어 있습니다.

해설집   듣기 영역의 실전 트레이닝과 미니 테스트의 문제별 개별 파일이 수록되어 있습니다.

모의고사   모의고사와 문제별 개별 파일이 수록되어 있습니다.
모의고사 1회의 파일명은 'Test1', 모의고사 2회의 파일명은 'Test2'입니다.
모의고사 1회의 문제별 파일명은 'Test1-01~40', 모의고사 2회의 문제별 파일명은 'Test2-01~40'입니다.

단어장   「3급 단어 600」의 파일이 수록되어 있습니다.

新**HSK** 시험 가이드

1. 新HSK란?

新HSK(汉语水平考试 Hànyǔ Shuǐpíng Kǎoshì)는 제1언어가 중국어가 아닌 사람의 중국어 능력을 평가하기 위해 만들어진 중국 정부 유일의 국제 중국어 능력 표준화 고시로, 생활, 학습, 업무 등 실생활에서의 중국어 운용 능력을 중점적으로 평가합니다.

2. 용도

중국 대학(원) 입학 · 졸업식 평가 기준 / 한국 대학(원) 입학 · 졸업식 평가 기준 / 중국 정부 장학생 선발 기준 한국 특목고 입학 시 평가 기준 / 교양 중국어 학력 평가 기준 / 각급 업체 및 기관의 채용 · 승진을 위한 기준

3. 시험 구성

新HSK는 필기 시험과 회화 시험으로 나뉘며, 회화 시험은 녹음 형식으로 이루어집니다.

필기 시험	新HSK 6급	新HSK 5급	新HSK 4급	新HSK 3급	新HSK 2급	新HSK 1급
회화 시험	HSKK **고급**		HSKK **중급**		HSKK **초급**	

4. 시험 방법

종이 시험지와 답안지를 사용하여 진행하는 **지필 시험**과 컴퓨터를 사용하여 진행하는 온라인 시험인 **IBT 시험**이 있으며, 응시자가 시험 방법을 선택하여 응시할 수 있습니다.

5. 원서 접수

1 인터넷 접수 : HSK한국사무국 홈페이지(www.hsk.or.kr)에서 접수

2 우편 접수 : 구비 서류를 동봉하여 HSK한국사무국으로 등기 발송
  + 구비 서류 : 응시원서, 응시비 입금 영수증

3 방문 접수 : 서울공자아카데미로 방문하여 접수
  + 접수 시간 : 평일 오전 9시 30분~12시, 오후 1시~5시 30분 / 토요일 오전 9시 30분~12시
  + 구비 서류 : 응시원서, 응시비

6. 시험 당일 준비물

1 유효한 신분증 : 주민등록증, 운전면허증, 기간 만료 전의 여권, 군장교 신분증, 현역 사병 휴가증
  + 18세 미만(주민등록증 미발급자) : 기간 만료 전의 여권, 청소년증, HSK신분확인서(한국 내 소재 초 · 중 · 고등학생만 가능)
  + 주민등록증 분실 시 재발급 확인서는 인정하나, 학생증, 사원증, 의료보험증, 주민등록등본, 공무원증 등은 인정되지 않음

2 수험표, 2B 연필, 지우개

新HSK 3급 구성

1. 대상

新HSK 3급은 매주 2~3시간, 3학기(120~180시간) 정도 중국어를 학습하고, 600개의 상용 어휘와 관련 어법 지식에 숙달한 학습자를 대상으로 합니다.

2. 구성

新HSK 3급은 총 80문제로, 듣기 · 독해 · 쓰기 세 영역으로 구성되어 있습니다.

영역		문제 유형	문항 수	시험 시간
듣기(听力)	제1부분	두 사람의 대화를 듣고 내용과 일치하는 사진 고르기	10	약 35분
	제2부분	단문을 듣고 제시된 문장의 옳고 그름 판단하기	10	
	제3부분	두 사람의 짧은 대화를 듣고 질문에 답하기	10	40
	제4부분	두 사람의 긴 대화를 듣고 질문에 답하기	10	
듣기 영역 답안지 작성				5분
독해(阅读)	제1부분	제시된 문장과 관련된 문장 고르기	10	30분
	제2부분	빈칸에 들어갈 알맞은 어휘 고르기	10	30
	제3부분	단문 읽고 질문에 답하기	10	
쓰기(书写)	제1부분	주어진 어휘를 조합하여 문장 만들기	5	15분
	제2부분	빈칸에 알맞은 한자 쓰기	5	10
합계			80	약 85분

*응시자 개인 정보 작성 시간(5분)을 포함하여 약 90분간 시험이 진행됩니다.
*듣기 영역의 답안지 작성은 듣기 시간 종료 후, 5분 안에 답안지에 표시해야 합니다.
*각 영역별 중간 휴식 시간이 없습니다.

3. 영역별 점수 및 성적 결과

- 新HSK 3급 성적표는 듣기 · 독해 · 쓰기 세 영역의 점수와 총점이 기재됩니다. 성적표는 **시험일로부터 45일 이후**에 발송됩니다.
- 각 영역별 **만점은 100점**이며, **총점은 300점 만점**입니다. 영역별 점수에 상관없이 총점 **180점 이상**이면 **합격**입니다.
- 인터넷 성적 조회는 시험일로부터 **1개월 후**에 중국 고시 센터 홈페이지(www. chinesetest.cn)에서 응시자 개별 성적을 조회할 수 있습니다.
- 新HSK 성적은 시험일로부터 **2년간** 유효합니다.

⭐ **듣기** (총 40문항, 약 35분)

제1부분 (총 10문항)

녹음과 일치하는 사진을 고르세요.

대화를 듣고 주어진 사진 중에서 대화 내용과 일치하는 것을 선택하는 문제로, 녹음 내용은 두 번 들려 줍니다.

⚠️ 주의 녹음 내용은 두 번 들려 준다

例如: 男: 喂, 请问张经理在吗?
　　　女: 他正在开会, 您半个小时以后再打, 好吗?　　　　　□ D

1.　　　　　　　　　　　　　　　　　　　　　　　　　□

제2부분 (총 10문항)

옳고 그름을 판단하세요.

例如: 为了让自己更健康, 他每天都花一个小时去锻炼身体。

★ 他希望自己很健康。　　　　　　　　　　　　(✓)

今天我想早点儿回家。看了看手表, 才5点。过了一会儿再看表, 还是5点, 我这才发现我的手表不走了。

★ 那块儿手表不是他的。　　　　　　　　　　　(✗)

단문을 듣고 제시된 문제와 녹음 내용이 일치하는지 판단하는 문제로, 녹음 내용은 두 번 들려 줍니다.

⚠️ 주의 녹음 내용은 두 번 들려 준다

제3부분 (총 10문항)

알맞은 답을 고르세요.

例如: 男: 小王, 帮我开一下门, 好吗? 谢谢!
　　　女: 没问题。您去超市了? 买了这么多东西。
　　　问: 男的想让小王做什么?

A 开门 ✓　　　　B 拿东西　　　　C 去超市买东西

두 사람의 간단한 대화를 듣고 보기 ABC 중에서 알맞은 답을 고르는 문제로, 녹음 내용은 두 번 들려 줍니다.

⚠️ 주의 녹음 내용은 두 번 들려 준다

제4부분 (총 10문항)

알맞은 답을 고르세요.

例如: 女: 晚饭做好了, 准备吃饭了。
　　　男: 等一会儿吧, 比赛还有三分钟就结束了。
　　　女: 快点儿吧, 一起吃, 菜冷了就不好吃了。
　　　男: 你先吃, 我马上就看完了。
　　　问: 男的在做什么?

A 洗澡　　　　B 吃饭　　　　C 看电视 ✓

두 사람의 비교적 긴 대화를 듣고 보기 ABC 중에서 알맞은 답을 고르는 문제로, 녹음 내용은 두 번 들려 줍니다.

⚠️ 주의 녹음 내용은 두 번 들려 준다

★ 독해 (총 30문항, 30분)

제1부분(총 10문항)

A 你什么时候搬家呢? 需要帮忙吗?
B 一般吧, 我们上个月才认识, 只是普通朋友。
C 你最好再检查一下, 看看还有没有问题。
D 我们是去旅游, 不是搬家, 还是少拿一些吧。
E 当然。我们先坐公共汽车, 然后换地铁。
F 我觉得这家宾馆还不错, 你说呢?

例如: 你知道怎么去那儿吗?　　　　　(E)

관련된 문장을 고르세요.

제시된 문장과 서로 관련된 문장을 고르는 문제입니다. 문제 당 한 문장씩 주어지며, 보기에는 연관된 질문이나 대답이 제시됩니다.

제2부분(총 10문항)

빈칸에 들어갈 알맞은 단어를 고르세요.

A 选择　　B 马上　　C 对　　D 舒服　　E 声音　　F 环境

例如: 她说话的 (E) 多好听啊!

문장 혹은 대화형으로 이루어진 문제의 빈칸에 들어갈 알맞은 어휘를 선택하는 문제입니다. 51~55번은 하나의 문장, 56~60번은 대화형으로 구성되어 있습니다.

제3부분(총 10문항)

알맞은 답을 고르세요.

例如: 您是来参加今天会议的吗? 您来早了一点儿, 现在才八点半。您先进来坐吧。
★ 会议最可能几点开始?
A 8点　　　　　B 8点半　　　　　C 9点 √

한 단락의 글을 읽고 질문에 알맞은 답을 보기 ABC 중에서 선택하는 문제입니다.

★ 쓰기 (총 10문항, 15분)

제1부분(총 5문항)

문장을 완성하세요.

例如: 小船　　上　　一　　河　　条　　有

河上有一条小船。

제시된 어휘를 조합하여 어순에 맞는 정확한 문장을 배열하는 문제입니다.

제2부분(총 5문항)

빈칸에 들어갈 한자를 쓰세요.

　　　　　　guān
例如: 没 (关) 系, 别难过, 高兴点儿。

빈칸에 들어갈 알맞은 한자를 쓰는 문제로, 빈칸에 들어갈 한자의 병음은 제시되어 있습니다.

계획을 세우면 합격이 보인다!

30일 학습 플랜

1일	2일	3일	4일	5일
학습일 /	학습일 /	학습일 /	학습일 /	학습일 /
학습 여부 ☐☐	학습 여부 ☐☐	학습 여부 ☐☐	학습 여부 ☐☐	학습 여부 ☐☐
듣기 1 20~26p 가족, 집안일 **단어장** DAY 01	**독해 1** 76~84p 대화 유형과 동사의 호응 - 가족, 집안일 **단어장** DAY 02	**쓰기 1** 154~160p 문장의 종류 **단어장** DAY 03, 04	**듣기 2** 27~34p 학교, 직장 생활 **단어장** DAY 05	**독해 2** 85~93p 접속사의 호응 - 학교, 직장 생활 **단어장** DAY 01~05 복습

6일	7일	8일	9일	10일
학습일 /	학습일 /	학습일 /	학습일 /	학습일 /
학습 여부 ☐☐	학습 여부 ☐☐	학습 여부 ☐☐	학습 여부 ☐☐	학습 여부 ☐☐
쓰기 2 161~167p 동사 **단어장** DAY 06, 07	**독해 3** 94~101p 형용사의 호응 - 학교, 직장 생활 **단어장** DAY 08	**쓰기 3** 168~174p 동사가 여러 개인 문장 **단어장** DAY 09, 10	**듣기 3** 35~43p 상점, 식당 **단어장** DAY 06~10 복습	**독해 4** 102~108p 동사의 호응 - 상점, 식당 **단어장** DAY 11

11일	12일	13일	14일	15일
학습일 /	학습일 /	학습일 /	학습일 /	학습일 /
학습 여부 ☐☐	학습 여부 ☐☐	학습 여부 ☐☐	학습 여부 ☐☐	학습 여부 ☐☐
쓰기 4 175~180p 동태조사 **단어장** DAY 12, 13	**독해 5** 109~115p 양사의 호응 - 상점, 식당 **단어장** DAY 14	**쓰기 5** 181~186p 구조조사 的, 地, 得 **단어장** DAY 15	**쓰기 6** 187~195p 수사와 양사 **단어장** DAY 11~15 복습	**듣기 4** 44~52p 시간, 날씨 **단어장** DAY 16

30일 학습 플랜

16일	17일	18일	19일	20일
학습일 　/	학습일 　/	학습일 　/	학습일 　/	학습일 　/
학습 여부 ☐☐	학습 여부 ☐☐	학습 여부 ☐☐	학습 여부 ☐☐	학습 여부 ☐☐
독해 6 116~121p 명사의 호응 - 시간, 날씨 단어장 DAY 17	**쓰기 7** 196~201p 조동사 단어장 DAY 18, 19	**쓰기 8** 202~209p 부사 단어장 DAY 20	**듣기 5** 53~60p 여가, 건강, 여행 단어장 DAY 16~20 복습	**독해 7** 122~129p 개사의 호응 - 여가, 건강, 여행 단어장 DAY 21

21일	22일	23일	24일	25일
학습일 　/	학습일 　/	학습일 　/	학습일 　/	학습일 　/
학습 여부 ☐☐	학습 여부 ☐☐	학습 여부 ☐☐	학습 여부 ☐☐	학습 여부 ☐☐
쓰기 9 210~215p 개사 단어장 DAY 22, 23	**독해 8** 130~136p 부사의 호응 - 여가, 건강, 여행 단어장 DAY 24	**쓰기 10** 216~223p 把자문, 被자문, 비교문 단어장 DAY 25	**듣기 6** 61~67p 길 찾기, 교통수단 단어장 DAY 21~25 복습	**독해 9** 137~144p 관형어의 쓰임 - 길 찾기, 교통수단 단어장 DAY 26

26일	27일	28일	29일	30일
학습일 　/	학습일 　/	학습일 　/	학습일 　/	학습일 　/
학습 여부 ☐☐	학습 여부 ☐☐	학습 여부 ☐☐	학습 여부 ☐☐	학습 여부 ☐☐
쓰기 11 224~231p 보어 단어장 DAY 27, 28	**듣기** 68~72p +미니 테스트 **쓰기 12** 232~242p 비슷한 발음, 비슷한 한자 **쓰기 13** 243~251p 다른 발음, 비슷한 한자 단어장 DAY 29, 30	**독해** 145~150p +미니 테스트 **쓰기** 252~253p +미니 테스트 단어장 DAY 26~30 복습	모의고사 1회 + 동영상 강의 ▶	모의고사 2회 + 동영상 강의 ▶

본책의 MP3 파일 & 모의고사 **동영상 강의** 제공

www.booksJRC.com

맛있는 중국어 新HSK 합격 프로젝트

듣기
听力

유형
파악

☆ 총 40문제 / 약 35분

	제**1**부분	제**2**부분	제**3**부분	제**4**부분
문제 유형	두 사람의 대화를 듣고 내용과 일치하는 사진 고르기	단문을 듣고 제시된 문장의 옳고 그름 판단하기	두 사람의 짧은 대화를 듣고 질문에 답하기	두 사람의 긴 대화를 듣고 질문에 답하기
미리 보기	第1-5题 A B C D E F 例如: 男: 喂, 请问张经理在吗? 女: 她正在开会, 您半个小时以后再打, 好吗?　D	例如: 为了让自己更健康, 他每天都花一个小时去锻炼身体. 他希望自己更健康.　(✓) 今天我想早点儿回家, 看了电子表, 才5点, 过了一会儿再看表, 还是5点, 我这才发现我的手表坏了. 那块儿手表不是他的.　(×)	例如: 男: 小王, 帮我买一下门, 好吗? 谢谢! 女: 没问题, 您上超市了? 买了这么多东西. 问: 男的想让小王做什么? A 开门 ✓　　B 买东西　　C 上超市买东西	例如: 女: 晚饭做好了, 准备吃饭了. 男: 等一会儿, 比赛还有三分钟就结束了. 女: 快点儿吧, 一起吃, 菜不凉了. 男: 你先吃, 我马上就看完了. 问: 男的在做什么? A 洗澡　　B 吃饭　　C 看电视 ✓
문항 수	10	10	10	10
시험 시간	약 **35** 분			

분석1 **토픽별 듣기 영역 문제 분석**

〈토픽별 듣기 영역 출제 비중〉

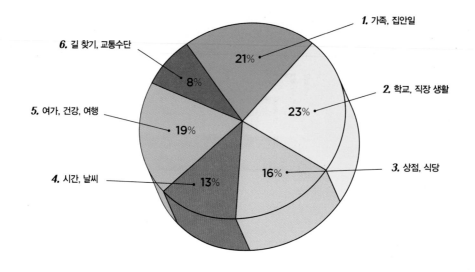

1. 가족, 집안일 — 21%

6. 길 찾기, 교통수단 — 8%

5. 여가, 건강, 여행 — 19%

4. 시간, 날씨 — 13%

2. 학교, 직장 생활 — 23%

3. 상점, 식당 — 16%

분석2 **듣기 부분별 토픽 분석**

듣기 제1부분
듣기 제2부분
듣기 제3부분
듣기 제4부분

〈부분별 토픽 출제 비중〉

	1. 가족, 집안일	2. 학교, 직장 생활	3. 상점, 식당	4. 시간, 날씨	5. 여가, 건강, 여행	6. 길 찾기, 교통수단
제4부분	17%	32%	15%	19%	31%	14%
제3부분	22%	21%	4% / 30%	27%	25%	43%
제2부분	22%	36%	51%	27%	25%	14%
제1부분	39%	11%		27%	19%	29%

① 1. 가족, 집안일　○ 2. 학교, 직장 생활　○ 3. 상점, 식당　① 4. 시간, 날씨　○ 5. 여가, 건강, 여행　● 6. 길 찾기, 교통수단

핵심1

자주 출제되는 **토픽(상황)별로 관련 단어와 표현**을 잘 외운다.

핵심2

보기에 나온 단어나 표현이 녹음에서도 들리는지 체크하며 듣는다.

핵심3

듣기 제1부분은 녹음을 듣고 내용상 관련 있는 사진을 선택하는 문제이다. 녹음을 듣기 전 제시된 **사진을 보고 어떤 단어가 나올 수 있는지 미리 생각**해 보자.

핵심4

듣기 제2부분은 녹음을 듣고 제시된 문장과 일치하는지를 판단하는 문제이다. 제시된 문장과 완전히 **똑같은 내용이 들리는지 주의**하자.

핵심5

듣기 제3, 4부분은 두 사람의 대화를 듣고 주어지는 질문에 알맞은 답을 선택하는 문제이다. 녹음을 듣기 전에 **먼저 보기를 보고 무엇을 묻는 문제(관계, 직업, 장소, 숫자 등)가 나올지 유추**해 본다.

듣기

① 가족, 집안일

① **가족 관련 필수 단어를 학습해 보세요.** Track 01

□□ 爷爷 yéye 할아버지✱   □□ 奶奶 nǎinai 할머니✱

□□ 爸爸 bàba 아빠   □□ 妈妈 māma 엄마
□□ 丈夫 zhàngfu 남편   □□ 妻子 qīzi 아내

□□ 叔叔 shūshu 삼촌✱
□□ 阿姨 āyí 이모, 아주머니✱

□□ 孩子 háizi 아이, 자식, 자녀

□□ 儿子 érzi 아들   □□ 女儿 nǚ'ér 딸
□□ 哥哥 gēge 오빠, 형   □□ 姐姐 jiějie 언니, 누나
□□ 弟弟 dìdi 남동생   □□ 妹妹 mèimei 여동생

A 小王的孩子　　　　B 小王的弟弟　　　　C 小王的奶奶

해설 및 정답 **문제 분석▼** 남자가 사진 속의 사람이 여자의 할머니(奶奶 nǎinai)인지를 물었고, 여자가 맞다고 대답했으므로 정답은 C이다.

男: 小王，这张照片上的人是你奶奶吗?
Xiǎo Wáng, zhè zhāng zhàopiàn shang de rén shì nǐ nǎinai ma?

女: 没错，这是她年轻时的照片。
Méicuò, zhè shì tā niánqīng shí de zhàopiàn.

问: 他们在说什么?
Tāmen zài shuō shénme?

A 小王的孩子
Xiǎo Wáng de háizi

B 小王的弟弟
Xiǎo Wáng de dìdi

C 小王的奶奶
Xiǎo Wáng de nǎinai

남: 샤오왕, 이 사진 속의 사람이 너희 할머니셔?

여: 맞아. 이건 그녀가 젊었을 때 사진이야.

질문: 그들은 무엇을 이야기하고 있나?

A 샤오왕의 아이
B 샤오왕의 남동생
C 샤오왕의 할머니

단어 ★张 zhāng 양 장[종이·침대·얼굴 등을 세는 단위] | ★照片 zhàopiàn 명 사진 | 上 shàng 명 위 | ★奶奶 nǎinai 명 할머니 | 没错 méicuò 형 맞다, 틀림없다 | ★年轻 niánqīng 형 젊다 | 时 shí 명 때, 시기 | 在 zài 부 ~하고 있다 | 说 shuō 동 말하다 | 什么 shénme 대 무엇, 무슨 | 孩子 háizi 명 자녀, (어린)아이 | 弟弟 dìdi 명 남동생

듣기

家 jiā 집

□□ **搬家** bānjiā 이사하다

□□ **房间** fángjiān 방

□□ **电视** diànshì 텔레비전
□□ **电脑** diànnǎo 컴퓨터
□□ **报纸** bàozhǐ 신문
□□ **新闻** xīnwén 뉴스✖
□□ **节目** jiémù 프로그램✖
□□ **起床** qǐchuáng 기상하다
□□ **睡觉** shuìjiào 잠을 자다
□□ **打扫** dǎsǎo 청소를 하다✖
□□ **上网** shàngwǎng 인터넷을 하다✖

□□ **厨房** chúfáng 주방✖

□□ **筷子** kuàizi 젓가락✖
□□ **盘子** pánzi 쟁반, 큰 접시✖
□□ **冰箱** bīngxiāng 냉장고✖
□□ **做饭** zuò fàn 밥을 하다
□□ **做菜** zuò cài 요리를 하다
□□ **吃饭** chīfàn 밥을 먹다
□□ **洗碗** xǐ wǎn 설거지하다

□□ **洗手间** xǐshǒujiān 화장실✖

□□ **洗脸** xǐ liǎn 얼굴을 씻다, 세수하다✖
□□ **洗澡** xǐzǎo 목욕하다✖
□□ **洗衣服** xǐ yīfu 옷을 빨다, 세탁하다
□□ **刷牙** shuāyá 이를 닦다, 양치하다✖

● '新闻 xīnwén'의 발음이 '신문'과 비슷해서 혼동하기 쉽다. 중국어로 신문은 '报纸 bàozhǐ'이다.

❷ '节目 jiémù'는 눈(目)으로 보는 '프로그램'이라는 뜻이고, '节日 jiérì'는 날(日)과 관련된 '기념일, 명절'이라는 뜻이다.

A

B

C

1. ☐

해설 및 정답 **문제 분석▼** 남자가 여자에게 옷(衣服 yīfu)을 언제 빨았는지 물었으므로, 보기 중에서 옷을 만지는 남자 사진인 **B**가 정답이다.

男: 这些衣服你什么时候洗的? 我怎么没看见?
Zhèxiē yīfu nǐ shénme shíhou xǐ de? Wǒ zěnme méi kànjiàn?

女: 就是昨天下午。
Jiù shì zuótiān xiàwǔ.

남: 이 옷들은 언제 빤 거예요? 왜 제가 못 봤죠?

여: 바로 어제 오후예요.

단어 这些 zhèxiē 때 이런 것들, 이러한 | 衣服 yīfu 명 옷 | 什么时候 shénme shíhou 언제 | 洗 xǐ 동 (옷을) 빨다 | 怎么 zěnme 때 어째서 | 看见 kànjiàn 동 보(이)다, 발견하다 | 就 jiù 부 곧, 바로 | 昨天 zuótiān 명 어제 | 下午 xiàwǔ 명 오후

실전 트레이닝 1 | Track 05

제1부분

A

B

C

1. ☐

2. ☐

3. ☐

제2부분

4. ★ 她们两个是姐妹。 ( )

5. ★ 小时候奶奶常给我讲故事。 ( )

6. ★ 要多关心爸爸妈妈。 ( )

정답 및 해설_ 해설집 4쪽

실전 트레이닝 2 | Track 06

제3부분

1. A 很差　　　　　　 B 很不错　　　　　　 C 比较长

2. A 关灯　　　　　　　 B 洗筷子　　　　　　 C 把声音开大些

제4부분

3. A 爸爸和妈妈　　　　 B 妈妈和儿子　　　　 C 爷爷和妈妈

4. A 电脑　　　　　　　 B 电视　　　　　　　 C 铅笔

정답 및 해설_ 해설집 6쪽

★ 녹음을 듣고 빈칸을 채우세요.

① 女: 你在玩儿游戏吗? 我想用你的＿＿＿＿发个电子邮件。
　　　Nǐ zài wánr yóuxì ma?　Wǒ xiǎng yòng nǐ de diànnǎo fā ge diànzǐ yóujiàn.

　　　男: 好, 你用吧。
　　　Hǎo, nǐ yòng ba.

② 男: 你＿＿＿＿什么＿＿＿＿＿＿呢?
　　　Nǐ kàn shénme jiémù ne?

　　　女: 春节晚会。这个节目很有名, 你也过来看看。
　　　Chūnjié Wǎnhuì. Zhège jiémù hěn yǒumíng, nǐ yě guòlai kànkan.

③ 女: 爸, 我来帮您＿＿＿＿＿＿＿, 您去休息一下。
　　　Bà, wǒ lái bāng nín xǐ pánzi, nín qù xiūxi yíxià.

　　　男: 不用了, 你快去写作业吧。
　　　Búyòng le, nǐ kuài qù xiě zuòyè ba.

④ 因为她们两个都姓张, 长得又有点儿像, 所以总被人认为是姐妹,
　　Yīnwèi tāmen liǎng ge dōu xìng Zhāng, zhǎng de yòu yǒudiǎnr xiàng, suǒyǐ zǒng bèi rén rènwéi shì jiěmèi,

　　但＿＿＿＿＿＿她们只是＿＿＿＿＿＿关系。
　　dàn qíshí tāmen zhǐ shì tóngxué guānxi.

⑤ 小时候, 每天晚上睡觉前, ＿＿＿＿＿＿总会给我＿＿＿＿个＿＿＿＿＿＿,
　　Xiǎoshíhou, měi tiān wǎnshang shuìjiào qián, nǎinai zǒng huì gěi wǒ jiǎng ge gùshi,

　　很多故事我到现在都还记得。
　　hěn duō gùshi wǒ dào xiànzài dōu hái jìde.

⑥ 年轻人要多＿＿＿＿＿＿＿＿＿＿＿＿＿。周末没事就常回家看看,
　　Niánqīngrén yào duō guānxīn bàba māma.　Zhōumò méishì jiù cháng huíjiā kànkan,

　　和他们吃个饭聊聊天儿, 他们会很高兴的。
　　hé tāmen chī ge fàn liáoliao tiānr, tāmen huì hěn gāoxìng de.

정답 | **①** 电脑　**②** 看 / 节目　**③** 洗盘子　**④** 其实 / 同学　**⑤** 奶奶 / 讲 / 故事　**⑥** 关心爸爸妈妈

★ 녹음을 듣고 빈칸을 채우세요.

❶ 男： 我上次跟你说的那个＿＿＿＿＿＿，你看了吗？

Wǒ shàngcì gēn nǐ shuō de nàge diànshì jiémù, nǐ kàn le ma?

女： 我昨天上网看了，是＿＿＿＿＿。

Wǒ zuótiān shàngwǎng kàn le, shì hěn búcuò.

❷ 女： 哥，《霸王别姬》开始了。

Gē, 《Bàwáng bié jī》 kāishǐ le.

男： 我在洗碗呢，你把电视＿＿＿＿＿＿＿＿＿＿。

Wǒ zài xǐ wǎn ne, nǐ bǎ diànshì shēngyīn kāi dà diǎnr.

❸ 女： 吃完了就＿＿＿＿＿吧。

Chīwán le jiù shuāyá ba.

男： 知道了，＿＿＿＿＿。

Zhīdào le, māma.

女： 啊！想起来了，还有西瓜没吃呢。

À!　Xiǎng qǐlai le, hái yǒu xīguā méi chī ne.

男： 太好了，现在不用刷牙了。

Tài hǎo le, xiànzài búyòng shuāyá le.

❹ 男： 我的笔记本＿＿＿＿＿怎么＿＿＿＿＿＿？

Wǒ de bǐjìběn diànnǎo zěnme zhǎo bu dào?

女： 你上午不是拿到图书馆去了吗？

Nǐ shàngwǔ bú shì nádào túshūguǎn qù le ma?

男： 我记得我带回来了。

Wǒ jìde wǒ dài huílai le.

女： 你再好好儿检查一下。

Nǐ zài hǎohāor jiǎnchá yíxià.

듣기

2 학교, 직장 생활

新HSK에는 이렇게 출제된다! ▼

★ **학교**나 **직장 생활**과 관련된 토픽은 듣기 영역에서 **23%** 정도 **출제**된다.

★ 듣기 **제2부분(36%)**과 **제4부분(32%)**에 가장 많이 출제되고, 그다음 듣기 **제3부분**, **제1부분** 순으로 출제된다.

★ **듣기 영역에 가장 많이 출제되는 토픽**이고, 2013년 한반(汉办)에서 발표한 개정 단어에 추가된 비중도 높은 편이므로 가장 우선적으로 신경 써서 외워야 한다.

듣기

1 학교 관련 필수 단어를 학습해 보세요.

1. 사람   Track 09

□□	校长 ✱	xiàozhǎng	교장	□□	老师	lǎoshī	선생님
□□	学生	xuésheng	학생	□□	同学	tóngxué	학교(반) 친구
□□	朋友	péngyou	친구				

2. 장소   Track 10

□□	学校	xuéxiào	학교	□□	教室	jiàoshì	교실
□□	班 ✱	bān	반	□□	办公室 ✱	bàngōngshì	사무실
□□	图书馆 ✱	túshūguǎn	도서관	□□	环境 ✱	huánjìng	환경

3. 사물 Track 11

☐☐	黑板✱	hēibǎn	칠판	☐☐	地图✱	dìtú	지도
☐☐	书	shū	책	☐☐	年级✱	niánjí	학년
☐☐	课	kè	수업	☐☐	数学✱	shùxué	수학
☐☐	历史✱	lìshǐ	역사	☐☐	体育✱	tǐyù	체육
☐☐	汉语	Hànyǔ	중국어	☐☐	汉字	Hànzì	한자
☐☐	作业✱	zuòyè	숙제	☐☐	考试	kǎoshì	시험
☐☐	成绩✱	chéngjì	성적	☐☐	水平✱	shuǐpíng	수준, 실력
☐☐	问题	wèntí	문제, 질문	☐☐	题	tí	문제
☐☐	问	wèn	묻다	☐☐	学习	xuéxí	공부하다
☐☐	看书	kàn shū	책을 보다, 독서하다	☐☐	上课	shàngkè	수업을 듣다, 수업을 하다
☐☐	写字	xiě zì	글씨를 쓰다	☐☐	练习✱	liànxí	연습하다
☐☐	准备	zhǔnbèi	준비하다	☐☐	复习✱	fùxí	복습하다
☐☐	讲✱	jiǎng	강연하다, 말하다	☐☐	教✱	jiāo	가르치다

알기 쉬운 단어 Tip

'老师 lǎoshī'는 '선생님'이라는 뜻인데, '先生 xiānsheng'의 한자 독음이 '선생'이어서 혼동하기 쉽다.
'先生 xiānsheng'은 성인 남성을 높여 부르는 표현으로 '아저씨, Mr.'라는 뜻이다.

 공략 **트레이닝 1** /제2부분/ Track 12

> ★ 他的成绩不错。　　　　　　　　　　　(　　　)

해설 및 정답 　**문제 분석▼** 녹음에서 성적(成绩 chéngjì)이 크게 향상되었다(有了很大提高 yǒule hěn dà tígāo)고
했으므로, 내용이 일치한다.

早上，我在电子信箱里看到了我的成绩单，
Zǎoshang, wǒ zài diànzǐ xìnxiāng li kàndàole wǒ de chéngjìdān,

我的成绩比过去有了很大提高。今天一天我都
wǒ de chéngjì bǐ guòqù yǒule hěn dà tígāo. Jīntiān yì tiān wǒ dōu

很开心。
hěn kāixīn.

아침에 나는 메일함에서 내 성적표를 보았는데, <u>성적이 이전보다 많이 올랐다.</u> 오늘 하루 종일 난 기분이 좋다.

★ 他的成绩不错。（ √ ）
Tā de chéngjì búcuò.

★ 그의 성적은 좋다. （ √ ）

（단어） 早上 zǎoshang 명 아침 | 在 zài 께 ~에서 | 电子 diànzǐ 명 전자 | 信箱 xìnxiāng 명 우편함 | 里 lǐ 명 안 | 看到 kàndào 보다 | 的 de 조 ~의 | 成绩单 chéngjìdān 명 성적표 | ★成绩 chéngjì 명 성적 | 比 bǐ 께 ~보다[비교를 나타냄] | ★过去 guòqù 명 과거 | 很 hěn 부 매우 | 大 dà 형 크다 | ★提高 tígāo 동 향상되다 | 今天 jīntiān 명 오늘 | 天 tiān 명 날, 일 | 都 dōu 부 모두, 다 | 开心 kāixīn 형 즐겁다 | 不错 búcuò 형 좋다, 괜찮다

2 직장 생활 관련 필수 단어를 학습해 보세요.

1. 장소 Track 13

□□ 公司	gōngsī	회사	□□ 办公室✱	bàngōngshì	사무실

2. 사람 Track 14

□□ 经理✱	jīnglǐ	사장, 책임자	□□ 同事✱	tóngshì	동료, 동업자
□□ 医生	yīshēng	의사	□□ 病人	bìngrén	환자
□□ 司机✱	sījī	기사, 운전사	□□ 乘客	chéngkè	승객
□□ 服务员	fúwùyuán	종업원	□□ 客人✱	kèrén	손님, 고객
□□ 售票员	shòupiàoyuán	매표원	□□ 售货员✱	shòuhuòyuán	판매원, 점원
□□ 歌手	gēshǒu	가수	□□ 邻居✱	línjū	이웃

3. 동작 Track 15

□□ 工作	gōngzuò	일하다	□□ 上班	shàngbān	출근하다
□□ 懂	dǒng	알다, 이해하다	□□ 明白✱	míngbai	이해하다, 알다
□□ 知道	zhīdào	알다, 이해하다	□□ 了解✱	liǎojiě	분명히 알다, 잘 알다
□□ 关系✱	guānxi	관계	□□ 机会✱	jīhuì	기회

□□	**要求**✱	yāoqiú	요구, 조건, 요구하다	□□ **影响**✱	yǐngxiǎng	영향을 주다, 영향을 끼치다
□□	**休息**	xiūxi	쉬다, 휴식하다	□□ **等**	děng	기다리다
□□	**会议**✱	huìyì	회의	□□ **遇到**✱	yùdào	만나다, 마주치다
□□	**发现**✱	fāxiàn	발견하다	□□ **回答**✱	huídá	대답하다
□□	**迟到**✱	chídào	지각하다	□□ **完成**✱	wánchéng	완성하다
□□	**开始**	kāishǐ	시작하다	□□ **结束**✱	jiéshù	끝나다, 마치다
□□	**解决**✱	jiějué	해결하다	□□ **举行**	jǔxíng	거행하다, 개최하다

4. 상태 Track

□□	**努力**✱	nǔlì	노력하다	□□ **认真**✱	rènzhēn	성실하다, 진지하다
□□	**容易**✱	róngyì	쉽다	□□ **简单**✱	jiǎndān	간단하다
□□	**难**✱	nán	어렵다	□□ **重要**✱	zhòngyào	중요하다
□□	**不错**	búcuò	좋다, 괜찮다	□□ **没错**	méicuò	맞다, 틀림없다

알기 쉬운 단어 Tip

'错 cuò'는 '틀리다'의 의미로, 반대 의미인 '맞다(对 duì)'는 '没错 méicuò'라고 한다. '不错 búcuò'는 '좋다(好 hǎo)'라는 뜻이므로, 혼동하지 않도록 주의하자.

A 小李的同学	B 小李的同事	C 小李的妻子

해설 및 정답 **문제 분석▼** 여자가 남자에게 누구인지를 묻자 샤오리(小李 Xiǎo Lǐ)의 직장 동료(同事 tóngshi)라고 했으므로, 보기 **B**가 정답이다.

男 : 喂，请问小李在家吗？
Wéi, qǐngwèn Xiǎo Lǐ zài jiā ma?

남 : 여보세요, 실례지만 샤오리 집에 있나요?

女 : 他出去了，请问您是哪位？
Tā chūqu le, qǐngwèn nín shì nǎ wèi?

여 : 그는 나갔는데, 실례지만 누구신 가요?

男 : 我姓王，是他的同事。他什么时候回来？
Wǒ xìng Wáng, shì tā de tóngshì. Tā shénme shíhou huílai?

남 : 제 성은 왕씨이고, 샤오리의 동료 입니다. 그는 언제 돌아오나요?

女 : 他去超市买点儿东西，可能十分钟就
Tā qù chāoshì mǎi diǎnr dōngxi, kěnéng shí fēnzhōng jiù

回来了。
huílai le.

여 : 뭘 좀 사러 슈퍼마켓에 갔는데, 아 마도 10분 후에 돌아올 거예요.

问 : 男的可能是什么人？
Nán de kěnéng shì shénme rén?

질문: 남자는 아마도 누구이겠는가?

A 小李的同学
Xiǎo Lǐ de tóngxué

B 小李的同事
Xiǎo Lǐ de tóngshì

C 小李的妻子
Xiǎo Lǐ de qīzi

A 샤오리의 학교(반) 친구
B 샤오리의 동료
C 샤오리의 아내

단어 喂 wéi 감탄 (전화상에서) 여보세요 | 请问 qǐngwèn 동 말씀 좀 여쭙겠습니다 | 在 zài 동 ~에 있다 | 家 jiā 명 집 | 出去 chūqu 동 나가다 | 哪 nǎ 대 어느 | ★位 wèi 양 분[사람의 수를 세는 단위] | 姓 xìng 동 성이 ~이다 | ★同事 tóngshì 명 동료 | 什么时候 shénme shíhou 언제 | 回来 huílai 동 되돌아오다 | ★超市 chāoshì 명 슈퍼마켓 | 买 mǎi 동 사다 | (一)点儿 (yì)diǎnr 양 조금[불확정적인 수량] | 东西 dōngxi 명 물건, 것 | 可能 kěnéng 부 아마(도) (~일지도 모른다, ~일 것이다) | 分钟 fēnzhōng 명 분[시간의 양을 나타냄] | 同学 tóngxué 명 학교(반) 친구 | 妻子 qīzi 명 아내

실전 트레이닝 1 | Track 18

제1부분

A

B

C

1. ☐

2. ☐

3. ☐

제2부분

4. ★ 他很喜欢学习。 ( )

5. ★ 他中文不错。 ( )

6. ★ 高经理找小张有事。 ( )

정답 및 해설_ 해설집 8쪽

실전 트레이닝 2 | Track 19

제3부분

1. A 男人的　　　　　　B 女人的　　　　　　C 张老师的

2. A 要去公司　　　　　B 想去看电影　　　　C 跟女的一起去公司

제4부분

3. A 不做练习　　　　　B 学习不错　　　　　C 不喜欢历史课

4. A 女的儿子是医生　　B 女的儿子不想工作　C 女的儿子想做演员

정답 및 해설_ 해설집 10쪽

★ 녹음을 듣고 빈칸을 채우세요.

❶ 女: 对不起，我＿＿＿错了。
Duìbuqǐ, wǒ xiěcuò le.

男: 没关系，我再给你＿＿＿＿＿，你再写一次。
Méi guānxi, wǒ zài gěi nǐ yì zhāng, nǐ zài xiě yí cì.

❷ 男: 老师让我们好好儿复习，准备考试。
Lǎoshī ràng wǒmen hǎohāor fùxí, zhǔnbèi kǎoshì.

女: 我最不喜欢＿＿＿＿＿了！
Wǒ zuì bù xǐhuan kǎoshì le!

❸ 女: ＿＿＿＿＿什么时候能结束啊？有人找王经理。
Huìyì shénme shíhou néng jiéshù a?   Yǒu rén zhǎo Wáng jīnglǐ.

男: 我也不清楚。
Wǒ yě bù qīngchu.

❹ 这个＿＿＿＿＿问题太＿＿＿＿了！昨天爸爸刚教完我，可我还不明白。
Zhège shùxué wèntí tài nán le!   Zuótiān bàba gāng jiāowán wǒ, kě wǒ hái bù míngbai.

❺ 他学习中文已经三年了。现在他不但汉语＿＿＿得＿＿＿，
Tā xuéxí Zhōngwén yǐjīng sān nián le. Xiànzài tā búdàn Hànyǔ shuō de hǎo,

而且汉字也＿＿＿得很＿＿＿＿＿。
érqiě Hànzì yě xiě de hěn piàoliang.

❻ 小张，会议结束后，你到经理办公室去一下，高＿＿＿＿＿有事找你。
Xiǎo Zhāng, huìyì jiéshù hòu, nǐ dào jīnglǐ bàngōngshì qù yíxià, Gāo jīnglǐ yǒu shì zhǎo nǐ.

받아쓰기 2

★ 녹음을 듣고 빈칸을 채우세요.

❶ 男: _____张老师让我带给你的_____。
Zhè shì Zhāng lǎoshī ràng wǒ dàigěi nǐ de dìtú.

女: 谢谢，我正需要呢。
Xièxie, wǒ zhèng xūyào ne.

❷ 女: 星期六有时间吗? 我们一起去看电影吧。
Xīngqīliù yǒu shíjiān ma? Wǒmen yìqǐ qù kàn diànyǐng ba.

男: 对不起，我_____参加会议。
Duìbuqǐ, wǒ yào qù gōngsī cānjiā huìyì.

❸ 女: 小张，这次历史考试你_____!
Xiǎo Zhāng, zhècì lìshǐ kǎoshì nǐ kǎo de zuì hǎo!

男: 谢谢。这次考试我非常努力学习。
Xièxie. Zhècì kǎoshì wǒ fēicháng nǔlì xuéxí.

女: 为什么你学习这么好呢?
Wèishénme nǐ xuéxí zhème hǎo ne?

男: 因为我每天都复习，而且做很多练习。
Yīnwèi wǒ měi tiān dōu fùxí, érqiě zuò hěn duō liànxí.

❹ 男: 你儿子几年级了?
Nǐ érzi jǐ niánjí le?

女: 已经六年级了，每天都认真学习。
Yǐjīng liù niánjí le, měi tiān dōu rènzhēn xuéxí.

男: 以后可能会比他爸爸知道的东西还多吧，做医生吧。
Yǐhòu kěnéng huì bǐ tā bàba zhīdào de dōngxi hái duō ba, zuò yīshēng ba.

女: 他想_____呢。
Tā xiǎng zuò yǎnyuán ne.

정답 | ❶ 这是 / 地图 ❷ 要去公司 ❸ 考得最好 ❹ 做演员

3 상점, 식당

新HSK에는 이렇게 출제된다! ▼

★ **상점**이나 **식당**과 관련된 토픽은 듣기 영역에서 **16%** 정도 출제된다.

★ 듣기 **제1부분(51%)**에서 가장 많이 출제되고, 그다음으로 **제2부분(30%)**에서도 자주 출제된다. 듣기 제3, 4부분에서는 출제 비중이 낮다.

★ 식당에서 식사를 하는 상황보다 **상점에서 물건을 고르거나 사는 상황**이 주로 출제된다.

1 상점 관련 필수 단어를 학습해 보세요.

/. 장소&사람 Track 22

□□	商店	shāngdiàn	상점, 가게	□□ 服务员	fúwùyuán	종업원

2. 사물 Track 23

□□	钱	qián	돈	□□ 帽子 ✱	màozi	모자
□□	伞 ✱	sǎn	우산, 양산	□□ 衣服	yīfu	옷
□□	眼镜 ✱	yǎnjìng	안경	□□ 衬衫 ✱	chènshān	셔츠
□□	手表	shǒubiǎo	손목시계	□□ 裤子 ✱	kùzi	바지
□□	鞋 ✱	xié	신, 신발	□□ 裙子 ✱	qúnzi	치마
□□	件	jiàn	옷·상의를 세는 단위	□□ 条 ✱	tiáo	바지·치마를 세는 단위
□□	双 ✱	shuāng	신발처럼 쌍을 이루는 물건을 세는 단위	□□ 元 ✱	yuán	위안 [중국의 화폐 단위]

3. 동작　Track 24

□□	开	kāi	(가게를) 열다	□□	关✖ guān	(가게를) 닫다
□□	要	yào	원하다	□□	需要✖ xūyào	필요(로) 하다
□□	试	shì	입어(신어) 보다, 시도하다	□□	选择✖ xuǎnzé	고르다, 선택하다
□□	换✖	huàn	바꾸다, 교환하다	□□	找 zhǎo	찾다
□□	买	mǎi	사다	□□	卖 mài	팔다

4. 상태　Track 25

□□	好	hǎo	좋다	□□	坏✖ huài	나쁘다, 고장 나다
□□	漂亮	piàoliang	예쁘다	□□	可爱✖ kě'ài	귀엽다
□□	贵	guì	(가격이) 비싸다	□□	便宜 piányi	(값이) 싸다
□□	一般✖	yìbān	보통이다	□□	忙 máng	바쁘다

5. 색깔　Track 26

□□	颜色	yánsè	색깔	□□	～色 ~sè	~색
□□	白	bái	희다	□□	黄✖ huáng	노랗다
□□	黑	hēi	검다	□□	蓝✖ lán	파란색의
□□	红	hóng	붉다, 빨갛다	□□	绿✖ lǜ	초록색의

알기 쉬운 단어 Tip

黄, 白, 蓝, 黑, 绿, 红은 형용사이고, 명사로 표현할 때에는 '色 sè(색)'를 붙여서 '黄色 huángsè(노란색)', '白色 báisè(흰색)', '蓝色 lánsè(파란색)', '黑色 hēisè(검은색)', '绿色 lǜsè(녹색)', '红色 hóngsè(빨간색)'라고 한다.

A   B C

1.

듣기

해설 및 정답 **문제 분석▼** 남자가 여자에게 상점(商店 shāngdiàn)에서 물건을 산 적이 있는지(买过东西 mǎiguo dōngxi) 물었으므로, 보기 중에서 쇼핑하는 사진 **C**가 정답이다.

男: <u>你在这个商店买过东西吗?</u>
  Nǐ zài zhège shāngdiàn mǎiguo dōngxi ma?

女: <u>买过一次</u>。这儿的东西还不错，就是太贵了。
  Mǎiguo yí cì. Zhèr de dōngxi hái búcuò, jiùshì tài guì le.

남: 너는 이 상점에서 물건을 사본
  적 있어?

여: 한 번 사본 적 있어. 여기 물건
  은 좋긴 한데 너무 비싸.

단어 在 zài 께 ~에서 | 商店 shāngdiàn 명 상점 | 买 mǎi 동 사다 | 过 guo 조 ~한 적 있다[경험을 나타냄] | 东西 dōngxi 명 물건, 것 | 次 cì 양 번, 회[동작의 횟수를 세는 단위] | 还 hái 분 그런대로, 꽤 | 不错 búcuò 형 좋다, 괜찮다 | 就是 jiùshì 분 단지 ~뿐이다 | 太…了 tài…le 너무 ~하다 | 贵 guì 형 (가격이) 비싸다

2 식당 관련 필수 단어를 학습해 보세요.

1. 장소&사람　Track 28

□□ 饭馆	fànguǎn	식당	□□ 超市✖	chāoshì	슈퍼마켓
□□ 服务员	fúwùyuán	종업원	□□ 客人✖	kèrén	손님, 고객

2. 사물　Track 29

□□ 菜 cài 요리, 음식

□□ 米饭 mǐfàn 쌀밥
□□ 面条 miàntiáo 국수, 면
□□ 面包 miànbāo 빵✖
□□ 羊肉 yángròu 양고기
□□ 蛋糕 dàngāo 케이크✖
□□ 水果 shuǐguǒ 과일
□□ 苹果 píngguǒ 사과
□□ 香蕉 xiāngjiāo 바나나✖
□□ 葡萄 pútao 포도
□□ 西瓜 xīguā 수박

□□ 水 shuǐ 물

□□ 茶 chá 차, tea
□□ 果汁 guǒzhī 과일 주스
□□ 咖啡 kāfēi 커피
□□ 牛奶 niúnǎi 우유
□□ 啤酒 píjiǔ 맥주✖

□□ 菜单 càidān 메뉴, 차림표✖

□□ 筷子 kuàizi 젓가락✖
□□ 盘子 pánzi 쟁반, 큰 접시✖
□□ 杯子 bēizi 잔, 컵
□□ 碗 wǎn 그릇, 공기✖
□□ 鸡蛋 jīdàn 계란, 달걀
□□ 糖 táng 설탕, 사탕

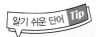

'面 miàn'은 '밀가루'라는 뜻이 있어서, '面条 miàntiáo(국수)', '面包 miànbāo(빵)' 등의 단어에 쓰인다.

3. 동작   Track 30

☐☐	**吃**	chī	먹다	☐☐	**喝**	hē	마시다
☐☐	**尝**	cháng	맛보다	☐☐	**点**	diǎn	(요리·음식을) 주문하다
☐☐	**要**	yào	원하다	☐☐	**需要**✻	xūyào	필요(로) 하다
☐☐	**买**	mǎi	사다	☐☐	**卖**	mài	팔다

살 때에는 물건이 없으므로 '**买** mǎi'라고 쓰고, 팔 때에는 물건을 가지고 있어야 하므로 '**卖** mài'라고 쓴다고 기억하면 쉽다.

4. 상태   Track 31

☐☐	**渴**✻	kě	목마르다	☐☐	**胖**✻	pàng	살찌다, 뚱뚱하다
☐☐	**饿**✻	è	배고프다	☐☐	**瘦**✻	shòu	마르다, 여위다
☐☐	**饱**✻	bǎo	배부르다	☐☐	**好吃**	hǎochī	(먹는 것이) 맛있다
☐☐	**甜**✻	tián	달다	☐☐	**干净**✻	gānjìng	깨끗하다
☐☐	**新鲜**✻	xīnxiān	신선하다, 싱싱하다	☐☐	**安静**✻	ānjìng	조용하다

먹어서 맛있을 때에는 '**好吃** hǎochī'라고 하고, 마셔서 맛있을 때에는 '**好喝** hǎohē'라고 한다.

★ 爸爸觉得茶不好喝。 ( )

해설 및 정답 문제 분석▼ 녹음에서 아빠(爸爸 bàba)는 차 마시는 것을 좋아한다(喜欢喝茶 xǐhuan hē chá)고 했으므로, 아빠는 차가 맛있다고 생각할 것이다. 따라서 내용이 일치하지 않는다.

我爸爸不爱喝咖啡，他喜欢喝茶，每天
Wǒ bàba bú ài hē kāfēi, tā xǐhuan hē chá, měi tiān

上午都会喝几杯热茶。
shàngwǔ dōu huì hē jǐ bēi rèchá.

★ 爸爸觉得茶不好喝。(**X**)
Bàba juéde chá bù hǎohē.

우리 아빠는 커피 마시는 걸 안 좋아하고, 차 마시는 걸 좋아한다. 매일 오전에 따뜻한 차를 몇 잔 마신다.

★ 아빠는 차가 맛없다고 생각한다.
(**X**)

단어 爸爸 bàba 몡 아빠 | 爱 ài 동 사랑하다, 몹시 좋아하다 | 喝 hē 동 마시다 | 咖啡 kāfēi 몡 커피 | 喜欢 xǐhuan 동 좋아하다 | 茶 chá 몡 차, tea | 每天 měi tiān 매일 | 上午 shàngwǔ 오전 | 都 dōu 븟 모두, 다 | 会 huì 조동 ~할 것이다 | 几 jǐ 쉬 몇 | 杯 bēi 몡 잔, 컵 | 热 rè 혱 덥다, 뜨겁다 | 觉得 juéde 동 ~라고 생각하다 | 好喝 hǎohē 혱 (음료수 따위가) 맛있다

실전에 강한 제한 시간 10~12분

문제 적응 훈련

학습일 ____ / ____

맞은 개수 _____

실전 트레이닝 1 | Track 33

제1부분

A 　　B 　　C

1. ☐

2. ☐

3. ☐

제2부분

4. ★ 这里的咖啡不便宜。　　　　　　　　(　　　　)

5. ★ 小王很喜欢吃面条。　　　　　　　　(　　　　)

6. ★ 他周末要工作。　　　　　　　　　　(　　　　)

정답 및 해설_ 해설집 12쪽

실전 트레이닝 2 | Track 34

제3부분

1. A 鸡蛋面　　　　　　B 米饭和汤　　　　　C 牛奶和面包

2. A 医院　　　　　　　B 商店　　　　　　　C 宾馆

제4부분

3. A 看房子　　　　　　B 换衣服　　　　　　C 买东西

4. A 饭店　　　　　　　B 书店　　　　　　　C 商店

정답 및 해설_ 해설집 14쪽

★ 녹음을 듣고 빈칸을 채우세요.

① 女: 高兴吗? 这是你一直想要的_____。
Gāoxìng ma? Zhè shì nǐ yìzhí xiǎng yào de màozi.

男: 太好了! 但是我不喜欢白色的。
Tài hǎo le! Dànshì wǒ bù xǐhuan báisè de.

② 男: 你做的这件_____真是太可爱了。
Nǐ zuò de zhè jiàn chènshān zhēnshi tài kě'ài le.

女: 不是我做的，是买的。
Bú shì wǒ zuò de, shì mǎi de.

③ 女: 今天好累，我想吃好吃的。_____，请把_____拿来！
Jīntiān hǎo lèi, wǒ xiǎng chī hǎochī de. Fúwùyuán, qǐng bǎ càidān nálai!

男: 好，请等一下。
Hǎo, qǐng děng yíxià.

④ 这儿是我最喜欢的店。这里的_____不但好喝，而且_____。
Zhèr shì wǒ zuì xǐhuan de diàn. Zhèlǐ de kāfēi búdàn hǎohē, érqiě bú guì.

你喜欢喝咖啡的话，跟我一起去喝一杯吧。
Nǐ xǐhuan hē kāfēi dehuà, gēn wǒ yìqǐ qù hē yì bēi ba.

⑤ 小王，别着急，慢点儿吃，_____还有呢。吃完了还能再买。
Xiǎo Wáng, bié zháojí, màn diǎnr chī, miànbāo hái yǒu ne. Chīwán le hái néng zài mǎi.

⑥ 下周末公司要举行新年晚会，我想去_____一件新_____。
Xià zhōumò gōngsī yào jǔxíng xīnnián wǎnhuì, wǒ xiǎng qù mǎi yí jiàn xīn yīfu.

我打算买三百块左右的衣服，因为我没有那么多钱。
Wǒ dǎsuan mǎi sānbǎi kuài zuǒyòu de yīfu, yīnwèi wǒ méiyǒu nàme duō qián.

★ 녹음을 듣고 빈칸을 채우세요.

① 男: 你下课后，买点儿_____和_____，晚上我给你做鸡蛋面。
Nǐ xiàkè hòu, mǎi diǎnr jīdàn hé miàntiáo, wǎnshang wǒ gěi nǐ zuò jīdànmiàn.

女: 好，我去上课了。
Hǎo, wǒ qù shàngkè le.

② 女: 这双_____怎么样？您满意吗？
Zhè shuāng píxié zěnmeyàng? Nín mǎnyì ma?

男: 不是我穿的，是要_____的。
Bú shì wǒ chuān de, shì yào sònggěi wǒ bàba de.

③ 女: 这件衣服有点儿小，不太舒服。
Zhè jiàn yīfu yǒudiǎnr xiǎo, bú tài shūfu.

男: 我们再去三楼看看吧！
Wǒmen zài qù sān lóu kànkan ba!

女: 好。你_____？现在都很便宜。
Hǎo. Nǐ yào bu yào mǎi? Xiànzài dōu hěn piányi.

男: 有喜欢的我就买。
Yǒu xǐhuan de wǒ jiù mǎi.

④ 男: 小姐，请问您现在点菜吗？
Xiǎojiě, qǐngwèn nín xiànzài diǎn cài ma?

女: 等一会儿吧，我丈夫还没到，我先_____。
Děng yíhuìr ba, wǒ zhàngfu hái méi dào, wǒ xiān kàn yíxià càidān.

男: 好，有需要您再叫我。
Hǎo, yǒu xūyào nín zài jiào wǒ.

女: 好的。
Hǎo de.

정답 | ❶ 鸡蛋 / 面条　❷ 皮鞋 / 送给我爸爸　❸ 要不要买　❹ 看一下菜单

4 시간, 날씨

新HSK에는 이렇게 출제된다! ▼

★ **날짜**&**시간**, **계절**&**날씨**와 관련된 토픽은 듣기 영역에서 **13%** 정도 **출제**된다.

★ **듣기 제1, 2, 3부분(27%)**에서 비슷하게 출제되고, 제4부분(**19%**)에도 출제된다. 전반적으로 낮은 출제 비중을 차지하고 있지만, **출제되지 않은 적이 없고 단어 수가 적으므로 꼭 기억**해야 한다.

★ **계절**&**날씨**는 듣기 영역 전체에 두루 출제되고, **날짜**&**시간**은 듣기 제3, 4부분에 주로 출제된다.

1 날짜 관련 필수 단어를 학습해 보세요. Track 37

□□ 日 rì 일 / 号 hào 일

□□ 月 yuè 월
□□ 星期 xīngqī 주, 요일

□□ 年 nián 년, 해

□□ 昨天 zuótiān 어제

□□ 今天 jīntiān 오늘

□□ 明天 míngtiān 내일

□□ 生日 shēngrì 생일

□□ 节日 jiérì 기념일, 명절

□□ 上个月 shàng ge yuè 지난달

□□ 这个月 zhège yuè 이번 달

□□ 下个月 xià ge yuè 다음 달

□□ 上个星期 shàng ge xīngqī 지난주

□□ 这个星期 zhège xīngqī 이번 주

□□ 下个星期 xià ge xīngqī 다음 주

□□ 去年 qùnián 작년

□□ 今年 jīnnián 올해

□□ 明年 míngnián 내년

이것만은 꼭 때를 나타내는 표현 '시간사'

1. [시간사]+동사

我[明年]去中国。 나는 내년에 중국에 간다.
Wǒ míngnián qù Zhōngguó.

2. 다양한 시간사 **필수체크**

❶ …的时候/时 …de shíhou/shí ～할 때

我爸[吃饭的时候]不喝水。 우리 아빠는 밥을 먹을 때 물을 마시지 않는다.
Wǒ bà chīfàn de shíhou bù hē shuǐ.

❷ …(以)后/(之)后 …(yǐ)hòu/(zhī)hòu ～한 후

我[下班以后]回家。 나는 퇴근한 후에 집으로 간다.
Wǒ xiàbān yǐhòu huíjiā.

단어 吃饭 chīfàn 동 밥을 먹다 | 喝 hē 동 마시다 | 下班 xiàbān 동 퇴근하다 | 回家 huíjiā 동 집으로 돌아가다

---

2 시간 관련 필수 단어를 학습해 보세요. Track 38

□□ 中午 zhōngwǔ 점심

□□ 上午 shàngwǔ 오전

□□ 下午 xiàwǔ 오후

□□ 早上 zǎoshang 아침

□□ 晚上 wǎnshang 저녁

□□ 现在 xiànzài 지금, 현재

1. 시간 표현 Track 39

□□ **点**	diǎn	시	四点	sì diǎn	4시
□□ **分**★	fēn	분	四点十分	sì diǎn shí fēn	4시 10분
□□ **刻**★	kè	15분	四点一刻	sì diǎn yí kè	4시 15분
□□ **半**★	bàn	반	四点半	sì diǎn bàn	4시 반
□□ **差**★	chà	부족하다, 모자라다	差十分四点	chà shí fēn sì diǎn	4시 10분 전

2. 시간사와 시간의 양 사용법

	분	시	일	주	월	년
때를 나타내는 표현	两分 2분	两点 2시	二号 2일	第二个星期 둘째 주	二月 2월 二月份 2월 달	二零一八年 2018년
시간의 양	两分钟 2분간	两个小时 2시간	两天 이틀	两个星期 2주	两个月 2개월	两年 2년

❶ 동사 + 〈시간의 양〉

A: 你汉语学了**多长时间**? 너는 얼마 동안 중국어를 배웠니?
　Nǐ Hànyǔ xuéle duō cháng shíjiān?

B: 我学了**三年**。 나는 3년 동안 배웠어.
　Wǒ xuéle sān nián.

❷ 다양한 시간의 양 ☆ 필수체크

多 duō + 동사 + 시간의 양　~동안 더/많이 ~하다

再让我**多**睡**五分钟**吧。 5분(동안) 더 자게 해주세요.
Zài ràng wǒ duō shuì wǔ fēnzhōng ba.

已经/都…了 yǐjīng/dōu…le　이미/벌써 ~했다/되었다[시간이 빨리 흘렀음을 나타냄]

时间过得真快，**已经**三个月**了**。 시간이 참 빠르게 지나는구나. 이미 3개월 됐어.
Shíjiān guò de zhēn kuài, yǐjīng sān ge yuè le.

快…了 kuài…le　곧 ~하다[임박했음을 나타냄]

快八点**了**，你快起床吧。 곧 8시야, 빨리 일어나.
Kuài bā diǎn le, nǐ kuài qǐchuáng ba.

(단어) 再 zài 분 또, 다시 | 让 ràng 동 (~로 하여금) ~하게 하다 | 睡 shuì 동 (잠을) 자다 | 时间 shíjiān 명 시간 | 快 kuài 형 (속도가) 빠르다 | 起床 qǐchuáng 동 기상을 하다, 일어나다

A 4点   B 7点   C 10点

해설 및 정답 ▷ **문제 분석**▼ 남자가 왕펑(王朋 Wáng Péng)이 7시 전(七点前 qī diǎn qián)에 도착할 수 있다고 말했다고 했으므로, 정답은 **B**이다.

男 : 老师，我们班的王朋还在路上，
Lǎoshī, wǒmen bān de Wáng Péng hái zài lùshang,

他说七点前能到。
tā shuō qī diǎn qián néng dào.

女 : 好，那我们一边准备一边等他吧。
Hǎo, nà wǒmen yìbiān zhǔnbèi yìbiān děng tā ba.

问 : 王朋几点前能到？
Wáng Péng jǐ diǎn qián néng dào?

A 4点
sì diǎn

B 7点
qī diǎn

C 10点
shí diǎn

남: 선생님, 저희 반 왕펑이 아직 오는 길이에요. 7시 전에 도착할 수 있다고 해요.

여: 알겠어, 그럼 우리 준비하면서 기다리자.

질문: 왕펑(王朋)은 몇 시 전에 도착할 수 있는가?

A 4시
B 7시
C 10시

단어 老师 lǎoshī 몡 선생님 | ★班 bān 몡 학급, 반 | 还 hái 튀 여전히, 아직도 | 在 zài 통 ~에 있다 | 路上 lùshang 몡 길 가는 중, 도중 | 说 shuō 통 말하다 | 点 diǎn 양 시[시간을 나타냄] | 前 qián 몡 앞, 전 | 能 néng 조통 ~할 수 있다 | 到 dào 통 도착하다, 이르다 | ★一边…一边… yìbiān…yìbiān… 접 ~하면서 ~하다 | 准备 zhǔnbèi 통 준비하다 | 等 děng 통 기다리다 | 几 jǐ 쉬 몇

3 날씨&계절 관련 필수 단어를 학습해 보세요. Track 41

□□ 天气 tiānqì 날씨

- □□ 热 rè 덥다
- □□ 冷 lěng 춥다
- □□ 晴 qíng (날이) 맑다
- □□ 阴 yīn (날이) 흐리다
- □□ 太阳 tàiyáng 태양✬
- □□ 月亮 yuèliang 달✬
- □□ 刮风 guāfēng 바람이 불다✬
- □□ 云 yún 구름✬
- □□ 下雨 xiàyǔ 비가 오다
- □□ 雪 xuě 눈[날씨]
- □□ 舒服 shūfu 편안하다✬
- □□ 天黑 tiān hēi 날이 어둡다

□□ 季节 jìjié 계절✬

- □□ 春 chūn 봄✬
- □□ 夏 xià 여름✬
- □□ 秋 qiū 가을✬
- □□ 冬 dōng 겨울✬

□□ 世界 shìjiè 세계, 세상✬

- □□ 国家 guójiā 국가, 나라
- □□ 中国 Zhōngguó 중국
- □□ 城市 chéngshì 도시✬
- □□ 北方 běifāng 북방✬
- □□ 北京 Běijīng 베이징, 북경
- □□ 外面 wàimian 바깥
- □□ 河 hé 강✬
- □□ 树 shù 나무✬
- □□ 山 shān 산

알기 쉬운 단어 Tip

'北方 běifāng'은 넓은 지역적 개념의 '북방, 북쪽 지역'의 뜻이고, '北边 běibian'은 단순한 동서남북 방향성의 '북쪽(방향)'을 뜻한다.

★ 冬天水果很便宜。 ( )

해설 및 정답 **문제 분석▼** 녹음에서 겨울 과일(冬天的水果 dōngtiān de shuǐguǒ)이 여름 것보다 비싸다(贵 guì)고 했으므로, 내용이 일치하지 않는다.

在这里，冬天的水果虽然比夏天的贵，
Zài zhèlǐ, dōngtiān de shuǐguǒ suīrán bǐ xiàtiān de guì,

但是很新鲜。
dànshì hěn xīnxiān.

이곳에서는 겨울 과일이 비록 여름 것보다는 비싸지만 매우 싱싱하다.

★ 冬天水果很便宜。(**X**)
Dōngtiān shuǐguǒ hěn piányi.

★ 겨울 과일은 싸다. (**X**)

단어 在 zài 껜 ~에서 | 这里 zhèlǐ 떼 이곳, 여기 | 冬天 dōngtiān 몡 겨울 | 水果 shuǐguǒ 몡 과일 | ★虽然… 但是… suīrán…dànshì… 젭 비록 ~하지만, 그러나 ~하다 | 比 bǐ 껜 ~보다[비교를 나타냄] | 夏天 xiàtiān 몡 여름 | 的 de 죄 ~하는 것, ~하는 사람 | 贵 guì 혱 (가격이) 비싸다 | ★新鲜 xīnxiān 혱 싱싱하다, 신선하다 | 便宜 piányi 혱 (값이) 싸다

문제 적용 훈련

| 실전 트레이닝 1 | Track 43

제1부분

A 　　B 　　C

1. ☐

2. ☐

3. ☐

제2부분

4. ★ 他现在不在中国。 (　　　　　)

5. ★ 他怕冷。 (　　　　　)

6. ★ 快到春天了。 (　　　　　)

정답 및 해설_ 해설집 16쪽

| 실전 트레이닝 2 | Track 44

제3부분

1. A 是朋友　　　　　B 以前没有见过　　　　C 很早以前见过

2. A 怕黑　　　　　　B 想一个人睡觉　　　　C 不想睡这么早

제4부분

3. A 6:15　　　　　　B 5:45　　　　　　　　C 9:15

4. A 很热　　　　　　B 下雨　　　　　　　　C 在刮风

정답 및 해설_ 해설집 18쪽

받아쓰기 1

★ 녹음을 듣고 빈칸을 채우세요.

① 女: 风越刮越大了。天也变黑了，看上去快_____了。
Fēng yuè guā yuè dà le. Tiān yě biànhēi le, kàn shàngqu kuài xiàyǔ le.

男: 我们快点儿回宿舍吧。
Wǒmen kuài diǎnr huí sùshè ba.

② 男: 你怎么没穿那条短短的裙子?
Nǐ zěnme méi chuān nà tiáo duǎnduǎn de qúnzi?

女: 这几天一直很_____，我_____少穿了会_____。
Zhè jǐ tiān yìzhí hěn lěng, wǒ pà shǎo chuān le huì gǎnmào.

③ 女: 你听说了吗? 张教授下个月要_____了。
Nǐ tīngshuō le ma? Zhāng jiàoshòu xià ge yuè yào jiéhūn le.

男: 真快，他们认识还不到一个月吧?
Zhēn kuài, tāmen rènshi hái bú dào yí ge yuè ba?

④ 我在中国学了两年汉语。_____的时候，_____北京和上海。
Wǒ zài Zhōngguó xuéle liǎng nián Hànyǔ. Zài Zhōngguó de shíhou, zhùguo Běijīng hé Shànghǎi.

这两个城市都有很大的发展。
Zhè liǎng ge chéngshì dōu yǒu hěn dà de fāzhǎn.

⑤ 从小时候，天一_____，我就容易_____，身体_____。
Cóng xiǎoshíhou, tiān yì lěng, wǒ jiù róngyì gǎnmào, shēntǐ bù shūfu.

我妈妈总是为我担心，自己做毛衣让我穿。
Wǒ māma zǒngshì wèi wǒ dānxīn, zìjǐ zuò máoyī ràng wǒ chuān.

⑥ 外面的太阳真大，天气也越来越热，看来_____马上就要_____了。
Wàimian de tàiyáng zhēn dà, tiānqì yě yuèláiyuè rè, kànlai xiàtiān mǎshàng jiùyào dào le.

듣기 실력 트레이닝
받아쓰기 ②

★ 녹음을 듣고 빈칸을 채우세요.

① 男: _____, 我叫王红。
Chūcì jiànmiàn, wǒ jiào Wáng Hóng.

女: 我记住了，欢迎您!
Wǒ jìzhu le, huānyíng nín!

필수암기 ② 女: 爸爸，天_____, 我_____一个人_____!
Bàba, tiān tài hēi le, wǒ bùgǎn yí ge rén shuìjiào!

男: 没事儿。 爸爸在。
Méishìr.   Bàba zài.

③ 女: _____是几点?
Nǐ gēn sījī shuō de shì jǐ diǎn?

男: 明天早上六点一刻在楼下见。
Míngtiān zǎoshang liù diǎn yí kè zài lóuxià jiàn.

女: 那我们很早就要起床了?
Nà wǒmen hěn zǎo jiù yào qǐchuáng le?

男: 对，早点儿走，去机场的路上车不多。
Duì, zǎo diǎnr zǒu, qù jīchǎng de lùshang chē bù duō.

④ 男: 外面还_____吗?
Wàimian hái xiàxuě ma?

女: _____, 但_____还是_____。 你要出去?
Bú xià le, dàn fēng háishi bǐjiào dà.   Nǐ yào chūqu?

男: 对，我想去楼下超市买点儿鸡蛋。
Duì, wǒ xiǎng qù lóuxià chāoshì mǎi diǎnr jīdàn.

女: 那你多穿点儿衣服，外面很冷。
Nà nǐ duō chuān diǎnr yīfu, wàimian hěn lěng.

정답 | ① 初次见面 ② 太黑了 / 不敢 / 睡觉 ③ 你跟司机说的 ④ 下雪 / 不下了 / 风 / 比较大

5 여가, 건강, 여행

新HSK에는 이렇게 출제된다! ▼

★ **여가, 건강, 여행**과 관련된 토픽은 듣기 영역에서 **19%** 정도 출제된다.

★ 듣기 **제4부분(31%)**에서 가장 **많이 출제**되고 **제2, 3부분(25%)**에도 **반드시 출제**된다.

★ **건강**이나 **여행**과 관련된 상황이 **많이 출제**되고, 그다음 여가, 운동 순으로 출제된다.

1 여가&건강 관련 필수 단어를 학습해 보세요.

/. 여가&운동　Track 47

□□ 爱好 �֎	àihào	취미	□□ 兴趣 ✖	xìngqù	재미, 흥미
□□ 运动	yùndòng	운동하다	□□ 锻炼 ✖	duànliàn	단련하다
□□ 打篮球	dǎ lánqiú	농구를 하다	□□ 踢足球	tī zúqiú	축구를 하다
□□ 参加 ✖	cānjiā	참가하다	□□ 比赛 ✖	bǐsài	시합, 경기
□□ 爬山 ✖	pá shān	등산하다	□□ 跑步	pǎobù	달리기를 하다, 조깅을 하다
□□ 游泳	yóuyǒng	수영을 하다	□□ 表演 ✖	biǎoyǎn	공연하다
□□ 跳舞	tiàowǔ	춤을 추다	□□ 唱歌	chànggē	노래를 부르다
□□ 画画儿	huà huàr	그림을 그리다	□□ 听音乐	tīng yīnyuè	음악을 듣다
□□ 玩游戏 ✖	wán yóuxì	게임을 하다	□□ 上网 ✖	shàngwǎng	인터넷을 하다

2. 병원&건강　Track 48

□□	医院	yīyuàn	병원	□□ 医生	yīshēng	의사
□□	身体	shēntǐ	몸, 신체	□□ 健康✱	jiànkāng	건강하다
□□	瘦✱	shòu	마르다	□□ 胖✱	pàng	살찌다, 뚱뚱하다
□□	看病	kàn bìng	(의사가) 진찰하다, (의사에게) 진찰을 받다	□□ 吃药	chī yào	약을 먹다
□□	眼睛	yǎnjing	눈[신체 부위]	□□ 鼻子✱	bízi	코
□□	耳朵✱	ěrduo	귀	□□ 肚子	dùzi	배, 복부
□□	感冒✱	gǎnmào	감기에 걸리다	□□ 发烧✱	fāshāo	열이 나다
□□	头疼	tóu téng	머리가 아프다	□□ 牙疼	yá téng	이가 아프다
□□	脸色	liǎnsè	안색, 얼굴색	□□ 休息	xiūxi	쉬다, 휴식하다

3. 기타　Track 49

□□	电影院	diànyǐngyuàn	영화관, 극장	□□ 电影票	diànyǐngpiào	영화표
□□	开始	kāishǐ	시작하다	□□ 演出	yǎnchū	공연(하다)
□□	理发店	lǐfàdiàn	이발소	□□ 理发师	lǐfàshī	이발사
□□	头发✱	tóufa	머리카락	□□ 洗头	xǐ tóu	머리를 감다
□□	剪头发	jiǎn tóufa	머리를 자르다, 머리를 깎다	□□ 理发	lǐ fà	이발하다, 머리를 깎다
□□	长	cháng	(길이가) 길다	□□ 短✱	duǎn	(길이가) 짧다

A 商店	B 车站	C 医院

해설 및 정답 **문제 분석▼** 남자가 여자에게 약(药 yào)을 주면서 쉬는 것에 신경 쓰라(注意休息 zhùyì xiūxi)고 했으므로, 그들은 병원에 있을 가능성이 높다. 따라서 보기 **C**가 정답이다.

男: 我给你开点儿药，这段时间注意休息，
Wǒ gěi nǐ kāi diǎnr yào, zhè duàn shíjiān zhùyì xiūxi,

不要太累。
búyào tài lèi.

女: 好的，我会注意的。
Hǎo de, wǒ huì zhùyì de.

男: 还有，咖啡和啤酒要少喝，不要吃羊肉和鱼。
Háiyǒu, kāfēi hé píjiǔ yào shǎo hē, búyào chī yángròu hé yú.

女: 好，谢谢您。
Hǎo, xièxie nín.

问: 他们在哪里？
Tāmen zài nǎlǐ?

A 商店
shāngdiàn

B 车站
chēzhàn

C 医院
yīyuàn

남: 제가 약을 처방해 드릴 테니, 이 시기 동안 휴식에 신경 쓰시고, 너무 피곤하면 안 됩니다.

여: 알겠습니다. 주의하겠습니다.

남: 그리고 커피와 맥주는 적게 마시고, 양고기와 생선은 드시지 마세요.

여: 네, 감사합니다.

질문: 그들은 어디에 있는가?

A 상점
B 정류장
C 병원

단어 给 gěi 刚 ~에게 | 开药 kāi yào 약을 처방하다 | (一)点儿 (yì)diǎnr 양 조금[불확정적인 수량] | ★段 duàn 양 얼마간의[일정 기간이나 시간을 세는 단위] | 时间 shíjiān 명 시간 | ★注意 zhùyì 동 주의하다 | 休息 xiūxi 동 쉬다 | 不要 búyào 조동 ~해서는 안 된다 | 累 lèi 형 피곤하다 | 会 huì 조동 ~할 것이다 | 还有 háiyǒu 접 그리고 | 咖啡 kāfēi 명 커피 | 和 hé 개·접 ~와 | 啤酒 píjiǔ 명 맥주 | 要 yào 조동 ~해야 한다 | 少 shǎo 형 적다 | 喝 hē 동 마시다 | 吃 chī 동 먹다 | 羊肉 yángròu 명 양고기 | 鱼 yú 명 물고기 | 商店 shāngdiàn 명 상점 | 车站 chēzhàn 명 정류장 | 医院 yīyuàn 명 병원

2 여행 관련 필수 단어를 학습해 보세요. Track 51

■■ 旅游 lǚyóu 여행하다

■■ 机场 jīchǎng 공항

□□ 机票 jīpiào 비행기표, 항공권

□□ 行李箱 xínglixiāng 트렁크 ✈

□□ 护照 hùzhào 여권 ✈

□□ 忘记 wàngjì 잊어버리다, 까먹다 ✈

□□ 带 dài (몸에) 지니다, 가지다, 휴대하다, 챙기다 ✈

■■ 饭店 fàndiàn 호텔, 식당
■■ 宾馆 bīnguǎn 호텔

□□ 房间 fángjiān 방

□□ 房卡 fángkǎ 호텔 등의 룸 카드 키

□□ 客人 kèrén 손님, 고객 ✈

□□ 付现金 fù xiànjīn 현금을 지불하다

□□ 刷卡 shuā kǎ 카드를 긁다, 카드로 결제하다

□□ 满意 mǎnyì 만족하다, 흡족하다 ✈

★ 张老师正在外面旅行。 ( )

해설 및 정답 **문제 분석▼** 녹음에서 장 선생님(张老师 Zhāng lǎoshī)에게 비행기표를 샀다(机票都买到了 jīpiào dōu mǎidào le)고 했으므로, 그들은 아직 여행 가기 전임을 알 수 있다. 따라서 내용이 일치하지 않는다.

张老师，小李让我告诉你，您和您妻子的
Zhāng lǎoshī, Xiǎo Lǐ ràng wǒ gàosu nǐ, nín hé nín qīzi de

机票都买到了。
jīpiào dōu mǎidào le.

★ 张老师正在外面旅行。(X)
Zhāng lǎoshī zhèngzài wàimian lǚxíng.

장 선생님, 샤오리가 제게 선생님과 사모님의 비행기표를 샀다고 전해 달라고 했습니다.

★ 장 선생님은 밖에서 여행을 하고 있는 중이다. (X)

단어 老师 lǎoshī 몡 선생님 | 让 ràng 동 (~로 하여금) ~하게 하다 | 告诉 gàosu 동 알리다 | 和 hé 개 ~와 | 妻子 qīzi 몡 아내 | 机票 jīpiào 몡 비행기표 | 买到 mǎidào 사다, 사서 손에 넣다 | 正在 zhèngzài 뷔 마침 ~하고 있는 중이다 | 外面 wàimian 몡 바깥 | 旅行 lǚxíng 동 여행하다

문제 적응 훈련

실전 트레이닝 1 | Track 53

제1부분

A 　**B** 　**C**

1. ☐

2. ☐

3. ☐

제2부분

4. ★ 他身体不太好。　　　　　　　　　　　　(　　　)

5. ★ 奶奶被邻居送到医院了。　　　　　　　　(　　　)

6. ★ 看电影时不能大声说话。　　　　　　　　(　　　)

정답 및 해설_ 해설집 20쪽

실전 트레이닝 2 | Track 54

제3부분

1. A 发烧了　　　　　B 生病了　　　　　C 玩得很开心

2. A 见北京人　　　　B 去北京故宫　　　C 吃北京的面条

제4부분

3. A 还是胖　　　　　B 觉得很饿　　　　C 不想做运动

4. A 没学过　　　　　B 喜欢画画儿　　　C 画得没有男的好

정답 및 해설_ 해설집 22쪽

★ 녹음을 듣고 빈칸을 채우세요.

필수읽기 ❶ 女: 你的＿＿＿＿怎么了? 好＿＿啊!
　　　　Nǐ de yǎnjing zěnme le?　　Hǎo hóng a!

　　　　男: 我也不知道，是不是要去看医生?
　　　　　Wǒ yě bù zhīdào, shì bu shì yào qù kàn yīshēng?

❷ 男: 在哪儿? 还没到? ＿＿＿＿＿比赛马上就要开始了。
　　　Zài nǎr? Hái méi dào?　Zúqiú bǐsài mǎshàng jiùyào kāishǐ le.

　　女: 还有几分钟开始? 现在坐上出租车了，马上就到。
　　　Hái yǒu jǐ fēnzhōng kāishǐ? Xiànzài zuòshàng chūzūchē le, mǎshàng jiù dào.

❸ 女: ＿＿＿＿＿＿时不要开这么大声音，对耳朵不好。
　　　Tīng yīnyuè shí búyào kāi zhème dà shēngyīn, duì ěrduo bù hǎo.

　　男: 好的，我会注意的。
　　　Hǎo de, wǒ huì zhùyì de.

필수읽기 ❹ ＿＿＿＿＿身体健康，我每天早上都去公园＿＿＿＿＿＿。
　　　　Wèile shēntǐ jiànkāng, wǒ měi tiān zǎoshang dōu qù gōngyuán zuò yùndòng.

❺ 昨天是＿＿＿＿把生病的奶奶＿＿＿＿＿＿的。
　　Zuótiān shì línjū bǎ shēngbìng de nǎinai sòngdào yīyuàn de.

❻ 在电影院＿＿＿＿＿＿，注意＿＿＿＿大声说话。
　　Zài diànyǐngyuàn kàn diànyǐng shí, zhùyì búyào dàshēng shuōhuà.

　因为旁边有人说和电影没关系的话，会让人觉得不高兴。
　Yīnwèi pángbiān yǒu rén shuō hé diànyǐng méi guānxi dehuà, huì ràng rén juéde bù gāoxìng.

★ 녹음을 듣고 빈칸을 채우세요.

❶ 男： 你是不是＿＿＿＿了？脸和耳朵这么红！
Nǐ shì bu shì fāshāo le?　　Liǎn hé ěrduo zhème hóng!

女： 我刚和同学踢足球了，非常热！
Wǒ gāng hé tóngxué tī zúqiú le, fēicháng rè!

❷ 女： 北京故宫很有名，其实北京的＿＿＿＿也非常好吃。
Běijīng Gùgōng hěn yǒumíng, qíshí Běijīng de miàntiáo yě fēicháng hǎochī.

男： 真的吗？你一定要带我去吃啊！
Zhēnde ma? Nǐ yídìng yào dài wǒ qù chī a!

❸ 女： 为了减肥，我做了很多运动，但是＿＿＿＿＿＿＿＿＿＿＿。
Wèile jiǎnféi, wǒ zuòle hěn duō yùndòng, dànshì yìdiǎnr yě méi shòu.

男： 那你注意吃的了吗？
Nà nǐ zhùyì chī de le ma?

女： 因为做完运动后觉得很饿，吃得比以前更多了。
Yīnwèi zuòwán yùndòng hòu juéde hěn è, chī de bǐ yǐqián gèng duō le.

男： 所以你瘦不下来啊！
Suǒyǐ nǐ shòu bu xiàlai a!

❹ 男： 你画儿画得比我好多了。
Nǐ huàr huà de bǐ wǒ hǎo duō le.

女： 哪儿啊，你太客气了。
Nǎr a, nǐ tài kèqi le.

男： 你＿＿＿＿＿＿＿＿＿画画儿＿＿＿＿？
Nǐ yídìng hěn xǐhuan huà huàr ba?

女： ＿＿＿＿＿＿，我学过两年。
Shì de, wǒ xuéguo liǎng nián.

듣기

6 길 찾기, 교통수단

新HSK에는 이렇게 출제된다! ▼

★ **길 찾기**나 **교통수단**과 관련된 토픽은 듣기 영역에서 **8%** 정도 출제된다. 다른 토픽에 비해 가장 낮은 출제 비중을 차지하지만 출제되지 않은 적은 없다.

★ 듣기 **제3부분(43%)**에 가장 많이 **출제**되고, 그다음 듣기 **제1부분**에 출제된다.

★ **길 찾기**, **교통수단** 관련 단어는 **가족**, **학교**, **직장**, **여행** 등 다른 다양한 **토픽**과 **연관**되어 등장하므로 반드시 알아야 한다.

1 길 찾기 필수 단어를 학습해 보세요.

1. 방향   Track 57

□□	上	shàng	위	□□	下	xià	아래
□□	里	lǐ	안, 속	□□	外	wài	밖, 바깥
□□	前	qián	(방위·순서·시간의) 앞, 전	□□	后	hòu	(시간·순서상으로) 뒤, 후
□□	左	zuǒ	좌측, 왼쪽	□□	右	yòu	우측, 오른쪽
□□	中间✹	zhōngjiān	중간, 가운데	□□	旁边	pángbiān	옆, 근처
□□	东✹	dōng	동(쪽)	□□	南✹	nán	남(쪽)
□□	西✹	xī	서(쪽)	□□	北	běi	북(쪽)
□□	米✹	mǐ	미터(m)				

2. 길 찾기   Track 58

□□	走	zǒu	걷다, 가다, 떠나다	□□	去	qù	가다
□□	拐	guǎi	방향을 바꾸다, 커브를 틀다	□□	到	dào	도착하다, 이르다
□□	问	wèn	묻다, 질문하다	□□	找	zhǎo	찾다

A 向东走	B 向南走	C 向北走

해설 및 정답 **문제 분석▼** 남자가 '남쪽으로 가는 것(往南走 wǎng nán zǒu)'이라 말하자 여자가 '난 어째서 북쪽으로 간다고 기억했지?(我怎么记得是向北走? Wǒ zěnme jìde shì xiàng běi zǒu?)'라고 했으므로, 남자가 맞고 여자의 기억은 틀렸음을 알 수 있다. 따라서 보기 **B**가 정답이다.

男: 出了地铁口，再往南走一百米就到体育馆了。
Chūle dìtiěkǒu, zài wǎng nán zǒu yìbǎi mǐ jiù dào tǐyùguǎn le。

女: 是向南走，对吗？我怎么记得是向北走？
Shì xiàng nán zǒu, duì ma? Wǒ zěnme jìde shì xiàng běi zǒu?

问: 到体育馆怎么走？
Dào tǐyùguǎn zěnme zǒu?

A 向东走
xiàng dōng zǒu

B 向南走
xiàng nán zǒu

C 向北走
xiàng běi zǒu

남: 지하철 출입구로 나와서 다시 남쪽으로 100미터 가면 바로 체육관에 도착해.

여: 남쪽으로 가는 거 맞아? 나는 어째서 북쪽으로 간다고 기억했지?

질문: 체육관에는 어떻게 가는가?

A 동쪽으로 간다
B 남쪽으로 간다
C 북쪽으로 간다

단어 出 chū 통 나가다, 나오다 | ★地铁 dìtiě 명 지하철, 전철 | ★口 kǒu 명 출입구 | 再 zài 분 또, 다시 | 往 wǎng 개 ~쪽으로 | ★南 nán 명 남, 남쪽 | 走 zǒu 통 걷다, 가다 | ★米 mǐ 양 미터(m) | 就 jiù 분 곧, 바로 | 到 dào 통 도착하다, 이르다 | 体育馆 tǐyùguǎn 명 체육관 | 向 xiàng 개 ~을 향해 | 对 duì 형 맞다 | 怎么 zěnme 대 어떻게 | ★记得 jìde 통 기억하고 있다 | 北 běi 명 북, 북쪽 | ★东 dōng 명 동, 동쪽

2 교통수단 관련 필수 단어를 학습해 보세요.

1. 교통수단 Track 60

	自行车✱	zìxíngchē	자전거		出租车	chūzūchē	택시
	公共汽车	gōnggòng qìchē	버스		飞机	fēijī	비행기
	船✱	chuán	배, 선박		火车	huǒchē	기차
	地铁✱	dìtiě	지하철, 전철				

2. 장소 Track 61

	机场	jīchǎng	공항		火车站	huǒchēzhàn	기차역
	地铁站	dìtiězhàn	지하철역		车站	chēzhàn	정류장, 정거장
	机票	jīpiào	비행기표, 항공권		火车票	huǒchēpiào	기차표
	行李	xíngli	여행 짐, 수화물		行李箱✱	xínglixiāng	트렁크

3. 동작 Track 62

	坐车	zuò chē	차를 타다		开车	kāichē	차를 몰다, 운전하다
	上车	shàng chē	(차·기차 따위에) 타다, 오르다		下车	xià chē	하차하다, 차에서 내리다
	打车	dǎ chē	택시를 타다		骑车	qí chē	자전거를 타다
	检查✱	jiǎnchá	검사하다, 점검하다		等	děng	기다리다
	带✱	dài	(몸에) 지니다, 가지다, 휴대하다, 챙기다		拿✱	ná	잡다, 들다
	送	sòng	배웅하다		接✱	jiē	마중하다

4. 상태 Track 63

	快	kuài	빠르다		慢	màn	느리다

A B C

1.

해설 및 정답 문제 분석▼ 여자가 남자에게 기차역(火车站 huǒchēzhàn)에 데려다 달라고 했으므로, 보기 중에서 기차 사진 **A**가 정답이다.

女: 我明天去北京，上午的火车，你能送我
　　Wǒ míngtiān qù Běijīng, shàngwǔ de huǒchē, nǐ néng sòng wǒ

　　去火车站吗?
　　qù huǒchēzhàn ma?

男: 没问题，明天我休息。几点的火车?
　　Méi wèntí, míngtiān wǒ xiūxi. Jǐ diǎn de huǒchē?

여: 나 내일 베이징에 가는데, 오전 기차야. 너는 기차역까지 날 바래다줄 수 있어?

남: 응, 내일 나는 쉬어. 몇 시 기차야?

단어 明天 míngtiān 명 내일 | 去 qù 동 가다 | 北京 Běijīng 고유 베이징, 북경 | 上午 shàngwǔ 명 오전 | 火车 huǒchē 명 기차 | 能 néng 조동 ~할 수 있다 | 送 sòng 동 데려다주다, 배웅하다 | 火车站 huǒchēzhàn 명 기차역 | 没问题 méi wèntí 문제없다 | 休息 xiūxi 동 쉬다 | 几 jǐ 수 몇 | 点 diǎn 양 시[시간을 나타냄]

문제 적응 훈련

실전 트레이닝 1 | Track 65

제1부분

A 　　B 　　C

1. ☐
2. ☐
3. ☐

제2부분

4. ★ 他们最后决定坐火车去。　　　　　　　(　　)

5. ★ 他还有工作要做。　　　　　　　　　　(　　)

6. ★ 他不会骑自行车。　　　　　　　　　　(　　)

정답 및 해설_ 해설집 24쪽

실전 트레이닝 2 | Track 66

제3부분

1. A 三楼　　　　　　B 男的家　　　　　C 在路上

2. A 车站　　　　　　B 邮局　　　　　　C 图书馆

제4부분

3. A 没离开过家　　　B 要去北京旅游　　C 习惯北京生活了

4. A 姓李　　　　　　B 早就到了　　　　C 已经上飞机了

정답 및 해설_ 해설집 26쪽

★ 녹음을 듣고 빈칸을 채우세요.

필수암기 **❶** 女: 飞机就要起飞了，把_____关了吧。
Fēijī jiùyào qǐfēi le, bǎ shǒujī guān le ba.

男: 好，我现在就关。
Hǎo, wǒ xiànzài jiù guān.

❷ 男: 这辆_____上的人真不少。
Zhè liàng gōnggòng qìchē shang de rén zhēn bù shǎo.

女: 我们等下一辆吧，应该很快就来了。
Wǒmen děng xià yí liàng ba, yīnggāi hěn kuài jiù lái le.

❸ 女: _____的时候，眼睛要往前看，别害怕。
Qí zìxíngchē de shíhou, yǎnjing yào wǎng qián kàn, bié hàipà.

男: 好，但是你别放手啊。
Hǎo, dànshì nǐ bié fàngshǒu a.

❹ 坐火车是便宜些，但要十个小时，太慢了。我们_____坐飞机_____，
Zuò huǒchē shì piányi xiē, dàn yào shí ge xiǎoshí, tài màn le. Wǒmen háishi zuò fēijī ba,

我这边买机票也很方便。
wǒ zhèbiān mǎi jīpiào yě hěn fāngbiàn.

❺ 我还有工作_____，要很晚才下班，就不去接你了，你自己坐出租车
Wǒ hái yǒu gōngzuò méi wánchéng, yào hěn wǎn cái xiàbān, jiù bú qù jiē nǐ le, nǐ zìjǐ zuò chūzūchē

回家吧。
huíjiā ba.

필수암기 **❻** 这辆自行车是我八岁生日时，爸爸送给我的礼物。
Zhè liàng zìxíngchē shì wǒ bā suì shēngrì shí, bàba sònggěi wǒ de lǐwù.

虽然已经_____了_____了，但它看起来还是新的。
Suīrán yǐjīng qíle shí nián duō le, dàn tā kàn qǐlai háishi xīn de.

받아쓰기 2

★ 녹음을 듣고 빈칸을 채우세요.

❶ 男: 我_____，302号。
Wǒ zhù sān lóu, sān líng èr hào.

女: 知道了，我走错路了。再走3分钟就到你家。
Zhīdào le, wǒ zǒucuò lù le.　Zài zǒu sān fēnzhōng jiù dào nǐ jiā.

필수암기 ❷ 女: 请问，上海_____怎么走?
Qǐngwèn, Shànghǎi túshūguǎn zěnme zǒu?

男: 从这儿向右拐，走十分钟，邮局的旁边就是。
Cóng zhèr xiàng yòu guǎi, zǒu shí fēnzhōng, yóujú de pángbiān jiù shì.

❸ 女: 你下个月就要去北京留学了吧? 都准备好了吗?
Nǐ xià ge yuè jiùyào qù Běijīng liúxué le ba?　Dōu zhǔnbèi hǎo le ma?

男: 是啊，我从来没_____过_____，有点儿紧张。
Shì a, wǒ cónglái méi líkāiguo fùmǔ, yǒudiǎnr jǐnzhāng.

女: 不用担心，习惯就好了。
Búyòng dānxīn, xíguàn jiù hǎo le.

男: 谢谢你!
Xièxie nǐ!

❹ 男: 喂，_____，您快_____了吧?
Wéi, Lǐ jīnglǐ, nín kuài shàng fēijī le ba?

女: 还没有，飞机晚点了，我可能要中午或者下午到北京。
Hái méiyǒu, fēijī wǎndiǎn le, wǒ kěnéng yào zhōngwǔ huòzhě xiàwǔ dào Běijīng.

男: 没关系，飞机起飞前您给我打个电话，我让司机去接您。
Méi guānxi, fēijī qǐfēi qián nín gěi wǒ dǎ ge diànhuà, wǒ ràng sījī qù jiē nín.

女: 好的，谢谢。
Hǎo de, xièxie.

정답 | ❶ 住三楼　❷ 图书馆　❸ 离开 / 父母　❹ 李经理 / 上飞机

第一部分 ★ 第1-5题

A

B

C

D

E

F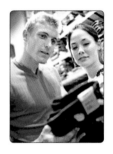

例如：男：喂，请问张经理在吗？

女：他正在开会，您半个小时以后再打，好吗？　D

1.　☐

2.　☐

3.　☐

4.　☐

5.　☐

★ 第6–10题

 A

B

C

D

E

6.

7.

8.

9.

10.

第二部分 ★ 第11-20题

11. ★ 他经常吃鸡蛋。 （　　　　）

12. ★ 阿姨要去旅游。 （　　　　）

13. ★ 他比他的女朋友唱得好。 （　　　　）

14. ★ 小王把客人的名字写错了。 （　　　　）

15. ★ 他明天没有时间看电影。 （　　　　）

16. ★ 小王可能在看电视。 （　　　　）

17. ★ 现在他帮儿子洗脸。 （　　　　）

18. ★ 他吃完饭以后打扫房间。 （　　　　）

19. ★ 他家离公司不远。 （　　　　）

20. ★ 伞在椅子下。 （　　　　）

21. **A** 饭店　　　　　　　　**B** 宾馆　　　　　　　　**C** 书店

22. **A** 累了　　　　　　　　**B** 想回家　　　　　　　**C** 身体不舒服

23. **A** 下雨　　　　　　　　**B** 刮风　　　　　　　　**C** 晴天

24. **A** 看书　　　　　　　　**B** 照照片　　　　　　　**C** 玩儿电脑

25. **A** 男的有姐姐　　　　　**B** 男的姐姐很漂亮　　　**C** 男的孩子很可爱

26. **A** 手表坏了　　　　　　**B** 空调坏了　　　　　　**C** 自行车坏了

27. **A** 想买杂志　　　　　　**B** 不愿意借杂志　　　　**C** 还没看完杂志

28. **A** 开会　　　　　　　　**B** 喝茶　　　　　　　　**C** 见客人

29. **A** 蛋糕　　　　　　　　**B** 水果　　　　　　　　**C** 手机

30. **A** 不想读书　　　　　　**B** 想做老师　　　　　　**C** 要在银行工作

第四部分 ★ 第31-40题

31. A 词典　　　　　　B 报纸　　　　　　C 杂志

32. A 飞机上　　　　　B 火车上　　　　　C 出租车上

33. A 出门往东走　　　B 出门往西走　　　C 出门往北走

34. A 渴了　　　　　　B 生病了　　　　　C 不睡觉

35. A 冰箱　　　　　　B 空调　　　　　　C 椅子

36. A 两点一刻　　　　B 三点一刻　　　　C 四点一刻

37. A 米饭　　　　　　B 面包　　　　　　C 面条

38. A 司机和客人　　　B 爸爸和女儿　　　C 教授和学生

39. A 更甜　　　　　　B 更新鲜　　　　　C 颜色更好看

40. A 很矮　　　　　　B 变老了　　　　　C 比现在胖

정답 및 해설_ 해설집 28쪽

독해

阅读

☆ 총 30문제 / 30분

	제**1**부분	제**2**부분	제**3**부분
문제 유형	제시된 문장과 관련된 문장 고르기	빈칸에 들어갈 알맞은 어휘 고르기	단문 읽고 질문에 답하기
미리 보기	A 你什么时候搬家呢? 需要帮忙吗? B 一般吧, 我们上个月才认识, 只是普通朋友。 C 你最好再检查一下, 看看还有没有问题。 D 我们是去旅游, 不是搬家, 还是少拿一些吧。 E 当然。我们先坐公共汽车, 然后换地铁。 F 我觉得这家宾馆还不错, 你说呢? 例如: 你知道怎么去那儿吗? (E)	A 选择　B 马上　C 对　D 舒服　E 声音　F 环境 例如: 她说话的 (E) 多好听啊!	例如: 您是来参加今天会议的吗? 您来早了一点儿。现在才八点半。您先进来坐吧。 ★ 会议最可能几点开始? A 8点　　B 8点半　　C 9点 √
문항 수	10	10	10
시험 시간	30 분		

유형
파악

분석1 토픽별 독해 영역 문제 분석

〈토픽별 독해 영역 출제 비중〉

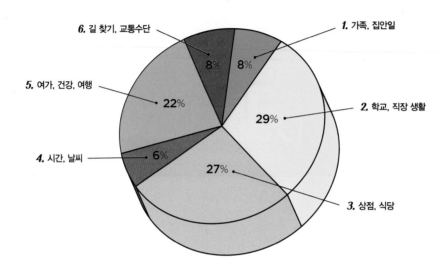

6. 길 찾기, 교통수단 — 8%
1. 가족, 집안일 — 8%
5. 여가, 건강, 여행 — 22%
2. 학교, 직장 생활 — 29%
4. 시간, 날씨 — 6%
3. 상점, 식당 — 27%

분석2 독해 부분별 토픽 분석

독해 제1부분
독해 제2부분
독해 제3부분

〈부분별 토픽 출제 비중〉

	제3부분	제2부분	제1부분
1. 가족, 집안일	36%	36%	28%
2. 학교, 직장 생활	41%	49%	10%
3. 상점, 식당	27%	38%	35%
4. 시간, 날씨	20% / 20%	60%	
5. 여가, 건강, 여행	32%	21%	47%
6. 길 찾기, 교통수단	36%	36%	28%

1. 가족, 집안일   2. 학교, 직장 생활   3. 상점, 식당   4. 시간, 날씨   5. 여가, 건강, 여행   6. 길 찾기, 교통수단

정답이 보이는 핵심공략

핵심1

자주 출제되는 **토픽(상황)별 빈출 표현**과 독해 영역에 자주 등장하는 **호응 표현**을 잘 외운다.

핵심2

독해 제1부분은 관련 있는 문장끼리 연결하여 대화나 단문을 완성하는 문제이다. **질문 형태의 문장을 먼저 찾아** 그 질문에 적합한 답을 고른다. 그리고 먼저 푼 문제를 제외시키는 방법으로 풀면 쉽게 풀 수 있다.

핵심3

독해 제2부분은 제시된 문장이나 대화의 빈칸에 적합한 단어를 선택하는 문제이다. 보기 A-F의 뜻을 먼저 체크하고 난 뒤 제시된 문장을 해석한다. 그리고 **빈칸의 앞뒤를 살펴 빈칸에 어떤 의미의 단어 혹은 어떤 품사의 단어가 필요한지 생각**하자.

핵심4

독해 제3부분은 지문을 읽고 주어진 질문에 알맞은 답을 선택하는 문제이다. 지문을 읽기 전에, 먼저 **별표(★) 뒤의 질문을 보고 정답에 필요한 부분을 지문 속에서 찾는다.** 또는 보기와 일치하는 표현을 지문 속에서 찾아보는 방법도 좋다.

핵심5

단어를 중심으로 답 찾기 요령을 익히는 것도 중요하지만, 앞으로의 중국어 공부를 위해 필수 단어를 잘 외우고 문장 해석 및 이해 능력을 길러 기본기를 탄탄하게 다지도록 노력해야 한다.

대화 유형과 동사의 호응

독해

1

가족, 집안일

1 독해 빈출 대화 유형

HSK 3급 독해 영역에는 제1부분을 비롯하여 제2부분에도 대화 형식의 지문이 등장한다. A와 B 사이의 자연스러운 대화를 완성하기 위해서는 대화의 의미와 문맥을 이해하는 능력이 필요하다. 따라서 기본적인 질문, 제안, 충고, 부탁의 표현법을 알고, 상황에 따라 어떻게 답변하고 반응할 수 있는지 생각해 보자.

/. 기본적인 질문, 제안, 충고, 부탁

❶ **吗** ma ▶ ~이니?[모르는 상황에서의 질문] | **吧** ba ▶ ~이지?[예측되는 상황에서의 질문]

你三点前能到吗? 너는 3시 전에 도착할 수 있어?
Nǐ sān diǎn qián néng dào ma?

你想去中国吧? 너는 중국에 가고 싶지?
Nǐ xiǎng qù Zhōngguó ba?

단어 点 diǎn 양 시 | 前 qián 명 앞, 전 | 能 néng 조동 ~할 수 있다 | 到 dào 동 도착하다 | 想 xiǎng 조동 ~하고 싶다 | 去 qù 동 가다 | 中国 Zhōngguó 고유 중국

❷ **의문대명사를 사용하는 질문 형식** *다양한 의문대명사 156p 참고

你旁边这个小孩儿是谁? 네 옆에 있는 이 아이는 누구야?
Nǐ pángbiān zhège xiǎoháir shì shéi?

단어 旁边 pángbiān 명 옆, 근처 | 小孩儿 xiǎoháir 명 어린아이 | 谁 shéi 대 누구

③ 是不是 shì bu shì ▸ ~이니 아니니?[사실을 확인하는 질문]

他**是不是**已经结婚了? 그 사람은 이미 결혼했나요?
Tā shì bu shì yǐjīng jiéhūn le?

> 단어 已经 yǐjīng 튀 이미, 벌써 ㅣ ★结婚 jiéhūn 동 결혼하다

④ 吧 ba ▸ ~하자[제안], ~해라[명령], ~겠구나[강한 추측]

休息一下**吧**,你看电脑的时间太长了。 좀 쉬렴. 너 컴퓨터를 너무 오래 봤어.
Xiūxi yíxià ba, nǐ kàn diànnǎo de shíjiān tài cháng le.

> 단어 休息 xiūxi 동 쉬다, 휴식하다 ㅣ 电脑 diànnǎo 명 컴퓨터 ㅣ 时间 shíjiān 명 시간 ㅣ 太 tài 튀 너무 ㅣ 长 cháng 형 (길이가) 길다

⑤ 要 yào ㅣ **应该** yīnggāi ▸ ~해야 한다

你上课时**要**认真。 수업을 들을 때 열심히 해야 한다.
Nǐ shàngkè shí yào rènzhēn.

你**应该**上学。 너는 학교에 다녀야 한다.
Nǐ yīnggāi shàngxué.

> 단어 上课 shàngkè 동 수업을 듣다 ㅣ 时 shí 명 때, 시기 ㅣ ★认真 rènzhēn 형 성실하다, 진지하다 ㅣ 应该 yīnggāi 조동 ~해야 한다 ㅣ 上学 shàngxué 동 학교에 다니다

⑥ 不要 búyào ㅣ **别** bié ▸ ~하지 마라(=~해서는 안 된다)

不要忘了关电视。 텔레비전 끄는 거 잊지 마.
Búyào wàngle guān diànshì.

> 단어 关 guān 동 (기계를) 끄다 ㅣ 电视 diànshì 명 텔레비전

⑦ 我希望 Wǒ xīwàng ▸ 나는 ~하길 바란다 ㅣ **你最好** Nǐ zuìhǎo ▸ 너는 ~하는 게 가장 좋겠다

我希望你明天能来我家吃饭。 난 네가 내일 식사하러 우리 집에 오길 바란다.
Wǒ xīwàng nǐ míngtiān néng lái wǒ jiā chīfàn.

你**最好**在房间里看书。 너는 방에서 책을 보는 게 제일 좋겠어.
Nǐ zuìhǎo zài fángjiān li kàn shū.

> 단어 明天 míngtiān 명 내일 ㅣ 家 jiā 명 집 ㅣ 吃饭 chīfàn 동 밥을 먹다 ㅣ 最好 zuìhǎo 튀 ~하는 것이 가장 좋다 ㅣ 在 zài 개 ~에서 ㅣ 房间 fángjiān 명 방 ㅣ 书 shū 명 책

❸ …, **好不好** hǎo bu hǎo | **好吗** hǎo ma | **可(以)不可以** kě(yǐ) bu kěyǐ | **可以吗**
kěyǐ ma | **怎么样** zěnmeyàng ▶ (~하는 거) 좋아?/어때?

我给你准备喝的，**好不好**? 내가 너에게 마실 걸 준비해 줄까?
Wǒ gěi nǐ zhǔnbèi hē de, hǎo bu hǎo?

我们明天见，**怎么样**? 우리 내일 만나는 거, 어때?
Wǒmen míngtiān jiàn, zěnmeyàng?

단어 给 gěi 깨 ~에게 | 准备 zhǔnbèi 동 준비하다 | 喝 hē 동 마시다 | 见 jiàn 동 만나다 | 怎么样
zěnmeyàng 대 어떠하다

2. 답변, 반응

❶ 긍정, 승낙

네	是(的) shì (de)
맞아요	没错 méicuò	对 duì
좋아요(=괜찮아요)	好(的) hǎo (de)	行 xíng	(还)可以 (hái) kěyǐ	(还)不错 (hái) búcuò
문제없어요(=괜찮아요)	没问题 méi wèntí	没关系 méi guānxi
당연하죠	当然 dāngrán
걱정 마세요	您放心。 Nín fàngxīn.

❷ 부정, 거절

아니요	不是(的) bú shì (de)
안 했어요	没有 méiyǒu
나는 이렇게 생각하지 않아요	我不这么认为。 Wǒ bú zhème rènwéi.
됐어요, 필요 없어요	不了 bù le	不用了 búyòng le
괜찮아요, 됐어요	没事儿 méishìr

❸ 기타

그래요?	是吗? Shì ma?

3. 감탄, 칭찬

① 真…啊! zhēn…a! ▶ 정말 ~하구나!

你姐姐真漂亮啊! 네 누나는 정말 예쁘다!
Nǐ jiějie zhēn piàoliang a!

> 姐姐 jiějie 몡 누나, 언니 | 真 zhēn 믠 정말, 진짜 | 漂亮 piàoliang 혱 예쁘다

② 太…了! tài…le! ▶ 너무 ~하구나!

米饭太多了! 밥이 너무 많아!
Mǐfàn tài duō le!

> 米饭 mǐfàn 몡 쌀밥 | 太 tài 믠 너무 | 多 duō 혱 (양이) 많다

③ 多(么)…啊! duō(me)…a! ▶ 얼마나 ~하느냐![=정말 ~하구나!]

大家一起吃饭多快乐啊! 모두 함께 밥을 먹으니 얼마나 즐겁니!
Dàjiā yìqǐ chīfàn duō kuàilè a!

> 大家 dàjiā 때 모두들 | 一起 yìqǐ 믠 같이, 함께 | 吃饭 chīfàn 통 밥을 먹다 | 多 duō 믠 얼마나 | 快乐 kuàilè 혱 즐겁다

④ 동사+得+〈好/不错〉 …+de+〈hǎo/búcuò〉 ▶ ~를 잘 한다, ~하는 정도(상태)가 좋다

我妈妈做饭做得很好。 우리 엄마는 밥을 잘 한다.
Wǒ māma zuò fàn zuò de hěn hǎo.

> 做饭 zuò fàn 밥을 하다 | 得 de 죄 ~하는 정도(상태)가 ~하다 | 不错 búcuò 혱 좋다, 괜찮다

4. 감사, 사과

감사	A: 谢谢。 고마워요. Xièxie.	사과	A: 对不起。 미안해요. Duìbuqǐ.
	B: 不客气。 별말씀을요. Bú kèqi.		B: 没关系。 괜찮아요. Méi guānxi.

> A 我再看会儿电视，等一会儿我关吧。
>
> B 他只喜欢去外边踢足球，不用了。
>
> 1. 这么晚了，爷爷，您还不睡吗？　　　　　　　　（　　　　）
>
> 2. 我女儿去年买的电脑非常好，你也给你儿子买吧。　（　　　　）

[1] 해설 및 정답　**문제 분석▼** 텔레비전을 조금만 더 보겠다는 말(보기 **A**)은 왜 지금 바로 잠을 자지 않는지 말하는 이유(변명)로 적절하다.

A: ❶这么**晚**了，爷爷，您还不睡吗？	A: ❶할아버지, 이렇게 늦었는데, 아직 안 주무세요?
B: ❹**我再看会儿电视**，等一会儿我关吧。 잠시 동안 더 ∧하다	B: ❹내가 텔레비전 좀 더 보고, 이따가 끄마.

단어 这么 zhème 때 이렇게 | 晚 wǎn 형 늦다 | ★爷爷 yéye 명 할아버지 | 还 hái 본 아직 | 睡 shuì 통 (잠을) 자다 | 再 zài 본 또, 다시 | ★(一)会儿 (yí)huìr 명 잠깐 동안, 잠시 | 电视 diànshì 명 텔레비전 | 等 děng 통 기다리다 | ★关 guān 통 (기계를) 끄다

[2] 해설 및 정답　**문제 분석▼** 아들에게 사주라는 제안에 필요 없다(보기 **B**)는 반응이 적절하다.

A: ❷我女儿去年买的电脑非常好，你也 　给你儿子买吧。 　~에게 사주다	A: ❷내 딸이 작년에 산 컴퓨터는 굉장히 좋아, 너도 네 아들에게 사줘.
B: ❹他只喜欢去外边踢足球，不用了。	B: ❹그(애)는 밖에 나가서 축구 하는 걸 좋아해서, 필요 없어.

단어 女儿 nǚ'ér 명 딸 | 去年 qùnián 명 작년 | 买 mǎi 통 사다 | 电脑 diànnǎo 명 컴퓨터 | 非常 fēicháng 본 굉장히, 아주 | 给 gěi 개 ~에게 | 儿子 érzi 명 아들 | ★只 zhǐ 본 단지, 다만 | 喜欢 xǐhuan 통 좋아하다 | 去 qù 통 가다 | 外边 wàibian 명 밖, 바깥 | 踢足球 tī zúqiú 축구를 하다 | 不用 búyòng 본 ~할 필요가 없다

독해 빈출 호응 표현 가족&집안일

대부분의 중국어 문장은 동사나 형용사를 중심으로 구성된다. 그러므로 우선 자주 쓰이는 동사, 형용사, 명사를 먼저 알고, 그 후에 그 단어들이 어떻게 호응하여 쓰이는지 확장시켜 기억하면 문장 전체를 보는 눈을 키울 수 있다.

듣기 영역에서 1차로 외운 단어를 바탕으로, 독해 영역에서는 자주 호응하는 표현끼리 짝꿍 지어 기억하자. 반복하고 확장시키는 일석이조의 효과가 있다.

Track 70

1	**看电视** kàn diànshì	텔레비전을 보다	我喜欢看电视。 Wǒ xǐhuan kàn diànshì. 나는 텔레비전 보는 걸 좋아한다.
2	**有邮件** yǒu yóujiàn	이메일이 있다	星期一我有很多邮件。 Xīngqīyī wǒ yǒu hěn duō yóujiàn. 월요일에 나는 많은 이메일이 있다.
3	**买房子** mǎi fángzi	집을 사다	我要买一层的房子。 Wǒ yào mǎi yī céng de fángzi. 나는 1층짜리 집을 사려고 한다.
4	**住一楼** zhù yī lóu	1층에 살다	我不要住一楼。 Wǒ búyào zhù yī lóu. 나는 1층에 살기 싫다.
5	**打电话** dǎ diànhuà	전화를 하다	给我打电话也可以。 Gěi wǒ dǎ diànhuà yě kěyǐ. 저한테 전화하셔도 괜찮아요.
	回电话 huí diànhuà	전화를 다시 하다	给我回电话，好不好? Gěi wǒ huí diànhuà, hǎo bu hǎo? 나에게 전화를 다시 해줄 수 있어?
6	**看节目** kàn jiémù	프로그램을 보다	我喜欢看音乐节目。 Wǒ xǐhuan kàn yīnyuè jiémù. 나는 음악 프로그램 보는 걸 좋아한다.
7	**准备吃的** zhǔnbèi chī de	먹을 것을 준비하다	我给你准备吃的。 Wǒ gěi nǐ zhǔnbèi chī de. 내가 너에게 먹을 것을 준비해 줄게.
8	**照顾孩子** zhàogù háizi	아이를 돌보다	这个周末我要照顾孩子。 Zhège zhōumò wǒ yào zhàogù háizi. 이번 주말에 나는 아이를 돌봐야 한다.
9	**打扫房间** dǎsǎo fángjiān	방을 청소하다	他帮我打扫房间。 Tā bāng wǒ dǎsǎo fángjiān. 그는 날 도와서 방을 청소한다.
10	**开空调** kāi kōngtiáo	에어컨을 켜다	开一下空调，好吗? Kāi yíxià kōngtiáo, hǎo ma? 에어컨 좀 켜도 될까요?

...

단어 喜欢 xǐhuan 통 좋아하다 | 电视 diànshì 명 텔레비전 | 星期一 xīngqīyī 월요일 | 多 duō 형 (양이) 많다 | 邮件 yóujiàn 명 우편물, 이메일 | 要 yào 조동 ~하고자 하다 | 买 mǎi 통 사다 | ★层 céng 양 층 | 房子 fángzi 명 집 | 住 zhù 통 살다 | ★楼 lóu 양 층 | 给 gěi 개 ~에게 | 回 huí 통 돌아오다, 돌아가다 | 电话 diànhuà 명 전화 | ★音乐 yīnyuè 명 음악 | ★节目 jiémù 명 프로그램 | 准备 zhǔnbèi 통 준비하다 | 吃的 chī de 먹을 것 | ★周末 zhōumò 명 주말 | ★照顾 zhàogù 통 돌보다 | 孩子 háizi 명 아이 | 帮 bāng 통 돕다 | ★打扫 dǎsǎo 통 청소하다 | 房间 fángjiān 명 방 | 开 kāi 통 (기계를) 켜다 | 一下 yíxià 양 동사 뒤에 쓰여 '좀 ~하다'의 뜻을 나타냄 | ★空调 kōngtiáo 명 에어컨

공략 트레이닝 2 / 제2부분 /

> A 邮件　　B 饿　　C 饭

1. 起床后吃了几块儿苹果，所以不太（　　　）。

2. 我才两天没上网，就有这么多（　　　）了。

[1] 해설 및 정답 문제 분석▼ '먹었다(吃了)'의 결과로 '그다지 배고프지 않다(不太饿)'를 유추할 수 있고, 정도부사 太는 뒤에 형용사를 수식할 수 있으므로 보기 B가 정답이다.

起床后吃了几块儿苹果，所以<u>不太</u>（ **B 饿** ）。
[不太]+형용사 : 그다지 ~하지 않다

일어난 후 사과 몇 조각을 먹었더니, 별로 (**B 배고프지**) 않다.

단어 起床 qǐchuáng 통 기상하다, 일어나다 | 后 hòu 명 (~한) 후 | 吃 chī 통 먹다 | 几 jǐ 수 몇 | 块 kuài 양 덩어리[조각을 세는 단위] | 苹果 píngguǒ 명 사과 | 所以 suǒyǐ 접 그래서 | ★饿 è 형 배고프다

[2] 해설 및 정답 문제 분석▼ '인터넷을 하지 않았다(没上网)'는 결과로 '이렇게 많은 이메일이 있다(有这么多邮件)'를 유추할 수 있고, 有의 목적어로 명사 邮件을 쓰는 것이 적절하다.

我才两天没上网，就<u>有</u>这么多（ **A 邮件** ）
술어(동사)　　　　　목적어
了。

나는 겨우 이틀 동안 인터넷을 하지 않았더니, 이렇게 많은 (**A 이메일**)이 있다.

단어 ★才 cái 부 비로소, 겨우 | ★上网 shàngwǎng 통 인터넷을 하다 | 就 jiù 부 곧, 바로 | 这么 zhème 대 이렇게 | 多 duō 형 (수량이) 많다 | (电子)邮件 (diànzǐ) yóujiàn 명 (전자) 우편

| 실전 트레이닝 1 |

제1부분

A 没有。怎么了? 有什么重要的新闻吗?

B 是吗? 但是他看起来非常年轻。

C 爸爸, 我什么时候能跟您一样高?

1. 你只有好好吃饭, 多运动, 个子才会长得快。 ( )

2. 小李其实已经37岁了, 孩子也很大了。 ( )

3. 桌子上的报纸你看了吗? ( )

제2부분

A 层	**B** 照片	**C** 留学

4. 这是你儿子的( )吗? 和你长得真像, 特别是嘴和鼻子。

5. 我和妻子是在北京( )时认识的。

6. A: 喂, 您的冰箱到了, 一共2000元, 请问您在家吗?

   B: 在, 我在6( )电梯口这儿等你。

정답 및 해설_ 해설집 44쪽

| 실전 트레이닝 2 |

제3부분

1. 我是他弟弟，我哥和朋友去踢足球了，手机忘在家里了，等他回来让他给你回电话吧。

   ★ 哥哥：

   A 在打篮球 　　　　**B** 打扫厨房 　　　　**C** 忘记带手机了

2. 我其实不太喜欢住一楼，但是为了爸妈进出方便，我最后还是决定买一层的房子。

   ★ 他为什么买一楼的房子？

   A 安静 　　　　**B** 花钱少 　　　　**C** 为爸妈方便

3. 我和我妻子是在火车上认识的。那时候一聊天儿才知道，我们不但都是上海人，而且都在北京大学读过书。后来她做了我的女朋友，我们第二年就结婚了。

   ★ 他和妻子：

   A 是邻居 　　　　**B** 都没留过学 　　　　**C** 都在北京上过学

4. 小时候，每到夏天的晚上，奶奶就会把桌子搬到院子里的大树下。我们几个小孩儿就坐在桌子旁边，一边听奶奶讲故事，一边吃西瓜。那时候的我们是多么快乐啊！

   ★ 他认为自己小时候：

   A 很聪明 　　　　**B** 过得很快乐 　　　　**C** 不该吃太多西瓜

정답 및 해설_ 해설집 46쪽

2 접속사의 호응 _{학교, 직장 생활}

新HSK에는 이렇게 출제된다! ▼

★ **학교**와 **직장 생활** 토픽은 독해 영역에서 가장 **많은 비중(29%)**을 차지하는데, 독해 제1부분보다는 **제2, 3부분**에 많이 **등장**한다. **모든 토픽 중 출제 비중이 가장 높으므로** HSK 3급 합격을 위해 최우선시해야 한다.

★ 학교와 직장 생활 토픽에는 일상적인 단어 외에 준비, 어려움, 문제, 해결, 결정, 완성과 같은 단어가 등장한다. HSK 1, 2급에는 없는 **추상적인 단어**들이 **활용**되므로 시험에서도 중요하게 다룬다.

★ 독해 영역의 문장과 지문은 **문장과 문장의 관계를 알려 주는 접속사**를 통해서 **문맥**을 빠르게 파악해야 한다. **접속사**를 **힌트**로 정확한 답을 찾아내는 문제가 출제된다.

1 독해 빈출 호응 표현 학습&직업(1)

Track 71

	표현	뜻	예문
1	做题 zuò tí	문제를 풀다	你好好儿做练习题吧。 Nǐ hǎohāor zuò liànxí tí ba. 연습 문제를 잘 풀어 보세요.
2	准备考试 zhǔnbèi kǎoshì	시험을 준비하다	他准备比较简单的考试。 Tā zhǔnbèi bǐjiào jiǎndān de kǎoshì. 그는 비교적 간단한 시험을 준비한다.
	复习考试 fùxí kǎoshì	시험을 복습하다/준비하다	你一定要好好儿复习考试。 Nǐ yídìng yào hǎohāor fùxí kǎoshì. 너는 꼭 열심히 시험을 준비해야 한다.
3	提高成绩 tígāo chéngjì	성적을 올리다	我要提高历史成绩。 Wǒ yào tígāo lìshǐ chéngjì. 나는 역사 성적을 올려야 한다.
4	问问题 wèn wèntí	문제를 물어보다	我儿子总是问问题。 Wǒ érzi zǒngshì wèn wèntí. 내 아들은 늘 질문을 한다.
5	回答问题 huídá wèntí	문제에 대답하다	请你回答问题。 Qǐng nǐ huídá wèntí. 문제에 답해 주세요.
6	遇到问题 yùdào wèntí	문제에 부딪치다	在工作上，大家都会遇到问题。 Zài gōngzuò shang, dàjiā dōu huì yùdào wèntí. 업무상에서 모두들 문제에 부딪칠 수 있다.

7	解决问题 jiějué wèntí	문제를 해결하다	我相信你能解决问题。 Wǒ xiāngxìn nǐ néng jiějué wèntí. 난 네가 문제를 해결할 수 있을 거라고 믿는다.
8	做决定 zuò juédìng	결정을 하다	让我好好儿想想再做决定。 Ràng wǒ hǎohāor xiǎngxiang zài zuò juédìng. 제가 곰곰이 생각한 후에 결정하게 해주세요.
9	完成工作 wánchéng gōngzuò	일을 완성하다	他一直想完成这些工作。 Tā yìzhí xiǎng wánchéng zhèxiē gōngzuò. 그는 줄곧 이 일들을 끝내고 싶었다.
	完成事情 wánchéng shìqing	일을 완성하다	他还需要完成其他事情。 Tā hái xūyào wánchéng qítā shìqing. 그는 또 다른 일을 완성해야 한다.
10	离开公司 líkāi gōngsī	회사를 떠나다	离开公司的时候要关灯。 Líkāi gōngsī de shíhou yào guān dēng. 회사에서 나올 때 전등을 꺼야 한다.

단어 好好儿 hǎohāor 🔒 잘, 충분히 | 做 zuò 🔒 하다 | ★练习 liànxí 🔒 연습 | 题 tí 🔒 문제 | 吧 ba 🔒 ~해라[명령] | 准备 zhǔnbèi 🔒 준비하다 | ★比较 bǐjiào 🔒 비교적 | ★简单 jiǎndān 🔒 간단하다 | 考试 kǎoshì 🔒 시험 | 要 yào 🔒 ~해야 한다 | ★提高 tígāo 🔒 향상시키다 | ★历史 lìshǐ 🔒 역사 | ★成绩 chéngjì 🔒 성적 | 儿子 érzi 🔒 아들 | ★总是 zǒngshì 🔒 늘, 항상 | 问 wèn 🔒 묻다 | 问题 wèntí 🔒 문제 | 请 qǐng 🔒 (상대가 어떤 일을 하길 바라는 의미로) ~하세요 | ★回答 huídá 🔒 대답하다 | 在工作上 zài gōngzuò shang 업무상에서, 일적으로 | 大家 dàjiā 🔒 모두들 | 遇到 yùdào 🔒 만나다, 마주치다 | ★相信 xiāngxìn 🔒 믿다 | 能 néng 🔒 ~할 수 있다 | ★解决 jiějué 🔒 해결하다 | 让 ràng 🔒 (~로 하여금) ~하게 하다 | 想 xiǎng 🔒 생각하다 🔒 ~하고 싶다 | 再 zài 🔒 ~한 뒤에 | ★决定 juédìng 🔒 결정 | ★一直 yìzhí 🔒 줄곧 | ★完成 wánchéng 🔒 완성하다 | 这些 zhèxiē 🔒 이 몇몇의 | 工作 gōngzuò 🔒 일 | ★需要 xūyào 🔒 필요하다 | ★其他 qítā 🔒 기타, 그 외 | ★离开 líkāi 🔒 떠나다, 벗어나다 | 公司 gōngsī 🔒 회사 | …的时候 …de shíhou ~할 때 | ★关 guān 🔒 (기계를) 끄다 | ★灯 dēng 🔒 등

공략 트레이닝 1 / 제2부분 /

A 提高　　B 其他　　C 成绩

1. 有一个题我不会做，明天去学校问问（　　　　）同学。

2. 经过这段时间的努力，他的汉语水平（　　　　）了不少。

[1] 해설 및 정답　**문제 분석▼** 문장을 해석했을 때 동사(问)와 목적어(同学)가 잘 갖추어져 있다. 따라서 빈칸에는 이 문장의 목적어인 명사(同学)를 꾸밀 수 있는 말이 와야 하므로 보기 B가 정답이다.

有一个题我不会做，明天去学校问问 （ **B** 其他 ）同学。 └─→ 다른 학교(반) 친구	내가 할 줄 모르는 문제가 하나 있어서, 내일 학교에 가서 （ **B** 다른 ） 애들한테 물어보려고.

단어 题 tí 몡 문제 | 会 huì 조통 ~할 줄 알다 | 明天 míngtiān 몡 내일 | 学校 xuéxiào 몡 학교 | 问 wèn 통 묻다,
질문하다 | ★其他 qítā 떼 기타, 그 외 | 同学 tóngxué 몡 학교(반) 친구

---

[2] 해설 및 정답 **문제 분석▼** 문장 중간의 了는 반드시 동사 바로 뒤에 써야 하므로, 보기 **A**가 정답이다.

经过这段时间的努力，他的汉语水平 （ **A** 提高 ）了不少。 동사了+不少 : 많이 ~했다	그동안의 노력을 통해, 그의 중국어 실력은 많이 （ **A** 향상되었다).

단어 ★经过 jīngguò 통 (활동·사건을) 경험하다, 거치다 | ★段 duàn 양 얼마간의[일정 기간이나 시간을 세는 단위] | 时
间 shíjiān 몡 시간 | ★努力 nǔlì 통 노력하다 | 汉语 Hànyǔ 몡 중국어 | 水平 shuǐpíng 몡 수준 | ★提高
tígāo 통 향상되다 | 不少 bùshǎo 혱 적지 않다, 많다

---

2 독해 빈출 포인트 접속사&부사

중국어 문장은 여러 개의 절이 콤마(,)로 연결되어 있다. 또한 문장과 문장이 이어져 글
전체의 문맥을 만든다. 따라서 절과 절, 문장과 문장을 잇는 대표적인 성분(접속사/부
사)들을 알아 두면 문장이나 글의 흐름을 쉽게 파악할 수 있다.

1. 虽然 A，但是 B suīrán A, dànshì B **(비록) A하지만, 그러나 B하다**

虽然我们认识的时间不长，但是他在工作上给了我很多帮助。
Suīrán wǒmen rènshi de shíjiān bù cháng, dànshì tā zài gōngzuò shang gěile wǒ hěn duō bāngzhù.
비록 우리가 알아 온 시간은 길지 않지만, 그는 업무상에서 내게 많은 도움을 줬다.

단어 虽然 suīrán 접 비록 ~하지만 | 但是 dànshì 접 그러나, 하지만 | 认识 rènshi 통 (사람·길·글자를) 알다 | 时
间 shíjiān 몡 시간 | 长 cháng 혱 (길이가) 길다 | 给 gěi 통 주다 | 多 duō 혱 (양이) 많다 | 帮助 bāngzhù 몡
도움

2. 不但 A，而且 B búdàn A, érqiě B **A할 뿐만 아니라, 게다가 B하기도 하다**

他不但工作很认真，而且人非常好。
Tā búdàn gōngzuò hěn rènzhēn, érqiě rén fēicháng hǎo.
그는 일도 열심히 할 뿐만 아니라 게다가 사람도 아주 좋다.

단어 ★不但 búdàn 젭 ~뿐만 아니라 ┃ ★而且 érqiě 젭 게다가 ┃ 工作 gōngzuò 명 일 ┃ ★认真 rènzhēn 형
성실하다, 진지하다 ┃ 非常 fēicháng 부 굉장히, 아주

---

3. 因为 A(원인/이유), 所以 B(결과) yīnwèi A, suǒyǐ B　　　**(왜냐하면) A하기 때문에, 그래서 B하다**

因为还有人没来，所以我们现在还不能开会。
Yīnwèi hái yǒu rén méi lái, suǒyǐ wǒmen xiànzài hái bù néng kāi huì.
아직 안 온 사람이 있어서, 우리는 지금 회의를 할 수 없습니다.

단어 因为 yīnwèi 젭 왜냐하면 ┃ 还 hái 부 아직도 ┃ 所以 suǒyǐ 젭 그래서 ┃ 现在 xiànzài 명 지금, 현재 ┃ 能 néng
조동 ~할 수 있다 ┃ 开会 kāi huì 동 회의를 열다

---

4. A(결과), (是)因为 B(원인/이유) A, (shì) yīnwèi B　　　**A하다, 왜냐하면 B하기 때문이다**

我家小猫很喜欢你，可能是因为你每天都照顾它。
Wǒ jiā xiǎomāo hěn xǐhuan nǐ, kěnéng shì yīnwèi nǐ měi tiān dōu zhàogù tā.
우리 집 고양이는 널 좋아해, 아마도 네가 매일 개를 돌보기 때문일 거야.

단어 家 jiā 명 집 ┃ 小猫 xiǎomāo 명 고양이 ┃ 喜欢 xǐhuan 동 좋아하다 ┃ 可能 kěnéng 부 아마(도) ┃ 因为
yīnwèi 젭 왜냐하면 ┃ ★照顾 zhàogù 동 돌보다

---

5. 如果 A(가정), (那么)就 B rúguǒ A, (nàme) jiù B　　　**만약 A한다면, (그럼) 곧 B하다**

如果你遇到问题，我就帮你。
Rúguǒ nǐ yùdào wèntí, wǒ jiù bāng nǐ.
만약에 네가 문제에 부딪친다면, 내가 널 도울게.

단어 ★如果 rúguǒ 젭 만약 (~라면) ┃ 就 jiù 부 곧, 바로 ┃ ★遇到 yùdào 동 만나다, 마주치다 ┃ 问题 wèntí 명 문제
┃ 帮 bāng 동 돕다

---

6. 为了 A(목적), B wèile A, B　　　**A하기 위해서 B하다**

为了解决这个问题，他想出了一个好办法。
Wèile jiějué zhège wèntí, tā xiǎngchūle yí ge hǎo bànfǎ.
이 문제를 해결하기 위해서, 그는 좋은 방법 한 가지를 생각해 냈다.

단어 ★为了 wèile 개 ~하기 위하여 ┃ ★解决 jiějué 동 해결하다 ┃ 问题 wèntí 명 문제 ┃ 想出 xiǎngchū 생각해
내다 ┃ ★办法 bànfǎ 명 방법

7. A是为了B(목적) A shì wèile B   A하는 것은 B하기 위함이다

他每天早上都做运动是为了身体健康。
Tā měi tiān zǎoshang dōu zuò yùndòng shì wèile shēntǐ jiànkāng.
그가 매일 아침에 운동하는 것은 건강하기 위해서다.

> 단어   早上 zǎoshang 몡 아침 | 运动 yùndòng 몡 운동 | 是为了 shì wèile ~하기 위해서 | 身体 shēntǐ 몡 몸, 신체 | ★健康 jiànkāng 혱 건강하다

8. 除了 A (以外)，都 B chúle A (yǐwài), dōu B   A를 제외하고, 모두 B하다

除了王经理，其他人都到了。
Chúle Wáng jīnglǐ, qítā rén dōu dào le.
왕 사장님을 제외하고, 다른 사람들은 모두 왔다.

> 단어   ★除了 chúle 괘 ~를 제외하고 | ★经理 jīnglǐ 몡 사장, 책임자 | ★其他 qítā 떼 다른, 그 밖의

9. 先 A，然后 B xiān A, ránhòu B   먼저 A하고, 그런 다음에 B하다

先完成这件事情，然后休息吧。
Xiān wánchéng zhè jiàn shìqing, ránhòu xiūxi ba.
먼저 이 일을 끝내고 난 후에 쉽시다.

> 단어   ★先 xiān 뮈 먼저 | ★然后 ránhòu 젭 그런 다음에 | ★完成 wánchéng 됭 완성하다 | 事情 shìqing 몡 일, 사건 | 件 jiàn 양 건[일 등을 세는 단위] | 休息 xiūxi 됭 쉬다, 휴식하다 | 吧 ba 죄 ~하자[제안]

10. A 或者 B A huòzhě B   A 혹은(아니면) B

我们去一楼或者去二楼开会吧。
Wǒmen qù yī lóu huòzhě qù èr lóu kāi huì ba.
우리 1층이나 2층에 가서 회의합시다.

> 단어   ★楼 lóu 양 층 | ★或者 huòzhě 젭 ~거나, 혹은

1. 虽然我和小张以前是一个班的，但是我对他了解不多。今天，我跟他聊了很久，才发现他说话很有意思，人也非常好。

   ★ 他和小张：

   A 是同学　　　　　B 年级不一样　　　　C 以前关系很好

2. 小白，这个选择对你来说非常重要，别人的话你可以听一听，但你要记住，最后做决定的人是你自己。

   ★ 说话人认为小白应该：

   A 回答问题　　　　B 认真地学习　　　　C 自己做决定

[1] 해설 및 정답　**문제 분석▼** '같은 반이다(是一个班的)'는 '반 친구(同学)'라는 것을 의미하므로, 보기 **A**가 정답이다.

虽然我和小张以前是一个班的，**但是**我对他了解不多。今天，我跟他聊了很久，才发现他说话很有意思，人也非常好。

비록 ~하지만, 그러나 ~하다
~에 대해 잘 알다

나와 샤오장은 전에 같은 반이었지만, 걔에 대해서 아는 것이 많지 않았다. 오늘 나는 그와 이야기를 오래 한 후에서야, 그가 말을 재미있게 하고 사람도 매우 좋다는 것을 알게 되었다.

★ 他和小张：

A 是同学

B 年级不一样

C 以前关系很好

★ 그와 샤오장은：

A 반 친구였다

B 학년이 같지 않다

C 예전에 관계가 아주 좋았다

단어 虽然 suīrán 쩹 비록 ~하지만(일지라도) | ★以前 yǐqián 몡 이전 | ★班 bān 몡 학급, 반 | 但是 dànshì 쩹 그러나 | 对 duì 깨 ~에 대해(서), ~에 대하여 | ★了解 liǎojiě 동 분명히 알다, 잘 알다 | 今天 jīntiān 몡 오늘 | ★跟 gēn 깨 ~와 | 聊 liáo 동 수다를 떨다 | ★久 jiǔ 혱 (시간이) 오래되다 | ★才 cái 틴 비로소, 겨우 | ★发现 fāxiàn 동 발견하다 | 说话 shuōhuà 말을 하다 | 有意思 yǒu yìsi 혱 재미있다 | 也 yě 틴 ~도 역시 | 非常 fēicháng 틴 굉장히, 아주 | 同学 tóngxué 몡 학교(반) 친구 | ★年级 niánjí 몡 학년 | ★一样 yíyàng 혱 같다, 동일하다 | ★关系 guānxi 몡 관계

문제 분석▼ 샤오바이(小白)에게 '마지막에 결정하는 사람은 너 자신이다(**最后做决定的人是你自己**)'라고 했으므로 샤오바이(小白)는 스스로 결정해야 한다. 따라서 보기 **C**가 정답이다.

小白，这个选择<u>对你来说</u>非常重
~의 입장에서
要，别人的话你可以听一听，<u>但你要记</u>
~해야 한다
住，最后做决定的人是你自己。

★ 说话人认为 小白 应该：

A 回答问题

B 认真地学习

C 自己做决定

샤오바이, 이 선택은 너에게 아주 중요해. 다른
사람의 말을 들어 볼 수는 있지만, 마지막에 결정하
는 사람은 너 자신이라는 걸 기억해야 해.

★ 말하는 이는 샤오바이 가:

A 문제에 대답해야 한다

B 열심히 공부해야 한다

C 스스로 결정해야 한다

단어 ★选择 xuǎnzé 통 고르다, 선택하다 | 对…来说 duì…lái shuō ~에게 있어서, ~의 입장에서 보면 | 非常 fēicháng 분 굉장히, 아주 | ★重要 zhòngyào 형 중요하다 | ★别人 biéren 대 남, 타인 | 话 huà 명 말 | 可 以 kěyǐ 조동 ~할 수 있다, ~해도 된다 | 听 tīng 통 듣다 | 但 dàn 접 그러나 | 要 yào 조동 ~해야 한다 | 记 住 jìzhu 통 확실히 기억해 두다 | ★最后 zuìhòu 명 제일 마지막, 결국 | 做 zuò 통 하다 | ★决定 juédìng 명 통 결정(하다) | ★自己 zìjǐ 대 자기, 자신, 스스로 | 说话 shuōhuà 통 말을 하다 | ★认为 rènwéi 통 ~라고 생각하다, 여기다 | 应该 yīnggāi 조동 마땅히 ~해야 한다 | ★回答 huídá 통 대답하다 | 问题 wèntí 명 문제 | ★认真 rènzhēn 형 성실하다, 진지하다 | 学习 xuéxí 통 공부하다

┤ **실전 트레이닝 1** ├

제1부분

A 先复习上次学过的几个句子，然后做了做练习题。

B 喂，校长，有一位姓王的先生找您。

C 老师，我怎样做才能提高数学成绩呢?

1. 我昨天感冒没去上课，老师都讲什么了? ( )

2. 你先带他去我的办公室，我马上就过去。 ( )

3. 你上课时要认真，课下多做练习。 ( )

제2부분

A 复习	**B** 清楚	**C** 如果

4. 你坐得那么远，能看（ ）黑板上的字吗?

5. 今天先练到这儿，记得好好（ ）考试。

6. A: 爸爸，骑马是不是很难学?

B: 不难，（ ）你想学，爸爸教你。

정답 및 해설_ 해설집 48쪽

실전 트레이닝 2

1. 今天上班的路上，我遇到了以前教我们历史的老师，就跟他聊了几句，也没注意时间，差点儿就迟到了。

    ★ 他今天遇到谁了？

    A 历史老师　　　　　**B** 班上的同学　　　　　**C** 以前的校长

2. 哥哥每周要上七八个小时的游泳课，每次上课他都学得非常认真。现在，哥哥的游泳水平已经有了很大的提高。

    ★ 关于哥哥，可以知道：

    A 不会游泳　　　　　**B** 不喜欢运动　　　　　**C** 学游泳很认真

3. 为了准备今天上午的考试，我昨天很晚才睡，早上起床后发现跟熊猫的眼睛一样。

    ★ 他昨天为什么很晚才睡？

    A 看电视　　　　　　**B** 准备考试　　　　　　**C** 打扫房间

4. 小张，别难过，回去再认真练习练习，我相信下次你一定能做得更好。

    ★ 根据这段话，小张现在：

    A 是老师　　　　　　**B** 很难过　　　　　　　**C** 不能上课了

정답 및 해설_ 해설집 50쪽

3 형용사의 호응

학교, 직장 생활

新HSK에는 이렇게 출제된다! ▼

★ **학교**와 **직장 생활 토픽**은 출제 비중이 높은 만큼 다양한 명사, 동사 그리고 형용사가 활용된다. 따라서 HSK 3급에 새롭게 등장하는 **추상적인 명사를 자주 호응하는 형용사와 묶어서 공부**하면 큰 도움이 된다.

★ 문장 안의 형용사는 정도부사와 함께 써서 그 상태가 어느 정도인지 정확하게 나타내는 경우가 많다. 따라서 독해 영역에서도 **정도부사를 힌트로 형용사의 필요성**을 **유추**해 내도록 출제된다.

1 독해 빈출 호응 표현 학습&직업(2)

Track 72

☐☐ 1	学习努力 xuéxí nǔlì	공부를 열심히 하다	他学习很努力。 Tā xuéxí hěn nǔlì. 그는 공부를 매우 열심히 한다.
☐☐ 2	工作认真 gōngzuò rènzhēn	일을 열심히 하다	爸爸工作非常认真。 Bàba gōngzuò fēicháng rènzhēn. 아버지께서는 일을 굉장히 열심히 하신다.
☐☐ 3	影响大 yǐngxiǎng dà	영향이 크다	历史成绩对我影响不大。 Lìshǐ chéngjì duì wǒ yǐngxiǎng bú dà. 역사 성적은 나에게 영향이 크지 않다.
☐☐ 4	要求高 yāoqiú gāo	기대치가 높다	妈妈对我要求太高了。 Māma duì wǒ yāoqiú tài gāo le. 엄마는 나에게 기대치가 너무 높다.
☐☐ 5	选择重要 xuǎnzé zhòngyào	선택이 중요하다	你的每个选择都很重要。 Nǐ de měi ge xuǎnzé dōu hěn zhòngyào. 너의 모든 선택이 다 중요하다.
☐☐ 6	做题容易 zuò tí róngyì	문제를 푸는 것이 쉽다	做这些数学题特别容易。 Zuò zhèxiē shùxué tí tèbié róngyì. 이 수학 문제들을 푸는 건 엄청 쉽다.
☐☐ 7	声音大 shēngyīn dà	소리가 크다	手机声音有点儿大。 Shǒujī shēngyīn yǒudiǎnr dà. 휴대폰 소리가 좀 크다.
☐☐ 8	环境不错 huánjìng búcuò	환경이 좋다	我们公司环境不错。 Wǒmen gōngsī huánjìng búcuò. 우리 회사는 환경이 좋다.

9	**水平高** shuǐpíng gāo	수준이 높다	**我的汉语**水平**不太**高。 Wǒ de Hànyǔ shuǐpíng bú tài gāo. 나의 중국어 수준은 그다지 높지 않다.
10	**工作简单** gōngzuò jiǎndān	일이 간단하다	**这里的**工作比较简单。 Zhèlǐ de gōngzuò bǐjiào jiǎndān. 이곳의 일은 비교적 간단하다.

🗣 学习 xuéxí 图 공부하다 | ★努力 nǔlì 图 노력하다 | 工作 gōngzuò 图 일 | 非常 fēicháng 图 굉장히, 아주 | ★认真 rènzhēn 图 성실하다, 진지하다 | ★历史 lìshǐ 图 역사 | ★成绩 chéngjì 图 성적 | 对 duì 图 ~에 대하여 | ★影响 yǐngxiǎng 图 영향 | 大 dà 图 크다 | ★要求 yāoqiú 图 요구 | 高 gāo 图 높다 | 每 měi 图 모든, 매, ~마다 | ★选择 xuǎnzé 图 선택 | 这些 zhèxiē 图 이 몇몇의 | ★数学 shùxué 图 수학 | 题 tí 图 문제 | ★特别 tèbié 图 특히 | ★容易 róngyì 图 쉽다 | 手机 shǒujī 图 휴대폰 | ★声音 shēngyīn 图 소리 | 有点儿 yǒudiǎnr 图 조금, 약간[부정적인 어투가 강함] | 公司 gōngsī 图 회사 | ★环境 huánjìng 图 환경 | 不错 búcuò 图 좋다, 괜찮다 | 汉语 Hànyǔ 图 중국어 | 水平 shuǐpíng 图 수준, 능력 | 不太 bú tài 그다지 ~하지 않다 | ★这里 zhèlǐ 图 이곳, 여기 | ★比较 bǐjiào 图 비교적 | ★简单 jiǎndān 图 간단하다

공략 트레이닝 1 / 제3부분

1. 小王不但学习努力，而且人也很热情，很愿意帮助有需要的同学，所以才来新学校一个星期，大家就都认识他了。

   ★ 关于小王，可以知道：

   A 是新来的　　　　B 学习不认真　　　　C 不愿意帮助别人

2. 小李最近换了一家新公司，虽然每天都很忙，但他从没说过累，因为他觉得自己是在做喜欢的事情。

   ★ 根据这段话，小李：

   A 经常迟到　　　　B 喜欢新工作　　　　C 遇到了问题

[1] 해설 및 정답 **문제 분석▼** 샤오왕(小王)이 새 학교에 온 지 겨우(才) 일주일 되었다고 했으므로, 그가 새로 온 사람이라는 것을 알 수 있다. 따라서 보기 **A**가 정답이다.

小王 不但学习努力，而且人也很热
　　　~할 뿐만 아니라, 게다가 ~하다
情，很愿意帮助有需要的同学，所以才来
　　　　　　　　　　　그래서[+결과]
新学校一个星期，大家就都认识他了。

샤오왕은 공부를 열심히 할 뿐 아니라 사람도 아주 친절해서, 도움이 필요한 반 친구들을 기꺼이 도와준다. 그래서 새 학교에 온 지 일주일 만에, 모두들 그를 알게 되었다.

★ 关于 小王 ，可以知道：	★ 샤오왕 에 대하여 알 수 있는 것은:
A 是新来的	A 새로 온 사람이다
B 学习不认真	B 열심히 공부하지 않는다
C 不愿意帮助别人	C 다른 사람을 도와주길 원치 않는다

(단어) ★不但…而且… búdàn…érqiě… 쩝 ~할 뿐만 아니라 게다가 ~까지 하다 | ★努力 nǔlì 통 노력하다 | 也 yě 띄 ~도 역시 | ★热情 rèqíng 혱 친절하다 | ★愿意 yuànyì 통 바라다, 원하다 | 帮助 bāngzhù 통 돕다 | ★需要 xūyào 통 필요로 하다, 요구되다 | ★同学 tóngxué 몡 학교(반) 친구 | 所以 suǒyǐ 쩝 그래서 | ★才 cái 띄 비로소, 겨우 | 来 lái 통 오다 | 一个星期 yí ge xīngqī 일주일 | 大家 dàjiā 떼 모두들, 여러분 | 就 jiù 띄 곧, 바로 | 都 dōu 띄 모두, 다 | 认识 rènshi 통 (사람·길·글자를) 알다 | 可以 kěyǐ 조통 ~할 수 있다 | 知道 zhīdào 통 알다, 이해하다 | 新来 xīnlái 통 새로 오다 | ★别人 biérén 떼 남, 타인

[2] 해설 및 정답   문제 분석▼ 샤오리(小李)는 '회사를 바꿨다(换公司)'고 하고, '좋아하는 일을 하고 있다(在做喜欢的事情)'고 생각한다고 했으므로 새로운 일을 좋아한다는 것을 알 수 있다. 따라서 보기 B 가 정답이다.

小李 最近换了一家新公司， 虽然 每 天都很忙， 但他从没说过 累， 因为他觉得 自己是在做喜欢的事情。	샤오리 는 최근 새로운 회사로 옮겼다. 비록 매일 바쁘지만, 그는 힘들다는 말을 한 적이 없다. 왜냐하면 그는 자신이 좋아하는 일을 하고 있다고 생각하기 때문이다.
★ 根据这段话， 小李 :	★ 이 글에 근거하면 샤오리 는:
A 经常迟到	A 자주 지각한다
B 喜欢新工作	B 새로운 일자리를 좋아한다
C 遇到了问题	C 문제에 부딪혔다

(단어) ★最近 zuìjìn 몡 최근, 요즘 | ★换 huàn 통 바꾸다, 교환하다 | 家 jiā 혱 가게·상점 등을 세는 단위 | 新 xīn 혱 새롭다 | 公司 gōngsī 몡 회사 | 虽然…但… suīrán…dàn… 쩝 비록 ~하지만(일지라도) 그러나 ~하다 | 从没…过 cóng méi…guo 여태껏 ~한 적 없다 | 说 shuō 통 말하다 | 累 lèi 혱 피곤하다, 힘들다 | 因为 yīnwèi 쩝 왜냐하면 | 觉得 juéde ~라고 생각하다, 여기다 | ★自己 zìjǐ 떼 자기, 자신, 스스로 | 做 zuò 통 하다 | 喜欢 xǐhuan 통 좋아하다 | 事情 shìqing 몡 일, 사건 | ★根据 gēnjù 깨 ~에 근거하여 | ★段 duàn 혱 단락[사물의 한 부분을 나타냄] | ★经常 jīngcháng 띄 자주, 언제나 | ★迟到 chídào 통 지각하다 | ★遇到 yùdào 통 만나다, 마주치다 | 问题 wèntí 몡 문제

2 독해 빈출 포인트 정도부사&형용사

1. 정도부사

정도부사는 형용사나 심리감정동사 앞에 쓰여 상태의 정도를 강조하는 역할을 한다. 따라서 정도부사가 등장하면 그 뒤에 형용사나 심리감정동사가 있을 것이라고 예상할 수 있다. 독해 제2부분에서는 형용사가 제시어로 많이 등장하는데, 형용사가 정답일 경우 대부분 빈칸 앞에 정도부사가 있다. 따라서 정도부사는 뒤에 형용사가 필요함을 암시하는 중요한 힌트가 된다.

他很喜欢看书。 그는 책 읽는 것을 매우 좋아한다.
Tā hěn xǐhuan kàn shū.

今天的会议太长了。 오늘의 회의는 너무 길다.
Jīntiān de huìyì tài cháng le.

단어 看 kàn 통 보다 | 书 shū 명 책 | ★会议 huìyì 명 회의 | 长 cháng 형 (길이가) 길다

📁 힌트가 되는 정도부사 ✖독해 제2부분 문제에 힌트로 자주 등장한 정도부사 *필수체크*

□□ 很 hěn 매우		□□ 非常 fēicháng 굉장히, 아주	
□□ 太 tài 너무, 몹시		□□ 特别 tèbié 특히 ✖	
□□ 真 zhēn 정말, 진짜		□□ 比较 bǐjiào 비교적 ✖	
□□ 有点儿 yǒudiǎnr 조금, 약간[부정적인 어투가 강함]		□□ 最 zuì 가장, 제일	
□□ 更 gèng ✖ | 还 hái 더, 더욱		□□ 越来越 yuèláiyuè 점점, 갈수록	

2. 형용사

형용사는 사람, 사물, 상황의 상태를 묘사하는 의미를 가지고 있다. 보통 주어에 따라 그에 적절한 형용사가 함께 쓰이므로, 문장을 볼 때 '**누가/무엇이(주어)+～하다(형용사)**'에 주의하고, 그 밖에 다양한 형용사 표현들도 기억하자.

📖 시험에 출제되는 형용사 ✗ 필수체크

☐☐ **选择**难 xuǎnzé nán 선택이 어렵다	☐☐ 旧**鞋** jiù xié 오래된 신발, 낡은 신발
☐☐ **时间**短 shíjiān duǎn 시간이 짧다	☐☐ **事情**奇怪 shìqing qíguài 일이 이상하다
☐☐ **事情**重要 shìqing zhòngyào 일이 중요하다	☐☐ **问题**简单 wèntí jiǎndān 문제가 간단하다
☐☐ **考试**简单 kǎoshì jiǎndān 시험이 간단하다	☐☐ **牛奶**坏(**了**) niúnǎi huài (le) 우유가 상했다
☐☐ **办法**相同 bànfǎ xiāngtóng 방법이 (서로) 같다	☐☐ **脚**疼 jiǎo téng 발이 아프다
☐☐ **腿**疼 tuǐ téng 다리가 아프다	☐☐ **年轻人** niánqīngrén 젊은이, 젊은 사람
☐☐ **健康**的**身体** jiànkāng de shēntǐ 건강한 몸	☐☐ **吃**饱 chībǎo 먹고 배부르다, 배부르게 먹다
☐☐ 饱 bǎo (배가) 부르다	☐☐ 满意 mǎnyì 만족하다, 마음에 들다
☐☐ 渴 kě (목이) 마르다	☐☐ 有名 yǒumíng 유명하다
☐☐ 难过 nánguò 괴롭다, 슬프다	☐☐ 清楚 qīngchu 분명하다
☐☐ **看**清楚 kàn qīngchu 보고 분명하다, 분명하게 보다	☐☐ **听**清楚 tīng qīngchu 들어서 분명하다, 분명하게 듣다

A 短　　B 重要　　C 总是

1. 他每天（　　　）第一个到公司，最后一个离开。

2. 这次会议的时间比较（　　　），大家就简单说说吧。

[1] 해설 및 정답 　**문제 분석▼** 부사 **总是**는 '늘, 항상'이라는 뜻으로 주어 뒤 또는 술어 앞에 쓰고, 의미상 '늘 첫 번째로 회사에 온다'는 표현이 적절하므로 보기 **C**가 정답이다.

他每天（ **C 总是** ）第一个到公司，最后一个离开。	그는 매일（ **C 늘**）첫 번째로 회사에 도착해서, 마지막으로 떠난다.

단어 　每天 měi tiān 매일 │ ★总是 zǒngshì 틧 늘, 항상 │ 第一个 dì-yī ge 뎡 첫 번째, 맨 처음 │ 到 dào 동 도착하다, 이르다 │ 公司 gōngsī 뎡 회사 │ ★最后 zuìhòu 뎡 제일 마지막, 결국 │ ★离开 líkāi 동 떠나다, 벗어나다

[2] 해설 및 정답 　**문제 분석▼** 부사 **比较**는 '비교적 (~한 편이다)'라는 뜻으로 형용사나 심리감정동사 앞에 서서 상태의 정도를 강조한다. 따라서 빈칸에 형용사 **短**을 쓰고 '比较短(비교적 짧다)'라는 표현을 완성하면 자연스럽다.

这次会议的时间比较（　**A 短**　），大家就简单说说吧。	이번 회의 시간은 비교적（ **A 짧아요**），여러분 간단하게 이야기해 봅시다.

단어 　★会议 huìyì 뎡 회의 │ 时间 shíjiān 뎡 시간 │ ★比较 bǐjiào 틧 비교적 │ ★短 duǎn 뎡 짧다 │ 大家 dàjiā 떼 모두들, 여러분 │ 就 jiù 틧 곧, 바로 │ ★简单 jiǎndān 뎡 간단하다 │ 说 shuō 동 말하다

실전 트레이닝 1

제1부분

A 除了一位请假的同事，其他人都到了。

B 他可能不在办公室，你打他手机试试。

C 我不这么认为，我相信我们可以做到。

1. 奇怪，小张怎么一直不接电话？ 　　（　　　）

2. 要在这么短的时间里完成工作，还是比较难的。 　　（　　　）

3. 大家都到了吗？ 　　（　　　）

제2부분

A 一直	B 完成	C 灯

4. 做好事不难，难的是（　　　）做下去。

5. 最后离开公司的同事不要忘了关（　　　）。

6. A: 小白，上次让你做的那件事情怎么样了？

　　B: 您放心，经理，这个周末前就能（　　　）。

정답 및 해설_ 해설집 53쪽

실전 트레이닝 2

제3부분

1. 喂，我来这边主要是为了工作上的事情，忙完就马上回去，下次有机会再找你吃顿饭。

   ★ 他们这次：

   A 都不太忙　　　　　**B** 没时间见面　　　　　**C** 打算一起玩儿

2. 今天会议上大家说的那两个办法，我同意试试第一个，因为它能更快地解决问题。

   ★ 他觉得第一个办法：

   A 影响很大　　　　　**B** 需要很长时间　　　　　**C** 解决问题更快

3. 弟弟在一家电脑公司上班。他告诉我们那儿环境不错，同事也都很热情，他很喜欢现在的工作，会努力把它做好。

   ★ 根据这段话，可以知道弟弟：

   A 工作不努力　　　　　**B** 对公司很满意　　　　　**C** 喜欢安静的环境

4. 这件事来得太突然了，我心里一点儿准备也没有，希望你能给我点儿时间，让我好好想想再做决定。

   ★ 说话人是什么意思？

   A 都准备好了　　　　　**B** 要求非常高　　　　　**C** 需要时间想想

정답 및 해설_ 해설집 55쪽

독해

4 동사의 호응 상점, 식당

新HSK에는 이렇게 출제된다! ▼

★ **상점**과 **식당** 토픽은 독해 영역에서 **상당 비중(27%)**을 차지한다. 독해 **제1, 2부분**에는 **상점** 관련 호응 표현이 많이 등장하고, 독해 **제2, 3부분**에는 **식당** 관련 호응 표현이 많이 출제된다.

★ **상점**과 **식당** 토픽에는 **선택, 구매, 결제, 주문, 평가, 기호**와 관련하여 다양한 명사, 동사, 형용사의 호응 표현이 등장한다.

★ 동사는 문장의 중심 기둥과 같아서, 중국어는 **동사**를 중심으로 **앞에는 주어, 뒤에는 목적어**가 호응하여 기본 문장을 완성한다. 따라서 독해 영역에서도 동사를 묻는 문제가 많이 출제된다.

1️⃣ 독해 빈출 호응 표현 상점

Track 73

1	用信用卡 yòng xìnyòngkǎ	신용카드를 사용하다	这儿不能用信用卡。 Zhèr bù néng yòng xìnyòngkǎ. 여기에서는 신용카드를 사용할 수 없다.
	刷信用卡 shuā xìnyòngkǎ	신용카드를 긁다	这里可以刷信用卡。 Zhèlǐ kěyǐ shuā xìnyòngkǎ. 이곳에서는 신용카드를 긁을 수 있다.
2	带钱 dài qián	돈을 지니다	对不起，我没带钱。 Duìbuqǐ, wǒ méi dài qián. 미안한데, 나 돈을 안 가져왔어.
3	去商店 qù shāngdiàn	상점에 가다	你要不要跟我一起去商店？ Nǐ yào bu yào gēn wǒ yìqǐ qù shāngdiàn? 나와 함께 상점에 갈래?
4	买东西 mǎi dōngxi	물건을 사다, 쇼핑을 하다	我想买东西。 Wǒ xiǎng mǎi dōngxi. 나는 물건을 사고 싶다.
5	送礼物 sòng lǐwù	선물을 주다	我要送他礼物。 Wǒ yào sòng tā lǐwù. 나는 그에게 선물을 주려고 한다.
6	价格贵 jiàgé guì	가격이 비싸다	这里的价格很贵。 Zhèlǐ de jiàgé hěn guì. 여기 가격이 비싸다.

☐☐ 7	**商店便宜** shāngdiàn piányi	상점이 저렴하다	这家商店比较便宜。 Zhè jiā shāngdiàn bǐjiào piányi. 이 상점은 비교적 저렴하다.
☐☐ 8	**衣服好看** yīfu hǎokàn	옷이 예쁘다	这件衣服很好看。 Zhè jiàn yīfu hěn hǎokàn. 이 옷은 매우 예쁘다.
☐☐ 9	**裤子长** kùzi cháng	바지가 길다	那条裤子有点儿长。 Nà tiáo kùzi yǒudiǎnr cháng. 그 바지는 좀 길다.
☐☐ 10	**旧鞋** jiù xié	낡은 신발	这是一双旧鞋。 Zhè shì yì shuāng jiù xié. 이것은 낡은 신발 한 켤레이다.

🔊 **단어** 不能 bù néng ~할 수 없다 | ★用 yòng 통 사용하다 | ★信用卡 xìnyòngkǎ 명 신용카드 | 对不起 duìbuqǐ 미안해요, 죄송해요 | 没(有) méi(yǒu) 부 ~하지 않았다 | ★带 dài 통 (몸에) 지니다, 가지다 | 钱 qián 명 돈 | ★跟 gēn 개 ~와 | 一起 yìqǐ 부 같이, 함께 | 商店 shāngdiàn 명 상점, 가게 | 想 xiǎng 조통 ~하고 싶다 | 买 mǎi 통 사다 | 东西 dōngxi 명 물건 | 送 sòng 통 선물하다, 주다 | ★礼物 lǐwù 명 선물 | 价格 jiàgé 명 가격 | 贵 guì 형 (가격이) 비싸다 | 商店 shāngdiàn 명 상점, 가게 | ★比较 bǐjiào 부 비교적 | 便宜 piányi 형 (값이) 싸다 | 件 jiàn 양 벌[옷 등을 세는 단위] | 衣服 yīfu 명 옷 | 好看 hǎokàn 형 예쁘다, 보기 좋다 | ★条 tiáo 양 바지·치마를 세는 단위 | ★裤子 kùzi 명 바지 | 有点儿 yǒudiǎnr 부 조금, 약간[부정적인 어투가 강함] | 长 cháng 형 (길이가) 길다 | ★双 shuāng 양 쌍, 켤레[쌍이나 짝을 이룬 물건을 세는 단위] | ★旧 jiù 형 낡다, 오래되다 | ★鞋 xié 명 신발

A 这家商店不能用信用卡。

B 还不错，但我觉得那条红色的更漂亮，你去试试。

1. 你看这件黑色的衣服怎么样? ( )

2. 你带钱了吗? 先借我400块，好不好? ( )

---

[1] 해설 및 정답 **문제 분석▼** 이 검은색 옷(这件黑色的衣服)이 어떠냐는 질문에는 '그럭저럭 괜찮다(还不错)' 는 긍정적인 대답과 '저 빨간 것(那条红色的)'도 입어 보라는 반응이 적절하다. 따라서 보기 B가 정답이다.

A: ❶你看这件黑色的衣服怎么样?
　　　　　　　~는 어때?[상대방의 의사를 묻는 질문]
B: ❸还不错，但我觉得那条红色的更漂亮，

　　你去试试。

A: ❶ 네가 볼 때 이 검은색 옷은 어때?

B: ❸ 괜찮네, 근데 저 빨간색이 더 예쁜 것 같아, 한번 입어 봐.

단어 看 kàn 통 보다 | ★件 jiàn 양 벌[옷이나 상의를 세는 단위] | 黑色 hēisè 명 검은색 | 衣服 yīfu 명 옷 | 怎么样 zěnmeyàng 대 어떠하다 | 还 hái 부 그럭저럭, 꽤, 비교적 | 不错 búcuò 형 좋다, 괜찮다 | 但 dàn 접 그러나 | 觉得 juéde 통 ~라고 생각하다, 여기다 | 红色 hóngsè 명 빨간색 | ★更 gèng 부 더, 더욱 | 漂亮 piàoliang 형 예쁘다 | 去 qù 통 가다 | ★试 shì 통 시험 삼아 해보다, 시도하다

---

[2] 해설 및 정답 **문제 분석▼** 현금 400위안을 빌려 달라고 말하는 상황은 상점이나 식당에서 신용카드가 안 될 때(보기 A)를 떠오르게 하므로 서로 연결하기 적절하다.(★이 대화문은 한 사람이 하는 말로도 해석이 가능하다.)

A: ❶这家商店不能用信用卡。
　　　　　　~할 수 없다[상황적, 시간적 여건이 안 됨]
B: ❷你带钱了吗? 先借我400块，好不好?
　　　　　　　　　　　~하는 거 어때?

A: ❶ 이 가게는 신용카드가 안 돼.

B: ❷ 너 돈 가져왔어? 우선 나에게 400위안 빌려 줄 수 있어?

단어 家 jiā 양 가게·상점 등을 세는 단위 | 商店 shāngdiàn 명 상점, 가게 | 能 néng 조동 ~할 수 있다 | ★用 yòng 통 사용하다, 쓰다 | ★信用卡 xìnyòngkǎ 명 신용카드 | ★带 dài 통 (몸에) 지니다 | 钱 qián 명 돈 | ★先 xiān 부 먼저 | ★借 jiè 통 빌리다 | 块 kuài 양 위안[중국 화폐의 기본 단위]

2 독해 빈출 포인트 동사

동사는 문장의 중심이고 목적어(명사)와 호응하여 쓴다. 보통 주어와 목적어에 따라 그에 적절한 동사가 함께 쓰이므로 중국어 문장을 볼 때 '누가/무엇이(주어)+~하다(동사)+누구를/무엇을(목적어)'에 주의하고, 그 밖에 다양한 동사 표현들도 기억하자.

他每个星期一都要参加会议。 그는 매주 월요일마다 회의에 참가해야 한다.
Tā měi ge xīngqīyī dōu yào cānjiā huìyì.

단어 每 měi 때 매, ~마다 | 星期一 xīngqīyī 월요일 | ★参加 cānjiā 통 참가하다 | ★会议 huìyì 명 회의

🗂 시험에 출제되는 동사 ✕ 필수체크

☐☐ 骑马 qí mǎ 말을 타다	☐☐ 像妈妈 xiàng māma 엄마를 닮다
☐☐ 过生日 guò shēngrì 생일을 지내다	☐☐ 讲故事 jiǎng gùshi 이야기를 하다
☐☐ 带好东西 dàihǎo dōngxi 물건을 잘 챙기다	☐☐ 花钱 huā qián 돈을 쓰다
☐☐ 发电子邮件 fā diànzǐ yóujiàn 이메일을 보내다	☐☐ 检查作业 jiǎnchá zuòyè 숙제를 검사하다
☐☐ 复习考试 fùxí kǎoshì 시험을 복습하다/준비하다	☐☐ 记得复习 jìde fùxí 복습하는 걸 기억하다
☐☐ 想办法 xiǎng bànfǎ 방법을 생각하다	☐☐ 完成事情 wánchéng shìqing 일을 완성하다
☐☐ 解决问题 jiějué wèntí 문제를 해결하다	☐☐ 回答问题 huídá wèntí 문제에 대답하다
☐☐ 提高成绩 tígāo chéngjì 성적을 향상시키다	☐☐ 提高水平 tígāo shuǐpíng 수준을 향상시키다
☐☐ 结束会议 jiéshù huìyì 회의를 마치다	☐☐ 参加会议 cānjiā huìyì 회의에 참가하다
☐☐ 举行比赛 jǔxíng bǐsài 경기를 개최하다	☐☐ 飞机起飞 fēijī qǐfēi 비행기가 이륙하다
☐☐ 放 fàng 놓다, 두다	☐☐ 相信 xiāngxìn 믿다
☐☐ 欢迎 huānyíng 환영하다	☐☐ 打算 dǎsuan 계획하다
☐☐ 注意 zhùyì 주의하다	☐☐ 在…见面 zài…jiànmiàn ~에서 만나다
☐☐ 在…留学 zài…liúxué ~에서 유학하다	☐☐ 对…了解 duì…liǎojiě ~에 대해 잘 알다

A 注意　　B 带　　C 或者

1. 请（　　　）好您的东西，欢迎下次再来。

2. A: 天气太热了！我很渴，你呢?

　 B: 我也是，我们去商店（　　　）超市买瓶饮料喝吧。

---

[1] 해설 및 정답 | **문제 분석▼** 동사 请은 본래 '청하다, 부탁하다'라는 뜻으로 뒤에 또 다른 동사가 있어서 '~하기를 청하다, 부탁하다'라고 써야 한다. 이 문장에서 명사 **东西** 앞에도 동사가 필요하므로 빈칸 안에 带를 써서 '请带东西(물건을 챙기세요)'라는 표현을 완성한다.

请（ **B 带** ）好您的**东西**，欢迎下次再来。 _{동사　　　　목적어}	물건을 잘 (**B 챙기시고**), 다음에 또 오세요.

단어 请 qǐng 통 ~하세요, 청하다, 부탁하다 | ★带 dài 통 지니다, 챙기다 | 东西 dōngxi 명 물건, 것 | 欢迎 huānyíng 통 환영하다 | 下次 xiàcì 명 다음 번 | 再 zài 부 또, 다시 | 来 lái 통 오다

---

[2] 해설 및 정답 | **문제 분석▼** 或者는 'A或者B(A 혹은 B)' 형식으로 쓰여 'A와 B 둘 중에 하나'를 의미한다. 따라서 이 문장에서는 '商店或者超市(가게 혹은 슈퍼마켓)'이라고 할 수 있으므로 보기 **C**가 정답이다.

A: 天气太热了！我很渴，你呢? B: 我也是，我们去商店（ **C 或者** ）超市 _{A或者B : A 혹은 B} 买瓶饮料喝吧。	A: 날씨가 너무 덥다! 나는 정말 목마른데, 너는? B: 나도 그래, 우리 가게 (**C 혹은**) 슈퍼마켓에 가서 음료수를 사서 마시자.

단어 天气 tiānqì 명 날씨 | 太 tài 부 너무, 지나치게 | 热 rè 형 덥다 | ★渴 kě 형 목마르다 | 去 qù 통 가다 | 商店 shāngdiàn 명 상점, 가게 | ★或者 huòzhě 접 ~거나, 혹은 | ★超市 chāoshì 명 슈퍼마켓 | 买 mǎi 통 사다 | 瓶 píng 양 병 | ★饮料 yǐnliào 명 음료 | 喝 hē 통 마시다

| 실전 트레이닝 1 |

제1부분

A 这条裙子好看吗?

B 怎么没见你穿过那条白色的裤子啊?

C 好的，能刷信用卡吗?

1. 买的时候没有试，回家后才发现太长了。 ( )

2. 小姐，这块儿手表3000元。 ( )

3. 我觉得比刚才那条好。 ( )

제2부분

A 欢迎	**B** 跟	**C** 旧

4. 这是您的鞋和包，请拿好，( )下次再来。

5. 你那双黑皮鞋太( )了。

6. A: 你不是不喜欢吃鸡蛋吗? 怎么还买了这么多?

   B: 我最近在( )朋友学做鸡蛋汤，需要用鸡蛋。

정답 및 해설_ 해설집 57쪽

| 실전 트레이닝 2 |

1. 昨天我在第一超市看到一斤羊肉35元，后来又在第二超市看到羊肉一斤卖30元。所以我选择在第二超市买了两斤羊肉。

   ★ 他昨天买羊肉花了多少钱?

   A 30元　　　　　　　B 35元　　　　　　　C 60元

2. 你说的那本关于中国文化的书，我去书店看了，里面有很多词和句子我都不懂，有没有简单一点儿的?

   ★ 他觉得那本书怎么样?

   A 特别贵　　　　　B 比较难懂　　　　　C 对学习帮助不大

3. 我家附近有一家小商店，东西不太便宜。如果要买水果、饮料等吃的东西还可以，但要买盘子、碗等用的东西比较贵。

   ★ 他家附近的商店:

   A 牛肉贵　　　　　B 菜很新鲜　　　　　C 饮料不太贵

4. 小白的相机不见了，不知道被我放哪儿了。我只能再买一个还给她了。

   ★ 他打算:

   A 给小白送礼物　　B 向小白借铅笔　　C 再买个照相机

정답 및 해설_ 해설집 59쪽

독해

5 양사의 호응 상점, 식당

新HSK에는 이렇게 출제된다! ▼

★ **상점**과 **식당** 토픽은 독해 영역에서 **상당 비중(27%)**을 차지한다. 독해 **제1, 2부분**에는 **상점** 관련 호응 표현이 자주 등장하고, 독해 **제2, 3부분**에는 **식당** 관련 호응 표현이 많이 출제된다.

★ **상점**과 **식당** 토픽에는 **물건을 세는 단위**와 **물건 혹은 맛에 대한 평가·소감**의 **표현**이 등장한다. 따라서 **명사와 특정한 단위(양사)의 호응**을 묻거나 그것을 힌트로 푸는 문제가 **반드시 출제**된다.

1 독해 빈출 호응 표현 식당

Track 74

1	看菜单 kàn càidān	메뉴를 보다	你先看看菜单。 Nǐ xiān kànkan càidān. 네가 먼저 메뉴를 좀 보렴.
2	点菜 diǎn cài	음식을 주문하다	您要点菜吗? Nín yào diǎn cài ma? 음식을 주문하시겠어요?
3	过生日 guò shēngrì	생일을 지내다	星期日我朋友过生日。 Xīngqīrì wǒ péngyou guò shēngrì. 일요일은 내 친구 생일이다.
	过节日 guò jiérì	명절(기념일)을 보내다	朋友们,节日过得好吗? Péngyoumen, jiérì guò de hǎo ma? 친구들아, 명절 잘 보냈니?
4	包饺子 bāo jiǎozi	만두를 빚다	我不会包饺子。 Wǒ bú huì bāo jiǎozi. 나는 만두를 빚을 줄 모른다.
5	菜新鲜 cài xīnxiān	채소가 신선하다	这里的菜都很新鲜。 Zhèlǐ de cài dōu hěn xīnxiān. 여기 채소는 모두 신선하다.
6	卖得好 mài de hǎo	잘 팔린다	这本书卖得好。 Zhè běn shū mài de hǎo. 이 책은 잘 팔린다.
7	吃得饱 chī de bǎo	배불리 먹다	我吃得太饱了。 Wǒ chī de tài bǎo le. 나는 너무 배불리 먹었다.

☐☐ 8	一碗米饭 yì wǎn mǐfàn	밥 한 그릇	我要一碗米饭。 Wǒ yào yì wǎn mǐfàn. 저는 밥 한 그릇을 원합니다.(밥 한 그릇 주세요.)
☐☐ 9	一杯水 yì bēi shuǐ	물 한 잔	我喝了一杯水。 Wǒ hēle yì bēi shuǐ. 나는 물 한 잔을 마셨다.
☐☐ 10	给…介绍 gěi…jièshào	~에게 소개하다	有什么好吃的，给我介绍一下。 Yǒu shénme hǎochī de, gěi wǒ jièshào yíxià. 맛있는 거 있으면, 나에게 소개 좀 해주세요.

단어 ★先 xiān 凰 먼저, 우선 | ★菜单 càidān 圀 메뉴 | 点 diǎn 图 (요리·음식을) 주문하다 | 菜 cài 圀 요리, 음식 | 星期日 xīngqīrì 圀 일요일 | 朋友 péngyou 圀 친구 | ★过 guò 图 보내다, 지내다 | 生日 shēngrì 圀 생일 | 会 huì 图통 ~할 줄 알다 | ★包 bāo 图 (종이나 베 혹은 기타 얇은 것으로) 싸다 | 饺子 jiǎozi 圀 만두 | ★新鲜 xīnxiān 圐 신선하다, 싱싱하다 | 卖 mài 图 팔다 | 得 de 图 ~하는 정도(상태)가 ~하다 | 吃 chī 图 먹다 | ★饱 bǎo 圐 배부르다 | 要 yào 图 원하다 | ★碗 wǎn 圆 그릇 | 米饭 mǐfàn 圀 쌀밥 | 喝 hē 图 마시다 | 杯 bēi 圆 잔, 컵 | 水 shuǐ 圀 물 | 有 yǒu 图 ~이 있다 | 什么 shénme 때 무슨, 무엇 | 好吃 hǎochī 圐 (먹는 것이) 맛있다 | 给 gěi 깨 ~에게 | 介绍 jièshào 图 소개하다 | 一下 yíxià 圆 동사 뒤에 쓰여 '좀 ~하다'의 뜻을 나타냄

공략 트레이닝 2 | 제3부분

1. 很多人都说我的饺子包得很好，其实我去中国留学以前都不会包饺子呢。吃自己做的饺子总是觉得很香，你也来试试。

   ★ 说话人：

   A 不会包饺子   B 不喜欢吃饺子   C 饺子包得很不错

2. 昨晚有我好朋友的生日晚会，我喝了很多啤酒和葡萄酒。回家的路上，我发现我的钱包不见了，可能忘在饭店里了。

   ★ 根据这段话，可以知道：

   A 他喝多了   B 昨天是他的生日   C 钱包被服务员拿走了

[1] 해설 및 정답 **문제 분석▼** '나는 만두를 잘 빚는다(我的饺子包得很好)'고 했으므로 만두를 잘 빚는다고 할 수 있다. 따라서 보기 **C**가 정답이다.

很多人都说我的饺子包得很好，<u>其实</u>
我去中国留学以前都<u>不会</u>包饺子呢。吃自
己做的饺子总是觉得很香，你也来试试。

★ 说话人：

A 不会包饺子

B 不喜欢吃饺子

C 饺子包得很不错

많은 사람들이 <u>내가 만두를 잘 빚는다고</u> 하더라.
사실 나는 중국에 유학 가기 전에는 만두를 빚을 줄
몰랐어. 자기가 만든 만두를 먹는 건 항상 참 맛있는
것 같아, 너도 한번 해봐.

★ 말하는 사람은：

A 만두를 빚을 줄 모른다

B 만두 먹는 것을 좋아하지 않는다

C 만두를 잘 만든다

단어 都 dōu 뷔 모두, 다 | 说 shuō 동 말하다 | ★包 bāo 동 (종이나 베 혹은 얇은 것으로) 싸다 | 饺子 jiǎozi 명 만두, 교자 | ★其实 qíshí 뷔 사실은 | 去 qù 동 가다 | 中国 Zhōngguó 고유 중국 | ★留学 liúxué 동 유학하다 | ★以前 yǐqián 명 이전 | 会 huì 조동 ~할 줄 알다 | 吃 chī 동 먹다 | 自己 zìjǐ 대 자기, 자신, 스스로 | 做 zuò 동 하다 | ★总是 zǒngshì 뷔 늘, 항상 | 觉得 juéde 동 ~라고 생각하다, 여기다 | 香 xiāng 형 (음식이) 맛있다, 맛이 좋다 | 也 yě 뷔 ~도 역시 | 来 lái 동 오다 | ★试 shì 동 시험 삼아 해보다, 시도하다 | 喜欢 xǐhuan 동 좋아하다

---

[2] (해설 및 정답) **문제 분석▼** '나는 맥주와 포도주를 많이 마셨다(我喝了很多啤酒和葡萄酒)'고 했으므로 보기 A가 정답이다.

昨晚有我好朋友的生日晚会，<u>我喝了</u>
很多啤酒和葡萄酒。回家的路上，我发现
我的钱包不见了，可能<u>忘在</u>饭店里了。

★ 根据这段话，可以知道：

A 他喝多了

B 昨天是他的生日

C 钱包被服务员拿走了

어제저녁 내 친한 친구가 생일 파티를 했어. 나는
맥주와 포도주를 많이 마셨어. 집으로 가는 길에 나
는 내 지갑이 없어졌다는 것을 발견했어. 아마 식당
에 두고 왔나 봐.

★ 이 글을 통해 알 수 있는 것은：

A 그가 많이 마셨다

B 어제는 그의 생일이었다

C 지갑은 종업원이 가져갔다

단어 昨晚 zuówǎn 명 어제저녁 | 朋友 péngyou 명 친구 | 生日 shēngrì 명 생일 | 晚会 wǎnhuì 명 파티 | 喝 hē 동 마시다 | 多 duō 형 (양이) 많다 | ★啤酒 píjiǔ 명 맥주 | 葡萄酒 pútáojiǔ 명 포도주, 와인 | 回家 huíjiā 동 집으로 돌아가다 | 路上 lùshang 명 길 가는 중, 도중 | ★发现 fāxiàn 동 발견하다 | 钱包 qiánbāo 명 지갑 | 不见 bújiàn 동 보이지 않다, 없어지다 | 可能 kěnéng 뷔 아마(도) | 忘在 wàngzài (잊고) ~에 두고 오다 | 饭店 fàndiàn 명 호텔, 식당 | 里 lǐ 안, 속 | ★根据 gēnjù 깨 ~에 근거하여 | ★段 duàn 양 단락[사물의 한 부분을 나타냄] | 可以 kěyǐ 조동 ~할 수 있다 | 知道 zhīdào 동 알다, 이해하다 | ★被 bèi 깨 ~에 의하여 (~를 당하다) | 服务员 fúwùyuán 명 종업원 | 拿走 názǒu 동 가지고 가다

2 독해 빈출 포인트 양사

양사는 사람, 사물, 시간, 동작을 세는 단위로, 적절한 명사와 함께 호응하여 쓴다. 따라서 독해 제2부분에서는 양사가 제시어로 등장하면 빈칸 뒤에 명사가 있을 것이라고 예상할 수 있다.

那两家超市的水果都很新鲜。 그 슈퍼마켓 두 곳의 과일은 모두 매우 싱싱하다.
Nà liǎng jiā chāoshì de shuǐguǒ dōu hěn xīnxiān.

단어 ★超市 chāoshì 몡 슈퍼마켓 | 的 de 조 ~의 | ★水果 shuǐguǒ 몡 과일 | ★新鲜 xīnxiān 혱 싱싱하다, 신선하다

시험에 출제되는 양사 ✏️ 필수체크

□□ 那位同事 nà wèi tóngshì 그(저) 동료	□□ 这只小狗 zhè zhī xiǎogǒu 이 강아지
□□ 一杯水 yì bēi shuǐ 물 한 잔	□□ 一瓶酒 yì píng jiǔ 술 한 병
□□ 一块蛋糕 yí kuài dàngāo 케이크 한 조각	□□ 一双筷子 yì shuāng kuàizi 젓가락 한 쌍
□□ 一件衣服 yí jiàn yīfu 옷 한 벌	□□ 一条裤子 yì tiáo kùzi 바지 하나
□□ 一条路 yì tiáo lù 길 하나	□□ 一部手机 yí bù shǒujī 휴대폰 한 대
□□ 一张画儿 yì zhāng huàr 그림 한 장	□□ 3层 sān céng 3층
□□ 这段时间 zhè duàn shíjiān 이 (일정 기간의) 시간	□□ 再看一会儿 zài kàn yíhuìr 잠시 (동안) 더 보다

A 而且　　B 张　　C 一会儿

1. 这家面包店不但好吃，（　　　）价格也不贵。

2. A: 昨天我生日，儿子送给我一（　　　）他画的画儿。

　　B: 是吗？那你一定很高兴吧？

---

[1] 해설 및 정답　**문제 분석▼** 而且(게다가)는 뒤 문장의 맨 앞에 놓여 앞 문장의 不但과 호응하여 '不但…, 而且…(~할 뿐만 아니라 게다가 ~하다)'의 형식으로 자주 쓴다. 따라서 보기 A가 정답이다.

这家面包店不但好吃，（ A 而且 ）价格也不贵。 　　　　　　　~할 뿐만 아니라 　　　　　　게다가 ~하다	이 빵 가게는 맛이 있을 뿐만 아니라, (A 게다가) 가격도 비싸지 않다.

단어　家 jiā 양 가게·상점 등을 세는 단위 | 面包店 miànbāodiàn 명 빵집 | ★不但…而且… búdàn…érqiě… 접 ~할 뿐만 아니라 게다가 ~하다 | 好吃 hǎochī 형 (먹는 것이) 맛있다 | 价格 jiàgé 명 가격 | 也 yě 부 ~도 역시 | 贵 guì 형 (가격이) 비싸다

---

[2] 해설 및 정답　**문제 분석▼** 기본적으로 양사는 수사 다음에 쓴다. 양사 张은 종이를 세는 단위로, 종이와 관련 있는 명사 画儿(그림) 앞에 쓰는 것이 적절하므로 보기 B가 정답이다.

A: 昨天我生日，儿子送给我一（ B 张 ） 　　　　　　　　　　수사+양사+명사 他画的画儿。 B: 是吗？那你一定很高兴吧？	A: 어제가 제 생일이었는데, 아들이 (직접) 그린 그림 한 (B 장)을 제게 선물했어요. B: 그래요? 그럼 분명 기쁘셨겠어요?

단어　昨天 zuótiān 명 어제 | 生日 shēngrì 명 생일 | 儿子 érzi 명 아들 | 送 sòng 동 선물하다 | 给 gěi 개 ~에게 동 주다 | ★张 zhāng 양 장[종이를 세는 단위] | ★画 huà 동 (그림을) 그리다 | 画儿 huàr 명 그림 | 那 nà 접 그럼, 그러면 | ★一定 yídìng 부 반드시, 꼭 | 很 hěn 부 매우 | 高兴 gāoxìng 형 기쁘다 | 吧 ba 조 ~이지?

문제 적응 훈련

| 실전 트레이닝 1 |

제1부분

A 我也是第一次来。先看看菜单，一会儿再让服务员介绍一下。

B 这边有椅子，快过来坐吧。

C 你不能喝啤酒，我们点其他饮料吧。

1. 不了，我中午吃了两碗面条，吃得太饱了，先站一会儿。 (　　　　)

2. 好，我要喝杯绿茶，你呢? (　　　　)

3. 这家饭店什么比较好吃? (　　　　)

제2부분

A 生日	**B** 放	**C** 块

4. 饭前我吃了几(　　　　)西瓜，所以不太饿。

5. 香蕉(　　　　)进冰箱后容易变黑，而且会坏得更快。

6. A: 下星期六我同事过(　　　　)，我还没想好送他什么。

　　B: 车站附近有一家中国餐厅，你请他去那儿吃顿饭，怎么样?

정답 및 해설_ 해설집 62쪽

실전 트레이닝 2

1. 虽然这家饭馆的菜比别的地方贵一点儿，但是更新鲜，所以我常常来这里吃饭。

   ★ 那家饭店的菜：

   A 很甜 **B** 很新鲜 **C** 贵得多

2. 这家店的蛋糕非常好吃，特别是香蕉蛋糕。我觉得香蕉蛋糕又好吃又新鲜。来买的人很多，很难买到。

   ★ 那家店蛋糕：

   A 太贵了 **B** 不太新鲜 **C** 卖得很好

3. 中国的绿茶在世界上很有名，如果你要去中国旅游，可以带一些回来，送给家人和朋友，我觉得他们一定会很喜欢的。

   ★ 说话人是什么意思？

   A 咖啡好喝 **B** 不同意去旅游 **C** 绿茶是不错的礼物

4. 上个周末我家人去新开的餐厅吃饭了，点的菜很多。我们点了肉、鱼、面条、炒饭，还点了啤酒、果汁等等，一共才花了80块。

   ★ 那家餐厅：

   A 很有名 **B** 刚开的 **C** 不便宜

정답 및 해설_ 해설집 64쪽

6 명사의 호응 시간, 날씨

新HSK에는 이렇게 출제된다! ▼

★ **시간**과 **날씨** 토픽은 독해 영역에서 적은 비중(**6%**)을 차지한다. 독해 **제1, 2부분**에는 **계절**과 **날씨** 호응 표현이 자주 등장하고, 독해 **제3부분**에는 **시간, 요일, 날짜** 문제가 많이 출제된다.

★ **명사**는 중국어 문장에서 다양한 역할을 한다. **동사**와 **호응**하여 **주어** 혹은 **목적어 역할**을 하거나, **형용사**와 **호응**하여 **주어 역할**을 하거나, **관형어**와 **호응**하여 **문장의 의미를 더욱 정확**하게 만드는 **역할**도 한다. 따라서 명사를 묻는 문제는 자주 출제될 수밖에 없다.

1 독해 빈출 호응 표현 날씨&계절

Track 75

□□ 1	**习惯天气** xíguàn tiānqì	날씨에 익숙해지다	我不习惯这里的天气。 Wǒ bù xíguàn zhèlǐ de tiānqì. 나는 여기 날씨에 익숙해지지가 않는다.
□□ 2	**下雨** xiàyǔ	비가 오다	雨越下越大。 Yǔ yuè xià yuè dà. 비가 올수록 많이 내린다.
□□ 3	**刮风** guāfēng	바람이 불다	风刮得很大。 Fēng guā de hěn dà. 바람이 세게 분다.
□□ 4	**怕冷** pà lěng	추위를 타다	我怕冷，不喜欢冬天。 Wǒ pà lěng, bù xǐhuan dōngtiān. 난 추위를 타서 겨울을 좋아하지 않는다.
□□ 5	**到春天** dào chūntiān	봄이 되다	快到春天了。 Kuài dào chūntiān le. 곧 봄이다.
□□ 6	**带伞** dài sǎn	우산을 챙기다	下雨了，你带伞吧。 Xiàyǔ le, nǐ dài sǎn ba. 비가 내리니, 우산을 챙겨라.
□□ 7	**夏天热** xiàtiān rè	여름은 덥다	夏天很热。 Xiàtiān hěn rè. 여름은 덥다.
□□ 8	**外面冷** wàimian lěng	밖이 춥다	外面一直很冷。 Wàimian yìzhí hěn lěng. 바깥이 줄곧 춥다.

	天气不错 9 tiānqì búcuò	날씨가 좋다	这里的天气很不错。 Zhèlǐ de tiānqì hěn búcuò. 이곳의 날씨는 아주 좋다.
	风大 10 fēng dà	바람이 세다	风还是很大，别出去了。 Fēng háishi hěn dà, bié chūqu le. 바람이 여전히 세니까, 나가지 마라.

单어 习惯 xíguàn 图 익숙해지다 ┃ 天气 tiānqì 図 날씨 ┃ 下雨 xiàyǔ 图 비가 오다 ┃ ★越…越… yuè…yuè… 里 ~(할)수록 ~하다 ┃ 大 dà 영 (비·눈이) 많다, 크다, (바람이) 세다 ┃ ★刮风 guāfēng 图 바람이 불다 ┃ 怕 pà 图 ~에 약하다 ┃ 冷 lěng 영 춥다 ┃ 喜欢 xǐhuan 图 좋아하다 ┃ 冬天 dōngtiān 図 겨울 ┃ 快…了 kuài…le 곧 ~하다 ┃ 到 dào 图 이르다 ┃ 春天 chūntiān 図 봄 ┃ 夏天 xiàtiān 図 여름 ┃ 热 rè 영 덥다 ┃ ★一直 yìzhí 里 줄곧 ┃ 风 fēng 図 바람 ┃ ★还是 háishi 里 여전히, 아직도 ┃ 别 bié 里 ~하지 마라 ┃ 出去 chūqu 图 나가다

공략 **트레이닝 1** ┃ /제2부분/

> A 可能　　B 段　　C 机会
>
> 1. 经过这（　　　　）时间的努力，他的学习成绩提高了不少。
>
> 2. A: 你要出去吗? 晚上（　　　　）会下雨。
>
>   B: 没关系，我带伞了。

[1] 해설 및 정답　**문제 분석▼** '这(이)/那(그, 저)/哪(어느)+양사+명사' 순서로 쓰이므로, 빈칸에는 양사가 필요하다. 양사 段(보기 B)은 일정 기간이나 시간을 세는 단위이므로 빈칸에 적합하다.

经过这（ **B 段** ）时间的努力，他的学习　　　그 (**B 동안**)의 노력을 통해 그의 학업 성적은 많이
└ 这/那+양사+명사
成绩提高了不少。　　　　　　　　　　　　향상되었다.

单어 ★经过 jīngguò 图 (활동·사건을) 경험하다, 거치다 ┃ ★段 duàn 영 얼마간의[일정 기간이나 시간을 세는 양사] ┃ 时间 shíjiān 図 시간 ┃ ★努力 nǔlì 図图 노력(하다) ┃ 学习 xuéxí 图 공부하다 ┃ ★成绩 chéngjì 図 성적 ┃ ★提高 tígāo 图 향상되다 ┃ 不少 bùshǎo 영 적지 않다, 많다

해설 및 정답 **문제 분석▼** 부사 可能은 '아마도'라는 뜻으로 추측이나 예측을 의미한다. 따라서 미래의 가능성을 예측하는 조동사 会와 같이 可能会(아마도 ~할 것이다)라고 자주 쓰인다.

A: 你要出去吗? 晚上 (**A 可能**) **会** 　부사(可能)+조동사(会) : 아마 ~할 것이다 下雨。 B: 没关系，我带伞了。	A: 너 나가려고? 밤에 (**A 아마**) 비가 올 거야. B: 괜찮아, 우산 챙겼어.

단어 要 yào 조동 ~하고자 하다 | 出去 chūqu 동 나가다 | 晚上 wǎnshang 명 저녁 | 可能 kěnéng 부 아마(도) | 会 huì 조동 ~할 것이다 | 下雨 xiàyǔ 동 비가 내리다 | 没关系 méi guānxi 괜찮아요, 상관없어요 | ★带 dài 동 (몸에) 지니다, 챙기다 | ★伞 sǎn 명 우산

2 독해 빈출 포인트 명사

명사는 다양한 동사 혹은 형용사와 호응한다. 명사를 외울 때 자주 호응하는 동사와 형용사를 묶어서 함께 공부하면 더 잘 기억된다. HSK 3급에서는 일반적인 사물명사 외에 추상명사가 등장하기 시작하고 자주 출제된다.

📂 시험에 출제되는 명사 ✗ 필수체크

□□ **长**个子 zhǎng gèzi 키가 자라다	□□ **找**地方 zhǎo dìfang 장소를 찾다
□□ **有**机会 yǒu jīhuì 기회가 있다	□□ **需要**帮忙 xūyào bāngmáng 도움을 필요로 하다
□□ **关**灯 guān dēng 등을 끄다	□□ **拿**帽子 ná màozi 모자를 들다
□□ **穿**皮鞋 chuān píxié 구두를 신다	□□ **说**普通话 shuō pǔtōnghuà 표준어를 말하다
□□ 关系**好** guānxi hǎo 관계가 좋다	□□ **对**…的关心 duì…de guānxīn ~에 대한 관심
□□ **过**节(日) guò jiérì 명절(기념일)을 보내다	□□ **看**节目 kàn jiémù 프로그램을 보다

A 女儿去年买的裤子今年穿就短了。

B 快十一点了。你得马上走了。

1. 十四五岁是长个子的时候。 ( )

2. 带表了吗? 几点了? ( )

---

[1] 해설 및 정답 **문제 분석▼** 딸이 작년에 산 바지가 올해 짧아졌다는 말(보기 A)과 14, 15살은 키가 클 때라는 말이 어울린다.

A: ⒜女儿去年买的裤子今年穿就短了。 | A: ⒜ 딸이 작년에 산 바지를 올해 입었는데 짧아졌어.

B: ❶十四五岁是长个子的时候。 | B: ❶ 열네다섯 살은 키가 클 때잖아.

단어 女儿 nǚ'ér 몡 딸 | 去年 qùnián 몡 작년 | 买 mǎi 동 사다 | ★裤子 kùzi 몡 바지 | 今年 jīnnián 몡 올해 | 穿 chuān 동 (옷을) 입다 | 就 jiù 뷔 곧, 바로 | ★短 duǎn 혱 (길이가) 짧다 | 岁 suì 양 살, 세[나이를 세는 단위] | ★长 zhǎng 동 자라다, 크다 | ★个子 gèzi 몡 (사람의) 키 | 时候 shíhou 몡 때

---

[2] 해설 및 정답 **문제 분석▼** 몇 시냐는 질문에는 곧 11시가 된다는 대답(보기 B)이 적절하다.

A: ❷带表了吗? 几点了? | A: ❷ 시계 가지고 있어? 몇 시야?

B: ⒝快十一点了。你得马上走了。 | B: ⒝ 곧 11시야. 넌 바로 가야 해.
　　곧 ~이다[임박을 나타냄]

단어 ★带 dài 동 (몸에) 지니다, 가지다 | 表 biǎo 몡 시계 | 点 diǎn 양 시[시간을 나타냄] | 快 kuài 뷔 곧, 머지않아 | 得 děi 조동 ~해야 한다 | ★马上 mǎshàng 뷔 곧, 바로 | 走 zǒu 동 가다, 떠나다

문제 적응 훈련

학습일 _____/_____

맞은 개수 _____

실전 트레이닝 1

제1부분

A 别着急，还有15分钟就做好了。

B 奇怪，刚才还是晴天，这会儿就阴了。

C 我这边还没结束呢，你再等我几分钟吧。

1. 我看快下雨了，你带伞了没有？ （   ）

2. 午饭什么时候才能做好呢？我都饿了。 （   ）

3. 那我们8点一刻走，怎么样？ （   ）

제2부분

A 节	**B** 虽然	**C** 担心

4. 今天是9月10日，教师（   ）！这是为老师准备的。

5. （   ）已经是春天了，但天气还是很冷。

6. A: 下雨了，你还在那里？

   B: 别（   ），今天不忙，我早点儿回家。

정답 및 해설_ 해설집 66쪽

실전 트레이닝 2

제3부분

1. 这儿的夏天天气变化特别快，有时候上午还是晴天，中午就突然下起
   雨来，所以我出门前总会在包里放一把伞。

   ★ 他出门时：

   A 会带伞   B 没带钱包   C 很不快乐

2. 今天天气不错，不像昨天风刮得那么大。我们去爬山怎么样？

   ★ 根据这段话，可以知道：

   A 现在是冬天   B 昨天风很大   C 他们要去公园

3. 不同的季节可以用不同的颜色来表示，我们用蓝色表示夏季，那秋季
   呢？

   ★ 蓝色常被用来表示：

   A 夏天   B 秋天   C 冬天

4. 过去的几十年，爸爸一直很努力地工作，现在已经是他们学校的校长
   了。他告诉我，要想做出成绩，除了认真工作，没有其他选择。

   ★ 根据这段话，可以知道爸爸：

   A 不喜欢工作   B 工作了很长时间   C 多和同事聊天儿

정답 및 해설_ 해설집 68쪽

7 개사의 호응 여가, 건강, 여행

新HSK에는 이렇게 출제된다! ▼

★ **여가, 건강, 여행** 토픽은 독해 영역에서 **상당 비중(22%)**을 차지하고, 특히 독해 제3부분에는 **여가, 건강** 관련 호응 표현이 **자주 등장**한다.

★ **개사**는 **장소**(~에서/~까지), **대상**(~에(게)) 등을 의미하며, 동작, 상태, 상황을 보다 정확하게 표현할 때 쓴다. 따라서 독해 영역에서는 **개사가 어떤 표현(동사/형용사/명사)과 호응**하는지 묻거나 그것을 힌트로 푸는 문제가 출제된다.

1 독해 빈출 호응 표현 여가&건강

Track 76

1	锻炼身体 duànliàn shēntǐ	몸을 단련하다, 운동하다	他每天早上锻炼身体。 Tā měi tiān zǎoshang duànliàn shēntǐ. 그는 매일 아침 운동한다.
2	感兴趣 gǎn xìngqù	관심이 있다, 흥미를 느끼다	我对画画儿很感兴趣。 Wǒ duì huà huàr hěn gǎn xìngqù. 나는 그림 그리기에 관심이 많다.
3	参加比赛 cānjiā bǐsài	경기에 참가하다	我打算参加足球比赛。 Wǒ dǎsuan cānjiā zúqiú bǐsài. 나는 축구 경기에 참가할 계획이다.
4	学游泳 xué yóuyǒng	수영을 배우다	我想学游泳。 Wǒ xiǎng xué yóuyǒng. 나는 수영을 배우고 싶다.
5	看医生 kàn yīshēng	진료를 받다	感冒了，我要去看医生。 Gǎnmào le, wǒ yào qù kàn yīshēng. 감기에 걸려서 진료를 받으러 가려고 한다.
6	身体健康 shēntǐ jiànkāng	몸이 건강하다	身体健康最重要。 Shēntǐ jiànkāng zuì zhòngyào. 몸이 건강한 것이 가장 중요하다.
7	眼睛不舒服 yǎnjing bù shūfu	눈이 아프다	怎么了? 眼睛不舒服吗? Zěnme le? Yǎnjing bù shūfu ma? 왜 그래? 눈이 아파?
8	鼻子红 bízi hóng	코가 빨갛다	鼻子总是红红的，怎么办? Bízi zǒngshì hónghóng de, zěnme bàn? 코가 항상 빨간데, 어떻게 하지?

☐☐ 9	**对…好** duì…hǎo	~에 좋다	**跑步**对**身体非常好。** Pǎobù duì shēntǐ fēicháng hǎo. 달리기는 몸에 매우 좋다.
☐☐ 10	**对…感兴趣** duì…gǎn xìngqù	~에 관심이 있다	**我**对**音乐很感兴趣。** Wǒ duì yīnyuè hěn gǎn xìngqù. 나는 음악에 관심이 많다.

단어 ★锻炼 duànliàn 통 단련하다 | 身体 shēntǐ 명 몸, 신체 | 对 duì 게 ~에 (대해) | 画画儿 huà huàr 그림을 그리다 | ★感兴趣 gǎn xìngqù 관심이 있다, 흥미를 느끼다 | ★打算 dǎsuan 통 계획하다 | ★参加 cānjiā 통 참가하다 | 足球 zúqiú 명 축구 | ★比赛 bǐsài 명 경기, 시합 | 想 xiǎng 조통 ~하고 싶다 | 学 xué 배우다 | 游泳 yóuyǒng 명통 수영(을 하다) | ★感冒 gǎnmào 통 감기에 걸리다 | 要 yào 조통 ~하고자 하다 | 医生 yīshēng 명 의사 | ★健康 jiànkāng 형 건강하다 | 最 zuì 부 가장, 제일 | ★重要 zhòngyào 형 중요하다 | 怎么了 zěnme le 무슨 일이야, 왜 그래 | 眼睛 yǎnjing 명 눈[신체 부위] | ★舒服 shūfu 형 편안하다 | ★鼻子 bízi 명 코 | ★总是 zǒngshì 부 항상 | 红 hóng 형 붉다, 빨갛다 | 怎么 zěnme 대 어떻게 | 办 bàn 통 하다, 처리하다 | 跑步 pǎobù 통 달리기를 하다, 조깅을 하다 | 非常 fēicháng 부 굉장히, 아주 | ★音乐 yīnyuè 명 음악

공략 트레이닝 1 / 제3부분 /

1. 游泳前可以吃点儿东西、喝点儿水，但是不要吃太多。如果吃得太饱去游泳，就会很不舒服。

   ★ 这段话主要想告诉我们：

   A 游泳对身体好　　　B 游泳时容易饿　　　C 游泳前别吃太饱

2. 爬山时一定要小心，注意自己脚下，别走太快了。

   ★ 爬山时：

   A 很容易渴　　　　　B 别穿皮鞋　　　　　C 不要走太快

[1] 해설 및 정답 **문제 분석▼** 수영 전(游泳前)에 너무 많이 먹지 말아야 한다(不要吃太多)고 했으므로 보기 C 가 정답이다.

游泳前可以吃点儿东西、喝点儿水，但是不要吃太多。如果吃得太饱去游泳，就会很不舒服。

~하지 마라

★ 这段话主要想告诉我们：

A 游泳对身体好

B 游泳时容易饿

C 游泳前别吃太饱

| 수영하기 전에 음식을 먹거나 물을 마셔도 된다. 하지만 너무 많이 먹지 말아야 한다. 만약 너무 배불리 먹고 수영을 하면 아주 불편할 수 있다.

★ 이 글이 우리에게 알려 주는 주된 내용은：

A 수영은 건강에 좋다

B 수영할 때 쉽게 배고프다

C 수영 전에는 너무 배불리 먹지 마라

단어 游泳 yóuyǒng 몡동 수영(을 하다) | 前 qián 몡 앞, 전 | 可以 kěyǐ 조동 ~할 수 있다, ~해도 된다 | 吃 chī 동 먹다 | (一)点儿 (yì)diǎnr 양 약간, 조금[불확정적인 수량] | 东西 dōngxi 몡 물건, 것 | 喝 hē 동 마시다 | 水 shuǐ 몡 물 | 但是 dànshì 접 그러나 | 不要 búyào 조동 ~하지 마라, ~해서는 안 된다 | ★如果 rúguǒ 접 만약 | 太 tài 閔 너무 | ★饱 bǎo 혱 배부르다 | 就 jiù 閔 곧, 바로 | 会 huì 조동 ~할 것이다 | ★舒服 shūfu 혱 편안하다 | ★段 duàn 양 단락[사물의 한 부분을 나타냄] | ★主要 zhǔyào 閔 주로 | 告诉 gàosu 동 알리다, 말해 주다 | 对 duì 개 ~에 (대해) | 身体 shēntǐ 몡 몸, 신체 | 时 shí 몡 때, 시기 | ★容易 róngyì 혱 쉽다 | ★饿 è 혱 배고프다

---

[2] 해설 및 정답 **문제 분석▼** 등산할 때(爬山时)에는 너무 빨리 걷지 말라(别走太快了)고 했으므로 보기 C가 정답이다.

爬山时一定要小心，注意自己脚下，别走太快了。

★ 爬山时：

A 很容易渴

B 别穿皮鞋

C 不要走太快

| 등산할 때 반드시 조심해야 해. 자기 발 아래를 주의하고, 너무 빨리 걷지 마.

★ 등산할 때 :

A 쉽게 목마르다

B 구두를 신지 마라

C 너무 빨리 걷지 마라

단어 ★爬山 páshān 동 등산하다 | 时 shí 몡 때, 시기 | ★一定 yídìng 閔 반드시, 꼭 | 要 yào 조동 ~해야 한다 | ★小心 xiǎoxīn 동 조심하다 | ★注意 zhùyì 동 주의를 기울이다, 신경 쓰다 | ★自己 zìjǐ 대 자기, 자신 | ★脚 jiǎo 몡 (신체의) 발 | 别 bié 閔 ~하지 마라 | 走 zǒu 동 걷다, 가다 | 快 kuài 혱 (속도가) 빠르다 | ★容易 róngyì 혱 쉽다 | ★渴 kě 혱 목마르다 | 穿 chuān 동 (신발을) 신다 | ★皮鞋 píxié 몡 구두

맛있는 중국어 新HSK 3급

2 독해 빈출 포인트 개사

동사와 형용사는 문장의 중심이고, 개사구는 동작, 상태, 상황의 의미를 정확하게 하는 역할을 한다. 개사구는 보통 '개사＋(대)명사'로 구성되므로, 개사가 어떤 (대)명사, 동사, 형용사와 호응하는지에 주의해서 공부하면 도움이 많이 된다.

개사구   형용사

我对这里的服务员很满意。 난 이곳의 종업원이 마음에 든다.
Wǒ duì zhèlǐ de fúwùyuán hěn mǎnyì.

[단어] 服务员 fúwùyuán 뗑 종업원 | ★满意 mǎnyì 휑 (자신이 바라는 뜻에) 만족하다

📂 시험에 출제되는 개사 ✍ 필수체크

在	zài	~에서[동작이나 상황이 발생하는 장소를 나타냄]
为(了)	wèi(le)	~을 위하여[대상이나 목적을 나타냄]
向	xiàng	~을 향하여[방향을 나타냄]
跟	gēn	~와[함께 하는 대상을 나타냄]
比	bǐ	~보다[비교의 대상을 나타냄]
被	bèi	~에 의하여[동작의 행위자에 의해 피동적으로 당하는 의미를 강조함]
把	bǎ	~을[목적어를 강조하여 목적어에 가해진 동작과 그 처리 결과를 강조함]

[TIP] 让(ràng)은 '시키다, ~하게 하다'라는 의미의 동사이지만, 把(bǎ), 被(bèi)와 그 쓰임이 혼동되므로 문장을 해석할 때 주의해야 한다.

📂 시험에 출제되는 개사와 호응 동사&형용사 ✍ 필수체크

☐☐ 跟/和⋯**不同** gēn/hé⋯bù tóng 　　~와 다르다	☐☐ 跟⋯**学** gēn⋯xué ~에게 배우다
☐☐ 对⋯**有兴趣** duì⋯yǒu xìngqù 　　~에 흥미가 있다	☐☐ 对⋯**感兴趣** duì⋯gǎn xìngqù 　　~에 흥미를 느끼다
☐☐ 对⋯**满意** duì⋯mǎnyì 　　~에 만족하다, ~을 마음에 들어 하다	☐☐ 对⋯**好** duì⋯hǎo ~에 좋다

1. 最近公司的事情比较多，他一直忙着工作，几乎都没有好好睡过一晚，瘦了很多。我们都很担心他的身体。

   ★ 根据这段话，可以知道，他：

   A 很高兴   B 很爱干净   C 瘦了很多

2. 爸爸，您要多注意休息，人如果太累了，身体就会出问题的。别忘了，如果您觉得哪里不舒服就跟我说。

   ★ 他希望爸爸：

   A 多运动   B 多休息   C 去医院做检查

---

[1] ◁해설 및 정답▷ **문제 분석▼** 그가 바쁘게 일하느라 잠을 못 자서 많이 말랐다(瘦了很多)고 했으므로 보기 C가 정답이다.

最近公司的事情比较多，他一直忙着工作，几乎都没有好好睡过一晚，瘦了很多。我们都很担心他的身体。

바빠 ~하다, ~하느라 바쁘다

★ 根据这段话，可以知道，他：

A 很高兴

B 很爱干净

C 瘦了很多

최근 회사에 일이 비교적 많다. 그는 계속 바쁘게 일했는데, 거의 하룻밤도 제대로 자지 못했고 살이 많이 빠졌다. 우리는 모두 그의 몸을 걱정하고 있다.

★ 이 글을 통해 알 수 있듯이, 그는:

A 아주 기쁘다

B 매우 깔끔하다

C 살이 많이 빠졌다

단어 ★最近 zuìjìn 뗑 최근, 요즘 | 公司 gōngsī 뗑 회사 | 事情 shìqing 뗑 일, 사건 | ★比较 bǐjiào 뷔 비교적 | 多 duō 헹 (수량이) 많다 | ★一直 yìzhí 뷔 계속해서, 줄곧 | 忙 máng 헹 바쁘다 | 工作 gōngzuò 뗑 일, 일자리 동 일하다 | ★几乎 jīhū 뷔 거의 | 都 dōu 뷔 모두, 다 | 好好 hǎohǎo 뷔 충분히, 잘 | 睡 shuì 동 (잠을) 자다 | 一晚 yì wǎn 하룻밤 | ★瘦 shòu 헹 마르다, 여위다 | ★担心 dānxīn 동 걱정하다 | 身体 shēntǐ 뗑 몸, 신체 | ★根据 gēnjù 깨 ~에 근거하여 | ★段 duàn 양 단락[사물의 한 부분을 나타냄] | 可以 kěyǐ 조동 ~할 수 있다, ~해도 된다 | 知道 zhīdào 동 알다, 이해하다 | 高兴 gāoxìng 헹 기쁘다 | 爱 ài 동 몹시 좋아하다 | ★干净 gānjìng 헹 깨끗하다

〈해설 및 정답〉 **문제 분석▼** 아버지(爸爸)에게 휴식에 많이 신경 써야 한다(要多注意休息)고 했으므로, 그는 아버지가 많이 쉬시길 바란다. 따라서 보기 **B**가 정답이다.

爸爸，您要多注意休息，人如果太累了，身体就会出问题的。别忘了，如果您觉得哪里不舒服就跟我说。
만약 ~한다면, 곧 ~하다

★ 他希望 爸爸 :

A 多运动

B 多休息

C 去医院做检查

아버지, 휴식에 많이 신경 쓰세요. 사람이 너무 피곤하면 몸에 문제가 생겨요. 만약에 어디가 불편하시면 저한테 바로 말씀하시는 것 잊지 마세요.

★ 그는 아버지 가 어떠하기를 바라는가:

A 운동을 많이 하기를

B **많이 쉬기를**

C 병원에 가서 검사하기를

단어 爸爸 bàba 몡 아빠 | 要 yào 조동 ~해야 한다 | ★注意 zhùyì 통 주의를 기울이다, 신경 쓰다 | 休息 xiūxi 통 쉬다, 휴식하다 | ★如果 rúguǒ 접 만약 | 累 lèi 혱 피곤하다, 힘들다 | 身体 shēntǐ 몡 몸, 신체 | 就 jiù 뮈 곧, 바로 | 会 huì 조동 ~할 것이다 | 出 chū 통 나타나다, 드러나다 | 问题 wèntí 몡 문제 | 别 bié 뮈 ~하지 마라 | 忘 wàng 통 잊다 | 觉得 juéde 통 ~라고 생각하다, 여기다 | 哪里 nǎlǐ 때 어디, 어느 곳 | ★舒服 shūfu 혱 편안하다 | ★跟 gēn 개 ~와 | 说 shuō 통 말하다 | 希望 xīwàng 통 바라다, 희망하다 | 运动 yùndòng 통 운동하다 | 医院 yīyuàn 몡 병원 | ★检查 jiǎnchá 통 검사하다

문제 적응 훈련

| 실전 트레이닝 1 |

제1부분

A 很多，像读书、画画儿、游泳，我都很感兴趣。

B 说了就没意思了，你自己看吧。故事很短，一两天就能看完。

C 今天我跟朋友一起去吃晚饭。

1. 这本书写得怎么样? 里面讲的是什么? ( )

2. 除了打篮球，你还有什么爱好? ( )

3. 是吗? 你们去哪儿吃? ( )

제2부분

A 除了	**B** 健康	**C** 有名

4. 只有经常运动，才能有一个 ( ) 的身体。

5. 李医生在我们医院最 ( )，有机会我介绍你们认识。

6. A: 这几句话你读懂了吗?

　 B: ( ) 最后一句，其他的我都明白。

정답 및 해설_ 해설집 70쪽

| 실전 트레이닝 2 |

제3부분

1. 吃完饭不要马上坐下，可以出去走走，这样不容易发胖，对身体也好。

   ★ 这句话主要想告诉我们：

   A 要相信自己　　　　B 吃点儿药才行　　　　C 饭后走走最健康

2. 白小姐，你要多睡觉，如果睡得不好，身体就会出问题的。您听明白了吗?

   ★ 他希望白小姐：

   A 多休息　　　　B 多运动　　　　C 多睡觉

3. 我对历史很感兴趣，经常会去图书馆借几本关于历史的书来看。我觉得书上写的很多历史故事都非常有趣。

   ★ 他喜欢看什么书?

   A 介绍节日的　　　　B 介绍历史的　　　　C 介绍音乐的

4. 啤酒不但可以喝，而且也可以用来洗头发。它能让头发长得更快，对头发非常好。

   ★ 啤酒：

   A 很贵　　　　B 可用来做饭　　　　C 对头发很好

정답 및 해설_ 해설집 73쪽

8 부사의 호응 여가, 건강, 여행

新HSK에는 이렇게 출제된다! ▼

★ **여가, 건강, 여행** 토픽은 독해 영역에서 **상당 비중(22%)**을 차지하고, 특히 독해 **제1, 3부분**에는 **여행** 관련 호응 표현이 자주 등장한다.

★ **부사**는 **동사**나 **형용사** 앞에서 **동작, 상태, 상황을 정확하게 표현**할 때 쓰기 때문에, 독해 지문에서 감초 역할을 한다. 따라서 부사가 어떤 의미이고 어떤 호응 표현으로 쓰이는지 묻거나 그것을 힌트로 푸는 문제가 출제된다.

1 독해 빈출 호응 표현 여가&여행

Track 77

1	买机票 mǎi jīpiào	비행기표를 사다	我要买去北京的机票。 Wǒ yào mǎi qù Běijīng de jīpiào. 나는 베이징에 가는 비행기표를 사려고 한다.
	买电影票 mǎi diànyǐng piào	영화표를 사다	我想买两张电影票。 Wǒ xiǎng mǎi liǎng zhāng diànyǐng piào. 나는 영화표 두 장을 사고 싶다.
2	下飞机 xià fēijī	비행기에서 내리다	我快下飞机了。 Wǒ kuài xià fēijī le. 나는 곧 비행기에서 내린다.
3	住宾馆 zhù bīnguǎn	호텔에 묵다	你住的宾馆很安静。 Nǐ zhù de bīnguǎn hěn ānjìng. 네가 묵는 호텔은 매우 조용하다.
4	拿房卡 ná fángkǎ	룸 카드 키를 들다/ 챙기다	请拿好房卡。 Qǐng náhǎo fángkǎ. 룸 카드 키를 잘 챙기세요.
5	检查行李箱 jiǎnchá xínglixiāng	트렁크를 검사하다	我来检查一下你的行李箱。 Wǒ lái jiǎnchá yíxià nǐ de xínglixiāng. 제가 당신의 트렁크를 좀 검사하겠습니다.
6	办护照 bàn hùzhào	여권을 발급하다	我的护照还没办好。 Wǒ de hùzhào hái méi bànhǎo. 내 여권이 아직 발급되지 않았다.
7	搬行李 bān xíngli	짐을 옮기다	请把我的行李搬到门口，好吗? Qǐng bǎ wǒ de xíngli bāndào ménkǒu, hǎo ma? 제 짐을 문 입구까지 옮겨 주시겠어요?

8 □□	**带手机** dài shǒujī	휴대폰을 지니다	**别忘了**带手机**出门。** Bié wàngle dài shǒujī chūmén. 휴대폰 가지고 나가는 거 잊지 마.
9 □□	**照(拍)照片** zhào(pāi) zhàopiàn	사진을 찍다	**这张**照片**照得很漂亮。** Zhè zhāng zhàopiàn zhào de hěn piàoliang. 이 사진은 예쁘게 찍었다.
10 □□	**头发短** tóufa duǎn	머리가 짧다	**我很喜欢**短头发**。** Wǒ hěn xǐhuan duǎn tóufa. 나는 단발머리를 좋아한다.

단어 要 yào 조동 ~하고자 하다 | 买 mǎi 동 사다 | 北京 Běijīng 고유 베이징, 북경 | 机票 jīpiào 명 비행기표, 항공권 | 张 zhāng 양 장[종이를 세는 단위] | 快 kuài 부 곧, 머지않아 | 下 xià 동 내리다, 하차하다 | 飞机 fēijī 명 비행기 | 住 zhù 동 묵다, 숙박하다 | 宾馆 bīnguǎn 명 호텔 | ★安静 ānjìng 형 조용하다 | 拿好 náhǎo 잘 들다 | 房卡 fángkǎ 명 (호텔 등의) 룸 카드 키 | 来 lái 동 다른 동사 앞에 쓰여 어떤 일을 하려는 것을 나타냄 | ★检查 jiǎnchá 동 검사하다 | ★行李箱 xínglixiāng 명 트렁크 | ★护照 hùzhào 명 여권 | 还 hái 부 아직 | 办 bàn 동 하다, 처리하다 | 行李 xíngli 명 짐, 여행짐 | 搬到 bāndào ~로 옮기다 | 到 dào 동 도착하다, 이르다 | 门口 ménkǒu 명 문 입구 | 别 bié 부 ~하지 마라[금지를 나타냄] | 忘 wàng 동 잊다 | ★带 dài 동 (몸에) 지니다, 가지다 | 手机 shǒujī 명 휴대폰 | 出门 chūmén 동 외출하다, 집을 나서다 | 照片 zhàopiàn 명 사진 | 照 zhào 동 (사진을) 찍다 | 得 de 조 ~하는 정도(상태)가 ~하다 | 漂亮 piàoliang 형 예쁘다 | 喜欢 xǐhuan 동 좋아하다 | ★短 duǎn 형 (길이가) 짧다 | ★头发 tóufa 명 머리카락

공략 트레이닝 1 / 제1부분 /

> A 你好，请问我的护照什么时候能办好？
>
> B 放心吧，该带的东西我都带了。
>
> 1. 再检查一下行李箱，看看有没有什么忘记拿的。 (   )
>
> 2. 一个星期后就可以了。 (   )

[1] 해설 및 정답 **문제 분석▼** 짐을 검사해 보라(检查一下行李箱)는 말은 다 챙겼다(我都带了)는 반응(보기 B)과 어울린다.

A: ❶再检查一下行李箱，看看有没有什么
<u>다시 ~해보다</u>
忘记拿的。

B: ❸放心吧，该带的东西我都带了。

A: ❶ 다시 여행 가방을 살펴봐, 잊고 안 가지고 가는 것이 있는지.

B: ❸ 걱정하지 마, 챙길 것은 다 챙겼어.

단어 再 zài 图 또, 다시 | ★检查 jiǎnchá 图 검사하다, 점검하다 | ★行李箱 xínglixiāng 명 트렁크, 캐리어 | 什 么 shénme 데 무엇, 무슨 | ★忘记 wàngjì 图 잊다 | ★拿 ná 图 잡다, 들다 | ★放心 fàngxīn 图 안심하다, 마음을 놓다 | 该 gāi 조동 ~해야 한다 | ★带 dài 图 (몸에) 지니다, 챙기다 | 东西 dōngxi 명 물건, 것

---

[2] 〔해설 및 정답〕 **문제 분석▼** 여권이 언제(**什么时候**) 다 되냐고 묻는 질문(보기 **A**)과 일주일 후(**一个星期后**) 면 된다는 대답이 서로 어울린다.

A: **Ⓐ**你好，请问我的护照什么时候能办好？	A: **Ⓐ**안녕하세요, 제 여권은 언제 다 되나요?
B: **②**一个星期后就可以了。	B: **②**일주일 후에 돼요.

단어 请问 qǐngwèn 图 말씀 좀 여쭙겠습니다 | ★护照 hùzhào 명 여권 | 什么时候 shénme shíhou 언제 | 能 néng 조동 ~할 수 있다 | 办好 bànhǎo 잘 처리하다 | 一个星期 yí ge xīngqī 일주일 | 后 hòu 명 (~한) 후 | 就 jiù 图 곧, 바로 | 可以 kěyǐ 조동 ~할 수 있다, ~해도 된다

2️⃣ 독해 빈출 포인트 일반부사

동사와 형용사는 문장의 중심이고, 부사는 동작, 상태, 상황의 의미를 정확하게 하는 역할을 한다. 부사는 단독으로 쓰일 때도 있지만 그 의미를 강조하기 위해 호응하여 쓰는 짝꿍이 있으므로 함께 묶어서 기억하는 것이 좋다.

📖 시험에 출제되는 일반부사 ✎ 필수체크

☐☐ **一共** yígòng 모두 (합쳐서) ✱	☐☐ **总是** zǒngshì 늘, 언제나 ✱
☐☐ **一直** yìzhí 계속해서 ✱	☐☐ **还** hái ① 여전히, 아직도 ② 또한
☐☐ **才** cái 겨우, 비로소 ✱	☐☐ **必须** bìxū 반드시 ✱

📖 시험에 출제되는 일반부사와 호응 표현 ✎ 필수체크

☐☐ **越…越…** yuè…yuè… ~할수록 (점점) ~하다	☐☐ **一定要…** yídìng yào… ① 반드시 ~하고자 하다 ② 반드시 ~해야 한다
☐☐ **可能会…** kěnéng huì… 아마도 ~할 것이다	☐☐ **(马上)就要…了** (mǎshàng) jiùyào…le 곧 ~하다
☐☐ **快要…了** kuàiyào…le 곧 ~하다	☐☐ **终于…了** zhōngyú…le 마침내 ~했다
☐☐ **已经…了** yǐjīng…le 이미 ~했다	☐☐ **从来没…过** cónglái méi…guo 지금껏 ~한 적 없다

| □□ 一…就… yī…jiù… | □□ 一边…一边… yìbiān…yìbiān… |
| ~하자마자/했다 하면 ~하다 | ~하면서 (동시에) ~하다 |

1. 妈, 我已经下飞机了。这边人很多, 听不清楚您说的话。我拿的东西不多, 自己坐出租车去就可以了。您给我准备点儿吃的, 好不好? 我太饿了。

   ★ 他可能在:

   A 机场　　　　　　B 电影院　　　　　　C 火车站

2. 听说小李下个星期就要离开北京回国了。因为我要出差, 没办法去送他了。请你把这个小熊猫送给他, 让他明年再到中国来。

   ★ 根据这段话, 可以知道小李:

   A 想学习汉语　　　B 担心中国有变化　　　C 下星期不在北京

---

[1] 해설 및 정답　**문제 분석▼** 비행기에서 이미 내렸고(我已经下飞机了), 이곳(这边)에 사람이 많다고 했으므로, 그가 공항에 있다는 것을 알 수 있다.

妈, 我已经下飞机了。这边人很多, 听不清楚您说的话。我拿的东西不多, 自己坐出租车去就可以了。您给我准备点儿吃的, 好不好? 我太饿了。	엄마, 저 이미 비행기에서 내렸어요. 여기 사람이 많아서, 엄마 말소리가 잘 안 들려요. 제가 들고 있는 물건은 많지 않으니까, 혼자서 택시 타고 가면 돼요. 엄마는 제가 먹을 것 좀 준비해 줄 수 있어요? 저 너무 배고파요.
★ 他可能在:	★ 그는 아마도 어디에 있겠는가:
A 机场　B 电影院　C 火车站	A 공항　　B 영화관　　C 기차역

已经 (我已经下飞机了 아래): ―이미, ~했다

단어 已经 yǐjīng 분 이미, 벌써 | 下 xià 통 내리다, 하차하다 | 飞机 fēijī 명 비행기 | 这边 zhèbiān 대 이곳, 여기, 이쪽 | 听不清楚 tīng bu qīngchu 들어도 분명하지 않다, 분명하게 안 들리다 | 说话 shuōhuà 통 말을 하다 | 东西 dōngxi 명 물건, 것 | ★自己 zìjǐ 대 자기, 자신, 스스로 | 坐 zuò 통 (차나 비행기를) 타다 | 出租车 chūzūchē 명 택시 | 就 jiù 분 곧, 바로 | 可以 kěyǐ 조동 ~해도 된다 | 给 gěi 개 ~에게 | 准备 zhǔnbèi 통 준비하다 | (一)点儿 (yì)diǎnr 양 약간, 조금[불확정적인 수량] | 吃 chī 통 먹다 | ★饿 è 형 배고프다 | 可能

kěnéng 튄 아마(도) | 在 zài 통 ~에 있다 | 机场 jīchǎng 몡 공항 | 电影院 diànyǐngyuàn 몡 영화관 | 火车站 huǒchēzhàn 몡 기차역

[2] <해설 및 정답> **문제 분석▼** 샤오리(小李)는 '다음 주에 베이징을 떠나 귀국할 것이다(下个星期就要离开北京回国了)'라고 했으므로, 그가 다음 주에는 베이징에 없음을 유추할 수 있다. 따라서 보기 **C**가 정답이다.

听说小李下个星期就要离开北京回国了。因为我要出差，没办法去送他了。请你把这个小熊猫送给他，让他明年再到中国来。

★ 根据这段话，可以知道小李:

A 想学习汉语

B 担心中国有变化

C 下星期不在北京

샤오리는 다음 주에 베이징을 떠나 귀국한다고 하더라. 나는 출장 가야 해서 배웅하러 못 가. 이 새끼 판다를 그에게 주고, 내년에 다시 중국에 오라고 해줘.

★ 이 글을 통해 알 수 있듯 샤오리는:

A 중국어를 배우고 싶어 한다

B 중국이 변화한 것을 걱정한다

C 다음 주에 베이징에 없다

단어 听说 tīngshuō 통 듣자(하)니 | 下星期 xià xīngqī 다음 주 | 就要…了 jiùyào…le 곧 ~하다 | ★离开 líkāi 통 떠나다, 벗어나다 | 北京 Běijīng 고유 베이징, 북경 | 回国 huíguó 통 귀국하다 | 因为 yīnwèi 접 왜냐하면 | 出差 chūchāi 통 출장 가다 | 办法 bànfǎ 몡 방법 | 送 sòng 통 보내다, 배웅하다 | 请 qǐng 통 청하다, 부탁하다 | ★把 bǎ 개 ~을 | 小熊猫 xiǎo xióngmāo 새끼 판다 | 送给 sònggěi 선물해 주다 | 让 ràng 통 (~로 하여금) ~하게 하다 | 明年 míngnián 몡 내년 | 再 zài 튄 또, 다시 | 中国 Zhōngguó 고유 중국 | ★根据 gēnjù 개 ~에 근거하여 | ★段 duàn 양 단락[사물의 한 부분을 나타냄] | 可以 kěyǐ 조통 ~할 수 있다 | 知道 zhīdào 통 알다, 이해하다 | 想 xiǎng 조통 ~하고 싶다 | 学习 xuéxí 통 공부하다 | 汉语 Hànyǔ 몡 중국어 | ★担心 dānxīn 통 걱정하다 | ★变化 biànhuà 몡통 변화(하다) | 在 zài 통 ~에 있다

실전 트레이닝 1

제1부분

A 欢迎你再次来上海。

B 没有，我又办了一个新的。

C 银行马上就要关门了。

1. 王经理，您的护照找到了吗? (   )

2. 没关系，我明天去也可以。 (   )

3. 谢谢。几年不见，你的变化很大啊。 (   )

제2부분

A 已经	**B** 清楚	**C** 附近

4. 您可以选择火车站(   )的宾馆，住那儿会更方便。

5. 小姐，您的行李(   )搬到房间里了，这是您的房卡。

6. A: 手机照得不太(   )，你看这张怎么样?

   B: 很好，照得不错。

| 실전 트레이닝 2 |

제3부분

1. 这辆公共汽车有上下两层，很多人都愿意坐上边那层，因为坐得高，眼睛看得远，一路上经过的地方，你都可以看得更清楚。

   ★ 关于这辆公共汽车，可以知道：

   A 司机很好 　　　　B 一共有两层 　　　　C 上层没有人坐

2. 客人们已经住进宾馆了，他们对那里的环境和服务都很满意，我已经跟他们说好了，明天早上9点半带他们坐船游长江。

   ★ 客人们明天会去：

   A 看花 　　　　B 爬山 　　　　C 游长江

3. 以前我要去一个不认识的地方，总是要问别人才能找到。现在有了手机地图，我想去哪儿，它就能带我去哪儿，方便多了。

   ★ 根据这段话，我们可以知道：

   A 他喜欢去旅游 　　B 他很喜欢用旧的 　　C 手机地图很方便

4. 没关系，我哭是因为看了一个电影，这个电影使我突然想起了很多过去的事情。

   ★ 他为什么哭？

   A 想起了过去 　　　B 鼻子不舒服 　　　C 不想说再见

정답 및 해설_ 해설집 77쪽

9 관형어의 쓰임

길 찾기, 교통수단

新HSK에는 이렇게 출제된다! ▼

★ **길 찾기**와 **교통수단** 토픽은 독해 영역에서 적은 **비중(8%)**을 차지하고, 독해 **제2, 3부분**에 상대적으로 **자주 출제**된다.

★ **길 찾기**와 **교통수단** 토픽은 시험에 **자주 출제되는 호응 표현이 제한**되어 있으므로, 독해 지문에도 항상 비슷하게 등장한다.

★ **관형어**는 **명사 앞에서 명사를 수식하는 문장 성분**으로 **구조조사(…的)를 사용**하거나 **사용하지 않는 경우**가 있는데, 독해 영역에서는 관형어를 힌트로 뒤에 등장할 명사를 찾는 문제가 많이 출제된다.

1 독해 빈출 호응 표현 길 찾기 & 교통수단

Track 78

1	起飞 qǐfēi	(비행기가) 이륙하다	飞机马上就要起飞了。 Fēijī mǎshàng jiùyào qǐfēi le. 비행기가 곧 이륙한다.
2	叫出租车 jiào chūzūchē	택시를 부르다	我帮你叫出租车。 Wǒ bāng nǐ jiào chūzūchē. 내가 (너를 도와) 택시를 부를게.
3	走路 zǒu lù	걷다	我走错路了。 Wǒ zǒucuò lù le. 나는 길을 잘못 들었다.
4	拿行李 ná xíngli	짐을 들다	请大家拿好行李。 Qǐng dàjiā náhǎo xíngli. 모두들 짐을 잘 챙기세요.
5	送孩子 sòng háizi	아이를 배웅하다	她每天送孩子上学。 Tā měi tiān sòng háizi shàngxué. 그녀는 매일 아이를 학교에 바래다준다.
	接朋友 jiē péngyou	친구를 마중하다	我要去机场接朋友。 Wǒ yào qù jīchǎng jiē péngyou. 나는 친구를 마중하러 공항에 가야 한다.
6	找地方 zhǎo dìfang	장소를 찾다	我找不到地方坐。 Wǒ zhǎo bu dào dìfang zuò. 나는 앉을 곳을 찾을 수가 없다.
	找宾馆 zhǎo bīnguǎn	호텔을 찾다	你先找一家宾馆吧。 Nǐ xiān zhǎo yì jiā bīnguǎn ba. 너 먼저 호텔 하나를 찾아라.

□□ 7	**坐车方便** zuò chē fāngbiàn	차를 타기가 편리하다	这里**坐车**很**方便**。 Zhèlǐ zuò chē hěn fāngbiàn. 이곳은 차를 타기에 편리하다.
□□ 8	**往前走** wǎng qián zǒu	앞으로 가다	**往前走**就能到车站。 Wǎng qián zǒu jiù néng dào chēzhàn. 앞쪽으로 걸어가면 바로 정거장에 도착할 수 있다.
□□ 9	**向右拐** xiàng yòu guǎi	오른쪽으로 돌다	从这儿**向右拐**就能到。 Cóng zhèr xiàng yòu guǎi jiù néng dào. 여기에서 오른쪽으로 돌면 바로 도착합니다.
□□ 10	**一条路(街)** yì tiáo lù(jiē)	길 하나	这**条**路能到学校。 Zhè tiáo lù néng dào xuéxiào. 이 길로 (가면) 학교에 도착할 수 있다.

단어 飞机 fēijī 몡 비행기 | ★马上 mǎshàng 뷔 곧 | 就要…了 jiùyào…le 곧 ~하다 | ★起飞 qǐfēi 통 (비행기가) 이륙하다 | 帮 bāng 통 돕다 | 叫 jiào 통 부르다 | 出租车 chūzūchē 몡 택시 | 走错 zǒucuò (길을) 잘못 들다 | 路 lù 몡 길 | 请 qǐng 통 (상대가 어떤 일을 하길 바라는 의미로) ~하세요 | 大家 dàjiā 때 모두들 | 拿好 náhǎo 잘 들다 | 行李 xíngli 몡 짐 | 上学 shàngxué 통 학교에 다니다 | 要 yào 조통 ~해야 한다 | 机场 jīchǎng 몡 공항 | ★接 jiē 통 마중하다 | 朋友 péngyou 몡 친구 | 找不到 zhǎo bu dào 찾을래야 찾을 수 없다 | ★地方 dìfang 몡 장소 | 坐 zuò 통 앉다 | ★先 xiān 뷔 먼저 | 车 chē 몡 차 | ★方便 fāngbiàn 혱 편리하다 | 往 wǎng 개 ~쪽으로 | 前 qián 몡 앞 | 就 jiù 뷔 곧, 바로 | 能 néng 조통 ~할 수 있다 | 到 dào 통 도착하다 | 车站 chēzhàn 몡 정거장 | 从 cóng 개 ~에서, ~로부터 | ★向 xiàng 개 ~을 향해 | 右 yòu 몡 우측, 오른쪽 | 拐 guǎi 통 방향을 바꾸다 | ★条 tiáo 양 (길·강·물고기 등) 가늘고 긴 형상 또는 물건을 세는 단위

공략 **트레이닝 1** / 제2부분 /

> **A 地方   B 条   C 送**

1. 是不是就东边这（   ）路能到车站? 从地图上看是这样的。

2. A: 对不起，王经理，我来晚了。

   B: 没关系，先找个（   ）坐吧。

[1] 해설 및 정답 | **문제 분석▼** '这(이)/那(그, 저)/哪(어느)+양사+명사' 순서로 쓰이므로, 빈칸에는 양사가 필요하다. 양사 条(보기 B)는 길, 바지, 치마처럼 가늘고 긴 사물을 셀 때 쓰는 단위이므로 빈칸에 적합하다.

是不是就东边这(**B 条**)路能到车站？ <u>这/那+양사+명사</u> 从地图上看是这样的。	동쪽 이 길로 정류장에 도착할 수 있지? 지도에서 보면 그래.

단어 就 jiù 閉 곧, 바로 ┃ 东边 dōngbian 閏 동쪽 ┃ ★条 tiáo 閏 (바지·치마·길·강 등) 가늘고 긴 물건을 세는 단위 ┃ 路 lù 閏 길, 도로 ┃ 能 néng 조동 ~할 수 있다 ┃ 到 dào 등 도착하다, 이르다 ┃ 车站 chēzhàn 閏 정류장 ┃ 从 cóng 개 ~에서, ~로부터 ┃ ★地图 dìtú 閏 지도 ┃ 上 shàng 閏 위 ┃ 看 kàn 등 보다 ┃ 这样 zhèyàng 대 이렇다, 이와 같다

[2] 해설 및 정답 | **문제 분석▼** 동사 找(찾다)의 목적어로 명사 地方(곳, 장소)가 적당하고, '양사(个)+명사(地方)'의 순서로 쓰이므로 보기 A가 정답이다.

A: 对不起，王经理，我来晚了。 B: 没关系，先找个（ **A 地方** ）坐吧。 동사+양사+목적어(명사)	A: 죄송합니다, 왕 사장님. 제가 늦었네요. B: 괜찮아요, 먼저 (**A 자리**)를 찾아서 앉으세요.

단어 对不起 duìbuqǐ 미안해요, 죄송해요 ┃ ★经理 jīnglǐ 閏 사장, 책임자 ┃ 来晚 láiwǎn 늦게 오다 ┃ 没关系 méi guānxi 괜찮아요, 상관없어요 ┃ ★先 xiān 閏 우선, 먼저 ┃ 找 zhǎo 등 찾다 ┃ ★地方 dìfang 閏 곳, 장소 ┃ 坐 zuò 등 앉다

2 독해 빈출 포인트 구조조사 的+명사

명사 앞에는 수식하는 말(관형어)을 자주 쓴다. 대부분 '구조조사(…的)'를 사용하는 경우가 많고, 표현에 따라서는 사용하지 않기도 한다. 따라서 문장을 읽다가 '구조조사(…的)'가 등장하면 뒤에 명사가 올 가능성이 아주 높다는 것을 미리 예측하면 빠르고 정확한 독해가 가능하다.

🖈 시험에 출제되는 …的+명사 ✂◀ 필수체크

❶ (대)명사的+명사

（今天的）节目　오늘의 프로그램
jīntiān de jiémù

谢谢（你的）关心　관심 가져 줘서 고마워
xièxie nǐ de guānxīn

② 형용사구的+명사

(最好的)办法　가장 좋은 방법
zuì hǎo de bànfǎ

(有名的)地方　유명한 곳
yǒumíng de dìfang

(安静的)城市　조용한 도시
ānjìng de chéngshì

③ 동사구的+명사

(喝茶的)习惯　차를 마시는 습관
hē chá de xíguàn

(上班的)路上　출근하는 길에
shàngbān de lùshang

中国人有(喝茶的)习惯。 중국인은 차를 마시는 습관이 있다.
Zhōngguórén yǒu hē chá de xíguàn.

단어 有 yǒu 통 ~이 있다 | 喝 hē 통 마시다 | 茶 chá 명 차, tea | ★习惯 xíguàn 명 습관

💡 구조조사 的를 생략하고 명사를 수식하는 표현 ✗ 필수체크

(其他)人　다른 사람
qítā rén

(王)阿姨　왕씨 아주머니
Wáng āyí

(学校)附近　학교 근처
xuéxiào fùjìn

(哪个)超市　어느 슈퍼마켓
nǎge chāoshì

((我们)学校)附近比较干净。 우리 학교 부근은 비교적 깨끗하다.
Wǒmen xuéxiào fùjìn bǐjiào gānjìng.

단어 学校 xuéxiào 명 학교 | ★附近 fùjìn 명 부근, 근처 | ★比较 bǐjiào 부 비교적 | ★干净 gānjìng 형 깨끗하다

1. 对不起，先生，我们的飞机马上就要起飞了，请您关上手机，谢谢。

   ★ 那位先生最可能在做什么？

   A 玩儿手机　　　　B 用铅笔写字　　　　C 用电脑发邮件

2. 请大家带好护照等重要东西，记住我的手机号码。如果走错路了，找不到宾馆时，就给我打电话。

   ★ 他们可能：

   A 在医院　　　　B 在打电话　　　　C 在火车站

---

[1] 〈해설 및 정답〉　**문제 분석▼**　본문에서 **先生**에게 휴대폰을 꺼달라(**请您关上手机**)고 당부하고 있으므로, **先生**은 휴대폰을 사용하는 중이라는 것을 알 수 있다. 따라서 보기 **A**가 정답이다.

対不起，先生，我们的飞机马上就要起飞了，请您关上手机，谢谢。
곧 ~하다

★ 那位先生最可能在做什么？

A 玩儿手机

B 用铅笔写字

C 用电脑发邮件

선생님, 죄송합니다. 저희 비행기는 곧 이륙합니다. 휴대폰을 꺼주세요. 감사합니다.

★ 그 선생님은 아마도 무엇을 하고 있었나?

A 휴대폰을 하다

B 연필로 글씨를 쓰다

C 컴퓨터로 이메일을 보내다

단어 对不起 duìbuqǐ 미안해요, 죄송해요 | 先生 xiānsheng 몡 선생님, 씨[성인 남성에 대한 존칭] | 飞机 fēijī 몡 비행기 | ★马上 mǎshàng 뵈 곧, 바로 | 就要…了 jiùyào…le 곧 ~하다 | ★起飞 qǐfēi 통 (비행기 등이) 이륙하다 | 请 qǐng 통 ~하세요, 청하다, 부탁하다 | ★关 guān 통 (기계를) 끄다 | 手机 shǒujī 몡 휴대폰 | 谢谢 xièxie 통 고마워요, 감사해요 | ★位 wèi 양 분[사람을 세는 단위] | 最 zuì 뵈 가장, 제일 | 可能 kěnéng 뵈 아마(도) | 在 zài 뵈 ~하는 중이다, ~하고 있다 | 做 zuò 통 하다 | 什么 shénme 때 무엇 | 玩儿 wánr 통 놀다 | ★用 yòng 통 사용하다, 쓰다 | 铅笔 qiānbǐ 몡 연필 | 写字 xiě zì 통 글씨를 쓰다 | 电脑 diànnǎo 몡 컴퓨터 | 发邮件 fā yóujiàn 이메일을 보내다

请大家带好护照等重要东西，记住我的手机号码。如果走错路了，找不到宾馆时，就给我打电话。 잘 챙기다 만약 ~한다면, 곧 ~하다	여러분 여권 등 귀중품을 잘 챙기시고, 제 휴대폰 번호를 기억하세요. 만약에 길을 잘못 들어서 호텔을 찾지 못할 때는 저에게 전화하세요.
★ 他们可能:	★ 그들은 아마도:
A 在医院	A 병원에 있다
B 在打电话	B 전화를 하고 있다
C 在火车站	C 기차역에 있다

단어 请 qǐng 图 ~하세요, 청하다, 부탁하다 | 大家 dàjiā 데 모두들, 여러분 | 带好 dàihǎo 잘 챙기다 | ★护照 hùzhào 몡 여권 | 等 děng 图 등, 따위 | ★重要 zhòngyào 혱 중요하다 | 东西 dōngxi 몡 물건, 것 | 记住 jìzhu 图 확실히 기억해 두다 | 手机 shǒujī 몡 휴대폰 | 号码 hàomǎ 몡 번호, 숫자 | ★如果 rúguǒ 젭 만약 | 走错 zǒucuò (길을) 잘못 들다 | 找不到 zhǎo bu dào 찾을래야 찾을 수 없다 | 宾馆 bīnguǎn 몡 호텔 | 时 shí 몡 때, 시기 | 就 jiù 뷔 곧, 바로 | 给 gěi 캐 ~에게 | 打电话 dǎ diànhuà 전화를 걸다, 전화하다 | 可能 kěnéng 뷔 아마(도) | 医院 yīyuàn 몡 병원 | 火车站 huǒchēzhàn 몡 기차역

[TIP] 가장 답이 아닌 것부터 하나하나 지워 나가는 '소거법'을 사용해도 좋다. 본문을 읽어 보면 그들 (他们)은 전화를 하고 있거나(보기 A), 병원에 있을(보기 B) 가능성이 희박하므로 보기 C를 답 으로 선택할 수 있다.

문제 적응 훈련

제한 시간 10분

학습일 ____ / ____

맞은 개수 _____

| 실전 트레이닝 1 |

제1부분

A 天黑了，你一个人回家我不放心，你就叫出租车吧。

B 可以。你累不累? 坐下来喝点儿饮料，怎么样?

C 不是，右边也可以。

1. 只有中间的这个电梯能坐吗? ( )

2. 没关系，我打电话让我哥来接我。 ( )

3. 还有多远? 太阳下山前我们能到吗? ( )

제2부분

A 关心	**B** 向	**C** 街道

4. 谢谢你的( )，我做完事情后再找你。

5. 春天了，( )两边的花儿都开了。

6. A: 我该换钱了，你知道附近哪里有中国银行吗?

   B: 这家饭馆旁边就有一个，出门( )前走一百米就到了。

정답 및 해설_ 해설집 79쪽

| 실전 트레이닝 2 |

제3부분

1. 外面刚下过雪，街道还没人打扫。你回去的时候一定要小心点儿，慢点儿开车，注意看路。

★ 根据这段话，可以知道：

A 车坏了　　　　　B 要小心开车　　　　　C 他开车开得很慢

2. 这条街很干净，路两边都是花草，每年春天开花的时候，都非常漂亮，所以我很喜欢在这条路上跑步。

★ 关于那条路，可以知道什么？

A 干净漂亮　　　　　B 离车站很近　　　　　C 不方便买菜

3. 我在离家很远的地方上大学，以前每次去学校，我都要先坐一个多小时的汽车到火车站，然后再坐10多个小时的火车。后来我家这边有了机场，去学校就快多了。

★ 为什么后来他去学校快多了？

A 可以坐火车　　　　B 可以坐飞机　　　　C 已经毕业了

4. 早上我在车站等了40多分钟，也没等到我要坐的那辆公共汽车。我担心再等下去会迟到，就坐出租车来公司了。

★ 他今天早上：

A 迟到了　　　　　B 起床晚了　　　　　C 打车上班的

정답 및 해설_ 해설집 81쪽

第一部分 ★ 第1–5题

A 去洗洗手，准备碗筷吧。你妈妈呢？

B 那我再换个大一点儿的包，这个包放不下了。

C 这双运动鞋是新买的？多少钱买的？

D 找个时间去医院检查检查吧。

E 当然。我们先坐公共汽车，然后换地铁。

F 这位就是我的新男朋友。

例如：你知道怎么去那儿吗？ （ **E** ）

1. 把这几个苹果也拿上吧。 （ ）

2. 我的牙越来越疼了。 （ ）

3. 800多块，虽然比较贵，但穿着很舒服。 （ ）

4. 方便给我们介绍一下吗？他是谁啊？ （ ）

5. 她在看电视，我去叫她。 （ ）

★ 第6-10题

A 昨天的雨下得非常大，我没带伞。

B 别担心，我坐出租车去，10分钟就到学校了。

C 爸，您不是说给我带礼物了吗? 是什么? 让我看看。

D 没关系，我觉得你这样更好看。健康才是最重要的。

E 天气太热了，我们喝杯绿茶吧。

6. 快点儿吧，再有一个小时就要考试了。　　　　　　（　　　　　）

7. 你看，我又胖了三公斤。　　　　　　　　　　　（　　　　　）

8. 在行李箱里呢，你自己去拿吧。　　　　　　　　（　　　　　）

9. 好的，我也有点儿渴了。　　　　　　　　　　　（　　　　　）

10. 你怎么又生病了?　　　　　　　　　　　　　　（　　　　　）

| A 为了 | B 留学 | C 机会 | D 年轻 | E 声音 | F 结束 |

例如：她说话的（ **E** ）多好听啊！

11. 我和丈夫是在国外（　　）时认识的。

12. （　　）更好地解决问题，必须提高自己的水平。

13. 会议10点半能（　　）吗？外面有人找你。

14. 别难过了，以后还有很多（　　）。

15. 现在的（　　）人结婚越来越晚了。

★ 第16-20题

| A 简单 | B 地方 | C 疼 | D 爱好 | E 帮忙 | F 借 |

例如：A: 你有什么（ **D** ）?

　　　B: 我喜欢体育。

16. A: 我觉得这次的考试题比较（　　）。

　　B: 真的吗? 但是我有好几个题不知道该怎么回答。

17. A: 晚上在哪儿见面?

　　B: 就上次我们去过的那个（　　），那儿附近有一家咖啡馆很安静。

18. A: 你怎么买了这么多东西，需要（　　　）吗?

B: 你给我开一下门吧，谢谢。

19. A: 学校图书馆一次可以（　　　）几本书?

B: 5本，一个月后还就可以。

20. A: 你都很长时间没锻炼了，下午和我去爬山吧。

B: 我昨天刚打了篮球，今天腿还（　　　）呢。

第三部分 ★ 第21–30题

21. 三年级的足球赛明天下午开始，第一个就是我们班和3班的比赛，有兴趣的同学可以早点儿到运动场去看看。

★ 说话人:

A 是学生　　　　　　　B 回答问题　　　　　　　C 认真地工作

22. 别看小李年轻，他已经在这儿工作10年了。你有什么不明白的事情或者不知道该怎么解决的问题，都可以问他。

★ 如果有什么不懂的，可以:

A 迟到　　　　　　　　B 查词典　　　　　　　　C 问小李

23. 喂? 你在哪儿呢? 你声音大一点儿，好吗? 我刚才没听清楚你在说什么。

★ 那个人的声音:

A 很大　　　　　　　　B 有点儿小　　　　　　　C 比较清楚

24. 他在我感冒的时候照顾过我，在我遇到问题的时候帮助过我，在我心中，他是我最好的朋友。

★ 我遇到问题时，他：

A 非常生气　　　　　　**B** 身体不舒服　　　　　　**C** 帮我解决问题

25. 每年10月4日，这个城市都会举行"啤酒节"，会有很多国家的人来参加。啤酒节上，除了喝酒外，这里的表演更是好看，你还会在这儿遇到很多名人。

★ 在啤酒节上：

A 不能喝酒　　　　　　**B** 能看到表演　　　　　　**C** 一共有几千种啤酒

26. 小张上午脸色不太好，同学们以为他病了，问他怎么了，他笑着回答说："昨晚看电影，两点才睡觉。"

★ 小张昨天晚上：

A 发烧了　　　　　　　**B** 看电影了　　　　　　　**C** 玩儿电脑了

27. 新买的这个冰箱比以前那个旧的好多了，它的声音非常小，几乎没有声音，不会影响我们的工作和休息。

★ 新冰箱怎么样？

A 声音很小　　　　　　**B** 用电不多　　　　　　　**C** 出现了问题

28. 学过的东西，如果不经常看，很容易就会忘记。所以，要想把学过的东西记住，每过一段时间就应该复习一下。

★ 为了记住学过的东西，应该：

A 经常复习　　　　　　**B** 不懂就问　　　　　　　**C** 认真完成作业

29. 猫和人不同，它们不怕黑，因为它们的眼睛在晚上更容易看清楚东西。我们家的那只猫就总是习惯白天睡觉，晚上出来走动。

    ★ 关于那只猫，可以知道什么?

    A 不喜欢晚上   **B** 害怕换环境   **C** 喜欢白天休息

30. 你好，我今天才发现，昨天从你们这儿拿回去的衣服不是我的，裙子和皮鞋都不是我的，这双皮鞋太大了，你帮我看一下，是谁拿错了。

    ★ 根据这段话，可以知道她:

    A 非常高兴   **B** 是卖衣服的   **C** 拿错了东西

정답 및 해설_ 해설집 84쪽

맛있는 중국어 新HSK 합격 프로젝트

쓰기
书写

**유형
파악**

☆ 총 10문제 / 15분

	제**1**부분	제**2**부분
문제 유형	주어진 어휘를 조합하여 문장 만들기	빈칸에 알맞은 한자 쓰기
미리 보기	例如：小船　　上　　一　　河　　条　　有 　　　河上有一条小船。	guān 例如：没（ 关 ）系，别难过，高兴点儿。
문항 수	5	5
시험 시간	15 분	

쓰기 제1부분

쓰기 제1부분은 제시어를 배열하여 올바른 문장을 완성하는 문제로, 출제 문제의 52%는 **동사와 관련 있는 어법 요소**(쓰기 1–6/핵심 1–6)가 출제되고, **48%는 부사어와 관련 있는 어법 요소**(쓰기 7–11/핵심 7–10)가 출제된다. 따라서 시험에 대비하여 모든 어법 요소를 공부하기보다 자주 출제되는 동사, 부사어와 관련 있는 어법 요소들을 집중적으로 공부하는 것이 효과적이다.

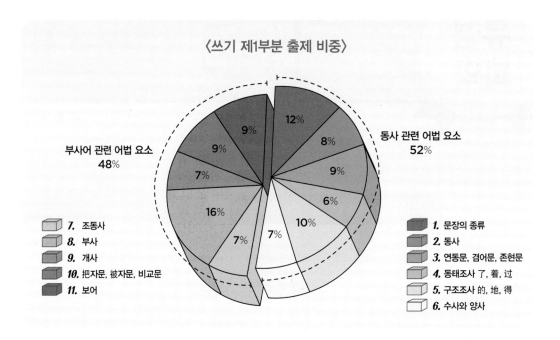

〈쓰기 제1부분 출제 비중〉

부사어 관련 어법 요소 48%

동사 관련 어법 요소 52%

7. 조동사
8. 부사
9. 개사
10. 把자문, 被자문, 비교문
11. 보어

1. 문장의 종류
2. 동사
3. 연동문, 겸어문, 존현문
4. 동태조사 了, 着, 过
5. 구조조사 的, 地, 得
6. 수사와 양사

핵심1 술어가 될 가능성이 높은 동사나 형용사를 찾는다.

핵심2 술어가 동사일 때에는 목적어를 찾고, 그 다음에 주어를 찾는다.

핵심3 동사가 여러 개 등장할 때에는 기본적으로 시간 발생 순서대로 배열해 본다.

핵심4 어기조사(吗ma, 吧ba, 呢ne, 啊a 등)는 문장 맨 끝에 위치한다.

핵심5 동태조사(了le, 着zhe, 过guo)는 일반적으로 동사 바로 뒤에 붙는다.

핵심6 양사는 명사 앞, 동사 혹은 형용사 뒤에 위치한다.

핵심7 부정문을 만드는 요소(不bù, 没méi, 不要búyào, 别bié 등)는 조동사 바로 앞에 쓴다.

핵심8 정도부사(很hěn, 太tài, 非常fēicháng, 最zuì, 比较bǐjiào 등)는 형용사 바로 앞에 쓴다.

핵심9 여러 요소를 겹쳐 쓸 때에는 보통 '부사+조동사+개사구'의 순서로 쓴다.

핵심10 보어는 술어(동사/형용사) 뒤에서 그 동작이나 상태에 대해 보충 설명하여 문장의 의미를 더 정확하게 만든다.

★ 핵심 적용 예시 ★

火车站	不想	她	去	接她弟弟
huǒchēzhàn	bù xiǎng	tā	qù	jiē tā dìdi
기차역	~하고 싶지 않다	그녀	가다	그녀의 남동생을 마중하다

Step 1. 술어가 될 가능성이 높은 **동사나 형용사를 찾는다.**

火车站　　不想　　她　　去　　接她弟弟

Step 2. 술어가 동사일 때에는 목적어를 찾고, 그 다음에 주어를 찾는다.

주어	술어	목적어
她	去	火车站

Step 3. 동사가 여러 개 등장할 때에는 기본적으로 **시간 발생 순서**대로 배열해 본다.

	동사1	동사2
她	去火车站	接她弟弟

Step 4. 부정문을 만드는 요소(不, 没, 不要, 别)는 **술어 앞쪽**에 위치한다.

她　　不想　　去火车站　　接她弟弟

∴ **她不想去火车站接她弟弟。**　　그녀는 남동생을 데리러 기차역에 가고 싶지 않다.
Tā bù xiǎng qù huǒchēzhàn jiē tā dìdi.

쓰기 제2부분

쓰기 제2부분은 문장 속 빈칸에 들어갈 한자를 쓰는 문제로, 출제 문제의 75%는 **동사, 명사, 형용사**에서 출제된다.

핵심1 평소 동사, 명사, 형용사 단어를 외울 때 한자 쓰기에 더욱 신경 쓴다.

핵심2 시험 전에는 비슷하게 생긴 한자끼리 혼동하지 않도록 비교하며 확인해 본다.

1 문장의 종류 　평서문, 의문문, 명령문, 감탄문

新HSK에는 이렇게 출제된다! ▼

★ 문장의 **기본 형식**과 **어순**을 아는 것은 기본이자 필수이다. 중국어 문장에는 어떤 것들이 있고, 어떤 특징이 있는지 알아야 한다.

★ **의문문, 명령문, 감탄문**임을 알 수 있도록 도와주는 표현에는 어떤 것들이 있는지 체크하며 공부하는 것이 효과적이다.

1 평서문(긍정문-부정문)

사람, 사물, 사건, 상황에 대해 서술하는 문장으로, 문장 끝에 마침표(。)를 쓴다.

/. 동작을 서술하는 문장 동사술어문

술어가 동사인 문장으로, 뒤에 목적어를 쓸 수 있다. 동작의 부정형은 不 혹은 没(有)를 쓴다.

긍정문	부정문
주어 술어(동사) 我　吃。 Wǒ　chī.	주어　부사　술어(동사) 我　不　吃。 Wǒ　bù　chī.
나는 먹는다/먹겠다.	나는 안 먹는다/먹겠다.
주어 술어(동사) 조사 我　吃　了。 Wǒ　chī　le.	주어　부사　술어(동사) 我　没(有)　吃。 Wǒ　méi(yǒu)　chī.
나는 먹었다.	나는 안 먹었다.
주어 술어(동사) 목적어 我　是　中国人。 Wǒ　shì　Zhōngguórén.	주어　부사　술어(동사)　목적어 我　不　是　中国人。 Wǒ　bú　shì　Zhōngguórén.
나는 중국인이다.	나는 중국인이 아니다.
주어 술어(동사) 목적어 我　有　弟弟。 Wǒ　yǒu　dìdi.	주어　부사　술어(동사)　목적어 我　没　有　弟弟。 Wǒ　méi　yǒu　dìdi.
나는 남동생이 있다.	나는 남동생이 없다.

[TIP] ❶ 了는 동작의 완료를 나타내고, 没는 동작이 발생하지 않았음을 나타낸다.

❷ 동사 是의 부정형은 不是, 동사 有의 부정형은 没有를 쓴다.

2. 상태나 성질을 묘사하는 문장 형용사술어문

술어가 형용사인 문장으로, 보통 앞에 정도부사(很, 太, 非常)를 쓴다. 과거, 현재, 미래에 상관없이 부정문에 부사(不)를 쓴다는 점에 주의하자.

긍정문	부정문
주어 부사 술어(형용사) **我** **很** **忙。** Wǒ hěn máng. 나는 바쁘다.	주어 부사어 부사 술어(형용사) **我** **今天** **不** **忙。** Wǒ jīntiān bù máng. 나는 오늘 안 바쁘다. 주어 부사어 부사 술어(형용사) **我** **昨天** **不** **忙。** Wǒ zuótiān bù máng. 나는 어제 안 바빴다.

공략 트레이닝 1

| 喜欢 | 我 | 吃 | 不 | 西瓜 |

해설 **Step 1.** 먼저 술어가 될 동사나 형용사를 찾고, 그다음에 술어가 동사라면 적절한 목적어를 찾는다.

我 + 喜欢 + ? 나는 ?을 좋아한다
주어 술어(동사) 목적어

我 + 吃 + 西瓜 나는 수박을 먹는다
주어 술어(동사) 목적어

Step 2. 기본 문장을 완성한다.

我 + 喜欢 + 吃 + 西瓜
주어 술어(동사) 목적어

나는 수박 먹는 것을 좋아한다

Step 3. 부사 不는 술어 앞에 써서 부정문을 만든다.

我 + [不] + 喜欢 + 吃 + 西瓜
　　　안 좋아하다

나는 수박 먹는 것을 안 좋아한다

정답 **我不喜欢吃西瓜。** 나는 수박 먹는 것을 좋아하지 않는다.
Wǒ bù xǐhuan chī xīguā.

단어 不 bù 囝 ~하지 않(았)다 | 喜欢 xǐhuan 동 좋아하다 | 吃 chī 동 먹다 | 西瓜 xīguā 명 수박

2 의문문

질문하는 문장으로, 문장 끝을 살짝 올려 읽고 물음표(?)를 쓴다.

1. 일반 의문문

평서문 문장 맨 끝에 吗, 吧, 呢를 써서 의문문을 만든다.

❶ **吗** ma ▶ '~니?, ~까?'라는 뜻으로 몰라서 물어볼 때 쓴다.

你是医生吗?　당신은 의사입니까?
Nǐ shì yīshēng ma?

❷ **吧** ba ▶ '~이지?'라는 뜻으로 추측하면서 물어볼 때 쓴다.

你是医生吧?　당신은 의사죠?
Nǐ shì yīshēng ba?

❸ **呢** ne ▶ '~는요?'라는 뜻으로 질문이 반복되어 질문 내용을 생략하고 물어볼 때 쓴다.

我是医生，你呢?　나는 의사예요, 당신은요?
Wǒ shì yīshēng, nǐ ne?

2. 의문대명사를 사용한 의문문

의문대명사를 사용한 의문문은 문장 끝에 吗나 吧를 쓸 필요가 없다.

📁 **의문문을 만드는 표현** ✎ 필수체크

谁 shéi	누구	你是谁?　너는 누구니? Nǐ shì shéi?
什么 shénme	무슨, 무엇	你叫什么名字?　너는 이름이 뭐니? Nǐ jiào shénme míngzi?
哪儿 nǎr	어디, 어느 곳	你在哪儿?　너는 어디에 있니? Nǐ zài nǎr? *같은 표현으로 哪里 nǎlǐ, 什么地方 shénme dìfang이 있다.
什么时候 shénme shíhou	언제	你们是什么时候认识的?　너희는 언제 알게 되었니? Nǐmen shì shénme shíhou rènshi de?
为什么 wèishénme	왜	你为什么不吃西瓜?　너는 왜 수박을 안 먹니? Nǐ wèishénme bù chī xīguā?
怎么 zěnme	어떻게, 어째서, 왜	你们是怎么认识的?　너희는 어떻게 알게 되었니? Nǐmen shì zěnme rènshi de?

怎么样 zěnmeyàng	어떠하다	你的男朋友怎么样? 너의 남자친구는 어때? Nǐ de nánpéngyou zěnmeyàng?
怎么了 zěnme le	왜 그래, 무슨 일이야?	你怎么了? 너 왜 그래?(무슨 일이야?) Nǐ zěnme le?
多少 duōshao	얼마(나)	这件衣服多少钱? 이 옷은 얼마인가요? Zhè jiàn yīfu duōshao qián?
几 jǐ	몇	你家有几口人? 너희 가족은 몇 명이니? Nǐ jiā yǒu jǐ kǒu rén? *10 이하의 적은 수량을 물어볼 때에는 보통 几를 사용한다.
多(么) duō(me)	얼마나	你儿子有多高? 네 아들은 (키가) 얼마나 크니? Nǐ érzi yǒu duō gāo?

3. 정반의문문(A하니, 안 A하니?)

동사, 형용사, 조동사의 긍정형(A)과 부정형(不A)을 연결하여 만드는 의문문(A不A)으로, 문장 끝에 吗나 吧를 쓸 필요가 없다.

你是不是医生? 당신은 의사입니까 아닙니까?
Nǐ shì bu shì yīshēng?

你忙不忙? 너는 바쁘니 안 바쁘니?
Nǐ máng bu máng?

3 명령문

명령이나 금지를 나타내는 문장으로, 문장 끝에 마침표(。)나 느낌표(!)를 쓴다.

❶ 请 qǐng ▸ 청하다, ~하세요, ~해 주세요

请喝茶。 차를 드세요.
Qǐng hē chá.

❷ 别 bié ▸ ~하지 마라(=不要 búyào)

别睡觉。 잠을 자지 마.
Bié shuìjiào.

4 감탄문

감탄, 놀람 등의 감정을 표현하는 문장으로, 문장 끝에 느낌표(!)를 쓰기도 한다.

❶ 太 tài ▸ 너무, 지나치게

太好了! 너무 잘 됐다!
Tài hǎo le!

❷ 真 zhēn ▸ 정말, 진짜

真好! 정말 좋다!
Zhēn hǎo!

공략 트레이닝 2

> 吧　　　　节目　　　　有意思　　　　那个

해설 *Step 1.* 먼저 술어가 될 동사나 형용사를 찾고, 그다음에 술어가 동사라면 적절한 목적어를 찾는다.

节目 + 有意思 주어　술어(형용사)	프로그램이 재미있다

Step 2. **양사** 个는 사람이나 사물을 세는 일반적인 단위이고, **조사** 吧는 문장 끝에 쓰여 의문문을 만든다.

(那个) + 节目 + 有意思 + 吧 　└─ 그 프로그램 ─┘　　　　└ ~이지?	그 프로그램은 재미있지?

정답 **那个节目有意思吧?** 　그 프로그램은 재미있지?
Nàge jiémù yǒu yìsi ba?

단어 ★节目 jiémù 몡 프로그램 | 有意思 yǒu yìsi 혱 재미있다

★ 다음 단어를 중국어 어순에 따라 배열해 보세요.

① 葡萄　　很　　这些　　新鲜

✎ [관형어] + [주어] + [부사어] + [술어] 。

② 鼻子　　你丈夫　　怎么了　　的

✎ [관형어] + 的 + [주어] + [술어] ?

③ 什么时候　　会议　　举行　　这次

✎ [관형어] + [주어] + [부사어] + [술어] ?

④ 是　　你的　　多少　　房间号码

✎ [관형어] + [주어] + [술어] + [목적어] ?

⑤ 正在　　爷爷　　看　　呢　　报纸

✎ [주어] + [부사어] + [술어] + [목적어] + 呢。

단어　葡萄 pútao 몡 포도 | ★新鲜 xīnxiān 혱 싱싱하다, 신선하다 | ★鼻子 bízi 몡 코 | ★会议 huìyì 몡 회의 | 举行 jǔxíng 통 개최하다, 개최되다

정답 ① 这些葡萄很新鲜。 Zhèxiē pútao hěn xīnxiān. 이 포도들은 매우 싱싱하다. ② 你丈夫的鼻子怎么了？ Nǐ zhàngfu de bízi zěnme le? 네 남편 코가 왜 그래? ③ 这次会议什么时候举行？ Zhècì huìyì shénme shíhou jǔxíng? 이번 회의는 언제 인가요? ④ 你的房间号码是多少？ Nǐ de fángjiān hàomǎ shì duōshao? 네 방 번호가 몇 번인가요? ⑤ 爷爷正在看报纸呢。 Yéye zhèngzài kàn bàozhǐ ne. 할아버지는 신문을 보고 있다.

쓰기 제1부분

실전에 강한

제한 시간 10분

문제 적응 훈련

학습일 _____/_____

맞은 개수 _____

┤ 실전 트레이닝 ├

1. 很　　　他们　　　这件事　　　关心

　　✎ _____

2. 你　　　怎么现在　　　来　　　才

　　✎ _____

3. 经常　　　爷爷　　　打电话　　　给他儿子

　　✎ _____

4. 真　　　这个地方　　　啊　　　安静

　　✎ _____

5. 他是　　　体育　　　三年级的　　　老师

　　✎ _____

정답 및 해설_ 해설집 97쪽

2 동사

新HSK에는 이렇게 출제된다! ▼

★ **동사**는 중국어 **문장**의 **뼈대** 역할을 한다. 따라서 쓰기 제1부분 문제를 풀 때 **제시어 중에 동사가 있는지 가장 먼저 생각**해 보는 것이 우선이다.

★ **동사**에는 **어떤 것**들이 있고 **어떤 특징**을 가지고 있는지 **알면**, 문장을 해석하거나 이해할 때 많은 도움이 된다.

1 동사의 특징

1. 동사 뒤에는 일반적으로 목적어가 오고, 목적어의 형식은 다양하다.

        술어(동사) 목적어

他   看   书。 그는 책을 본다.
Tā   kàn shū.

               목적어
       술어(동사) 동사+목적어

他   喜欢   看   书。 그는 책 보는 것을 좋아한다.
Tā   xǐhuan kàn shū.

2. 동사가 명사를 수식할 때에는 的 de와 함께 쓴다.

$$동사 + 的 + 명사$$

喜欢的课   좋아하는 과목
xǐhuan de kè

她准备的考试   그녀가 준비하는 시험
tā zhǔnbèi de kǎoshì

단어 课 kè 몡 수업, 과목 | 准备 zhǔnbèi 동 준비하다 | 考试 kǎoshì 몡 시험

3. 동작동사는 정도부사 很 hěn, 太 tài, 非常 fēicháng의 수식을 받을 수 없다.

정도부사 동작동사
很　吃（X）

 동사의 종류

1. 동작동사

가장 일반적인 동사로 동작이나 행위를 의미한다.

> **听** tīng 듣다　　**看** kàn 보다　　**吃** chī 먹다　　**喝** hē 마시다

他听汉语课。 그는 중국어 수업을 듣는다.
Tā tīng Hànyǔ kè.

2. 감정동사

마음이나 감정을 나타내는 동사로, 정도부사 很 hěn, 太 tài, 非常 fēicháng의 수식을 받을 수 있는 특징이 있다.

꼭 알아야 하는 감정동사 *필수체크*

□□ **喜欢** xǐhuan 좋아하다	□□ **担心** dānxīn 걱정하다 ✿
□□ **爱** ài 사랑하다, 몹시 좋아하다	□□ **生气** shēngqì 화를 내다 ✿
□□ **相信** xiāngxìn 믿다 ✿	□□ **怕** pà 무서워하다
□□ **愿意** yuànyì 원하다 ✿	□□ **害怕** hàipà 무서워하다 ✿

정도부사　감정동사
他　[很]　喜欢　汉语课。 그는 중국어 수업을 매우 좋아한다.
Tā　hěn　xǐhuan　Hànyǔ kè.

3 이합동사

이합동사는 2음절(AB) 동사로 '동사(A)＋목적어(B)'의 구조로 이루어져 있다. 이합동사에는 이미 목적어가 있기 때문에 또 다른 목적어를 쓸 수 없다는 점에 주의하자.

我要帮忙朋友。（X）

이합동사에 목적어 쓰는 법

방법1 목적어 부분(B)을 수식하는 **관형어**의 형태로 쓴다.

我帮忙你。（X） → 我帮(你的)忙。（O）　내가 너를 도와줄게.
Wǒ bāng nǐ de máng.

방법2 의미적으로 적절한 **개사**를 사용한다.

我见面她。（X） → 我[跟她]见面。（O）　나는 그녀와 만난다.
Wǒ gēn tā jiànmiàn.

꼭 알아야 하는 이합동사

□□ **唱歌** chànggē 노래를 부르다	□□ **结婚** jiéhūn 결혼을 하다 ✹
□□ **跳舞** tiàowǔ 춤을 추다	□□ **毕业** bìyè 졸업을 하다
□□ **游泳** yóuyǒng 헤엄을 치다, 수영을 하다	□□ **聊天** liáotiān 수다를 떨다 ✹
□□ **散步** sànbù 산책을 하다	□□ **上课** shàngkè 수업을 하다
□□ **睡觉** shuìjiào 잠을 자다	□□ **跑步** pǎobù 뛰다, 달리기를 하다

4 이중목적어를 갖는 동사

동사 중에는 목적어를 두 개 취하는 이중목적어 동사도 있다.

📁 꼭 알아야 하는 이중목적어를 취하는 동사

□□ **告诉** gàosu 알려 주다	□□ **给** gěi 주다
□□ **问** wèn 질문하다, 묻다	□□ **教** jiāo 가르치다 ✖
□□ **送** sòng 보내다, 배웅하다	□□ **找** zhǎo (잔돈을) 거슬러 주다

주어 + 동사 + 목적어1(~에게) + 목적어2(~을)

我问你一个问题。 나는 너에게 질문(문제) 하나를 묻겠다.
Wǒ wèn nǐ yí ge wèntí.

我告诉你我的电话号码。 나는 너에게 내 전화번호를 알려 주겠다.
Wǒ gàosu nǐ wǒ de diànhuà hàomǎ.

공략 트레이닝 1

忘了	手机	带	她

해설 *Step 1.* 먼저 술어가 될 동사나 형용사를 찾고, 그다음에 술어가 동사라면 적절한 목적어를 찾는다.

她 + 忘了 + ? 그녀는 ?을 잊었다	带 + 手机 휴대폰을 가져오다
주어 술어(동사) 목적어	동사 목적어

Step 2. 의미를 생각해 보고 전체 문장을 마무리한다.

她 + 忘了 + 带 + 手机	그녀는 휴대폰 가져오는 것을 잊었다
주어 술어(동사) 동사 + 목적어 목적어	

정답 **她忘了带手机。** 그녀는 휴대폰 가져오는 것을 잊었다.
Tā wàngle dài shǒujī.

단어 忘 wàng 동 (지난 일을) 잊다, 망각하다 | ★带 dài 동 (몸에) 지니다, 챙기다 | 手机 shǒujī 명 휴대폰

| 爱 | 喝 | 都 | 小狗和小猫 | 牛奶 |

해설 *Step 1.* 먼저 술어가 될 동사나 형용사를 찾고, 그다음에 주어와 목적어를 찾는다.

小狗和小猫 + 爱 + ?   강아지와 고양이는 | 喝 + 牛奶   우유를 마시다
주어   술어(동사) 목적어   ? 을 좋아한다 | 술어(동사) 목적어

Step 2. 기본 문장을 완성한다.

小狗和小猫 + 爱 + 喝 + 牛奶 | 강아지와 고양이는 우유 마시는 것을 몹시 좋아한다
주어   술어(동사) 동사 + 목적어
목적어

Step 3. 부사 都는 '모두, 다'의 의미로 술어 앞에 쓰고, 복수의 개념인 주어 뒤에 쓴다.

小狗和小猫 + [都] + 爱 + 喝 + 牛奶 | 강아지와 고양이는 모두 우유 마시는 것을 몹시 좋아한다
└─────↑ 복수의 개념+都 : 강아지와 고양이 모두

정답   **小狗和小猫都爱喝牛奶。**   강아지와 고양이는 모두 우유 마시는 것을 몹시 좋아한다.
Xiǎogǒu hé xiǎomāo dōu ài hē niúnǎi.

단어 小狗 xiǎogǒu 명 강아지 | 和 hé 접 ~와, ~랑 | 小猫 xiǎomāo 명 고양이 | 都 dōu 부 모두, 다 | 爱 ài 동 사랑하다, 몹시 좋아하다 | 喝 hē 동 마시다 | 牛奶 niúnǎi 명 우유

쓰기 실력 트레이닝
문장 완성하기 ❷

★ 다음 단어를 중국어 어순에 따라 배열해 보세요.

❶ 一件　　我　　事　　告诉妈妈

✎ 주어 + 술어+목적어1 + 관형어 + 목적어2 。

❷ 看看　　我们　　菜单　　先

✎ 주어 + 부사어 + 술어 + 목적어 。

❸ 他　　护照　　忘了　　带

✎ 주어 + 술어+了 + 술어 + 목적어 。
　　　　　　　　　　　　　　목적어

❹ 提高　　其他班的　　也　　成绩　　有　　很大

✎ 관형어+的 + 주어 + 부사어 + 술어 + 관형어 + 목적어 。

❺ 他是　　我　　中国人　　以为

✎ 주어 + 술어 + 주어+술어 + 목적어 。
　　　　　　　　　　　목적어

단어 ★菜单 càidān 몡 메뉴 | ★先 xiān 븬 먼저 | ★护照 hùzhào 몡 여권 | ★带 dài 통 (몸에) 지니다, 챙기다 | ★提高 tígāo 통 향상되다 | ★其他 qítā 때 다른, 그 밖의 | ★班 bān 몡 반, 학급 | ★成绩 chéngjì 몡 성적 | ★以为 yǐwéi 통 여기다, ~인 줄 알다

정답 | ❶ 我告诉妈妈一件事。 Wǒ gàosu māma yí jiàn shì. 나가 엄마에게 일 한 가지를 알려 줄 거야. ❷ 我们先看看菜单。 Wǒmen xiān kànkan càidān. 우리 먼저 메뉴 좀 보자. ❸ 他忘了带护照。 Tā wàngle dài hùzhào. 그는 여권 챙기는 걸 잊었다. ❹ 其他班的成绩也有很大提高。 Qítā bān de chéngjì yě yǒu hěn dà tígāo. 다른 반의 성적도 크게 향상됐다. ❺ 他以为我是中国人。 Tā yǐwéi wǒ shì Zhōngguórén. 나는 중국인인 줄 알았다.

166 　맛있는 중국어 新HSK 3급

문제 적응 훈련

제한 시간 10분

학습일 ____ / ____

맞은 개수 _____

실전 트레이닝

1. 她最后   卖了   决定   把自行车

   ✎ _____

2. 用铅笔做作业   喜欢   我   不

   ✎ _____

3. 先   照片   大家   看看

   ✎ _____

4. 很大   有   也   提高   其他学生的成绩

   ✎ _____

5. 很多   他们   已经   办法   想了

   ✎ _____

정답 및 해설_ 해설집 99쪽

3 동사가 여러 개인 문장

연동문, 겸어문, 존현문

新HSK에는 이렇게 출제된다! ▼

★ **한 문장에 여러 개의 동사를 배열할 때**에는 기본적으로 **시간 발생 순서의 원칙**에 따라 먼저 발생해야 하는 동작부터 순서대로 쓴다.

★ **연동문**과 **겸어문**에 제시된 예문을 볼 때에는 동사 간에 어떤 **시간 발생의 순서**가 존재하는지 생각해 보면 쉽게 어순을 정할 수 있다.

우선, 다음 두 문장에는 어떤 동사가 있고, 그 동사 간에 어떤 시간 발생의 순서가 존재하는지 생각해 보자.

연동문의 예   나는 자전거를 타고 학교에 간다.

| 나는 자전거를 탄다 | ➡ | 나는 학교에 간다 |

겸어문의 예   엄마가 나더러 숙제를 하라고 하신다.

| 엄마가 나를 시킨다 | ➡ | 나는 숙제를 한다 |

★ 동사 **在, 有, 是**를 이용한 **존현문**은 **장소 표현**을 동사 앞에 쓸지, 뒤에 쓸지가 중요하다. 동사 在, 有, 是 마다 차이가 있으니 주의하여 기억해 두면 실수를 피할 수 있다.

1 연동문

한 문장 안에 하나의 주어와 여러 개의 동사가 있는 문장이다.

1. 두 개 이상의 동작이 연속해서 발생함

동사1 + … + 동사2 + …

동사1하고(서) 동사2하다

	동사1	동사2[연속]	
他	出去	关门	了。
Tā	chūqu	guān mén	le.

그는 나가서 문을 닫았다.

2. 동사2가 동사1(来 lái / 去 qù)의 목적을 나타냄

동사1(来 / 去) + ··· + 동사2[목적] + ···

동사2하러 가다/오다

	동사1		동사2		
他	去	书店	买	书。	그는 책을 사러 서점에 간다.
Tā	qù	shūdiàn	mǎi	shū.	

3. 동사1이 동사2의 방식을 나타냄

동사1(坐 zuò / 骑 qí / 用 yòng)[방식 / 수단] + ··· + 동사2 + ···

동사1하여/하고 동사2하다

	동사1[방식]		동사2		
我	坐	公共汽车	去	学校。	나는 버스를 타고 학교에 간다.
Wǒ	zuò	gōnggòng qìchē	qù	xuéxiào.	

	동사1[수단]		동사2		
我	用	电脑	做	作业。	나는 컴퓨터를 이용해서 숙제를 한다.
Wǒ	yòng	diànnǎo	zuò	zuòyè.	

공략 트레이닝 1

你	问问	老师	吧	去

해설

Step 1. 먼저 술어가 될 동사나 형용사를 찾고, 그다음에 술어가 동사라면 적절한 목적어를 찾는다.

你 + 问问 + 老师   너는 선생님에게 물어본다 ｜ 你 + 去   너는 간다
주어　술어(동사)　목적어　　　　　　　　　　　　주어　술어(동사)

Step 2. 한 문장에 여러 개의 동사가 등장하면 시간 발생 순서의 원칙대로 배열한다.

你 + 去 + 问问 + 老师　　　　　　　　　너는 가서 선생님께 묻는다
　　동사1　동사2(목적)

Step 3. 조사 吧는 '~해라, ~하자'의 의미로 문장 맨 끝에 쓴다.

你 + 去 + 问问 + 老师 + 吧　　　　　　　너는 가서 선생님께 여쭤 봐라
　　　　　　　　　　　　너는 ~해라

> **정답** **你去问问老师吧。** 너는 가서 선생님께 여쭤 봐라.
> Nǐ qù wènwen lǎoshī ba.

단어 去 qù 통 가다 | 问 wèn 통 묻다, 질문하다 | 老师 lǎoshī 명 선생님

2 겸어문

한 문장 안에서 첫 번째 동사의 목적어가 두 번째 동사의 주어 역할을 겸하는 문장이다.

1. 동사1이 让ràng / 叫jiào인 경우

	동사1	주어2 목적어1		동사2[연속]	회사가 그녀에게 시킨다 → 그녀는 곧 귀국한다
公司	叫	**她**	马上	回国。	회사는 그녀더러 곧 귀국하라고 한다.
Gōngsī	jiào	tā	mǎshàng	huíguó.	

2. 동사1이 请qǐng인 경우

	동사1	주어2 목적어1	동사2[연속]	나는 너에게 청한다 → 너는 우리 집에 놀러 와라
我	请	**你**	来我家玩儿。	우리 집에 놀러 오세요.
Wǒ	qǐng	nǐ	lái wǒ jiā wánr.	

请我	哥哥	看	电影

해설 **Step 1.** 먼저 술어가 될 동사나 형용사를 찾고, 그다음에 술어가 동사라면 적절한 목적어를 찾는다.

请我 나에게 청한다	**看 + 电影** 영화를 본다
술어(동사)+목적어	술어(동사) 목적어

Step 2. 한 문장에 여러 개의 동사가 등장하면 시간 발생 순서의 원칙대로 배열한다.

哥哥 + 请我 + 看 + 电影	오빠(형)가 나더러 영화를 보자고 한다
동사1 동사2	

정답 **哥哥请我看电影。** 오빠(형)가 나더러 영화를 보자고 한다.
Gēge qǐng wǒ kàn diànyǐng.

단어 哥哥 gēge 명 오빠, 형 | 请 qǐng 동 청하다, 부탁하다 | 看 kàn 동 보다 | 电影 diànyǐng 명 영화

---

3 존현문

어떤 장소에 무언가 존재한다는 표현을 할 때에는 동사 在zài, 有yǒu, 是shì를 쓴다. 각 동사를 사용할 때 존재하는 장소의 위치에 주의해서 어순을 기억하자.

1. 동사 在로 존재 표현을 할 때에는 반드시 장소 표현을 在 뒤에 써야 한다.

사람/사물 + 在/동사在 + 장소

我姐姐在中国。 우리 언니(누나)는 중국에 있다.
Wǒ jiějie zài Zhōngguó.

我姐姐住在中国。 우리 언니(누나)는 중국에 산다.
Wǒ jiějie zhùzài Zhōngguó.

2. 동사 有로 존재 표현을 할 때에는 반드시 장소 표현을 有 앞에 써야 한다.

장소 + 有/동사着 + 사람/사물

<u>医院里</u>有很多医生。 병원에 많은 의사가 있다.
Yīyuàn li yǒu hěn duō yīshēng.

<u>医院里</u>坐着很多医生。 병원에 많은 의사가 앉아 있다.
Yīyuàn li zuòzhe hěn duō yīshēng.

3. 동사 是로 존재 표현을 할 때에는 반드시 장소 표현을 是 앞에 써야 한다.

장소 + 是 + 사람/사물

<u>医院右边</u>是学校。 병원 오른쪽은 학교이다.(병원 오른쪽에 학교가 있다.)
Yīyuàn yòubian shì xuéxiào.

★ 다음 단어를 중국어 어순에 따라 배열해 보세요.

❶ 去机场　　我　　接　　要　　朋友

✎ 주어 ＋ 부사어 ＋ 술어1+목적어1 ＋ 술어2 ＋ 목적어2 。

❷ 骑　　去　　我每天　　公司　　自行车

✎ 주어+부사어 ＋ 술어1 ＋ 목적어1 ＋ 술어2 ＋ 목적어2 。

❸ 让学生　　老师　　借书　　去图书馆

✎ 주어1 ＋ 술어1+목적어1/주어2 ＋ 술어2+목적어2 ＋ 술어3+목적어3 。

❹ 有　　学生　　教室里　　三十个

✎ 주어 ＋ 술어 ＋ 관형어 ＋ 목적어 。

❺ 在　　洗手间　　电梯左边　　就

✎ 주어 ＋ 부사어 ＋ 술어 ＋ 목적어 。

단어 ★接 jiē 통 마중하다 | ★骑 qí 통 타다 | 自行车 zìxíngchē 명 자전거 | ★借 jiè 통 빌리다 | 图书馆 túshūguǎn 명 도서관 | 洗手间 xǐshǒujiān 명 화장실 | ★电梯 diàntī 명 엘리베이터

쓰기 제1부분

실전에
강한

제한 시간
10분

문제 적응 훈련

학습일 ____ / ____
맞은 개수 _____

┤ 실전 트레이닝 ├

1. 我的小猫　　　房间　　　在　　　里

   ✎ _____

2. 接她孩子　　　她　　　去　　　每天都　　　学校

   ✎ _____

3. 让我　　　你　　　吧　　　想一想

   ✎ _____

4. 你　　　开　　　上班　　　敢不敢　　　车

   ✎ _____

5. 多少　　　有　　　你们学校　　　学生

   ✎ _____

정답 및 해설_ 해설집 102쪽

4 동태조사 동작의 완료 了, 지속 着, 경험 过

新HSK에는 이렇게 출제된다! ▼

★ **동태조사(了, 着, 过)는 문장의 술어를 찾게** 해주는 **중요한 키워드**이다. 이렇게 찾은 술어를 중심으로 주어, 목적어를 찾아 문장의 기본 뼈대를 완성할 수 있다.

★ **동태조사 着**와 **过는 무조건 동사 바로 뒤**에 쓰고, **了는 동사 바로 뒤**, 혹은 **문장 맨 끝**에도 쓸 수 있다는 것을 기억해 두면 문장의 중심을 쉽게 잡을 수 있다.

1 동작의 완료 了(~했다)

了는 동사 바로 뒤나 문장 끝에 쓰여 동작이나 상황의 완료를 나타내는데, 과거뿐만 아니라 미래에도 쓸 수 있다.

1. 동사 뒤의 了는 동작이 이미 완료되었음을 나타내고, 목적어 앞에는 보통 관형어(특히, '수사 +양사' 구조)가 온다.

동사 + 了 + 수사+양사 + 목적어

我　昨天　买了　(一件)　衣服。 나는 어제 옷을 한 벌 샀다.
Wǒ　zuótiān　mǎile　yí jiàn　yīfu.
　　　　동사了　관형어　목적어

목적어 앞에 관형어가 없을 때에는 문장 끝에 쓰기도 한다.

他　回　家　了。 그는 집에 돌아갔다.
Tā　huí　jiā　le.
　　동사　목적어

2. 어기조사 了와 구분하여 기억해야 한다. 어기조사 了는 문장 끝에 쓰여 특별한 의미 없이 어투를 강조하거나, 새로운 상황의 출현이나 변화를 나타낸다.

今天太热了。 오늘은 너무 덥구나.
Jīntiān tài rè le.

快上课了。 곧 수업한다.
Kuài shàngkè le.

새로운 상황의 임박을 나타내는 표현은 HSK 3급에 자주 등장한다. ✗━━ *필수체크*

주어 ＋ [要 yào / 就要 jiùyào / 快(要) kuài(yào)] ＋ … ＋ 了

곧 ~하다

电影要开始了。 영화가 곧 시작한다.
Diànyǐng yào kāishǐ le.

공략 **트레이닝 1**

| 买了 | 她 | 葡萄 | 几斤 | 去 |

해설 *Step 1.* 먼저 술어가 될 동사나 형용사를 찾고, 그다음에 술어가 동사라면 적절한 목적어를 찾는다.

| 她 ＋ 买了 ＋ 葡萄 그녀는 포도를 샀다 | 她 ＋ 去 그녀는 간다 |
| 주어   술어(동사)   목적어 | |

Step 2. 한 문장에 여러 개의 동사가 등장하면 시간 발생 순서의 원칙대로 배열한다.

| 她 ＋ 去 ＋ 买了 ＋ 葡萄 | 그녀는 가서 포도를 샀다 |
| 동사1   동사2(목적) | |

Step 3. 양사 斤은 무게를 세는 단위로 명사 앞에 쓴다.

| 她 ＋ 去 ＋ 买了 ＋ (几斤) ＋ 葡萄 | 그녀는 가서 몇 근의 포도를 샀다 |
| ↑ 몇 근의 포도 | |

정답 **她去买了几斤葡萄。** 그녀는 가서 포도를 몇 근 샀다.
Tā qù mǎile jǐ jīn pútao.

단어 去 qù 동 가다 | 买 mǎi 동 사다 | 几 jǐ 수 몇 | 斤 jīn 양 근 | ★葡萄 pútao 명 포도

2 **동작의 지속 着**(~하는 중이다, ~한 상태이다)

着는 동사 바로 뒤에 쓰여 동작이 발생한 후 그 상태가 지속되고 있음을 나타낸다.

$$\boxed{\text{동사}} + 着 + \cdots + \boxed{\text{목적어}}$$

동사着　　목적어
他　　穿着　　鞋。　그는 신발을 신고 있다.(그는 신발을 신은 상태이다.)
Tā　chuānzhe　xié.

부사 在, 正在와 함께 써서 동작이 진행되고 있음을 강조할 수 있다.

$$[正\,zhèng / 在\,zài / 正在\,zhèngzài] + \boxed{\text{동사}} + (着) + \cdots + (呢)$$

~하고 있다, ~하는 중이다

　　　　　　　동사　　목적어
我　　[正]　学习　汉语　呢。　나는 중국어를 배우는 중이다.
Wǒ　zhèng　xuéxí　Hànyǔ　ne.

3 동작의 경험 过(~한 적 있다)

过는 동사 바로 뒤에 쓰여 동작의 경험을 나타낸다.

	동사过	목적어	
我	去过	中国。	나는 중국에 간 적 있다.(나는 중국에 가봤다.)
Wǒ	qùguo	Zhōngguó.	

공략 트레이닝 2

学	我	过	汉语	一年

해설 *Step 1.* 먼저 술어가 될 동사나 형용사를 찾고, 그다음에 술어가 동사라면 적절한 목적어를 찾는다.

我 + 学 + 汉语	나는 중국어를 배운다
주어 술어(동사) 목적어	

Step 2. 조사 过는 동사 바로 뒤에 써서 경험(~한 적 있다)을 나타낸다.

我 + 学 + 过 + 汉语	나는 중국어를 배운 적 있다
배운 적 있다	

Step 3. 一年은 동작이 발생한 시간의 양을 의미하고 동사 뒤, 목적어(명사) 앞에 쓴다.

我 + 学 + 过 + 〈一年〉 + 汉语。	나는 1년 동안 중국어를 배운 적 있다
술어(동사) 시간의 양 목적어(명사)	

정답 **我学过一年汉语。** 　나는 중국어를 1년 배운 적 있다.
Wǒ xuéguo yì nián Hànyǔ.

단어 学 xué 통 배우다, 학습하다 | 过 guo 조 ~한 적 있다[경험을 나타냄] | 年 nián 명 년[시간을 나타냄] | 汉语 Hànyǔ 명 중국어

쓰기 실력 트레이닝
문장 완성하기 ❹

★ 다음 단어를 중국어 어순에 따라 배열해 보세요.

❶ 过　　我　　见　　你妈妈　　从来没

> 주어 ＋ 부사어 ＋ 술어 ＋ 过 ＋ 관형어+목적어 。

❷ 我　　了　　半个多小时　　等了

> 주어 ＋ 술어+了 ＋ 보어 ＋ 了。

❸ 换了　　那家　　新菜单　　饭馆

> 관형어 ＋ 주어 ＋ 술어+了 ＋ 관형어+목적어 。

❹ 复习　　他们　　哪一课　　在

> 주어 ＋ 부사어 ＋ 술어 ＋ 관형어+목적어 ?

❺ 同意　　他　　了　　终于

> 주어 ＋ 부사어 ＋ 술어 ＋ 了。

단어 从来 cónglái 图 (과거부터) 지금까지, 여태껏[주로 부정형으로 쓰임] | ★换 huàn 图 바꾸다 | ★菜单 càidān 명 메뉴 | ★复习 fùxí 图 복습하다 | ★同意 tóngyì 图 동의하다 | ★终于 zhōngyú 图 결국

정답 | ❶ 我从来没见过你妈妈。 Wǒ cónglái méi jiànguo nǐ māma. 나는 지금까지 너의 엄마를 만난 적 없이. | ❷ 我等了半个多小时了。 Wǒ děngle bàn ge duō xiǎoshí le. 나는 30분 넘게 기다리고 있었다. | ❸ 那家饭馆换了新菜单。 Nà jiā fànguǎn huànle xīn càidān. 그 식당은 새로운 메뉴로 바꾸었다. | ❹ 他们在复习哪一课? Tāmen zài fùxí nǎ yī kè? 그들은 몇 과를 복습하고 있어? | ❺ 他终于同意了。 Tā zhōngyú tóngyì le. 그는 결국 동의하였다.

쓰기 ❹ 동태조사 179

쓰기 제1부분

실전에 강한

문제 적응 훈련

제한 시간 10분

학습일 ____ / ____

맞은 개수 _____

실전 트레이닝

1. 呢　　　他们　　　吃　　　在　　　面条

　　✎ _____

2. 吧　　　现在　　　快　　　了　　　10点

　　✎ _____

3. 着　　　几件衣服　　　放　　　床上

　　✎ _____

4. 还没　　　她　　　去　　　欧洲　　　过

　　✎ _____

5. 终于　　　考试　　　了　　　结束

　　✎ _____

정답 및 해설 해설집 105쪽

5 구조조사 的, 地, 得

★ **구조조사(的, 地, 得)**는 중국어 학습자들이 매우 헷갈려 하는 부분인데다가 발음도 같아서, 회화에서는 그다지 신경 쓰지 않고 쓰는 경우가 많다. 하지만 시험에는 이 세 가지를 반드시 구분해서 써야 하기 때문에 주의해야 한다.

★ 각각의 **구조조사(的, 地, 得)**가 **어떤 문장 구조를 만들 때 도움을 주는 역할을 하는지 생각**하면서 공부하면 효과적이다.

1 관형어를 만드는 的

구조조사 的는 명사나 대명사를 수식하는 관형어 성분을 만든다. 이때 관형어 성분은 명사, 대명사, 형용사, 동사, 절 등 다양하다.

1. 명사 앞에 쓰여, 어떤 것 혹은 어떤 사람인지 특정 지을 수 있다.

(我的)作业　나의 숙제
wǒ de zuòyè

(可爱的)小猫　귀여운 고양이
kě'ài de xiǎomāo

[TIP] 뒤의 명사를 생략하고 的가 명사적인 의미로 쓰여 '~한 것, ~한 사람'의 뜻을 나타낸다. 그 자체를 명사적인 의미로 쓸 수 있다.

我的　나의 것, 나의 사람　｜　可爱的　귀여운 것, 귀여운 사람
wǒ de　　　　　　　　　　　kě'ài de

[TIP] 1음절 형용사나 **很多, 很大**는 的를 생략하고 명사를 수식할 수 있다.

(红)帽子　빨간 모자　｜　(很多)人　많은 사람들　｜　(很大)影响　큰 영향
hóng màozi　　　　　　　hěn duō rén　　　　　　　hěn dà yǐngxiǎng

2. '(是)…的' 구문은 이미 발생한 동작의 시간, 장소, 방식 등을 강조할 때 쓴다.

(是) + 　시간/장소/방식/행위자　 + … 的

他(是)昨天来的。　그는 어제 왔다.(→다른 날이 아니라 어제 왔다)
Tā (shì) zuótiān lái de.

他(是)从中国来的。　그는 중국에서 왔다.(→다른 곳이 아니라 중국에서 왔다)
Tā (shì) cóng Zhōngguó lái de.

他(是)坐飞机来的。　그는 비행기를 타고 왔다.(→다른 방식이 아니라 비행기를 타고 왔다)
Tā (shì) zuò fēijī lái de.

공략 **트레이닝 1**

白色	王医生的头发	是	的

해설 *Step 1.* 먼저 술어가 될 동사나 형용사를 찾고, 그다음에 술어가 동사라면 적절한 목적어를 찾는다.

A + 是 + B	A는 B이다
주어　술어　목적어	

Step 2. 的는 '~의'라는 의미로 명사 앞에 쓸 수도 있고, '~의 것'이라는 의미로 명사를 대신할 수도 있다.

王医生的头发 + 是 + 白色 + 的	닥터 왕의 머리카락은 흰색(의 것)이다
~의　　하얀 색의 것	

정답 **王医生的头发是白色的。**　닥터 왕의 머리카락은 흰색이다.
Wáng yīshēng de tóufa shì báisè de.

단어 王 Wáng 고유 왕[성씨] | 医生 yīshēng 명 의사 | 头发 tóufa 명 머리카락 | 白色 báisè 명 흰색

2 부사어를 만드는 地

구조조사 地는 동사를 수식하는 부사어 성분을 만든다. 이때 부사어 성분은 주로 형용사이다. 동사 앞에 쓰여, 그 동작이 어떻게 발생하는지 정확하게 표현할 수 있다.

형용사 ＋ 地 ＋ 동사

他[生气地]说。 그는 화내며 말한다.
Tā shēngqì de shuō.

3 정도보어를 만드는 得

구조조사 得는 동사나 형용사 뒤에 쓰여, 동작이 발생한 후 그 동작에 대한 묘사, 평가, 소감을 보충 설명할 수 있다.

술어(동사) ＋ 得 ＋ 정도보어(형용사)

동사 得　　형용사
他　写得　　很　好。 그는 (글씨를) 잘 쓴다.
Tā　xiě de　hěn　hǎo.

[TIP] 형용사 뒤에 쓰여 상태의 정도가 심함을 강조하는 정도보어에는 极了, 死了가 있다

술어(형용사) ＋ 极了 jíle / 死了 sǐle

他高兴极了。 그는 너무 기뻐한다.
Tā gāoxìng jíle.

热死了。 더워 죽겠다.
Rè sǐle.

他的汉字   写   很漂亮   得

해설

Step 1. 먼저 술어가 될 동사나 형용사를 찾고, 그다음에 술어가 동사라면 적절한 목적어를 찾는다.

? + 写 + 他的汉字	⚠ **주의** '그의 한자를 쓰다'라는 해석도 다소 이상하고 제시어
주어 술어(동사) 목적어	중에 한자를 쓰는 동작의 주체(주어)도 없으므로, '동사
└─── 그의 한자를 쓰다(?)	+목적어'로 쓰는 것이 부적절하다는 것을 알 수 있다.

Step 2. '동사得'는 동작이 발생한 후 그 동작에 대한 묘사, 평가, 소감을 표현할 때 쓴다. 따라서 동작을 묘사할 수 있는 표현(형용사)이 제시어 중에 있는지 살펴보아야 한다.

写 + 得 + 〈很漂亮〉	예쁘게 쓰다/쓴 게 예쁘다
└─── 동사得 + 〈형용사〉	

Step 3. 他的汉字는 이 문장에서 주어 역할을 하고 피동 의미로 해석된다.

他的汉字 + 写 + 得 + 〈很漂亮〉	그의 한자는 예쁘게 쓰여졌다
주어 술어	

정답   **他的汉字写得很漂亮。**   그는 한자를 예쁘게 쓴다.
Tā de Hànzì xiě de hěn piàoliang.

단어   汉字 Hànzì 몡 한자 | 写 xiě 됭 (글씨를) 쓰다 | 漂亮 piàoliang 혱 예쁘다

★ 다음 단어를 중국어 어순에 따라 배열해 보세요.

1 是　　小猫的　　都　　黑色的　　眼睛和耳朵

관형어+的 ＋ 주어 ＋ 부사어 ＋ 술어 ＋ 목적어+的 。

2 他的　　得　　画　　挺好看　　画儿

관형어+的 ＋ 주어 ＋ 술어 ＋ 得 ＋ 보어 。

3 写日记的　　有　　我弟弟　　习惯

관형어+주어 ＋ 술어 ＋ 관형어+的 ＋ 목적어 。

4 写的　　这个菜单　　是　　用汉语

관형어+주어 ＋ 是 ＋ 술어1+목적어1 ＋ 술어2+的 。

5 开心　　吃得　　大家　　都　　很

주어 ＋ 부사어 ＋ 술어+得 ＋ 부사어 ＋ 술어 。
　　　　　　　　　　　　　　　　　　보어

단어 ★耳朵 ěrduo 명 귀 | 日记 rìjì 명 일기 | ★习惯 xíguàn 명 습관 | ★菜单 càidān 명 메뉴 | ★用 yòng 동 사용하다 | 开心 kāixīn 형 즐겁다

쓰기 제1부분

제한 시간 10분

문제 적응 훈련

학습일 _____ / _____

맞은 개수 _____

실전 트레이닝

1. 的　　　丈夫　　　怎么了　　　眼镜　　　你

　　✎ _____

2. 裤子和裙子　　　都　　　白色的　　　我姐姐的　　　是

　　✎ _____

3. 得　　　不太　　　快　　　她　　　跑

　　✎ _____

4. 高兴地　　　大家　　　唱歌跳舞　　　都

　　✎ _____

5. 坐飞机　　　来　　　他　　　是　　　的

　　✎ _____

정답 및 해설_ 해설집 108쪽

6 수사와 양사 (양의 개념)

★ **양사**는 사람이나 사물을 세는 **명량사**, 시간의 양을 세는 **시량사**, 동작의 양을 세는 **동량사**가 있다. 모두 **양의 개념**을 나타내는 요소들이다.

★ 중국어 문장에서 **양사**는 기본적으로 **명사 앞**, **동사** 혹은 **형용사 뒤**에 **위치**한다는 점을 기억하자.

1 수사

수사에는 기수, 서수, 어림수가 있고, 보통 양사와 함께 '수사＋양사'의 형식으로 쓴다.

/. 기수

기본수로서 숫자 '1, 2, 3……'과 '일, 십, 백……'의 자릿수를 가리킨다.

零	一	二	三	四	五	六	七	八	九	十
líng	yī	èr	sān	sì	wǔ	liù	qī	bā	jiǔ	shí
0, 영	1, 하나	2, 둘	3, 셋	4, 넷	5, 다섯	6, 여섯	7, 일곱	8, 여덟	9, 아홉	10, 열

一百 yìbǎi 백, 100　　一千 yìqiān 천, 1,000　　一万 yíwàn 만, 10,000

수사는 주로 양사와 함께 '수사＋양사'의 형식으로 쓰고, '这 / 那 / 哪＋수사＋양사'의 형식으로도 자주 쓰인다.

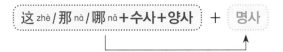

这 zhè / 那 nà / 哪 nǎ ＋수사＋양사　＋　명사

我有两个弟弟。　나는 남동생이 두 명 있다.
Wǒ yǒu liǎng ge dìdi.

那位先生是我的历史老师。　저 남성분은 나의 역사 선생님이다.
Nà wèi xiānsheng shì wǒ de lìshǐ lǎoshī.

[TIP] '양의 개념'으로 숫자 '2'를 표현할 때에는 '两 liǎng'을 쓴다.

两个苹果   사과 두 개
liǎng ge píngguǒ

2. 서수

순서를 나타내고 일반적으로 '第dì＋수사(~번째)'로 표현한다.

第一   첫 번째 | 第二个学生   두 번째 학생
dì-yī   dì-èr ge xuésheng

3. 어림수

대략적인 수를 나타내며, 어림수를 표현하는 방법에는 여러 가지가 있다.

❶ **左右** zuǒyòu | **前后** qiánhòu ▶ 약간 적거나 많음을 나타낸다.

一个小时左右   1시간 정도
yí ge xiǎoshí zuǒyòu

生日前后   생일 즈음
shēngrì qiánhòu

李医生今年三十岁左右。   닥터 리는 올해 30세 정도 된다.
Lǐ yīshēng jīnnián sānshí suì zuǒyòu.

❷ **多** duō ▶ 약간 많음을 의미한다.

> 수사(1-9) ＋ 양사 ＋ 多 ＋ 명사

一个多小时   1시간 남짓
yí ge duō xiǎoshí

> 수사(0) ＋ 多 ＋ 양사 ＋ 명사

十多个小时   10시간 남짓
shí duō ge xiǎoshí

我有三千多块钱。   나는 3000여 위안을 가지고 있다.
Wǒ yǒu sānqiān duō kuài qián.

很	这些	西瓜	新鲜

해설 *Step 1.* 먼저 술어가 될 동사나 형용사를 찾고, 그음에 술어가 동사라면 적절한 목적어를 찾는다.

西瓜 + 新鲜 주어　술어(형용사)	수박은 싱싱하다

Step 2. **양사 些**는 불특정한 복수를 나타내는 단위로 명사 앞에 쓰고, **부사 很**은 형용사나 감정동사 앞에 쓴다.

(这些) + 西瓜 + [很] + 新鲜 ↑ 이 수박들　↑ 매우 싱싱하다	이 수박들은 매우 싱싱하다

정답 **这些西瓜很新鲜。** 이 수박들은 아주 싱싱하다.
Zhèxiē xīguā hěn xīnxiān.

단어 这些 zhèxiē 때 이것들 | 西瓜 xīguā 몡 수박 | ★新鲜 xīnxiān 혱 신선하다, 싱싱하다

2 양사

양사는 수를 세는 단위로, 명량사, 동량사, 시량사가 있다.

1. 명량사

명사(사람/사물)의 양을 세는 단위로, 보통 동사 혹은 형용사 뒤, 명사 앞에 쓴다.

我	吃了	수사+양사 (一个)	명사 面包。	나는 빵 하나를 먹었다.
Wǒ	chīle	yí ge	miànbāo.	

❶ **种** zhǒng ▶ 종류, 가지[종류를 세는 단위]

他的桌子上有几种东西。 그의 테이블에는 물건이 몇 가지 있다.
Tā de zhuōzi shang yǒu jǐ zhǒng dōngxi.

❷ 些 xiē ▶ 조금, 약간, 몇

咖啡店里有一<u>些</u>人。 카페 안에는 몇몇 사람이 있다.
Kāfēidiàn li yǒu yìxiē rén.

❸ 点 diǎn ▶ 약간, 조금

晚上我只吃了一<u>点</u>。 저녁에 나는 조금만 먹었다.
Wǎnshang wǒ zhǐ chīle yìdiǎn.

❹ 口 kǒu ▶ 식구[가족을 세는 단위]

我家有五<u>口</u>人。 우리 집에는 다섯 식구가 있다.
Wǒ jiā yǒu wǔ kǒu rén.

❺ 位 wèi ▶ 분[사람의 수를 세는 단위]

客人一共有几<u>位</u>? 손님은 총 몇 분인가요?
Kèrén yígòng yǒu jǐ wèi?

❻ 岁 suì ▶ 세, 살[나이를 세는 단위]

我孩子已经七<u>岁</u>了。 우리 애는 벌써 일곱 살이 되었어요.
Wǒ háizi yǐjīng qī suì le.

❼ 公斤 gōngjīn ▶ 킬로그램[무게를 세는 단위]

我又胖了3<u>公斤</u>。 나는 또 3킬로그램이 쪘어.
Wǒ yòu pàngle sān gōngjīn.

*斤 jīn 양 근[무게를 세는 단위]

❽ 只 zhī ▶ 마리

他养一<u>只</u>小狗和两<u>只</u>小猫。 그는 강아지 한 마리와 고양이 두 마리를 키운다.
Tā yǎng yì zhī xiǎogǒu hé liǎng zhī xiǎomāo.

❾ 元 yuán = **块** kuài ▶ 위안[중국 화폐의 기본 단위]

我的手机是花了6000<u>元</u>(块)买的。 내 휴대폰은 6000위안에 산 것이다.
Wǒ de shǒujī shì huāle liùqiān yuán(kuài) mǎi de.

*角 jiǎo 양 자오[중국 화폐 단위의 하나, 1元=10角]

⑩ **层** céng ▸ 층, 겹[건물의 층수를 세는 단위]

你住在几层? 너 몇 층에 살아?
Nǐ zhùzài jǐ céng?

⑪ **家** jiā ▸ 가게·기업 등 이윤 추구가 목적인 곳을 세는 단위

결합 명사 ▸ 饭馆 fànguǎn 식당 | 商店 shāngdiàn 상점, 가게 | 银行 yínháng 은행 | 公司 gōngsī 회사

这家咖啡店很漂亮。 이 커피숍은 매우 예쁘다.
Zhè jiā kāfēidiàn hěn piàoliang.

⑫ **本** běn ▸ 권[책을 세는 단위]

결합 명사 ▸ 书 shū 책 | 杂志 zázhì 잡지 | 词典 cídiǎn 사전

这本书很有意思。 이 책은 매우 재미있다.
Zhè běn shū hěn yǒu yìsi.

⑬ **张** zhāng ▸ 장[종이·침대 등을 세는 단위]

결합 명사 ▸ 票 piào 표, 티켓 | 纸 zhǐ 종이 | 照片 zhàopiàn 사진 | 桌子 zhuōzi 테이블, 탁자 | 床 chuáng 침대

她的房间里有一张桌子和一张床。 그녀의 방에는 책상 하나와 침대 하나가 있다.
Tā de fángjiān li yǒu yì zhāng zhuōzi hé yì zhāng chuáng.

⑭ **辆** liàng ▸ 대[차량을 세는 단위]

결합 명사 ▸ 车 chē 차 | 自行车 zìxíngchē 자전거 | 公共汽车 gōnggòng qìchē 버스

我有两辆自行车。 나는 자전거가 두 대 있다.
Wǒ yǒu liǎng liàng zìxíngchē.

⑮ **碗** wǎn ▸ 그릇, 공기

결합 명사 ▸ 米饭 mǐfàn 쌀밥

我饿了，要吃两碗米饭。 나 배고파, 밥 두 그릇을 먹어야겠어.
Wǒ è le, yào chī liǎng wǎn mǐfàn.

⑯ 杯 bēi ▸ 컵, 잔

> **결합 명사** 水 shuǐ 물 | 茶 chá 차, tea | 咖啡 kāfēi 커피 | 牛奶 niúnǎi 우유

我要一杯牛奶。 나는 우유 한 잔을 원한다.
Wǒ yào yì bēi niúnǎi.

⑰ 双 shuāng ▸ 쌍, 켤레[쌍이나 짝을 이룬 물건을 세는 단위]

> **결합 명사** 鞋 xié 신발 | 手 shǒu 손

我已经有几双鞋，不能再买了。 나는 이미 신발이 몇 켤레 있어서, 더 사면 안 돼.
Wǒ yǐjīng yǒu jǐ shuāng xié, bù néng zài mǎi le.

⑱ 件 jiàn ▸ 옷·일·선물 등을 세는 단위

> **결합 명사** 衣服 yīfu 옷 | 衬衫 chènshān 셔츠, 남방 | 大衣 dàyī 외투 | 事 shì 일 | 礼物 lǐwù 선물

我要买几件夏天的衣服。 나 여름 옷을 몇 벌 사야겠어.
Wǒ yào mǎi jǐ jiàn xiàtiān de yīfu.

⑲ 条 tiáo ▸ 가늘고 긴 모양의 물건을 세는 단위

> **결합 명사** 裤子 kùzi 바지 | 裙子 qúnzi 치마 | 路 lù 길, 도로

我只有裤子，要买一条裙子。 나는 바지밖에 없어, 치마를 하나 사야겠어.
Wǒ zhǐ yǒu kùzi, yào mǎi yì tiáo qúnzi.

2. 동량사

동작의 양, 즉 동작이 몇 번 발생했는지 그 횟수를 세는 단위로, 보통 동사 뒤 또는 명사 앞에 쓴다.

次 cì ▸ 번, 차례[동작이 발생하는 횟수를 세는 단위]

동사+〈동작의 양〉

他们见过〈一次〉。 그들은 한 번 만난 적 있다.
Tāmen jiànguo yí cì.

동사+〈동작의 양〉+목적어(명사)

我看过〈一次〉中国电影。 나는 중국 영화를 한 번 본 적 있다.
Wǒ kànguo yí cì Zhōngguó diànyǐng.

3. 시량사 ✗━━ 필수체크

시간의 양, 즉 얼마 동안 발생했는지를 세는 단위로, 보통 동사 뒤 또는 명사 앞에 쓴다.

일 분	한 시간	하루
一分钟 yì fēnzhōng	一个小时 yí ge xiǎoshí	一天 yì tiān
일주일	한 달	일 년
一个星期 yí ge xīngqī	一个月 yí ge yuè	一年 yì nián
잠시, 잠깐	한 시간 반	일 년 반
一会儿 yíhuìr	一个半小时 yí ge bàn xiǎoshí	一年半 yì nián bàn

동사+〈시간의 양〉

他学过〈一年〉。 그는 일 년 동안 배운 적 있다.
Tā xuéguo yì nián.

공략 트레이닝 2

| 大熊猫 | 这 | 只 | 可爱 | 很 |

해설 *Step 1.* 먼저 술어가 될 동사나 형용사를 찾고, 그다음에 술어가 동사라면 적절한 목적어를 찾는다.

大熊猫 + 可爱   판다는 귀엽다
주어   술어(형용사)

Step 2. **양사** 只는 동물을 세는 단위로 명사 앞에 쓰고, **부사** 很은 형용사나 감정동사 앞에 쓴다.

(这 + 只) + 大熊猫 + [很] + 可爱   이 판다는 정말 귀엽다
这/那+양사+명사 : 이 판다   정말 귀엽다

정답 **这只大熊猫很可爱。** 이 판다는 정말 귀엽다.
Zhè zhī dàxióngmāo hěn kě'ài.

단어 ★只 zhī 양 마리 | ★大熊猫 dàxióngmāo 명 판다 | 可爱 kě'ài 형 귀엽다

★ 다음 단어를 중국어 어순에 따라 배열해 보세요.

❶ 一万元　　　旅游　　　花了　　　这次

✎ 관형어 + 주어 + 술어+了 + 관형어+목적어 。

❷ 107岁　　　那位老人　　　了　　　已经

✎ 관형어+주어 + 부사어 + 술어 + 了。

❸ 那只　　　可爱　　　小猫　　　非常

✎ 관형어 + 주어 + 부사어 + 술어 。

❹ 一杯　　　他　　　牛奶　　　了　　　喝

✎ 주어 + 술어 + 了 + 관형어 + 목적어 。

❺ 条　　　白裤子　　　怎么样　　　这

✎ 관형어 + 관형어 + 관형어+주어 + 술어 ?

단어 ★万 wàn 죄 10,000, 만 | ★花 huā 동 (돈을) 쓰다, 소비하다 | ★位 wèi 양 분[사람의 수를 세는 단위] | ★只 zhī 양 마리 | ★可爱 kě'ài 형 귀엽다 | ★条 tiáo 양 바지·치마를 세는 단위 | ★裤子 kùzi 명 바지

정답 | ❶ 这次旅游花了一万元。 Zhè cì lǚyóu huāle yíwàn yuán. 이번 여행에서 1만 위안을 썼다. ❷ 那位老人已经107岁了。
Nà wèi lǎorén yǐjīng yìbǎi qī suì le. 그 노인은 벌써 107세가 되었다. ❸ 那只小猫非常可爱。 Nà zhī xiǎomāo fēicháng kě'ài. 그
고양이는 아주 귀엽다. ❹ 他喝了一杯牛奶。 Tā hēle yì bēi niúnǎi. 그는 우유 한 잔을 마셨다. ❺ 这条白裤子怎么样？ Zhè
tiáo bái kùzi zěnmeyàng? 이 흰색 바지는 어때?

문제 적응 훈련

실전 트레이닝

1. 吃了　　　我　　　面包　　　好几个

　　✎ _____

2. 一些　　　买了　　　我　　　吃的

　　✎ _____

3. 去　　　你们　　　一会儿　　　坐　　　树下

　　✎ _____

4. 多吃　　　吧　　　你　　　一点儿

　　✎ _____

5. 安静　　　比较　　　那　　　咖啡馆　　　家

　　✎ _____

정답 및 해설_ 해설집 111쪽

7 조동사

新HSK에는 이렇게 출제된다! ▼

★ **조동사**는 일반적으로 **술어(동사) 앞**에 쓰여 동작의 의미를 정확하게 만들도록 돕는다. HSK 3급에서는 '**~하고 싶다(바람, 소망)**', '**~할 수 있다(능력, 가능)**', '**~해야 한다(의무)**' 세 종류의 조동사를 꼭 알아야 한다.

★ 조동사 외에 부사, 개사구를 함께 써야 할 경우, 보통 '**부사＋조동사＋개사구**'의 순서로 쓴다.

1 조동사의 특징

조동사는 기본적으로 주어 뒤, 술어(동사) 앞에 쓰여 동작의 의미를 정확하게 만들도록 돕는다.

1. ~하고 싶다(바람/소망): 想 xiǎng / 要 yào

我   [想]   去   中国。   나는 중국에 가고 싶다.
Wǒ   xiǎng   qù   Zhōngguó.
(조동사 / 동사)

我   [要]   吃饭。   나는 밥을 먹고 싶다.
Wǒ   yào   chīfàn.
(조동사 / 동사)

바람이나 소망을 나타내는 표현 중에 愿意 yuànyi(원하다, 바라다)도 있다. 愿意는 동사이기 때문에 다양한 형식의 목적어를 취할 수 있다.

我   愿意   跟他结婚。   나는 그와 결혼하길 원한다.
Wǒ   yuànyì   gēn tā jiéhūn.
(동사 / 목적어)

2. ~할 수 있다(능력/가능): 能 néng / 会 huì / 可以 kěyǐ

我   三点   [能]   上课。   나는 3시에 수업할 수 있다.
Wǒ   sān diǎn   néng   shàngkè.
(조동사 / 동사)

我   [会]   说   汉语。   나는 중국어를 할 줄 안다.
Wǒ   huì   shuō   Hànyǔ.
(조동사 / 동사)

조동사	개사구	동사		
我	[可以]	在这儿	休息	吗?
Wǒ	kěyǐ	zài zhèr	xiūxi	ma?

저 여기에서 쉬어도 되나요?

3. ~해야 한다(당위/의무): 要 yào / 得 děi / 应该 yīnggāi

	조동사	동사	
你	[要]	吃点儿	水果。
Nǐ	yào	chī diǎnr	shuǐguǒ.

너는 과일을 좀 먹어야 한다.

	조동사	동사
我	[得]	复习。
Wǒ	děi	fùxí.

나는 복습해야 한다.

	조동사	동사	
他	[应该]	准备	上课。
Tā	yīnggāi	zhǔnbèi	shàngkè.

그는 수업할 준비를 해야 한다.

💡 동사로도 쓰이는 조동사

❶ 要 yào 图 원하다

我要水。 나는 물을 원한다.
Wǒ yào shuǐ.

❷ 想 xiǎng 图 생각하다, 여기다

我想他不喜欢。 나는 그가 안 좋아한다고 생각한다.
Wǒ xiǎng tā bù xǐhuan.

❸ 得 dé 图 얻다

我得病了。 나는 병에 걸렸다.
Wǒ dé bìng le.

2 조동사의 용법 비교

조동사는 해석이 비슷하기 때문에 용법을 분명하게 이해하기 어렵다. 정확한 의미 파악을 위해서 비슷한 조동사의 용법을 비교해서 기억하는 것이 좋다.

1. 想 xiǎng VS 要 yào

想 ~하고 싶다 바람, 심리적인 욕구를 나타냄	要 ~하고 싶다/~하고자 하다 바람, 심리적인 욕구를 나타내면서, 강한 의지를 표현함 (조동사 想보다 강한 의지를 나타냄)
我想喝水。 나는 물을 마시고 싶다. Wǒ xiǎng hē shuǐ.	我要喝水。 나는 물을 마시려고 한다. Wǒ yào hē shuǐ.

2. 会 huì VS 能 néng

会 ~할 수 있다/~할 줄 알다 학습을 통해 어떤 기능을 할 줄 알게 됨을 나타냄	能 ~할 수 있다 시간적, 상황적 여건이나 조건이 됨을 나타냄
我会说汉语。 나는 중국어를 할 줄 안다. Wǒ huì shuō Hànyǔ.	我明天能来。 나는 내일 올 수 있다. Wǒ míngtiān néng lái.

会 ~할 것이다 미래에 대한 추측과 짐작을 나타냄 (보통 문장 끝에 的를 함께 씀)	能 ~해도 된다 허가의 의미를 나타냄(=可以)
他一定会来的。 그는 분명 올 것이다. Tā yídìng huì lái de.	我能休息吗? 저는 쉬어도 될까요? Wǒ néng xiūxi ma?

공략 트레이닝 1

不想	我	玩儿	跟你	了

해설 *Step 1.* 먼저 술어가 될 동사나 형용사를 찾고, 그다음에 술어가 동사라면 적절한 목적어를 찾는다.

我 + 玩儿	나는 논다
주어 술어(동사)	

Step 2. 跟你는 동사(玩儿) 앞에 놓여 서로 호응해서 쓸 수 있다.

我 + [跟你] + 玩儿
　　　　↑ ~와 놀다

나는 너와 논다

Step 3. 不想은 '~하고 싶지 않다'의 의미로 술어 앞에 쓴다. 개사구와 함께 쓰일 때에는 보통 조동사를 먼저 쓴다.

我 + [不想] + [跟你] + 玩儿
　　조동사　개사구　술어(동사)

나는 너와 놀고 싶지 않다

Step 4. 조사 了는 조동사와 함께 쓸 경우, 문장 끝에 써서 새로운 상황의 출현이나 변화를 나타낸다.

我 + [不想] + [跟你] + 玩儿 + 了
　　└─── ~하고 싶지 않게 되다 ───┘

나는 (이제) 너와 놀고 싶지 않다

(정답) **我不想跟你玩儿了。**　나는 너와 놀고 싶지 않다.
Wǒ bù xiǎng gēn nǐ wánr le.

(단어) 想 xiǎng 조동 ~하고 싶다 | ★跟 gēn 개 ~와 | 玩儿 wánr 동 놀다

공략 트레이닝 2

刮	可能	风	外边	会

(해설) *Step 1.* 먼저 술어가 될 동사나 형용사를 찾고, 그다음에 주어와 목적어를 찾는다.

? + 刮 + 风
주어　술어(동사)　목적어

바람이 분다

Step 2. 外边은 '장소를 나타내는 말'로 주어 역할을 할 수 있다.

外边 + 刮 + 风
주어　술어(동사)　목적어

밖에 바람이 분다

Step 3. 부사 可能과 조동사 会는 술어(동사) 앞에 쓴다.

外边 + [可能] + [会] + 刮 + 风
　　　　부사　　조동사　동사

밖에 아마 바람이 불 것 같다

(정답) **外边可能会刮风。**　밖에 아마 바람이 불 것 같다.
Wàibian kěnéng huì guāfēng.

(단어) 外边 wàibian 명 밖, 바깥 | 可能会 kěnéng huì 아마(도) ~일지도 모른다, 아마(도) ~일 것이다 | ★刮风 guāfēng 동 바람이 불다

쓰기 실력 트레이닝
문장 완성하기 7

★ 다음 단어를 중국어 어순에 따라 배열해 보세요.

❶ 张先生　　会　　不　　包饺子

✎ ［주어］ + ［부사어］ + ［부사어］ + ［술어+목적어］ 。

❷ 去公园　　我　　划船　　想

✎ ［주어］ + ［부사어］ + ［술어1+목적어1］ + ［술어2+목적어2］ 。

❸ 想　　学　　我　　一直　　画画儿

✎ ［주어］ + ［부사어］ + ［부사어］ + ［술어］ + ［목적어］ 。

❹ 可能　　这个周末　　下雨　　会

✎ ［관형어+주어］ + ［부사어］ + ［부사어］ + ［술어］ 。

❺ 爱　　他　　应该　　吃西瓜　　最

✎ ［주어］ + ［부사어］ + ［부사어］ + ［술어］ + ［술어+목적어］ 。

단어 ★包 bāo 통 (종이나 베 혹은 기타 얇은 것으로) 싸다 ┃ 饺子 jiǎozi 명 만두 ┃ ★公园 gōngyuán 명 공원 ┃ 划船 huá chuán 배를 젓다 ┃ ★一直 yìzhí 부 계속해서, 줄곧 ┃ 画画儿 huà huàr 그림을 그리다 ┃ ★周末 zhōumò 명 주말 ┃ ★应该 yīnggāi 조동 응당 ~할 것이다

정답 ❶ 张先生会不会包饺子。 Zhāng xiānsheng huì bu huì bāo jiǎozi. 장 선생님은 만두 빚을 줄 아니? **❷** 我想去公园划船。 Wǒ xiǎng qù gōngyuán huá chuán. 나는 배를 타러 공원에 가고 싶다. **❸** 我一直想学画画儿。 Wǒ yìzhí xiǎng xué huà huàr. 나는 줄곧 그림 그리기를 배우고 싶다. **❹** 这个周末可能会下雨。 Zhège zhōumò kěnéng huì xià yǔ. 이번 주말엔 아마도 비가 내릴 것이다. **❺** 他最爱吃西瓜。 Tā zuì ài chī xīguā. 그는 수박 먹는 걸 가장 좋아한다.

실전에
강한

제한 시간
10분

문제 적응 훈련

┤ 실전 트레이닝 ├

1. 不　　　做饭　　　会　　　我妈妈

　　✎ _____

2. 什么　　　能　　　来　　　你　　　时候

　　✎ _____

3. 可以　　　现在　　　走　　　了

　　✎ _____

4. 孩子　　　自己的　　　家长　　　要　　　关心

　　✎ _____

5. 不　　　你　　　在这儿　　　应该　　　拍照

　　✎ _____

정답 및 해설_ 해설집 114쪽

8 부사

★ **부사**는 일반적으로 **술어(동사/형용사)** 앞에 쓰여 동작의 의미를 정확하게 만든다. 종류가 많지만 그 뜻을 외워 두면 듣기, 독해, 쓰기 모든 영역에서 큰 도움을 받을 수 있다.

★ **부사**는 동사 혹은 형용사 뒤에는 **절대 위치할 수 없으며**, 부사에 따라 **동사와 형용사 앞에서의 위치가 비교적 자유로운 편**이다. 그러나 HSK 3급 쓰기 영역에서는 기본적인 어순을 잘 벗어나지 않으므로, 일반적인 어순(**부사+조동사+개사구**)을 기억하고, 예외가 되는 부사가 나타나면 체크해 두는 것이 좋다.

1 부사란?

술어 앞에 위치하여 문장의 의미를 정확하게 만드는 역할을 한다.

我去。 나는 간다. ➡ 부사 동사
Wǒ qù.　　　　　　　　我常常去。 나는 자주 간다.
　　　　　　　　　　　Wǒ chángcháng qù.

她漂亮。 그녀는 예쁘다. ➡ 부사 형용사
Tā piàoliang.　　　　　她最漂亮。 그녀는 제일 예쁘다.
　　　　　　　　　　　Tā zuì piàoliang.

2 부사의 종류

/. 정도부사

주로 형용사와 감정동사 앞에서 그 정도를 강조하는 부사이다.

很 hěn	매우	我很高兴。 나는 매우 기쁘다. Wǒ hěn gāoxìng.
太 tài	매우, 아주	太多了。 너무 많다. Tài duō le.
非常 fēicháng	매우, 아주	这里的夏天非常热。 이곳의 여름은 무척 덥다. Zhèlǐ de xiàtiān fēicháng rè.

最 zuì	제일, 가장	他最喜欢看电影。 그는 영화 보는 것을 가장 좋아한다. Tā zuì xǐhuan kàn diànyǐng.
更 ✖ gèng	더, 더욱	他比我更大。 그는 나보다 더 나이가 많다. Tā bǐ wǒ gèng dà.

📝 정도부사의 호응 표현 ✖ *필수체크*

太…了 tài…le 너무 ~하다

太好了! 정말 잘됐다.
Tài hǎo le!

多(么)…啊 duō(me)…a 얼마나 ~한가

多舒服啊! 얼마나 편한가!
Duō shūfu a!

2. 시간부사

시간(때/시점)을 나타내는 부사이다.

就 jiù	곧, 바로 [시간이 이른 것을 의미함]	我明天就回国了。 나는 내일 곧 귀국한다. Wǒ míngtiān jiù huíguó le.
才 ✖ cái	그제야, 겨우, 비로소 [시간이 늦음을 의미함]	我明天才回国。 나는 내일 비로소 귀국한다. Wǒ míngtiān cái huíguó.
马上 ✖ mǎshàng	곧, 바로, 즉시 [임박을 의미함]	火车马上就开了。 기차가 곧 출발한다. Huǒchē mǎshàng jiù kāi le.
总是 ✖ zǒngshì	늘, 항상	他总是很忙。 그는 늘 바쁘다. Tā zǒngshì hěn máng.
一直 ✖ yìzhí	계속해서, 줄곧	他的成绩一直很好。 그의 성적은 줄곧 좋다. Tā de chéngjì yìzhí hěn hǎo.
先 ✖ xiān	우선, 먼저	我先吃饭，然后做作业。 Wǒ xiān chīfàn, ránhòu zuò zuòyè. 나는 먼저 밥을 먹고, 그런 다음에 숙제를 한다.
已经 yǐjīng	이미, 벌써 [완료·결과를 강조함]	他已经到了。 그는 이미 도착했다. Tā yǐjīng dào le.
正在 zhèngzài	~하는 중이다 [진행을 강조함]	我正在看电视。 나는 TV를 보는 중이다. Wǒ zhèngzài kàn diànshì.

📁 시간부사 비교 ★ 필수체크

就 바로, 곧 시간+就: 시간이 이르다는 의미를 나타냄	才 그제서야, 비로소 시간+才: 시간이 늦다는 의미를 나타냄
我七点就起床。 나는 7시면 일어난다. Wǒ qī diǎn jiù qǐchuáng.	我七点才起床。 나는 7시에야 일어난다. Wǒ qī diǎn cái qǐchuáng.

💡 시간부사의 호응 표현 ★ 필수체크

已经…了 yǐjīng…le 이미 (~했다)

我已经到了。 난 이미 도착했다.
Wǒ yǐjīng dào le.

正在/在…(着)…(呢) zhèngzài/zài…(zhe)…(ne) 지금 ~하는 중이다

妈妈正在做饭呢。 엄마는 지금 요리하는 중이다.
Māma zhèngzài zuò fàn ne.

3. 부정부사와 긍정부사

不 bù	~하지 않다	我不吃。 난 안 먹어. Wǒ bù chī.
没 méi	~하지 않았다	我没吃。 나는 안 먹었어. Wǒ méi chī.
别 bié	~하지 마라	别看电视了。 TV를 보지 마. Bié kàn diànshì le.
一定✹ yídìng	반드시, 꼭	他明天一定来。 그는 내일 꼭 온다. Tā míngtiān yídìng lái.

💡 부정부사와 긍정부사의 호응 표현 ★ 필수체크

别…了 bié…le (이제는) ~하지 마라

你别走了。 너는 가지 마.
Nǐ bié zǒu le.

一定要 yídìng yào ❶ 꼭 ~해야 한다 ❷ 꼭 ~하고자 하다, 꼭 ~하려고 하다

你一定要看这个电影。 너는 이 영화를 꼭 봐야 한다.
Nǐ yídìng yào kàn zhège diànyǐng.

我一定要吃。 나는 꼭 먹겠다.
Wǒ yídìng yào chī.

一定会…的 yídìng huì…de 꼭 ~할 것이다[미래 예측]

你别担心，他一定会回来的。 걱정하지 마, 그는 반드시 돌아올 거야.
Nǐ bié dānxīn, tā yídìng huì huílai de.

4. 빈도부사

상황이나 동작이 얼마나 반복되는지 나타내는 부사이다.

常常 chángcháng 经常 jīngcháng✘	자주	我家人常常去看电影。 우리 가족은 자주 영화를 보러 간다. Wǒ jiārén chángcháng qù kàn diànyǐng.
再 zài	다시, 또	明天再说吧。 내일 다시 얘기하자. Míngtiān zài shuō ba.
又✘ yòu	다시, 또	我又感冒了。 나는 또 감기에 걸렸다. Wǒ yòu gǎnmào le.

📂 빈도부사 비교 ✘ 필수체크

再 다시, 또 아직 일어나지 않은 일에 쓰임 (명령문이나 청유문에 많이 사용됨)	又 다시, 또 일반적으로 이미 발생한 일에 쓰임
다시 ~하자 明天再说吧。 내일 다시 얘기하자. Míngtiān zài shuō ba.	또 ~했다 他又迟到了。 그는 또 늦었다. Tā yòu chídào le.

5. 어기부사

也 yě	~도 또한, ~도 역시	我是韩国人，他也是韩国人。 Wǒ shì Hánguórén, tā yě shì Hánguórén. 나는 한국인이고, 그도 한국인이다.
终于✘ zhōngyú	마침내, 결국	他终于回来了。 그가 마침내 돌아왔다. Tā zhōngyú huílai le.
还 hái	여전히, 아직도	他还没起床。 그는 아직 일어나지 않았다. Tā hái méi qǐchuáng.
真 zhēn	정말로, 진짜로	你长得真漂亮。 너는 참 예쁘게 생겼구나! Nǐ zhǎng de zhēn piàoliang.

💡 어기부사의 호응 표현 ✖️ 필수체크

还没…(呢) hái méi…(ne) 아직 ~하지 않았다

我还没吃饭，太饿了！ 나는 아직 밥을 안 먹어서, 정말 배고파!
Wǒ hái méi chīfàn, tài è le!

终于…了 zhōngyú…le 마침내/드디어/결국 ~했다

他终于来了。 그가 마침내 왔다.
Tā zhōngyú lái le.

真…啊 zhēn…a 정말/참 ~하구나

真漂亮啊! 정말 예쁘구나!
Zhēn piàoliang a!

6. 범위부사

동작의 범위를 제한하는 부사이다.

都 dōu	모두, 전부, 다	我们都是学生。 우리는 모두 학생이다. Wǒmen dōu shì xuésheng.	
一起 yìqǐ	같이, 함께	我们一起去吃饭吧。 우리 같이 밥 먹으러 가자. Wǒmen yìqǐ qù chīfàn ba.	
一共 ✖️ yígòng	모두, 총 (합쳐서)	我一共有一百块钱。 나는 모두 합쳐서 100위안을 가지고 있다. Wǒ yígòng yǒu yìbǎi kuài qián.	

💡 범위부사의 호응 표현 ✖️ 필수체크

跟/和…一起 gēn/hé…yìqǐ ~와 같이/함께

我跟他一起去吃饭。 나는 그와 같이 밥을 먹으러 간다.
Wǒ gēn tā yìqǐ qù chīfàn.

一共+동사+합친 수량

我一共有三百块钱。 나는 모두 합쳐서 300위안을 가지고 있다.
Wǒ yígòng yǒu sānbǎi kuài qián.

> 总是　　　　很　　　　爸爸妈妈　　　　忙

해설 *Step 1.* 먼저 술어가 될 동사나 형용사를 찾고, 그다음에 술어가 동사라면 적절한 목적어를 찾는다.

爸爸妈妈 + 忙
　주어　　술어(형용사)

아빠 엄마는 바쁘다

Step 2. 부사인 总是와 很은 모두 술어 앞에 쓰는데, 특히 **정도부사 很**은 형용사 바로 앞에 쓴다.

爸爸妈妈 + [总是] + [很] + 忙
　　　　　　　　　　　　　很+형용사

아빠 엄마는 항상 매우 바쁘다

정답 **爸爸妈妈总是很忙。**　아빠 엄마는 항상 매우 바쁘다.
Bàba māma zǒngshì hěn máng.

단어 爸爸 bàba 몡 아빠 | 妈妈 māma 몡 엄마 | ★总是 zǒngshì 튀 늘, 항상 | 忙 máng 혱 바쁘다

> 一个　　　　有　　　　也　　　　这样的包　　　　她

해설 *Step 1.* 먼저 술어가 될 동사나 형용사를 찾고, 그다음에 주어와 목적어를 찾는다.

她 + 有 + 这样的包
주어　술어(동사)　　목적어
　　　가방을 가지고 있다

그녀는 이런 가방을 가지고 있다

Step 2. **부사 也**는 '~도 또한'의 의미로 술어 앞에 쓰고, **양사 个**는 사람이나 사물을 세는 일반적인 단위로 명사 앞에 쓴다.

她 + [也] + 有 + (一个) + 这样的包
　　～도 있다　　　　한 개의 가방

그녀도 이런 가방을 하나 가지고 있다

정답 **她也有一个这样的包。**　그녀도 이런 가방이 하나 있다.
Tā yě yǒu yí ge zhèyàng de bāo.

단어 也 yě 튀 ~도 또한 | 这样 zhèyàng 때 이렇다, 이와 같다 | ★包 bāo 몡 가방

★ 다음 단어를 중국어 어순에 따라 배열해 보세요.

❶ 比较　　　上午的　　　简单　　　考试

✎ [관형어+的] **+** [주어] **+** [부사어] **+** [술어] 。

❷ 春天　　　这个城市的　　　刮风　　　经常

✎ [관형어+的] **+** [주어] **+** [부사어] **+** [술어] 。

❸ 真　　　今晚的　　　啊　　　月亮　　　大

✎ [관형어+的] **+** [주어] **+** [부사어] **+** [술어] **+** 啊!

❹ 很　　　我脚下的　　　还　　　长　　　路

✎ [관형어+的] **+** [주어] **+** [부사어] **+** [부사어] **+** [술어] 。

❺ 不　　　有点儿　　　他身体　　　舒服

✎ [주어+주어] **+** [부사어] **+** [부사어] **+** [술어] 。
　　　　　　　　　　　　　　　　　 술어

단어 ★比较 bǐjiào 위 비교적 | ★简单 jiǎndān 형 간단하다 | ★城市 chéngshì 명 도시 | ★经常 jīngcháng 위 자주 | ★刮风 guāfēng 동 바람이 불다 | ★月亮 yuèliang 명 달 | ★脚 jiǎo 명 (사람·동물의) 발 | ★舒服 shūfu 형 편안하다

정답 | ❶ 上午的考试比较简单。 Shàngwǔ de kǎoshì bǐjiào jiǎndān. 오전 시험이 비교적 간단하다. ❷ 这个城市的春天经常刮风。 Zhège chéngshì de chūntiān jīngcháng guāfēng. 이 도시의 봄날이 바람이 자주 분다. ❸ 今晚的月亮真大啊! Jīnwǎn de yuèliang dà zhēn a! (오늘) 저녁 달이 정말 크다. ❹ 我脚下的路还很长。 Wǒ jiǎo xià de lù hái hěn cháng. 내 발 아래의 길은 아직 길다. ❺ 他身体有点儿不舒服。 Tā shēntǐ yǒudiǎn bù shūfu. 그는 몸이 조금 안 좋다.

실전에 강한

제한 시간 10분

문제 적응 훈련

학습일 _____ / _____

맞은 개수 _____

┤ 실전 트레이닝 ├

1. 别   打电话   忘了   给我

   ✎ _____

2. 英语考试   简单   今天的   比较

   ✎ _____

3. 啊   这些   多   可爱   孩子

   ✎ _____

4. 还   孩子们   没   起床   都

   ✎ _____

5. 环境   一直   好   很   他们学校的

   ✎ _____

정답 및 해설_ 해설집 117쪽

9 개사

★ **개사**는 일반적으로 **술어(동사/형용사)** 앞에 쓰여 동작의 의미를 정확하게 만든다. 종류가 많지 않으므로 그 뜻을 외우기 쉽고, 일단 외워 두면 문장을 이해하는 데 큰 도움을 받을 수 있다.

★ **개사**는 단독으로 쓸 수 없고, 명사 혹은 대명사와 함께 '**개사구(개사＋명사/대명사)**'의 형식으로 써야 한다.

★ **개사구**는 일반적으로 **술어(동사/형용사)** 앞에 쓰고, 다른 요소와 함께 쓰일 경우에는 보통 '**부사＋조동사＋개사구**'의 순서로 쓴다.

1 개사란?

단독으로 쓸 수 없고, 명사나 대명사와 함께 '개사구(개사＋명사/대명사)' 형식으로 쓰인다. 개사구는 술어 앞에 위치하여 문장의 의미를 정확하게 만드는 역할을 한다.

他回来了。 그는 돌아왔다.
Tā huílai le.

➡

　　개사구　　동사
他[从中国]回来了。 그는 [중국에서] 돌아왔다.
Tā cóng Zhōngguó huílai le.

2 개사의 종류

/. 시간, 장소를 나타내는 개사

在 zài	~에(서)	我在学校学习。 나는 학교에서 공부한다. Wǒ zài xuéxiào xuéxí.
		在周末玩儿吧。 주말에 놀자. Zài zhōumò wánr ba.

从 cóng	~에서, ~로부터	我是从中国来的。 나는 중국에서 왔다. Wǒ shì cóng Zhōngguó lái de. 我从1点开始上课。 나는 1시부터 수업을 시작한다. Wǒ cóng yī diǎn kāishǐ shàngkè.
到 dào	~까지	[到+목적지] 从我家到学校要半个小时。 Cóng wǒ jiā dào xuéxiào yào bàn ge xiǎoshí. 우리 집에서 학교까지 30분 걸린다. [到+도달 시점] 我从一点到两点上课。 Wǒ cóng yī diǎn dào liǎng diǎn shàngkè. 나는 1시부터 2시까지 수업을 한다.
离 lí	~에서, ~로부터	饭馆离学校很远。 식당은 학교에서 멀다. Fànguǎn lí xuéxiào hěn yuǎn. *A离B+술어(近/远/시간의 소요): A는 B에서 가깝다/멀다/(시간이) 소요되다 饭馆离学校要半个小时。 식당은 학교에서 30분 걸린다. Fànguǎn lí xuéxiào yào bàn ge xiǎoshí.

2. 대상을 나타내는 개사

跟 ✤ gēn	~와, ~(이)랑	你跟我们一起去吧。 너 우리랑 같이 가자. Nǐ gēn wǒmen yìqǐ qù ba.
给 gěi	~에게	我给他打电话。 나는 그에게 전화를 건다. Wǒ gěi tā dǎ diànhuà.
为(了) ✤ wèi(le)	~을 위하여	妈妈每天为我做饭。 엄마는 매일 나를 위해 밥을 해주신다. Māma měi tiān wèi wǒ zuò fàn. 为了解决问题，人们想了很多办法。 Wèile jiějué wèntí, rénmen xiǎngle hěn duō bànfǎ. 문제를 해결하기 위해서, 사람들은 많은 방법을 생각했다.
对 duì	~에 대하여	他对我很好。 그는 내게 잘 해준다. Tā duì wǒ hěn hǎo.
关于 ✤ guānyú	~에 관하여	这是关于中国的书。 이것은 중국에 관한 책이다. Zhè shì guānyú Zhōngguó de shū.

3. 방향을 나타내는 개사

往 wǎng		往前走。 앞으로 가세요. Wǎng qián zǒu.
向 ✤ xiàng	~을 향하여	向前走。 직진하세요. Xiàng qián zǒu.

4. 기타 개사

比 bǐ	~보다	我比他高。 나는 그보다 키가 크다. Wǒ bǐ tā gāo.
把✦ bǎ	~을	我想把这本书看完。 나는 이 책을 다 보고 싶다. Wǒ xiǎng bǎ zhè běn shū kànwán.
被✦ bèi	~에 의하여	我的书被我同学借走了。 Wǒ de shū bèi wǒ tóngxué jièzǒu le. 내 책은 반 친구에 의해서 빌려 가졌다.(내 책은 반 친구가 빌려 갔다.)
除了✦ chúle	~을 제외하고	除了画画儿，他还喜欢跳舞。 Chúle huà huàr, tā hái xǐhuan tiàowǔ. 그림 그리는 것을 제외하고, 그는 또 춤추는 것도 좋아한다.

[TIP] '除了A, 也/还B A를 제외하고 B도 또한 ~하다' 형식으로 기억하는 것이 좋다.

공략 트레이닝 1

儿子	担心	不要	为

해설 *Step 1.* 개사 为는 '~을 위하여'의 의미로, 명사 儿子와 함께 为儿子(아들을 위해)라는 표현을 만들 수 있다.

[为儿子] + 担心 　개사구　　술어(동사) 　└─────────┘ ~을 위해 걱정하다	아들을 위해 걱정한다

Step 2. 不要는 '~하지 마라'는 의미로 술어 앞에 쓰고, 개사구와 함께 쓰일 때에는 보통 조동사를 먼저 쓴다.

[不要] + [为儿子] + 担心 조동사　　개사구　　술어(동사)	아들을 위해 걱정하지 마라

정답 **不要为儿子担心。** 아들을 걱정하지 마.
Búyào wèi érzi dānxīn.

단어 不要 búyào 조동 ~하지 마라 | ★为 wèi 개 ~을 위하여 | 儿子 érzi 명 아들 | ★担心 dānxīn 동 걱정하다

从	回来	我丈夫	中国	了

해설 *Step 1.* 먼저 술어가 될 동사나 형용사를 찾고, 그다음에 주어와 목적어를 찾는다.

我丈夫 + 回来 　주어　　술어(동사)	내 남편은 돌아온다

Step 2. 개사 从은 '~에서'의 의미로, 명사(中国)와 함께 从中国(중국에서)라는 표현을 만들 수 있다.

我丈夫 + [从中国] + 回来 　　　개사구　　술어(동사) 　　　　　　　~에서 돌아오다	내 남편은 중국에서 돌아온다

Step 3. 조사 了는 동사 뒤 혹은 문장 끝에 써서 동작이나 상황의 완료를 나타낸다.

我丈夫 + [从中国] + 回来 + 了	내 남편은 중국에서 돌아왔다

정답 **我丈夫从中国回来了。**　　내 남편은 중국에서 돌아왔다.
Wǒ zhàngfu cóng Zhōngguó huílai le.

단어 丈夫 zhàngfu 명 남편 | 从 cóng 개 ~에서, ~로부터 | 中国 Zhōngguó 고유 중국 | 回来 huílai 동 (화자가 있는 곳으로) 되돌아오다

★ 다음 단어를 중국어 어순에 따라 배열해 보세요.

❶ 在   我丈夫   教   大学   中文

관형어+주어 + 개사 + 명사 + 술어 + 목적어 。
부사어

❷ 银行   比较   离这儿   远

주어 + 부사어 + 부사어 + 술어 。

❸ 对身体   多喝绿茶   好   很

주어 + 부사어 + 부사어 + 술어 。

❹ 给我   我妈妈   打电话   经常

관형어+주어 + 부사어 + 부사어 + 술어+목적어 。

❺ 为我   我父母   总是   担心

관형어+주어 + 부사어 + 부사어 + 술어 。

단어 ★教 jiāo 동 가르치다 | ★中文 Zhōngwén 명 중국의 언어와 문자 | ★银行 yínháng 명 은행 | ★比较 bǐjiào 부 비교적 | ★经常 jīngcháng 부 자주 | ★为 wèi 개 ~을 위하여 | ★总是 zǒngshì 부 늘, 항상 | ★担心 dānxīn 동 걱정하다

정답 | ❶ 我丈夫在大学教中文。 Wǒ zhàngfu zài dàxué jiāo Zhōngwén. 내 남편은 대학에서 중국어를 가르칩니다. ❷ 银行离这儿比较远。 Yínháng lí zhèr bǐjiào yuǎn. 은행은 여기에서 약간 멀리 떨어져 있다. ❸ 多喝绿茶对身体很好。 Duō hē lǜchá duì shēntǐ hěn hǎo. 녹차를 많이 마시는 것은 건강에 매우 좋다. ❹ 我妈妈经常给我打电话。 Wǒ māma jīngcháng gěi wǒ dǎ diànhuà. 우리 엄마는 자주 나에게 전화를 한다. ❺ 我父母总是为我担心。 Wǒ fùmǔ zǒngshì wèi wǒ dānxīn. 우리 부모님은 늘 나를 걱정하신다.

실전에
강한

제한 시간
10분

문제 적응 훈련

┤ 실전 트레이닝 ├

1. 吃饭　　　　我们　　　　在学生食堂　　　　经常

　 ✐ _____

2. 从　　　　出去　　　　孩子　　　　房间里　　　　了

　 ✐ _____

3. 兴趣　　　　对　　　　有　　　　我　　　　音乐

　 ✐ _____

4. 离我家　　　　不太　　　　机场　　　　远

　 ✐ _____

5. 像　　　　他长得　　　　很　　　　和他儿子

　 ✐ _____

정답 및 해설_ 해설집 119쪽

10 把자문, 被자문, 비교문

新HSK에는 이렇게 출제된다! ▼

★ **把자문, 被자문, 비교문**은 기본적인 어순이 일반적인 문장과 비슷하지만, **고정된 문장 구조**를 가지고 있으므로 그 구조를 기억하면 문제를 쉽게 풀 수 있다.

★ 일반적인 문장은 주어가 동작의 행위자이지만, **被자문은 개사 被 뒤의 명사나 대명사가 동작의 행위자**이다.

1 把자문

把는 목적어를 술어(동사) 앞으로 옮길 때 사용하며, 동작 후의 결과, 변화, 영향을 강조한다.

/. 把자문의 어순①

把자문은 주어가 목적어에 어떤 동작을 가했고, 그 동작의 결과가 어떻게 되었는지 처리 결과를 강조한다.

❶ 일반적인 어순

$$ \boxed{주어} + \boxed{술어(동사)} + \boxed{목적어} $$

주어   술어(동사)   목적어
我   喝完了   这杯茶。   나는 이 차를 다 마셨다.
Wǒ   hēwánle   zhè bēi chá.

❷ 把자문의 어순

$$ \boxed{주어} + \boxed{[把+목적어]} + \boxed{술어(동사)} + \boxed{기타성분(동작 처리 결과)} $$

주어   개사구   술어(동사)+기타성분
我   [把这杯茶]   喝〈完〉了。   나는 이 차를 다 마셨다.(→마시고 난 후 그 결과 다 끝냈음을 강조)
Wǒ   bǎ zhè bēi chá   hēwán le

	일반적인 어순	把자문
그가 그 빵을 먹었다. ➡	他吃了那个面包。 Tā chīle nàge miànbāo.	他[把那个面包]吃了。 Tā bǎ nàge miànbāo chī le.
나는 오늘의 숙제를 다 했다. ➡	我做好了今天的作业。 Wǒ zuòhǎole jīntiān de zuòyè.	我[把今天的作业]做好了。 Wǒ bǎ jīntiān de zuòyè zuòhǎo le.
너는 사진을 가져와야 한다. ➡	你要带来照片。 Nǐ yào dàilai zhàopiàn.	你要[把照片]带来。 Nǐ yào bǎ zhàopiàn dàilai.

2. 把자문의 어순②

把자문은 주어가 목적어에 어떤 동작을 가했고, 그 동작의 결과 최종적인 존재 장소, 도달 장소, 소유 대상 등을 강조한다.

주어 + [把+목적어] + 술어(동사) + 〈기타성분〉

在(존재 장소)/到(도달 장소)/给(소유 대상)…

❶ 주어+[把+목적어]+放〈在+장소〉 ~을/를 〈~(장소)에〉 두다(놓다)

我想[把我的衣服]放在床上。 나는 내 옷을 침대 위에 두고 싶다.
Wǒ xiǎng bǎ wǒ de yīfu fàngzài chuáng shang.

❷ 주어+[把+목적어]+送〈到+장소〉 ~을/를 〈~(장소)로〉 보내다(배웅하다)

他[把我]送到机场了。 그는 나를 공항으로 데려다주었다.
Tā bǎ wǒ sòngdào jīchǎng le.

❸ 주어+[把+목적어]+还/送〈给+대상〉 ~을/를 〈~(대상)에게〉 돌려주다/선물해 주다

你[把钱]还给小王吧。 너는 돈을 샤오왕(小王)에게 돌려줘라.
Nǐ bǎ qián huángěi Xiǎo Wáng ba.

走了　　　　把　　　　骑　　　　小王　　　　我的自行车

해설 *Step 1.* 제시어에 개사 把가 등장하면 특이한 어순을 먼저 떠올려야 한다. 把는 '～을'의 의미로, 목적어를
술어(동사) 앞으로 가져와 강조할 때 쓴다.

小王 + [把 + 我的自行车] + 骑	샤오왕이 나의 자전거를 탄다
주어　　　　[把+목적어]　　　 술어(동사)	

Step 2. 把자문의 술어(동사) 뒤에는 동작 후의 결과가 어떤지 보충해 주는 기타성분이 반드시 필요하다.

小王 + [把 + 我的自行车] + 骑 + 走了	샤오왕이 나의 자전거를 타고 갔다
주어　　　　[把+목적어]　　　 술어(동사) 기타성분	

정답 **小王把我的自行车骑走了。**　　샤오왕이 내 자전거를 타고 갔다.
Xiǎo Wáng bǎ wǒ de zìxíngchē qízǒu le.

단어 ★自行车 zìxíngchē 명 자전거 | ★骑 qí 동 (자전거·오토바이 등을) 타다 | 走 zǒu 동 가다, 떠나다

2 被자문

흔히 피동문이라고 하고, 타인에 의해 어떤 행위나 동작이 발생하는 것을 의미한다. 우
리말로 직역하면 뜻이 어색하고 틀린 문장 같지만, 중국어에서는 자주 쓴다.

被자문의 구조상 가장 큰 특징은 동작의 행위자가 주어가 아닌 개사 被 뒤의 명사 또는
대명사라는 것이다. 또한 把자문처럼 동사 뒤에는 동작의 처리 결과(기타성분)가 있어야
한다.

📂 把자문과 被자문의 어순 비교

동작의 행위자가 문장에서 어디에 위치하는지에 주의하자. 동작의 행위자를 우선 파악하면 문장의 구조를 쉽고 정확하게 파악할 수 있다.

把자문의 어순 주어A+[把+B]+술어(동사)+기타성분	被자문의 어순 주어B+[被+A(동작의 행위자)]+술어(동사)+기타성분
我[把牛奶]喝了。 Wǒ bǎ niúnǎi hē le. 나는 우유를 마셨다.	牛奶[被我]喝了。 Niúnǎi bèi wǒ hē le. 우유는 나에 의해 마셔졌다.(=우유는 내가 마셨다.)
我[把今天的作业]做完了。 Wǒ bǎ jīntiān de zuòyè zuòwán le. 나는 오늘의 숙제를 다 했다.	今天的作业[被我]做完了。 Jīntiān de zuòyè bèi wǒ zuòwán le. 오늘의 숙제는 나에 의해 다 마쳤다. (=오늘의 숙제는 내가 다 했다.)
哥哥[把雨伞]拿走了。 Gēge bǎ yǔsǎn názǒu le. 오빠가 우산을 가져갔다.	雨伞[被哥哥]拿走了。 Yǔsǎn bèi gēge názǒu le. 우산은 오빠에 의해 가져가졌다. (=우산은 오빠가 가져갔다.)

공략 트레이닝 2

> 儿子　　　　他的手机　　　　拿走了　　　　被

해설 *Step 1.* 먼저 술어가 될 동사나 형용사를 찾고, 그다음에 술어가 동사라면 적절한 목적어를 찾는다.

儿子 + 拿走了 + 他的手机　　｜　아들이 그의 휴대폰을 가져갔다
주어　　술어　　　목적어

Step 2. 제시어에 **개사 被**가 등장하면 특이한 어순을 먼저 떠올려야 한다.

주어+[被+동작의 행위자]+술어(동사)+기타성분
~가　　　　~에 의해　　　~하게 되다

그리고 被는 '~에 의하여'라는 의미로, **동작의 행위자가 주어 자리가 아닌 被 뒤에 위치하므로 儿子(아들)을 被 뒤로 옮겨 被儿子라고 완성한다.

他的手机 + [被 + 儿子] + 拿走了　　｜　그의 휴대폰은 아들에 의해 가져가졌다
　　　　가져가는 동작의 행위자 → 아들　　｜　=그의 휴대폰은 아들이 가져갔다

정답 **他的手机被儿子拿走了。**　　그의 휴대폰은 아들이 가져갔다.
Tā de shǒujī bèi érzi názǒu le.

단어 手机 shǒujī 명 휴대폰 ｜ ★被 bèi 개 ~에 의하여 (~를 당하다) ｜ 儿子 érzi 명 아들 ｜ 拿走 názǒu 동 가지고 가다

3 비교문

둘 이상의 대상을 비교하는 문장이다.

1. 비교문의 어순① 기본 형식

> A+[比+B]+(更/还)+술어 A가 B보다 더 ~하다

我[比他]大。 나는 그보다 (나이가) 많다.
Wǒ bǐ tā dà.

我[比他](更)大。 나는 그보다 (나이가) 더 많다.
Wǒ bǐ tā gèng dà.

단어 比 bǐ 깨 ~보다 | ★更 gèng 뵌 더, 더욱 | 还 hái 뵌 더, 더욱

2. 비교문의 어순② 차이 비교

비교되는 정도가 얼마나 차이 나는지 '차이 나는 양'을 구체적으로 말할 수 있다.

> A+[比+B]+술어+〈得多/多了〉 A가 B보다 훨씬 (더) ~하다

我[比他]大〈得多〉。 = 我[比他]大〈多了〉。 나는 그보다 훨씬 (나이가) 많다.
Wǒ bǐ tā dà de duō.   Wǒ bǐ tā dà duō le.

> A+[比+B]+술어+〈一点儿/一些〉 A가 B보다 조금 (더) ~하다

我[比他]大〈一点儿〉。 = 我[比他]大〈一些〉。 나는 그보다 조금 (나이가) 많다.
Wǒ bǐ tā dà yìdiǎnr.   Wǒ bǐ tā dà yìxiē.

> A+[比+B]+술어+〈구체적인 수치〉 A가 B보다 ~만큼 (더) ~하다

我[比他]大〈两岁〉。 나는 그보다 두 살 많다.
Wǒ bǐ tā dà liǎng suì.

3. 비교문의 어순③ 부정문

> A+[比+B]+[更/还]+술어 A가 B보다 더 ~하다
>
> B+[不如/没有A]+[这么/那么]+술어 B는 A만큼(보다) 이렇게/그렇게 ~하지 못하다

他[没有我][这么]大。 그는 나만큼 이렇게 (나이가) 많지 않다.
Tā méiyǒu wǒ zhème dà.

不如 bùrú 통 ~만 못하다 | 没有 méiyǒu 통 (~만큼) ~하지 않다 | 这么 zhème 때 이렇게 | 那么 nàme
때 그렇게, 저렇게

[TIP] ❶ A+[跟 +B]+一样+술어   A는 B랑 똑같이 ~하다

他[跟我]一样大。 그는 나랑 나이가 똑같다.
Tā gēn wǒ yíyàng dà.

❷ A+[跟 +B]+差不多+술어   A는 B랑 비슷하게 ~하다

他[跟我]差不多大。 그는 나랑 나이가 비슷하다.
Tā gēn wǒ chàbuduō dà.

공략 트레이닝 3

我哥哥	更	高	比我

해설 *Step 1.* 먼저 술어가 될 동사나 형용사를 찾고, 그다음에 술어가 동사라면 적절한 목적어를 찾는다.

我哥哥 + 高	우리 오빠(형)는 크다
주어　　술어(형용사)	

Step 2. 개사 比는 비교의 대상과 함께 술어 앞에 써서 비교문 [A+比+B+형용사] 형식을 만든다.

我哥哥 + [比我] + 高	우리 오빠(형)는 나보다 크다
개사구　 술어(형용사)	

Step 3. 정도부사 更은 형용사 바로 앞에 쓴다.

我哥哥 + [比我] + 更 + 高	우리 오빠(형)는 나보다 더 크다

정답 **我哥哥比我更高。** 우리 오빠(형)는 나보다 더 크다.
Wǒ gēge bǐ wǒ gèng gāo.

단어 哥哥 gēge 명 오빠, 형 | 比 bǐ 개 ~보다[비교를 나타냄] | ★更 gèng 부 더, 더욱, 훨씬 | 高 gāo 형 (키가) 크다

★ 다음 단어를 중국어 어순에 따라 배열해 보세요.

❶ 决定　　她最后　　卖了　　把房子

　주어+부사어　+　술어　+　부사어　+　술어+了　。
　　　　　　　　　　　　목적어

❷ 我叔叔　　一样　　和你爸爸　　大

　관형어+주어　+　부사어　+　부사어　+　술어　。

❸ 多了　　我儿子　　比　　高　　去年

　관형어+주어　+　比　+　목적어　+　술어　+　보어　。
　　　　　　　부사어

❹ 你弟弟　　你的书包　　拿走了　　被

　관형어+주어　+　被　+　목적어　+　술어+了　。
　　　　　　　부사어

❺ 我　　都　　要　　做完　　把今天的工作

　주어　+　부사어　+　부사어　+　부사어　+　술어　。

단어 ★决定 juédìng 통 결정하다 | ★最后 zuìhòu 명 최후, 마지막에 | ★叔叔 shūshu 명 삼촌 | ★一样 yíyàng
형 같다, 동일하다 | ★拿走 názǒu 통 가지고 가다

정답 ❶ 她最后决定把房子卖了。 Tā zuìhòu juédìng bǎ fángzi mài le. 그녀는 결국 집을 팔기로 결정했다. ❷ 我叔叔和你爸爸
一样大。 Wǒ shūshu hé nǐ bàba yíyàng dà. 우리 삼촌은 너의 아빠와 나이가 같다. ❸ 我儿子比去年高多了。 Wǒ érzi bǐ qùnián
gāo duō le. 내 아들은 작년보다 키가 많이 컸다. ❹ 你的书包被你弟弟拿走了。 Nǐ de shūbāo bèi nǐ dìdi názǒu le. 네 책가방은 네 남동생이 가지고 갔다. ❺ 我要把今天的工作都做完。 Wǒ yào bǎ jīntiān de gōngzuò dōu zuòwán. 나는 오늘 할 일을 모두 다 끝낼 것이다.

문제 적응 훈련

학습일 _____ / _____

맞은 개수 _____

실전 트레이닝

1. 送给　　　　她决定　　　　把手机　　　　弟弟

　　✎ _____

2. 终于　　　　打扫　　　　把教室　　　　干净了　　　　她

　　✎ _____

3. 护照　　　　被　　　　带来了　　　　我妈妈

　　✎ _____

4. 都　　　　被他　　　　蛋糕　　　　吃了

　　✎ _____

5. 一样　　　　这里的　　　　跟那里　　　　事情　　　　重要

　　✎ _____

정답 및 해설_ 해설집 122쪽

11 보어

★ **보어**는 **술어(동사/형용사) 뒤**에 쓰여 동작, 상태, 상황에 대해 보충 설명을 해주는 역할을 한다.

★ 중국어의 보어는 우리말과 형식이 달라 난해하게 느낄 수 있지만, **술어 뒤의 요소를 하나하나 시간 순서대로 연상**하면 쉽게 이해할 수 있다.

★ 쓰기 영역에서 **보어**는 문장의 **술어 성분**을 찾을 수 있는 중요한 **힌트**가 된다. 따라서 단어를 모르더라도 보어 성분을 보고 그 앞의 단어가 동사일 것이라고 알아챌 수 있다.

보어란?
보어는 술어 뒤에서 동작이나 상태, 상황에 대해 보충 설명을 하여 문장의 의미를 정확하게 만들도록 돕는다.

1 결과보어

동사 뒤에 또 다른 동사나 형용사를 써서, 동작의 결과가 어떻게 되었는지를 보충 설명한다.

동사 + 〈결과보어(完 / 懂 / 好 / 晚 …)〉 + (了)

看
kàn
보다
+
完
wán
완료하다
➡ 보고 (그 결과) 완료하다 → 다 보다

听
tīng
듣다
+
懂
dǒng
이해하다
➡ 듣고 (그 결과) 이해하다 → 알아듣다

做
zuò
만들다
+
好
hǎo
좋다
➡ 만들고 (그 결과) 좋다 → 잘 만들다, 다 되다

보다 →〈이해하다〉

我看〈懂〉了这本书。 나는 이 책을 보고 이해했다.
Wǒ kàndǒngle zhè běn shū.

말하다 →〈맞다〉

你说〈对〉了。 네가 맞게 말했다.(네 말이 맞다.)
Nǐ shuōduì le.

타다 →〈틀리다〉

我没坐〈错〉车。 나는 차를 잘못 타지 않았다.
Wǒ méi zuòcuò chē.

찾다 →〈(목적에) 이르다〉

我没找〈到〉工作。 나는 일을 찾지 못했다.
Wǒ méi zhǎodào gōngzuò.

---

2 방향보어

동사 뒤에서 동작의 진행 방향이 어떻게 되는지를 보충 설명한다.

✓ 단순 방향보어

동작 후 하나의 단순한 방향성을 보충 설명한다.

❶ [동사] + [〈방향보어(来 / 去)〉]

동작 후 (방향이) 가까워지다 / 멀어지다

동사	동사+〈단순 방향보어〉	
跑 pǎo	跑〈来〉 pǎolai	跑〈去〉 pǎoqu
뛰다	뛰어오다	뛰어가다
上 shàng	上〈来〉 shànglai	上〈去〉 shàngqu
오르다	올라오다	올라가다
进 jìn	进〈来〉 jìnlai	进〈去〉 jìnqu
(밖에서 안으로) 들다	들어오다	들어가다

我把那本书**带**〈来〉了。　내가 그 책을 가져왔다.
Wǒ bǎ nà běn shū dàilai le.

我们**进**教室〈去〉吧。　우리 교실로 들어가자.
Wǒmen jìn jiàoshì qù ba.

⚠️ 주의 장소목적어는 보통 방향보어 **来, 去** 바로 앞에 쓴다.

❷ 동사 + 〈방향보어(上/下/进/出/回/过/起)〉

我终于**爬**〈上〉山了。　나는 마침내 산을 기어올랐다.
Wǒ zhōngyú páshàng shān le.

2. 복합 방향보어

단순 방향보어로는 상황 설명이 불분명하거나 동작 후에 두 가지의 복합적인 방향성을 나타낼 때에는 복합 방향보어를 사용하여 보충 설명할 수 있다.

동사	동사+〈단순 방향보어〉	동사+〈복합 방향보어〉	
爬 pá	爬〈上〉 páshàng	爬〈上来〉 pá shànglai	爬〈上去〉 pá shàngqu
기다	기어오르다	기어 올라오다	기어 올라가다

这座山怎么**爬**〈上去〉？　이 산은 어떻게 올라가요?
Zhè zuò shān zěnme pá shàngqu?

📂 복합 방향보어의 종류

동사 보어	上 shàng 아래→위	下 xià 위→아래	进 jìn 밖→안	出 chū 안→밖	回 huí 되돌리다	过 guò 건너다	起 qǐ 일어나다
来 lái 오다	上来 shànglai 올라오다	下来 xiàlai 내려오다	进来 jìnlai 들어오다	出来 chūlai 나오다	回来 huílai 돌아오다	过来 guòlai 건너오다, 다가오다	起来 qǐlai 일어나다
去 qù 가다	上去 shàngqu 올라가다	下去 xiàqu 내려가다	进去 jìnqu 들어가다	出去 chūqu 나가다	回去 huíqu 돌아가다	过去 guòqu 지나가다	—

동사 + 〈방향보어1(上 / 下 / 进 / 出 / 回 / 过 / 起)〉 + 〈방향보어2(来 / 去)〉

동작 후 (방향이) ~하고 가까워지다 / 멀어지다

跑〈出来〉 뛰어나오다
pǎo chūlai

买〈回来〉 사서 돌아오다
mǎi huílai

妈妈突然跑〈出来〉。 엄마가 갑자기 뛰어나오신다.
Māma tūrán pǎo chūlai.

공략 트레이닝 1

| 准备好 | 已经 | 了 | 金先生 |

해설 **Step 1.** 먼저 술어가 될 동사나 형용사를 찾고, 그다음에 술어가 동사라면 적절한 목적어를 찾는다.

金先生 + 准备好
　주어　　 술어(동사)

김 선생님은 다 (잘) 준비했다

Step 2. 부사 已经은 '이미'의 의미로 술어 앞에 쓴다.

金先生 + [已经] + 准备好
　　　　　↑ 이미 다 준비하다

김 선생님은 이미 다 (잘) 준비했다

Step 3. 조사 了는 동사 바로 뒤나 문장 끝에 쓰여 동작이나 상황의 완료를 나타낸다.

金先生 + [已经] + 准备好 + 了
이미 ~했다(완료 강조)

김 선생님은 이미 다 (잘) 준비했다

정답 **金先生已经准备好了。** 김(金) 선생님은 이미 다 준비하셨다.
Jīn xiānsheng yǐjīng zhǔnbèi hǎo le.

단어 先生 xiānsheng 몡 선생님, 씨[성인 남성에 대한 경칭] | 已经 yǐjīng 뵘 벌써, 이미 | 准备好 zhǔnbèihǎo 잘 준비하다

3 가능보어

동사 뒤에서 동작 후 발생할 결과나 방향성의 가능을 보충 설명한다.

동사+**得**+〈결과/방향보어〉 동작 후 (그 결과/방향성이) 가능하다	동사+**不**+〈결과/방향보어〉 동작 후 (그 결과/방향성이) 불가능하다
吃得〈完〉 chī de wán 다 먹을 수 있다	吃不〈完〉 chī bu wán (아무리 먹어도) 다 먹지 못하다
听得〈懂〉 tīng de dǒng 알아들을 수 있다	听不〈懂〉 tīng bu dǒng (아무리 들어도) 못 알아듣다
坐得〈下〉 zuò de xià (공간이 있어) 앉을 수 있다	坐不〈下〉 zuò bu xià (공간이 좁아서) 앉을 수 없다
想得〈起来〉 xiǎng de qǐlai (생각해서) 생각날 수 있다	想不〈起来〉 xiǎng bu qǐlai (생각해도) 생각이 나지 않는다

4 정도보어

동사 뒤에서 동작 후 그 동작에 대한 소감, 묘사, 평가를 나타내거나, 형용사 뒤에서 상태의 정도를 보충 설명한다.

1. 동작이 진행된 후, 그 동작에 대한 소감, 묘사, 평가를 나타낸다.

> 동사 + 得 + 〈형용사〉

他说得〈很好〉。 그는 말을 잘 한다.
Tā shuō de hěn hǎo.

他跑得〈不快〉。 그는 달리는 게 빠르지 않다.
Tā pǎo de bú kuài.

他(唱)歌唱得〈不好〉。 그는 노래를 못 부른다.
Tā (chàng) gē chàng de bù hǎo.

⚠️ **주의** 정도보어가 쓰인 문장에서 목적어를 쓸 때에는 동사를 두 번 쓰거나 첫 번째 동사를 생략하여 쓸 수 있다.

주어 + 술어(동사) + **목적어** + 술어(동사) + **得** + 〈정도보어〉

他(说)汉语说得〈很好〉。 그는 중국어를 잘 한다.
Tā (shuō) Hànyǔ shuō de hěn hǎo.

2. 형용사 뒤에서 상태의 정도가 심함을 보충 설명한다.

형용사 + **极了**(정도가) 다할 지경이다 / **死了**(정도가) 죽을 지경이다

最近热极了。 요즘 무척 덥다.
Zuìjìn rè jíle.

我累死了。 나는 힘들어 죽겠다.
Wǒ lèi sǐle.

공략 트레이닝 2

非常	他	得	好听	唱

해설 *Step 1.* 먼저 술어가 될 동사나 형용사를 찾고, 그다음에 술어가 동사라면 적절한 목적어를 찾는다.

他 + 唱 주어 술어(동사)	그가 부른다

Step 2. **'동사 得'**는 동작이 발생한 후 그 동작에 대한 소감, 묘사, 평가를 표현할 때 쓴다. 따라서 동작을 묘사할 수 있는 표현(형용사)이 제시어 중에 있는지 살펴보아야 한다.

他 + 唱 + 得 + 〈好听〉 동사得+(형용사) : 부르는 것이 듣기 좋다, 잘 부르다	그는 잘 부른다

Step 3. **정도부사 非常**은 '아주, 굉장히'라는 의미로 형용사 바로 앞에 쓴다.

他 + 唱 + 得 + 〈[非常]好听〉 굉장히 듣기 좋다	그는 (노래를) 굉장히 잘 부른다

정답 **他唱得非常好听。** 그는 (노래를) 굉장히 잘 부른다.
Tā chàng de fēicháng hǎotīng.

단어 唱 chàng 통 부르다 | 非常 fēicháng 부 굉장히, 아주 | 好听 hǎotīng 형 듣기 좋다

★ 다음 단어를 중국어 어순에 따라 배열해 보세요.

❶ 洗　　　还没　　　干净　　　你的脸

| 관형어+주어 | + | 부사어 | + | 술어 | + | 보어 | 。 |

❷ 极了　　　弟弟　　　害怕

| 주어 | + | 술어 | + | 보어 | 。 |

❸ 跑出来　　　孩子们　　　从教室里　　　了

| 주어 | + | 부사어 | + | 술어+보어 | + | 了。 |

❹ 像　　　新来的　　　长得　　　我弟弟　　　同事

| 관형어 | + | 주어 | + | 술어+得 | + | 술어 | + | 목적어 | 。 |
보어

❺ 时间　　　真　　　过得　　　快

| 주어 | + | 술어+得 | + | 부사어 | + | 술어 | 。 |
보어

단어 ★干净 gānjìng 톙 깨끗하다 | ★脸 liǎn 몡 얼굴 | ★害怕 hàipà 통 무서워하다 | ★像 xiàng 통 닮다 | ★长 zhǎng 통 자라다 | ★同事 tóngshì 몡 동료 | ★过 guò 통 (시간을) 보내다, 지내다

정답 | ❶ 你的脸还没洗干净。 Nǐ de liǎn hái méi xǐ gānjìng. 네 얼굴은 아직 깨끗하게 씻기지 않았다. ❷ 弟弟害怕极了。 Dìdi hàipà jíle. 남동생이 너무 무서워한다. ❸ 孩子们从教室里跑出来了。 Háizimen cóng jiàoshì lǐ pǎo chūlái le. 아이들이 교실에서 뛰쳐나왔다. ❹ 新来的同事长得像我弟弟。 Xīn lái de tóngshì zhǎng de xiàng wǒ dìdi. 새로운 동료가 내 남동생처럼 생겼다. ❺ 时间真过得快。 Shíjiān guò de zhēn kuài. 시간이 정말 빨리 지나간다.

실전에
강한

제한 시간
10분

쓰기 제1부분

문제 적응 훈련

학습일 _____ / _____

맞은 개수 _____

실전 트레이닝

1. 小猫　　　喝完　　　把牛奶　　　了　　　都

    ✎ _____

2. 名牌大学了　　　他　　　考上　　　终于

    ✎ _____

3. 打扫得　　　总是　　　很干净　　　把自己的房间　　　他

    ✎ _____

4. 从美国　　　我觉得　　　他　　　回来　　　会　　　马上就

    ✎ _____

5. 刮得　　　风　　　大　　　越来越　　　了

    ✎ _____

정답 및 해설_ 해설집 125쪽

12 비슷한 발음, 비슷한 한자

新HSK에는 이렇게 출제된다! ▼

★ 쓰기 제2부분에는 문장 속 **빈칸에 들어갈 알맞은 한자**를 쓰는 문제가 **출제**된다. 문장을 해석하면서 주어진 **한어병음을 힌트**로 삼아 정답을 적어야 한다.

★ **주관식 문제**이고 직접 한자를 적어야 하기 때문에 점 하나, 획 하나에도 신경을 써야 한다.

★ **발음이 비슷하고 비슷하게 생긴 한자**와 **발음은 다르지만 비슷하게 생긴 한자**는 혼동하기 쉬우니 주의해야 한다.

★ **명사, 동사, 형용사** 외에 문장을 해석해야 정확히 알 수 있는 **어법 단어(부사, 개사, 양사, 조사)**도 출제되므로, 꼭 문장 전체를 해석한 뒤 정답을 적는 것이 좋다.

워밍업! 한자 쓰기 규칙(획순) 익히기

한자를 쓸 때 획순에 맞춰 쓰면, 처음에는 속도가 다소 더딜지라도 익숙해진 후에는 더 빠르고 자연스럽게 쓸 수 있다. 정확한 한자 쓰기를 위해서 평소에도 획순에 맞춰 쓰는 습관을 기르도록 노력하자.

I. 위에서 아래로 쓴다.

三　　一 二 三

2. 왼쪽에서 오른쪽으로 쓴다.

你　　丿 亻 亻 亻 亻 你 你

3. 가로획과 세로획이 교차될 때에는 가로획을 먼저 쓴다.

十　　一 十

4. 위에서 아래로 꿰뚫는 세로획은 맨 나중에 쓴다.

中　　丨 丨 冂 口 中

5. 바깥쪽 획을 먼저 쓰고 안쪽 획을 쓴다.

月　　丿 刀 月 月

6. 둘러싼 모양은 바깥쪽 획을 먼저 쓰고 안을 채운 뒤, 트임을 막는다.

四　　丨 冂 冈 四 四

7. 좌우 대칭인 경우에는 가운데를 먼저 쓴다.

小　　亅 小 小

8. 받침은 맨 나중에 쓴다.

还　　一 丆 不 不 还 还

1 비슷한 발음, 비슷하게 생긴 한자

비슷하게 생긴 한자를 구분할 때 다양한 부수에 대해 알면 단어를 외울 때 많은 도움을 받을 수 있다. 물론 중국어 한자가 간체자로 간소화되면서 모양만 비슷할 뿐 전혀 상관 없는 것들도 있지만 대부분 한자의 본래 의미와 관련이 있으니 연관 지어 알아 두자.

💡 알아 두면 유익한 대표적인 부수들

부수	亻	사람 관련	부수	忄	마음, 감정 관련
부수	氵	물 관련	부수	冫	얼음 관련
부수	艹	풀, 식물 관련	부수	⺮	대나무 관련
부수	辶	발, 다리 관련	부수	月	달 혹은 신체 관련

* 표시는 기출 단어 및 표현입니다.

	한자			단어&활용 표현
1	请 qǐng	청하다		请问* qǐngwèn 말씀 좀 여쭙겠습니다
	清 qīng	깨끗하다		清楚 qīngchu 분명하다
2	子 zǐ	명사화함		筷子* kuàizi 젓가락
	字 zì	글자		名字* míngzi 이름
3	化 huà	되다		文化* wénhuà 문화
	花 huā	꽃		花儿* huār 꽃
4	云 yún	구름		今天有云。* Jīntiān yǒu yún. 오늘은 구름이 있다.
	运 yùn	움직이다		运动 yùndòng 운동하다
5	力 lì	힘		努力 nǔlì 노력하다
	历 lì	겪다, 과거의		历史 lìshǐ 역사
6	净 jìng	깨끗하다		干净 gānjìng 깨끗하다
	静 jìng	고요하다		安静 ānjìng 조용하다

7	元 yuán 위안		三元* 五角* 八分* sān yuán wǔ jiǎo bā fēn 3위안 5자오 8펀
	远 yuǎn 멀다		我家离机场很远。Wǒ jiā lí jīchǎng hěn yuǎn. 우리 집은 공항에서 멀다.
8	白 bái	희다, 분명하다	白色 báisè 흰색 │ 明白* míngbai 알다, 이해하다
	百 bǎi	100, 백	一百 yìbǎi 100
	日* rì	날	生日* shēngrì 생일 │ 节日 jiérì 기념일, 명절 │ 星期日* xīngqīrì 일요일
	自 zì	스스로	自己 zìjǐ 자기 (自는 맨쪽 가로줄이 2개예요.)
9	人 rén	사람	别人* biéren 다른 사람
	认 rèn	인식하다, 알다	认识 rènshi (사람·길·글자를) 알다 │ 认为 rènwéi 생각하다
10	己 jǐ	자기	自己 zìjǐ 자기 ('ㄴ'획이 올라오지 않고 딱 'ㄹ'이 되도록 쓰세요.)
	记 jì	적다, 외우다	记错 jìcuò 잘못 기억하다
	起 qǐ	일어나다	起床 qǐchuáng (잠자리에서) 일어나다
	已 yǐ	이미	已经* yǐjīng 이미 ('ㄴ'획이 반만 닿도록 쓰세요.)
11	快 kuài	빠르다, 즐겁다	快乐 kuàilè 즐겁다
	块 kuài	덩어리, 뭉치	两块钱* liǎng kuài qián 2위안 │ 一块蛋糕 yí kuài dàngāo 케이크 한 조각
	筷 kuài	젓가락	筷子* kuàizi 젓가락
	决 jué	결단하다	解决* jiějué 해결하다
12	经 jīng	지나다	已经* yǐjīng 이미
	轻 qīng	가볍다	年轻 niánqīng 젊다
13	忙 máng 바쁘다		帮忙 bāngmáng 돕다
	忘 wàng 잊다		忘记 wàngjì 잊어버리다
14	小 xiǎo 작다		小心 xiǎoxīn 조심하다
	少 shǎo 적다		多少* duōshao 얼마, 몇
15	间 jiān 사이, 때		时间 shíjiān 시간 │ 房间* fángjiān 방
	简 jiǎn 간략하다		简单 jiǎndān 간단하다

쓰기 제2부분

1. 我女儿一直都很关心别(^ren^　　)。

2. 看地图很容易，上北、下南、左西、右东，明(^bái^　　)了吗?

3. 明天星期(^rì^　　)，你要不要上班?

---

[1] 해설 및 정답 **문제 분석▼** 关心 guānxīn(관심 있다)의 목적어로 적합한 명사는 **别人** biéren(타인)이다.

我女儿一直都很关心别(人)。
Wǒ nǚ'ér yìzhí dōu hěn guānxīn biéren.

내 딸은 늘 <u>타인</u>에게 관심이 많다.

단어 ★一直 yìzhí 빌 줄곧, 내내 | ★关心 guānxīn 동 관심을 갖다 | ★别人 biéren 명 타인, 남

[TIP] 人을 쓸 때에는 오른쪽 획을 왼쪽 획과 떨어뜨리거나 왼쪽 획보다 올려 쓰지 말아야 한다.

---

[2] 해설 및 정답 **문제 분석▼** 구조조사 了 앞에는 보통 동사나 형용사가 필요하다. 문장을 해석했을 때에도 '이해했으니, 알겠지?'라는 표현이 적절하므로 **明白** míngbai(이해하다)가 정답이다.

看地图很容易，上北、下南、左西、右东，
Kàn dìtú hěn róngyì, shàng běi, xià nán, zuǒ xī, yòu dōng,

明(白)了吗?
míngbai le ma?

지도 보는 건 쉬워, 위쪽은 북쪽, 아래쪽은 남쪽, 왼쪽은 서쪽, 오른쪽은 동쪽이야, <u>알겠지?</u>

단어 ★地图 dìtú 명 지도 | ★容易 róngyì 형 쉽다 | 上 shàng 명 위 | 北 běi 명 북쪽 | 下 xià 명 아래 | ★南 nán 명 남쪽 | 左 zuǒ 명 좌측, 왼쪽 | ★西 xī 명 서쪽 | 右 yòu 명 우측, 오른쪽 | ★东 dōng 명 동쪽 | ★明白 míngbai 동 알다, 이해하다

---

[3] 해설 및 정답 **문제 분석▼** 요일 표현은 星期 xīngqī 뒤에 적절한 숫자(一~六)를 넣는데, '일요일'은 日 rì나 天 tiān을 써서 星期日 xīngqīrì, 星期天 xīngqītiān이라고 한다. 보기에 'rì'가 제시되어 있으므로 정답은 日이다.

明天星期(日)，你要不要上班?
Míngtiān xīngqīrì, nǐ yào bu yào shàngbān?

내일은 일요일인데, 너 출근해야 되니?

단어 星期日 xīngqīrì 명 일요일 | 要 yào 조동 ~해야 한다 | 上班 shàngbān 동 출근하다

2 다른 발음, 비슷하게 생긴 한자

한자는 작은 점 하나로도 달라지므로 혼동하기 쉬운 것끼리 묶어서 여러 번 쓰는 연습을 하는 것이 좋다. 점 하나, 획 하나도 주의 깊게 관찰하고 실수하지 않도록 주의하자.

	한자			단어 & 활용 표현
1	午 wǔ	낮		上午 shàngwǔ 오전 | 下午 xiàwǔ 오후
	牛 niú	소		牛奶* niúnǎi 우유
2	见 jiàn	보다		见面* jiànmiàn 서로 만나다
	贵 guì	귀하다		非常贵 fēicháng guì 굉장히 비싸다
3	天 tiān	하늘		今天 jīntiān 오늘 | 每天* měi tiān 매일
	夫 fū	남편		丈夫 zhàngfu 남편
	关 guān	닫다		关门 guān mén 문을 닫다
	开 kāi	열다		开门* kāi mén 문을 열다 | 打开* dǎkāi 열다
4	先 xiān	먼저		你先吃吧。 Nǐ xiān chī ba. 너 먼저 먹으렴.
	洗 xǐ	씻다		洗手间* xǐshǒujiān 화장실
5	半 bàn	반, 1/2		两点半 liǎng diǎn bàn 2시 반
	米 mǐ	쌀		米饭* mǐfàn 쌀밥 | 一百米 yìbǎi mǐ 100미터
6	左 zuǒ	좌		左边 zuǒbian 왼쪽
	右 yòu	우		右边* yòubian 오른쪽
7	因 yīn	~로 인하다		因为* yīnwèi 왜냐하면 | 原因 yuányīn 원인
	困 kùn	졸리다, 지치다		困难 kùnnan 곤란하다, 어렵다
8	找 zhǎo	찾다		找朋友* zhǎo péngyou 친구를 찾다 | 找钱 zhǎo qián 돈을 거슬러 주다
	打 dǎ	치다, 때리다		打球* dǎqiú 공놀이하다
9	又 yòu	또		他又来了。 Tā yòu lái le. 그가 또 왔다.
	双 shuāng	쌍		一双筷子* yì shuāng kuàizi 젓가락 한 매(쌍)
10	借 jiè	빌리다		借书 jiè shū 책을 빌리다
	错 cuò	틀리다		写错 xiěcuò 잘못 쓰다 | 看错 kàncuò 잘못 보다

> 세로획이 뚫고 올라오지 않도록 주의하자.

> 见은 마지막 획이 'ㄴ'자처럼 길게 휘고, 贵 아래의 '贝'는 마지막 획이 짧다.

11	做 zuò	하다, 만들다	做作业 zuò zuòyè 숙제를 하다
	故 gù	연고, 까닭	故事 gùshi 이야기
12	十 shí	10, 십	二十个学生 èrshí ge xuésheng 학생 20명
	千 qiān	1000, 천	这些衣服和皮鞋一共两千块钱。 Zhèxiē yīfu hé píxié yígòng liǎngqiān kuài qián. 이 옷과 구두들은 모두 2천 위안이다.
	干 gān	마르다	干净* gānjìng 깨끗하다
	于 yú	어조사	终于* zhōngyú 결국
13	前 qián	앞	以前* yǐqián 이전, 예전 | 前边 qiánbian 앞
	服 fú	의복	衣服* yīfu 옷 | 舒服* shūfu 편안하다
14	京 jīng	도읍, 수도	北京* Běijīng 베이징
	就 jiù	곧, 바로	他六点就起床了。* 그는 6시에 일어났다. Tā liù diǎn jiù qǐchuáng le.
15	可 kě	가능하다	可以 kěyǐ ~할 수 있다
	司 sī	이끌다	司机 sījī 운전기사 | 公司 gōngsī 회사

공략 트레이닝 2

1. 这条裙子（ tài ）长了，我不想买。

2. 不是左边，我说的是（ yòu ）边的那件衬衫。

3. 8点三刻了，快起来刷牙（ xǐ ）脸吧。

[1] 해설 및 정답 **문제 분석▼** 정도부사는 형용사나 심리감정동사 앞에서 상태의 정도를 강조한다. 정도부사 **太** tài(너무, 지나치게)는 뒤에 나오는 형용사(**长** cháng)를 수식하여 **太长** tài cháng(너무 길다)라는 표현을 완성할 수 있다.

这条裙子（ 太 ）长了，我不想买。 Zhè tiáo qúnzi tài cháng le, wǒ bù xiǎng mǎi.	이 치마는 너무 길어서, 나는 사고 싶지 않다.

단어 ★条 tiáo 양 바지·치마를 세는 단위 \| ★裙子 qúnzi 명 치마 \| 长 cháng 형 (길이가) 길다 \| 想 xiǎng 조동 ~하고 싶다 \| 买 mǎi 동 사다

不是左边，我说的是(**右**)边的那件衬衫。
Bú shì zuǒbian, wǒ shuō de shì yòubian de nà jiàn chènshān.

왼쪽이 아니라 제가 말한 것은 <u>오른쪽</u>의 그 셔츠입니다.

단어 左边 zuǒbian 명 왼쪽 | 说 shuō 동 말하다 | 右边 yòubian 명 오른쪽 | 的 de 조 ~의 | 件 jiàn 양 벌[옷을 세는 단위] | ★衬衫 chènshān 명 셔츠

8点三刻了，快起来刷牙(**洗**)脸吧。
Bā diǎn sān kè le, kuài qǐlai shuāyá xǐ liǎn ba.

8시 45분이야, 어서 일어나서 양치하고 세수하렴.

단어 点 diǎn 양 시[시간을 나타냄] | ★刻 kè 양 15분 | 快 kuài 부 빨리 | ★起来 qǐlai 동 일어나다 | ★刷牙 shuāyá 동 이를 닦다 | 洗 xǐ 동 씻다 | ★脸 liǎn 명 얼굴

✏️ 다음 단어를 따라 써보세요. (빨간색 표시 단어는 빈출 단어임)

1

请问
qǐngwèn
말씀 좀 여쭙겠습니다

`丶讠讠讠讠请请请请`

请问

2

名字
míngzi
이름

`丿夕夕名名字`

名字

3

三元五角八分
sān yuán wǔ jiǎo bā fēn
3위안 5자오 8펀

`一二丁元 / 丿夕丫角角角角 / 丿八分分`

三元五角八分

4

明白
míngbai
알다, 이해하다

`丿丬白白白`

明白

5

节日
jiérì
기념일, 명절

`丨冂月日`

节日

6

自己
zìjǐ
자기, 자신

`丿丨白白自自`

自己

7

筷子
kuàizi
젓가락

`丿丿丿丿丿丿丿丿丿筷筷筷筷筷筷`

筷子

8

已经
yǐjīng
이미

`乙乙纟纟纟经经经经`

已经

9

多少
duōshao
얼마, 몇

`丨丬小少`

多少

10	房间 fángjiān 방	`丶门门闩问问间间` 房间
11	牛奶 niúnǎi 우유	`丿二牛` 牛奶
12	见面 jiànmiàn 서로 만나다	`丨冂见见` 见面
13	每天 měi tiān 매일	`一二チ天` 每天
14	开门 kāi mén 문을 열다	`一二开开` 开门
15	洗手间 xǐshǒujiān 화장실	`丶丶氵氵汁沣沣洗洗` 洗手间
16	米饭 mǐfàn 쌀밥	`丶丷半半米` 米饭
17	右边 yòubian 오른쪽	`一ナオ右右` 右边
18	因为 yīnwèi 왜냐하면	`丨冂月闭因因` 因为
19	一双筷子 yì shuāng kuàizi 젓가락 한 매(쌍)	`フ又双双` 一双筷子
20	干净 gānjìng 깨끗하다	`一二干` 干净

쓰기 제2부분

실전에 강한

체한 시간 8-10분

문제 적응 훈련

학습일 ____/____

맞은 개수 _____

─┤ **실전 트레이닝 1** ├─

1. 一(yuán)是10角，一角是10分。

2. 感冒了要注意休息，(yīn)为健康最重要。

3. 做选择的时候，最重要的是知道(zì)己想要什么。

4. 你知道世界上有多(shao)种病吗?

5. 马越跑越快，慢慢地就不(jiàn)了。

정답 및 해설_ 해설집 128쪽

─┤ **실전 트레이닝 2** ├─

1. 从哪边走更近? (zuǒ)边还是右边?

2. 这(shuāng)运动鞋才穿了几天就坏了。

3. 我已经把空调打(kāi)了，一会儿就不热了。

4. 你记(cuò)路了吗?

5. 每天早上我都去跑步或者(dǎ)球。

정답 및 해설_ 해설집 130쪽

13 다른 발음, 비슷한 한자

新HSK에는 이렇게 출제된다! ▾

★ **여러 가지의 발음을 가진 한자**는 문장에서 쓰인 **의미**에 따라 달라지므로, 반드시 문장 전체를 해석한 뒤 문제를 풀어야 한다.

★ **기존에 출제되었던 단어**(*표시)가 반복해서 출제되는 경우가 많으니 시험 전에 꼭 **체크**하자.

1 다음자와 비슷하게 생긴 한자

여러 발음을 가지는 하나의 한자(다음자)는 뜻이나 쓰임에 따라 구분된다. 따라서 다음자를 외울 때에는 한자가 아닌 단어 혹은 표현으로 기억하는 것이 효과적이다.

	한자		단어&활용 표현
1	教	jiāo 가르치다	王老师教我们数学。 왕 선생님은 우리들에게 수학을 가르친다. Wáng lǎoshī jiāo wǒmen shùxué.
		jiào 가르치다	教室 jiàoshì 교실
	校	xiào 학교	学校 xuéxiào 학교 ㅣ 校长 xiàozhǎng 교장
2	还	huán 반납하다	我要去图书馆还书。 나는 책을 반납하러 도서관에 가려고 한다. Wǒ yào qù túshūguǎn huán shū.
		hái 또한, 아직도	他还没来。 그는 아직 오지 않았다. Tā hái méi lái.
	坏	huài 고장 나다	我的自行车坏了。 내 자전거가 고장 났다. Wǒ de zìxíngchē huài le.
	换	huàn 교체하다	换钱 huàn qián 돈을 바꾸다 ㅣ 换衣服 huàn yīfu 옷을 갈아입다
3	更	gèng 더욱	我比她更高。 내가 그녀보다 더 크다. Wǒ bǐ tā gèng gāo.
	便	biàn 편하다	方便* fāngbiàn 편리하다
		pián 싸다	便宜 piányi 저렴하다
4	差	chà 부족하다	差五分两点 chà wǔ fēn liǎng diǎn 2시 5분 전(1시 55분)
		chāi 파견하다	出差 chūchāi 출장 가다

> 단독으로 '가르치다'라고 쓸 때에만 'jiāo'라고 발음하고, 다른 한자와 만나 단어를 이룰 때에는 'jiào'라고 발음한다.

> '(가격이) 싸다'라고 쓸 때에만 'pián'으로 발음한다.

> '출장 가다'라고 쓸 때에만 'chāi'로 발음한다.

쓰기 제2부분

4	着	zhe ~한 상태이다	坐着上课 zuòzhe shàngkè 앉아서 수업을 하다
		zháo 달라붙다	睡着 shuìzháo 잠들다
	看	kàn 보다	看书 kàn shū 책을 보다
5	东	dōng 동(쪽)	东西 dōngxi 물건
	乐	lè 즐겁다	快乐 kuàilè 즐겁다
		yuè 음악	音乐* yīnyuè 음악
6	为	wèi ~때문에	因为* yīnwèi 왜냐하면 | 为什么 wèishénme 왜 | 为(了) wèi(le) ~을 위하여
		wéi ~(으)로 삼다	认为 rènwéi 생각하다, 여기다 | 以为 yǐwéi ~라고 (잘못) 여기다
	办	bàn 처리하다	怎么办? 어떻게 해? Zěnme bàn?
7	觉	jué 느끼다	觉得 juéde (~라고) 생각하다
		jiào 잠	睡觉 shuìjiào 잠을 자다
8	长	cháng 길다	这条裙子不太长。 이 치마는 그다지 길지 않다. Zhè tiáo qúnzi bú tài cháng.
		zhǎng 자라다, 생기다	他长得很可爱。* 그는 귀엽게 생겼다. Tā zhǎng de hěn kě'ài.
	张	zhāng 펼치다	这张照片是谁照的? 이 사진은 누가 찍은 거야? Zhè zhāng zhàopiàn shì shéi zhào de?
9	只*	zhī 마리	一只大熊猫 yì zhī dà xióngmāo 판다 한 마리
		zhǐ 단지, 다만	我只有一个姐姐。 나는 오직 언니(누나) 한 명만 있다. Wǒ zhǐ yǒu yí ge jiějie.
	口*	kǒu 입, 식구	我家有四口人。 우리 집 식구는 네 명이다. Wǒ jiā yǒu sì kǒu rén.
	回	huí 되돌리다	回答* huídá 대답하다
	中	zhōng 가운데	中文* Zhōngwén 중국의 문자와 언어 | 中间* zhōngjiān 가운데, 중간
10	过	guò 지나다, 보내다	过生日* guò shēngrì 생일을 보내다 | 过节日 guò jiérì 기념일(명절)을 보내다
		guo ~한 적 있다	我去过中国。* 나는 중국에 가 본 적이 있다. Wǒ qùguo Zhōngguó.

> 1. 你看，那(zhī)大熊猫爬到树上去了。
>
> 2. 等了半天，她终(yú)来了。
>
> 3. 自行车(huài)了，我们打车去了。

[1] 해설 및 정답 **문제 분석▼** 명사 大熊猫 dàxióngmāo(판다) 앞에 쓸 수 있는 양사는 只 zhī이다.

你看，那(只)大熊猫爬到树上去了。　봐 봐, 저 판다가 나무 위로 기어 올라갔어.
Nǐ kàn, nà zhī dàxióngmāo pádào shù shang qù le.

단어 ★只 zhī 양 마리 | 大 dà 형 (크기가) 크다 | ★熊猫 xióngmāo 명 판다 | 爬到 pádào ~까지 (기어)오르다 | ★树 shù 명 나무

[TIP] 양사 只는 狗 gǒu(개), 猫 māo(고양이), 鸟 niǎo(새)를 셀 때에도 쓴다.

[2] 해설 및 정답 **문제 분석▼** '마침내, 결국'이라는 뜻으로 조사 了 le와 함께 결과를 강조하는 단어에는 终于 zhōngyú가 있다.

等了半天，她终(于)来了。　한참을 기다렸더니, 그녀가 마침내 왔다.
Děngle bàntiān, tā zhōngyú lái le.

단어 等 děng 동 기다리다 | 半天 bàntiān 명 한참 | ★终于 zhōngyú 부 마침내, 결국

[3] 해설 및 정답 **문제 분석▼** '(물건이) 고장 나다'라는 뜻으로 쓸 수 있는 단어에는 坏 huài가 있다.

自行车(坏)了，我们打车去了。　자전거가 고장 나서, 우린 택시를 타고 갔다.
Zìxíngchē huài le, wǒmen dǎ chē qù le.

단어 ★自行车 zìxíngchē 명 자전거 | ★坏 huài 형 고장 나다 | 打车 dǎ chē 동 택시를 타다

2 여러 번 출제된 한자와 기출 단어 ✦ 필수체크

⁄. 여러 번 출제된 한자

딱히 혼동되는 한자는 없지만 시험에 자주 출제된 한자들이 있다. 보통 단어만 살피면 쉽게 풀 수 있는 문제로 출제되므로 간단하게 단어로 기억하자.

xiǎo xīn
조심하다

bú yòng
~할 필요가 없다

xiǎng jiā
집을 생각하다

chū zū chē
택시

yǐ qián
예전에, ~하기 전

míng bai
이해하다, 알다

shuō huà
말하다

diàn huà
전화

xǐ shǒu jiān
화장실

shǒu biǎo
손목시계

yīn yuè
음악

shēng yīn
소리

2. 기출 단어

특별히 다른 한자와 만나 사용되는 경우가 거의 없고, 그 자체로 문장 안에서 해석에 중요한 역할을 하는 단어들이 있다. 이런 단어들은 문장을 해석해야 정확하게 알 수 있다.

叫	jiào	(이름이) ~라 불리다	他叫什么名字? 그는 이름이 뭐니? Tā jiào shénme míngzi?
		시키다, ~하게 하다 (=让 ràng)	经理叫我去上海办点儿事。 Jīnglǐ jiào wǒ qù Shànghǎi bàn diǎnr shì. 사장님이 나더러 상하이에 가서 일을 좀 처리하라고 했다.
别	bié	~하지 마라	你别睡觉了。 너는 자지 마라. Nǐ bié shuìjiào le.
把	bǎ	~을	小猫把小鱼吃了。 고양이가 생선을 먹었다. Xiǎomāo bǎ xiǎoyú chī le.
被	bèi	~에 의하여	我的钱包被他拿走了。 Wǒ de qiánbāo bèi tā názǒu le. 나의 지갑이 그에 의해 가져가졌다.(=그가 내 지갑을 가져갔다.)
让	ràng	시키다, ~하게 하다	妈妈让我回房间休息。 Māma ràng wǒ huí fángjiān xiūxi. 엄마는 나한테 방으로 돌아가 쉬라고 했다.

공략 트레이닝 2

1. 我没见过他，你知道他姓什么、($\overset{jiào}{}$)什么吗?

2. 不要一边吃饭一边打电($\overset{huà}{}$)聊天儿。

3. 你说话的声($\overset{yīn}{}$)太小了，我听不清楚。

---

[1] 해설 및 정답   **문제 분석▼** 이름을 물어볼 때 쓰는 표현에는 叫什么 jiào shénme가 있다.

我没见过他，你知道他姓什么、(**叫**)
Wǒ méi jiànguo tā, nǐ zhīdào tā xìng shénme、jiào
什么吗?
shénme ma?

난 걔를 만난 적이 없는데, 넌 걔가 <u>성이 뭔지</u>, <u>이름이 뭔지</u> 아니?

단어 见 jiàn 통 만나다 | 过 guo 조 ~한 적 있다[경험을 나타냄] | 知道 zhīdào 통 알다, 이해하다 | 姓 xìng 통 성이 ~이다 | 什么 shénme 대 무엇, 무슨 | 叫 jiào 통 (~라고) 부르다

[TIP] 이름을 물을 때에는 '**叫什么名字?** Jiào shénme míngzi?'라고도 한다. **名字** míngzi는 '이름'이라는 뜻으로도 출제된다.

[2] 〈해설 및 정답〉 **문제 분석▼** 打 dǎ(치다, 때리다)의 목적어로 쓸 수 있고, 电이 들어가는 명사에는 **电话** diànhuà (전화)가 있다.

不要一边吃饭一边打电(**话**)聊天儿。 | 밥 먹으면서 <u>전화</u>해서 수다 떨지 마라.
Búyào yìbiān chīfàn yìbiān dǎ diànhuà liáotiānr. |

🔊 不要 búyào [조동]〜하지 마라 | ★一边…一边… yìbiān…yìbiān… [접]〜하면서 〜하다 | 吃饭 chīfàn [동] 밥을 먹다 | 打电话 dǎ diànhuà 전화를 걸다, 전화를 하다 | ★聊天儿 liáotiānr [동] 수다를 떨다, 이야기를 하다

[3] 〈해설 및 정답〉 **문제 분석▼** '소리'라는 뜻의 단어에는 **声音** shēngyīn이 있다.

你说话的声(**音**)太小了，我听不清楚。 | 네가 말하는 <u>소리</u>가 너무 작아서, 나는 잘 알아들을
Nǐ shuōhuà de shēngyīn tài xiǎo le, wǒ tīng bu qīngchu. | 수 없다.

🔊 说话 shuōhuà [동] 말하다, 이야기하다 | ★声音 shēngyīn [명] 소리 | 听不清楚 tīng bu qīngchu 확실하게 알아들을 수 없다

[TIP] 한자 音을 쓸 때 昔 xī(옛날)와 혼동하지 않도록 주의해야 한다.

✏️ 다음 단어를 따라 써보세요. (빨간색 표시 단어는 빈출 단어임)

1	教室 jiàoshì 교실	一 十 土 尹 孝 孝 孝 教 教 教室
2	换钱 huàn qián 돈을 바꾸다	一 十 扌 扩 扩 护 换 换 换 换钱
3	方便 fāngbiàn 편리하다	丿 亻 亻 仁 仵 佢 佢 便 便 方便
4	出差 chūchāi 출장 가다	丷 丷 兰 兰 羊 差 差 差 出差
5	音乐 yīnyuè 음악	一 厂 乐 乐 乐 音乐
6	因为 yīnwèi 왜냐하면	丶 丿 力 为 因为
7	长得可爱 zhǎng de kě'ài 귀엽게 생겼다	丿 一 长 长 长得可爱
8	回答 huídá 대답하다	丨 冂 冋 冋 回 回 回答
9	中间 zhōngjiān 가운데, 중간	丨 冂 日 中 中间

10	过生日 guò shēngrì 생일을 보내다	一 寸 寸 寸 讨 过 过生日
11	小心 xiǎoxīn 조심하다	，心 心 心 小心
12	不用 búyòng ~할 필요가 없다	丿 冂 月 月 用 不用
13	想家 xiǎng jiā 집을 생각하다	，宀 宀 宁 宁 穷 穷 家 家 家 想家
14	出租车 chūzūchē 택시	一 凵 屮 出 出 出租车
15	以前 yǐqián 예전에	，丷 广 产 产 肖 前 前 前 以前
16	说话 shuōhuà 말하다	，讠 讦 浐 评 评 话 话 说话
17	手表 shǒubiǎo 손목시계	一 二 三 手 手表
18	声音 shēngyīn 소리	，亠 产 产 产 音 音 音 声音
19	别睡觉 bié shuìjiào 자지 마라	，冂 口 另 别 别 别睡觉
20	把小鱼吃了 bǎ xiǎoyú chī le 생선을 먹었다	一 扌 扌 扪 扣 把 把 把小鱼吃了

실전에
강한

제한 시간
8-10분

문제 적응 훈련

┤ 실전 트레이닝 1 ├

1. 已经很晚了，(bié) 上网了。

2. 冰箱里 (yǒu) 一瓶水，是给你的。

3. 这双鞋看 (zhe) 真漂亮。

4. 我没穿 (guo) 这种裙子。

5. 请 (bǎ) 门打开一下。

정답 및 해설_ 해설집 131쪽

┤ 실전 트레이닝 2 ├

1. (zhōng) 间看手机的一定是我姐姐。

2. 电影院离这儿很远，我们坐 (chū) 租车去吧。

3. 这里的饭菜让他想 (jiā) 了。

4. 洗 (shǒu) 间就在电梯旁边。

5. 妈妈，是不是天黑了？(yuè) 亮出来了吗?

정답 및 해설_ 해설집 132쪽

第一部分 ★ 第1-5题

1. 中间的　　　　是谁　　　　站在　　　　那个人

　✎ _____

2. 用　　　洗澡　　　她　　　不愿意　　　冷水

　✎ _____

3. 一点儿也　　　我　　　累　　　不

　✎ _____

4. 一次　　　只　　　去　　　我　　　过

　✎ _____

5. 牛奶　　　小猫　　　都　　　被　　　喝了

　✎ _____

第二部分 ★ 第6-10题

6. 谁能（^{huí}　）答黑板上的这个问题?

7. 下一个（^{jié}　）目就是你的了，你准备一下。

8. 外面下雪了，你让孩子开车小（^{xīn}　）点儿。

9. 10（^{yuè}　）21号是我的生日，晚上你们来我家吃饭吧。

10. 别（^{ràng}　）孩子们吃太多蛋糕。

정답 및 해설_ 해설집 134쪽

汉语水平考试 HSK（三级）答题卡 ■

注意 | 请用2B铅笔这样写：■

一、听力

1. [A] [B] [C] [D] [E] [F]
2. [A] [B] [C] [D] [E] [F]
3. [A] [B] [C] [D] [E] [F]
4. [A] [B] [C] [D] [E] [F]
5. [A] [B] [C] [D] [E] [F]
6. [A] [B] [C] [D] [E] [F]
7. [A] [B] [C] [D] [E] [F]
8. [A] [B] [C] [D] [E] [F]
9. [A] [B] [C] [D] [E] [F]
10. [A] [B] [C] [D] [E] [F]

11. [√] [×]
12. [√] [×]
13. [√] [×]
14. [√] [×]
15. [√] [×]
16. [√] [×]
17. [√] [×]
18. [√] [×]
19. [√] [×]
20. [√] [×]
21. [A] [B] [C]
22. [A] [B] [C]
23. [A] [B] [C]
24. [A] [B] [C]
25. [A] [B] [C]

26. [A] [B] [C]
27. [A] [B] [C]
28. [A] [B] [C]
29. [A] [B] [C]
30. [A] [B] [C]
31. [A] [B] [C]
32. [A] [B] [C]
33. [A] [B] [C]
34. [A] [B] [C]
35. [A] [B] [C]
36. [A] [B] [C]
37. [A] [B] [C]
38. [A] [B] [C]
39. [A] [B] [C]
40. [A] [B] [C]

二、阅读

41. [A] [B] [C] [D] [E] [F]
42. [A] [B] [C] [D] [E] [F]
43. [A] [B] [C] [D] [E] [F]
44. [A] [B] [C] [D] [E] [F]
45. [A] [B] [C] [D] [E] [F]
46. [A] [B] [C] [D] [E] [F]
47. [A] [B] [C] [D] [E] [F]
48. [A] [B] [C] [D] [E] [F]
49. [A] [B] [C] [D] [E] [F]
50. [A] [B] [C] [D] [E] [F]

51. [A] [B] [C] [D] [E] [F]
52. [A] [B] [C] [D] [E] [F]
53. [A] [B] [C] [D] [E] [F]
54. [A] [B] [C] [D] [E] [F]
55. [A] [B] [C] [D] [E] [F]
56. [A] [B] [C] [D] [E] [F]
57. [A] [B] [C] [D] [E] [F]
58. [A] [B] [C] [D] [E] [F]
59. [A] [B] [C] [D] [E] [F]
60. [A] [B] [C] [D] [E] [F]

61. [A] [B] [C]
62. [A] [B] [C]
63. [A] [B] [C]
64. [A] [B] [C]
65. [A] [B] [C]
66. [A] [B] [C]
67. [A] [B] [C]
68. [A] [B] [C]
69. [A] [B] [C]
70. [A] [B] [C]

三、书写

71.

72.

73.

74.

75.

76.

77.

78.

79.

80.

HSK 필수 단어 30일 완성!
맛있는 중국어 HSK 단어장

양영호·박현정 저 | 616쪽 | 14,000원

JRC 중국어연구소 저 | 636쪽 | 15,500원

특징 1
주제별 분류로
연상 학습이
가능한 단어장

특징 2
HSK 포인트와
기출 예문이
한눈에!

특징 3
단어 암기부터
HSK 실전 문제
적용까지 한 권에!

특징 4
발음이 정확한
원어민 성우의
녹음 QR코드 수록

맛있는
중국어
新 HSK
3급

기본서	해설집	모의고사 2회
한눈에 보이는 공략	간략하고 명쾌한 설명	실전에 강한 문제 2회분

단어장	동영상 강의	MP3 파일
1~3급 필수 단어 600	친절하고 명확한 강의	무료 다운로드

MP3 파일 다운로드 & 모의고사 강의 제공
www.booksJRC.com

기본서+해설집+모의고사(2회)+단어장+MP3 파일 무료 다운로드

14720

ISBN 979-11-6148-004-6
ISBN 979-11-6148-002-2 (세트)

맛있는 중국어 新**HSK**

3급 모의고사

실전에 강한
모의고사
2회

명쾌한
동영상
강의 무료

JRC 중국어연구소 기획 / 박수진 저

맛있는 books

맛있는 중국어 新HSK

3급

모의고사

JRC 중국어연구소 기획 / **박수진** 저

맛있는 books

3급 **모의고사**

기획	JRC 중국어연구소
저자	박수진
발행인	김효정
발행처	맛있는books
등록번호	제2006-000273호
편집	최정임
디자인	이솔잎
제작	박선희

주소	서울시 서초구 명달로54 JRC빌딩 7층
전화	구입문의 02·567·3861 l 02·567·3837
	내용문의 02·567·3860
팩스	02·567·2471
홈페이지	www.booksJRC.com

차 례

『맛있는 중국어 新HSK 3급』 모의고사의 동영상 강의는 맛있는북스 홈페이지(www.booksJRC.com)에서 무료로 제공됩니다.

▲강의 보기

新汉语水平考试
HSK(三级)

注　意

一、HSK (三级) 分三部分：

    1.　听力 (40题，约35分钟)

    2.　阅读 (30题，30分钟)

    3.　书写 (10题，15分钟)

二、**听力结束后，有5分钟填写答题卡。**

三、全部考试约90分钟 (含考生填写个人信息时间5分钟)。

一、听 力

第一部分

第1-5题

A

B

C

D

E

F

例如：男：喂，请问张经理在吗？

女：他正在开会，您半个小时以后再打，好吗？

| | D |

1. ☐

2. ☐

3. ☐

4. ☐

5. ☐

第 6-10 题

A

B

C

D

E

6. ☐

7. ☐

8. ☐

9. ☐

10. ☐

第二部分

第 11-20 题

例如：为了让自己更健康，他每天都花一个小时去锻炼身体。

★ 他希望自己很健康。 （ √ ）

今天我想早点儿回家。看了看手表，才5点。过了一会儿再看表，还是5点，我这才发现我的手表不走了。

★ 那块儿手表不是他的。 （ × ）

11. ★ 他对历史有兴趣。 （ ）

12. ★ 他很喜欢下雪。 （ ）

13. ★ 北京话就是普通话。 （ ）

14. ★ 他坐火车时喜欢听音乐。 （ ）

15. ★ 小孩子爱吃蛋糕。 （ ）

16. ★ 哥哥希望妈妈去接他。 （ ）

17. ★ 他已经到了。 （ ）

18. ★ 爸爸和王叔叔的关系不错。 （ ）

19. ★ 这次考试特别难。 （ ）

20. ★ 他以前不会用筷子。 （ ）

第三部分

第 21-30 题

例如：男：小王，帮我开一下门，好吗？谢谢!

女：没问题。您去超市了？买了这么多东西。

问：男的想让小王做什么？

A 开门 √   B 拿东西   C 去超市买东西

21. A 喜欢打篮球   B 喜欢做运动   C 喜欢看篮球比赛

22. A 司机   B 大夫   C 演员

23. A 唱歌   B 游泳   C 画画儿

24. A 洗澡   B 看报纸   C 喝牛奶

25. A 很好看   B 人太小了   C 比较清楚

26. A 公司   B 饭馆   C 火车站

27. A 平时早起   B 今天有考试   C 不喜欢洗脸

28. A 喝酒了   B 发烧了   C 生气了

29. A 一次   B 两次   C 三次

30. A 要跳舞   B 腿很疼   C 有点儿累

第四部分

第 31–40 题

例如：女：晚饭做好了，准备吃饭了。

男：等一会儿，比赛还有三分钟就结束了。

女：快点儿吧，一起吃，菜冷了就不好吃了。

男：你先吃，我马上就看完了。

问：男的在做什么？

A 洗澡	**B** 吃饭	**C** 看电视 √

31. **A** 不舒服　　　　　**B** 迟到了　　　　　**C** 要照顾孩子

32. **A** 工作很忙　　　　**B** 去见朋友　　　　**C** 有其他会议

33. **A** 手里　　　　　　**B** 书包里　　　　　**C** 洗手间里

34. **A** 不太喜欢　　　　**B** 颜色很好看　　　**C** 不大也不小

35. **A** 宾馆　　　　　　**B** 车站　　　　　　**C** 商店

36. **A** 习惯　　　　　　**B** 天气　　　　　　**C** 文化

37. **A** 弟弟　　　　　　**B** 同学　　　　　　**C** 丈夫

38. **A** 要买机票　　　　**B** 还没到机场　　　**C** 没坐出租车

39. **A** 2:30　　　　　　**B** 3:00　　　　　　**C** 3:15

40. **A** 丈夫和妻子　　　**B** 妈妈和儿子　　　**C** 奶奶和阿姨

二、阅读

第一部分

第41–45题

A 你什么时候搬家呢？需要帮忙吗？

B 一般吧，我们上个月才认识，只是普通朋友。

C 你最好再检查一下，看看还有没有问题。

D 我们是去旅游，不是搬家，还是少拿一些吧。

E 当然。我们先坐公共汽车，然后换地铁。

F 我觉得这家宾馆还不错，你说呢？

例如：你知道怎么去那儿吗？　　　　　　　　　　　　（　E　）

41. 衣服、帽子、药都准备好了，我们还需要带什么？　　（　　）

42. 你和王小姐的关系怎么样？　　　　　　　　　　　（　　）

43. 房间很安静，还能上网，今天住这儿吧。　　　　　（　　）

44. 我的作业早就完成了。　　　　　　　　　　　　　（　　）

45. 我终于买了自己的新房子了。　　　　　　　　　　（　　）

第 46－50 题

A 那是我叔叔的儿子，一岁多了。

B 虽然这些书我都看过了，但还是有点儿担心。

C 春天到了，学校里的花儿都开了，草也绿了。

D 昨天的雨下得非常大，我没带伞。

E 没关系，我明天去也可以。

46. 你准备得怎么样了？ （　　　）

47. 这个小孩儿胖胖的，真可爱。 （　　　）

48. 你怎么又感冒了？ （　　　）

49. 图书馆马上就要关门了。 （　　　）

50. 其实我也最喜欢这个季节。 （　　　）

第二部分

第 51-55 题

A 选择　　 B 马上　　 C 对　　 D 舒服　　 E 声音　　 F 环境

例如：她说话的（　E　）多好听啊！

51. 表演（　　　）就要开始了，把手机关了吧。

52. 我非常喜欢新公司的工作（　　　　）。

53. 您可以（　　　）火车站附近的宾馆，住那儿会更方便。

54. 他从小就（　　　）电子游戏有兴趣，长大后他选择了和游戏有关的工作。

55. 他很高，这张桌子太低，坐着很不（　　　　）。

第 56–60 题

A 教　　　B 要求　　　C 被　　　D 爱好　　　E 吧　　　F 其实

例如：A：你有什么（　D　）？

　　　　B：我喜欢体育。

56. A：比赛的（　　　　）很简单，5分钟，谁打进的球多，谁就是第一。

　　　B：明白了，可以开始了吗?

57. A：让小张去火车站接你（　　　　）。

　　　B：好的，我在这儿等他。

58. A：姐，书上的那些题怎么做啊?

　　　B：一点儿也不难，我（　　　　）你。

59. A：你喜欢这种电影节目?

　　　B：（　　　　）我只想看看那些老电影。

60. A：你的历史书呢?

　　　B：那本书（　　　　）我同事借走了。

第三部分

第61-70题

例如：您是来参加今天会议的吗？ 您来早了一点儿，现在才八点半。您先进来坐
吧。

  ★ 会议最可能几点开始？

  A 8点   B 8点半   C 9点 √

61. 今天天气不错，不像昨天风刮得那么大。我们出去踢足球怎么样？踢球对身体
  很好，你快起来吧。

  ★ 根据这段话，可以知道：

  A 现在秋天   B 昨天下雨   C 他要去踢球

62. 我今天早上起得太晚了，坐上公共汽车后才发现没拿钱包。后来公共汽车上
  的一个同学帮助了我。

  ★ 他今天早上：

  A 没上班   B 没带钱   C 没吃饭

63. 我的作业还没完成，还差一个题，我不会做。我还是明天去学校问问老师
  吧，他应该知道怎么做才好。

  ★ 他的作业：

  A 很多   B 都会做   C 还没完成

64. 你看报纸了吗？我马上就可以坐15号线地铁了。15号线地铁经过我家附近，以后，我上班就方便多了，从我家到公司只要花15分钟，比坐公共汽车快多了。

★ 15号线地铁：

A 车费不贵 　　　　B 离他家很近 　　　　C 旁边有火车站

65. 现在越来越多的人喜欢拿出手机看时间，我还是觉得用手表更方便。

★ 根据这段话，他更愿意：

A 打电话 　　　　B 用手机上网 　　　　C 用手表看时间

66. 你手中拿着一件东西不放时，你只有这一件东西，如果你愿意放开，你就有机会选择其他的。

★ 放开手中的东西，可以：

A 找到更好的 　　　　B 有更多选择 　　　　C 更了解自己

67. 这是我女儿，今年秋天就要上一年级了。她不但爱唱歌，也爱跳舞，在家没事的时候，她总是在我和妻子面前又唱又跳，一分钟也安静不下来。

★ 他女儿：

A 很聪明 　　　　B 爱干净 　　　　C 喜欢唱歌

68. 下班后我们一起去茶馆儿吧，就在我们公司旁边，25元一位，除了茶水，还送一些吃的。大家一边喝茶一边聊天儿，好不好？

★ 那个茶馆儿怎么样？

A 人很多 　　　　B 在公司旁边 　　　　C 关门时间晚

69. 孩子在学会说话以前，就已经懂得了哭和笑，他们借这样的办法来告诉别人自己饿了、生气了、不舒服或者很高兴、很满意。后来慢慢长大，他们就开始用一些简单的词语来表示自己的意思了。

    ★ 孩子笑可能表示：

    A 不满意　　　　　B 很喜欢　　　　　C 有点儿累

70. 茶是我的最爱，绿茶、红茶、花茶，我都喜欢，天冷了或者学习累了的时候，喝杯热茶，真是舒服极了。

    ★ 关于他，可以知道：

    A 是卖茶的　　　　B 学习不好　　　　C 很喜欢喝茶

三、书 写

第一部分

第71-75题

例如：小船　　上　　一　　河　　条　　有

　　　河上有一条小船。

71. 一本　　　桌子上　　　放着　　　书

72. 送给他女儿　　　那位　　　一个礼物　　　老师

73. 其他　　　您　　　还有　　　要求吗

74. 把　　　那些菜　　　他最后　　　吃完　　　决定

75. 他爸爸　　　我同学长得　　　跟　　　一样

第二部分

第76-80题

例如：没（　关　）系，别难过，高兴点儿。
_{guān}

76. 作业写（　　　）了再去玩儿!
_{wán}

77. 就在这条街的西边，有（　　　）面包店。
_{ge}

78. 最近总是觉得身体不太舒（　　　）。
_{fu}

79. 我相信在老师的帮助下，你的汉语水平一定会提（　　　）的。
_{gāo}

80. 老师，黑板（　　　）间的那个汉字是怎么写的?
_{zhōng}

新汉语水平考试
HSK(三级)

注　意

一、HSK(三级)分三部分：

　　1.　听力(40题，约35分钟)

　　2.　阅读(30题，30分钟)

　　3.　书写(10题，15分钟)

二、**听力结束后，有5分钟填写答题卡。**

三、全部考试约90分钟(含考生填写个人信息时间5分钟)。

一、听 力

第一部分

第 1-5 题

A

B

C

D

E

F

例如：男：喂，请问张经理在吗？

女：他正在开会，您半个小时以后再打，好吗？　　　　　D

1.

2.

3.

4.

5.

第 6–10 题

A

B

C

D

E

6. ☐

7. ☐

8. ☐

9. ☐

10. ☐

第 11-20 题

例如: 为了让自己更健康, 他每天都花一个小时去锻炼身体。

　　★ 他希望自己很健康。　　　　　　　　　　(　√ 　)

　　今天我想早点儿回家。看了看手表, 才5点。过了一会儿再看表, 还是5点, 我这才发现我的手表不走了。

　　★ 那块儿手表不是他的。　　　　　　　　　(　× 　)

11. ★ 他喜欢秋天去公园看书。　　　　　　　　(　　)

12. ★ 办公室在7层。　　　　　　　　　　　　(　　)

13. ★ 女儿现在是长发。　　　　　　　　　　　(　　)

14. ★ 他要卖车。　　　　　　　　　　　　　　(　　)

15. ★ 老张现在不能踢球。　　　　　　　　　　(　　)

16. ★ 他不懂汉语。　　　　　　　　　　　　　(　　)

17. ★ 他比去年瘦了不少。　　　　　　　　　　(　　)

18. ★ 这个公园春天很漂亮。　　　　　　　　　(　　)

19. ★ 他最喜欢喝绿茶。　　　　　　　　　　　(　　)

20. ★ 女儿今天很高兴。　　　　　　　　　　　(　　)

第三部分

第21-30题

例如：男：小王，帮我开一下门，好吗？谢谢!
　　　女：没问题。您去超市了? 买了这么多东西。
　　　问：男的想让小王做什么?

　　　A 开门 √　　　　　B 拿东西　　　　　C 去超市买东西

21. A 下班了　　　　　B 生病了　　　　　C 走错了

22. A 公司　　　　　　B 商店　　　　　　C 宾馆

23. A 很长　　　　　　B 没有人看　　　　C 很有意思

24. A 关灯　　　　　　B 洗筷子　　　　　C 把声音开大些

25. A 银行　　　　　　B 学校　　　　　　C 机场

26. A 汉语　　　　　　B 历史　　　　　　C 数学

27. A 想换手机　　　　B 想买手表　　　　C 想借照相机

28. A 买个新的　　　　B 买个贵的　　　　C 买个大的

29. A 上网　　　　　　B 跑步　　　　　　C 爬山

30. A 想帮助女的　　　B 不愿意搬家　　　C 要打扫房间

第四部分

第 31-40 题

例如：女：晚饭做好了，准备吃饭了。

男：等一会儿，比赛还有三分钟就结束了。

女：快点儿吧，一起吃，菜冷了就不好吃了。

男：你先吃，我马上就看完了。

问：男的在做什么？

A 洗澡　　　　　B 吃饭　　　　　C 看电视 √

31. A 奶奶　　　　　B 爷爷　　　　　C 阿姨

32. A 猫　　　　　　B 狗　　　　　　C 小鸟

33. A 最大的　　　　B 干净的　　　　C 黑色的

34. A 阴天　　　　　B 更冷　　　　　C 很舒服

35. A 邻居的　　　　B 客人的　　　　C 校长的

36. A 东西很贵　　　B 不太安静　　　C 离家很远

37. A 三点开始　　　B 还没开始　　　C 已经结束了

38. A 不去留学　　　B 注意身体　　　C 一起去旅游

39. A 买错了票　　　B 看错人了　　　C 拿错箱子了

40. A 没听见　　　　B 没上班　　　　C 没有手机

二、阅 读

第一部分

第41–45题

A 姐姐给我买的，我也不太清楚。

B 我要饿死了，有什么吃的吗?

C 小时候奶奶给我讲过，很有名。

D 没问题。我很喜欢它。

E 当然。我们先坐公共汽车，然后换地铁。

F 那我就试试。

例如：你知道怎么去那儿吗?　　　　　　　　　　　(**E**)

41. 《三只小猪》的故事，你听说过吗?　　　　　　( )

42. 你先来个西瓜，我去给你做碗好吃的。　　　　( )

43. 这条裤子你花了多少钱?　　　　　　　　　　( )

44. 这几天我不在家，你能不能帮我照顾我的小狗?　( )

45. 我看下星期的会议，还是你参加比较好。　　　　( )

第 46-50 题

A 不用了，不冷，我一会儿就回来。

B 很多人都觉得他只有50来岁。

C 好的，我要热的。

D 我这个周末想去玩儿，但我不会开车。

E 你不是明天早上8点的火车吗? 怎么还不休息?

46. 王校长虽然70多岁了，但看起来一点儿都不像。　　　(　　　)

47. 我可以带你，要去哪里?　　　(　　　)

48. 我这就去洗脸刷牙，马上睡。　　　(　　　)

49. 给你帽子，外面风刮得很大，别感冒了。　　　(　　　)

50. 把衣服给我，我们喝杯绿茶吧。　　　(　　　)

第二部分

第51-55题

　　A 更　　　B 小心　　　C 检查　　　D 张　　　E 声音　　　F 了解

例如：她说话的（　E　）多好听啊!

51. 我和他只见过一次面，对他还不太（　　　　）。

52. 他很高，这（　　　　）床太小，可能会很不舒服。

53. 作业写完了要好好（　　　　）一下，注意错别字。

54. 天气冷，你多穿点儿衣服，（　　　　）感冒。

55. 我觉得工作很重要，但其实（　　　　）重要的是快乐。

第 56−60 题

A 半　　　B 一直　　　C 准备　　　D 爱好　　　E 把　　　F 干净

例如：A：你有什么（　D　）？

　　　B：我喜欢体育。

56. A：请问，现在是十点吗？

　　　B：现在十点（　　　　）了，您的手表慢了三十分钟。

57. A：最近怎么（　　　　）没看见他？

　　　B：他去旅游了，可能下个星期才回来。

58. A：电影马上就要开始了，（　　　　）手机关了吧。

　　　B：好的，没问题。

59. A：你家的厨房真（　　　　）！

　　　B：当然了，为了欢迎你，我已经打扫了两个小时了。

60. A：这是蛋糕吧？今天是不是你的生日？

　　　B：今天是12月25日，这是为大家（　　　　）的。

第三部分

第61–70题

例如：您是来参加今天会议的吗？ 您来早了一点儿，现在才八点半。您先进来坐吧。

★ 会议最可能几点开始？

A 8点   B 8点半   C 9点 √

61. 要想把汉字写好，只有一个办法，那就是多花时间练习。这听起来很容易，但能做到的人不多。

★ 怎样才能写好汉字？

A 多练习   B 找老师问问   C 多了解中国文化

62. 别看小马年轻，他已经在这儿工作8年了。你有什么不明白的事情，就可以问他。他一定会帮你解决。

★ 如果有什么问题，可以：

A 找小马   B 查词典   C 自己解决

63. 这个男孩子是新来的同学，很聪明，学习成绩也非常好。听说他还有很多爱好，喜欢游泳、打球等等。

★ 那个男孩儿：

A 没有爱好   B 学习不好   C 喜欢运动

64. 我刚才和同事喝了几杯啤酒，所以脸有点儿红。不过没事儿，我睡一觉就好了。

   ★ 他怎么了？

   A 感冒了　　　　　　B 脸红了　　　　　　C 没吃饱

65. 我们这儿教画画儿，您可以根据自己的兴趣选择喜欢的课。第一次课是不花钱的，而且如果您能介绍朋友一起来学，我们还会送您一块手表。

   ★ 根据这段话，可以知道：

   A 节日不上课　　　B 那里比较安静　　C 第一次课不花钱

66. 我儿子长得像我，鼻子高、眼睛大。但他也像他爸爸，很爱笑，对别人很好。我觉得他是个好孩子。

   ★ 根据这段话，儿子：

   A 很安静　　　　　B 不爱看书　　　　C 长得像爸爸妈妈

67. 给你五十块钱，你回家时去超市买两斤羊肉、十个鸡蛋，再买一些水果。我下班后给你做好吃的。

   ★ 回家时应该做什么？

   A 去买菜　　　　　B 送蛋糕　　　　　C 在外面吃饭

68. 小李上午脸色不太好，同事们都以为他病了。我问他怎么了，他笑着回答说："昨晚看球赛，两点才睡觉。"

   ★ 小李昨天晚上：

   A 发烧了　　　　　　B 看比赛了　　　　C 听音乐了

69. 昨天晚上我给小王打电话问："听说我们学校西边有个公园，那个公园很大，也很漂亮。明天是星期天，我们去公园玩儿怎么样?"小王回答说："太好了！我也想去公园散散步。"

★ 他们最有可能什么时候去公园?

A 星期天　　　　　B 下个月　　　　　C 昨天晚上

70. 爬山时一定要小心，注意自己脚下，别走太快了。如果你觉得哪里不舒服就跟老师说，不要自己决定。

★ 爬山时：

A 很容易渴　　　　B 别穿皮鞋　　　　C 不要走太快

三、书写

第一部分

第71-75题

例如：小船　　上　　一　　河　　条　　有

　　　<u>河上有一条小船。</u>

71. 一个　　　需要　　　也　　　那样的照相机　　　我

72. 下　　　可能会　　　大雪　　　冬天的北京

73. 解决　　　几次　　　我　　　难题　　　过

74. 我的伞　　　被　　　拿走了　　　我同学

75. 得　　　很　　　那个小男孩儿　　　表演　　　不错

第二部分

第76-80题

例如：没（ ^{guān} 关 ）系，别难过，高兴点儿。

76. 我来中国，一是为了学习汉语，二是了解更多的中国（ ^{wén} ）化。

77. （ ^{Tài} ）阳出来了，新的一天开始了。

78. 冰箱（ ^{li} ）还有水果吗？我有点儿饿了。

79. 太热了，我们去咖啡店坐一（ ^{huì} ）儿吧。

80. 这些水果一（ ^{gòng} ）30元5角。

듣기

1. A	2. F	3. B	4. C	5. E	6. B	7. C	8. D	9. A	10. E
11. √	12. √	13. X	14. X	15. √	16. X	17. X	18. √	19. X	20. √
21. C	22. C	23. C	24. C	25. B	26. B	27. B	28. A	29. B	30. A
31. A	32. B	33. B	34. B	35. C	36. B	37. A	38. B	39. A	40. B

독해

41. D	42. B	43. F	44. C	45. A	46. B	47. A	48. D	49. E	50. C
51. B	52. F	53. A	54. C	55. D	56. B	57. E	58. A	59. F	60. C
61. C	62. B	63. C	64. B	65. C	66. B	67. C	68. B	69. B	70. C

쓰기

71. 桌子上放着一本书。

72. 那位老师送给他女儿一个礼物。

73. 您还有其他要求吗?

74. 他最后决定把那些菜吃完。

75. 我同学长得跟他爸爸一样。

76. 完　77. 个　78. 服　79. 高　80. 中

1 —————————— Test **1-01**

해설 및 정답 계란(鸡蛋 jīdàn)이 거의 다 되었다고 했으므로 보기 A가 정답이다.

女：鸡蛋快好了，帮我拿个盘子过来。
男：好的，我帮你准备。

여: 계란이 거의 다 되었어, 접시 좀 가져와 줄래?
남: 그래, 내가 준비할게.

단어 鸡蛋 jīdàn 몝 계란 | 快 kuài 뭐 곧, 머지않아 | 帮 bāng 뭉 돕다 | ★拿 ná 뭉 들다 | ★盘子 pánzi 몝 큰 접시, 쟁반 | 过来 guòlai 뭉 오다, 다가오다 | 准备 zhǔnbèi 뭉 준비하다

2 —————————— Test **1-02**

해설 및 정답 설거지하는 것(洗碗 xǐ wǎn)에 대해 이야기하고 있으므로 보기 F가 정답이다.

男：你做饭，我洗碗吧。
女：还是我来吧，我很喜欢洗碗。

남: 네가 밥을 했으니, 내가 설거지를 할게.
여: 그냥 내가 할게. 나는 설거지하는 거 좋아해.

단어 做饭 zuò fàn 밥을 하다 | 洗碗 xǐ wǎn 뭉 설거지하다 | ★还是…吧 háishi…ba 아무래도, 역시 ~하는 편이 낫다 | 喜欢 xǐhuan 뭉 좋아하다

3 —————————— Test **1-03**

해설 및 정답 여자가 남자더러 계속해서 손목시계(手表 shǒubiǎo)를 보고 있다고 했으므로 보기 B가 정답이다.

女：你一直看手表，有什么事情吗？
男：我三点前必须回到宿舍，老师有事情找我，再见。

여: 너 계속해서 손목시계만 보고 있는데, 무슨 일 있어?
남: 3시 전에 기숙사로 꼭 돌아가야 해, 선생님께서 일이 있다며 날 찾으셨거든. 다음에 보자.

단어 ★一直 yìzhí 뭐 계속해서, 줄곧 | 手表 shǒubiǎo 몝 손목시계 | 事情 shìqing 몝 일 | 前 qián 몝 앞, 전 | ★必须 bìxū 뭐 반드시, 꼭 | 回到 huídào ~로 돌아가다 | 宿舍 sùshè 몝 기숙사 | 老师 lǎoshī 몝 선생님 | 找 zhǎo 뭉 찾다

4 —————————— Test **1-04**

해설 및 정답 여자가 웃으라고 한 뒤 숫자를 셌으므로 사진을 찍고 있는 상황(보기 C)일 가능성이 가장 크다.

男：我站在这儿可以吗？
女：可以，你笑一笑，一、二、三！

남: 제가 여기에 서면 되나요?
여: 네, 웃으세요. 하나, 둘, 셋!

단어 ★站 zhàn 뭉 서다 | 在 zài 깨 ~에서 | 这儿 zhèr 때 여기 | 可以 kěyǐ 조뭉 ~해도 된다 | 笑 xiào 뭉 웃다

5 —————————— Test **1-05**

해설 및 정답 어떤 신발(鞋 xié)을 신어야 할지 모르겠다고 했으므로, 신발을 선택하지 못하는 사진 보기 E가 정답이다.

女：你想什么呢？要出去吗？
男：今天我朋友结婚，不知道穿哪双鞋才好。

여: 무슨 생각을 하고 있는 거예요? 나가려고요?
남: 오늘 제 친구가 결혼하는데, 어떤 신발을 신어야 좋을지 모르겠어요.

단어 想 xiǎng 뭉 생각하다 | 要 yào 조뭉 ~하고자 하다 | 出去 chūqu 뭉 나가다 | 今天 jīntiān 몝 오늘 | 朋友 péngyou 몝 친구 | ★结婚 jiéhūn 뭉 결혼하다 | 知道 zhīdào 뭉 알다 | 穿 chuān 뭉 (신발을) 신다 | ★双 shuāng 양 켤레[쌍이나 짝을 이룬 물건을 세는 단위] | ★鞋 xié 몝 신발 | ★才 cái 뭐 ~에서야, 비로소

단어 吃 chī 튑 먹다 | ★香蕉 xiāngjiāo 몡 바나나 | ★爷爷 yéye 몡 할아버지 | 已经 yǐjīng 튐 이미, 벌써 | ★饱 bǎo 톙 배부르다

---

6 ▷ _____ Test **1-06**

해설 및 정답 남자가 그가 계속 운다(他总是哭 tā zǒngshì kū)고 하자, 여자가 우유를 주자(给牛奶 gěi niúnǎi)고 했으므로 우는 아이를 달래는 부모의 대화라는 것을 알 수 있다. 따라서 보기 B가 정답이다.

男：他总是哭，怎么办呢？
女：给他喝点儿牛奶，或者讲个故事。

남: 이 녀석 계속 울기만 하니 어쩌지?
여: 우유를 좀 주거나 이야기를 해줘.

단어 ★总是 zǒngshì 튐 줄곧, 계속 | ★哭 kū 튑 울다 | 给 gěi 튑 주다 | (一)点儿 (yì)diǎnr 톙 조금[불확정적인 수량] | 牛奶 niúnǎi 몡 우유 | ★或者 huòzhě 젭 ~든지, ~거나 | ★讲 jiǎng 튑 말하다 | ★故事 gùshi 몡 이야기, 옛날 이야기

---

9 ▷ _____ Test **1-09**

해설 및 정답 트렁크(行李箱 xínglixiāng)를 올려 줄 수 있냐고 물었으므로 보기 A가 정답이다.

女：您好，先生，您能帮我把行李箱放上去吗？
男：好，没问题。

여: 안녕하세요, 선생님, 제 트렁크 좀 올려 주시겠어요?
남: 네, 문제없어요.

단어 先生 xiānsheng 몡 선생님, 씨 | 能 néng 조튑 ~할 수 있다 | 帮 bāng 튑 돕다 | ★把 bǎ 꺄 ~을 | 行李箱 xínglixiāng 몡 트렁크 | 放上去 fàng shàngqu 위로 올려 놓다 | 没问题 méi wèntí 문제없다

---

7 ▷ _____ Test **1-07**

해설 및 정답 여자가 무슨 프로그램(节目 jiémù)을 보겠냐고 물었으므로, 리모콘을 들고 있는 여자 사진 보기 C가 정답이다.

女：你想看什么节目？
男：没什么好看的，我还是看我的书吧。

여: 어떤 프로그램 볼래?
남: 뭐 볼 만한 게 없어, 난 내 책을 보는 게 낫겠어.

단어 想 xiǎng 조튑 ~하고 싶다 | 看 kàn 튑 보다 | ★节目 jiémù 몡 프로그램 | 好看 hǎokàn 톙 (내용이) 재미있다 | ★还是…吧 háishi…ba 아무래도, 역시 ~하는 편이 낫다 | 书 shū 몡 책

---

10 ▷ _____ Test **1-10**

해설 및 정답 열심히 공부하는 중이다(正努力学习呢 zhèng nǔlì xuéxí ne)라고 했으므로 보기 E가 정답이다.

男：你姐姐最近在忙什么呢？很久没见到她了。
女：马上要考试了，她正努力学习呢。

남: 너희 언니는 요즘 뭐가 그리 바쁘니? 못 본 지 꽤 됐네.
여: 곧 시험이어서, 지금 열심히 공부하는 중이에요.

단어 姐姐 jiějie 몡 누나, 언니 | ★最近 zuìjìn 몡 요즘 | 在 zài 튐 ~하고 있다 | 忙 máng 톙 바쁘다 | 什么 shénme 떼 무엇, 무슨 | ★久 jiǔ 톙 오래다 | 见到 jiàndào 튑 만나다 | ★马上 mǎshàng 튐 곧, 바로 | 考试 kǎoshì 튑 시험을 치다 | 正 zhèng 튐 마침 (~하는 중이다) | ★努力 nǔlì 튑 노력하다 | 学习 xuéxí 튑 공부하다

---

8 ▷ _____ Test **1-08**

해설 및 정답 바나나(香蕉 xiāngjiāo)를 먹으라고 했으므로 보기 D가 정답이다.

男：来，你吃个香蕉吧。
女：谢谢爷爷，我已经饱了，不吃了。

남: 자, 바나나 하나 먹으렴.
여: 감사해요, 할아버지. 저는 이미 배불러서 안 먹을 래요.

---

11 ▷ _____ Test **1-11**

해설 및 정답 어릴 때 가장 좋아하는 일(我最高兴的事 wǒ zuì gāoxìng de shì)이 역사 이야기 듣는 것(听历史故事 tīng lìshǐ gùshi)이라고 했으므로 역사에 대해 관심이 있다는 것을 알 수 있다.

爷爷是历史老师，小时候我最高兴的事，就是吃完晚饭后，听他讲那些有意思的历史故事。

★ 他对历史有兴趣。（ √ ）

할아버지는 역사 선생님이다. 어릴 적에 내가 가장 좋아했던 건 저녁밥을 먹은 후에 할아버지가 해주시는 재미있는 역사 이야기를 듣는 것이었다.

★ 그는 역사에 관심이 있다. （ √ ）

단어 ★爷爷 yéye 명 할아버지 | ★历史 lìshǐ 명 역사 | 老师 lǎoshī 명 선생님 | 高兴 gāoxìng 형 기쁘다 | 吃完 chīwán 다 먹다 | 晚饭 wǎnfàn 명 저녁밥 | 后 hòu 명 뒤, 후 | ★讲 jiǎng 동 말하다, 이야기하다 | 有意思 yǒuyìsi 형 재미있다 | ★故事 gùshi 명 이야기, 옛날 이야기

12 Test **1-12**

해설 및 정답 눈이 내려서 정말 예쁘니(真漂亮 zhēn piàoliang) 사진 찍으러 나가자(出去照个相吧 chūqu zhào ge xiàng ba)고 했으므로, 눈 내리는 것을 좋아한다고 유추할 수 있다. 따라서 내용이 서로 일치한다.

妈，您看，昨晚雪下得真大! 现在路上都白了，真漂亮。我们出去照个相吧。

★ 他很喜欢下雪。（ √ ）

엄마, 보세요, 어젯밤에 눈이 정말 많이 내렸어요! 지금 길이 모두 하얘서, 정말 예뻐요. 우리 사진 찍으러 나가요.

★ 그는 눈 내리는 것을 좋아한다. （ √ ）

단어 昨晚 zuówǎn 명 어제저녁, 어젯밤 | 雪 xuě 명 눈 | 下 xià 동 내리다 | 真 zhēn 부 정말 | 现在 xiànzài 명 지금 | 路 lù 명 길 | 白 bái 형 하얗다, 희다 | 出去 chūqu 동 나가다 | 照相 zhàoxiàng 동 사진을 찍다

13 Test **1-13**

해설 및 정답 예전에는 그런 줄 알았는데(以前以为 yǐqián yǐwéi), 지금은 그렇지 않다(不是这样的 bú shì zhèyàng de)는 것을 알았다고 했으므로, 베이징 말은 표준어가 아니다.

我以前以为北京话就是普通话，到北京后，我才发现不是这样的。

★ 北京话就是普通话。（ X ）

예전에 나는 베이징 말이 표준어인 줄 알았는데, 베이징에 온 후에서야 그렇지 않다는 것을 알게 되었다.

★ 베이징 말이 바로 표준어. （ X ）

단어 ★以前 yǐqián 명 이전 | 以为 yǐwéi 동 ~인 줄 알다 | 普通话 pǔtōnghuà 명 표준어 | 到 dào 동 도착하다 | 后 hòu 명 뒤, 후 | ★才 cái 부 ~에서야, 비로소 | ★发现 fāxiàn 동 발견하다 | 这样 zhèyàng 대 이렇다

14 Test **1-14**

해설 및 정답 녹음에서는 기차 타기 전(上火车前 shàng huǒchē qián) 물건을 사는 것(买东西 mǎi dōngxi)에 대해서만 말하고, 기차 탈 때 음악을 듣는 것에 대한 언급은 없었으므로, 내용이 서로 일치하지 않는다.

每次上火车前，我都去商店买一些东西，除了水、面包以外，我还要买一些报纸。

★ 他坐火车时喜欢听音乐。（ X ）

매번 기차에 타기 전에 나는 상점에 가서 물건을 좀 산다. 물과 빵 이외에도 신문도 산다.

★ 그는 기차에 타서 음악 듣는 것을 좋아한다. （ X ）

단어 每次 měi cì 매번 | 上 shàng 동 타다, 오르다 | 火车 huǒchē 명 기차 | 商店 shāngdiàn 명 상점 | 一些 yìxiē 명 약간, 조금 | 东西 dōngxi 명 물건, 것 | ★除了…以外，还… chúle…yǐwài, hái… ~말고도 또 ~하다 | 水 shuǐ 명 물 | ★面包 miànbāo 명 빵 | 要 yào 조동 ~하고자 하다 | 报纸 bàozhǐ 명 신문

15 Test **1-15**

해설 및 정답 케이크를 안 좋아하는 아이는 없다(没有小孩子不喜欢吃蛋糕 méiyǒu xiǎoháizi bù xǐhuan chī dàngāo)고 했으므로, 내용이 서로 일치한다.

有些人不喜欢吃蛋糕，是因为太甜了；有些人不喜欢吃蛋糕，是为了减肥。但没有小孩子不喜欢吃蛋糕，他们认为蛋糕越甜越好吃。

★ 小孩子爱吃蛋糕。（ √ ）

어떤 사람들은 너무 달아서 케이크 먹는 걸 좋아하지 않는다. 어떤 사람들은 다이어트를 위해 케이크 먹는 걸 좋아하지 않는다. 하지만 케이크를 싫어하는 아이는 없다. 아이들은 케이크가 달수록 맛있다고 생각한다.

★ 아이는 케이크 먹는 것을 좋아한다. （ √ ）

🔤 喜欢 xǐhuan 통 좋아하다 | ★蛋糕 dàngāo 명 케이크 | 因为 yīnwèi 접 왜냐하면 | ★甜 tián 형 달다 | ★为了 wèile 개 ~을 위해서 | 减肥 jiǎnféi 통 살을 빼다 | 小孩子 xiǎoháizi 명 아이 | ★认为 rènwéi 통 생각하다, 여기다 | ★越…越… yuè…yuè… 부 ~(하)면 ~(할)수록 ~하다 | 好吃 hǎochī 형 맛있다

Test 1-16

16

해설 및 정답 오빠가 스스로 택시 타고 집에 가겠다(自己坐出租车回家 zìjǐ zuò chūzūchē huíjiā)고 했으므로, 엄마가 마중 오길 바란다고 볼 수 없다.

喂，妈，你明天不用去机场接哥哥。哥哥说，他的行李不多，自己坐出租车回家就可以。

★ 哥哥希望妈妈去接他。（ X ）

여보세요, 엄마, 내일 형 데리러 공항에 안 가도 돼요. 형이 짐이 많지 않다고, 자기가 택시 타고 집에 오면 된다고 하더라고요.

★ 형은 엄마가 데리러 오길 바란다. （ X ）

🔤 喂 wéi 감탄 (전화상에서) 여보세요 | 妈(妈) mā(ma) 명 엄마 | 明天 míngtiān 명 내일 | 不用 búyòng 부 ~할 필요가 없다 | 去 qù 통 가다 | 机场 jīchǎng 명 공항 | ★接 jiē 통 마중하다 | 哥哥 gēge 명 오빠, 형 | 说 shuō 통 말하다 | 行李 xíngli 명 짐 | ★自己 zìjǐ 대 자기, 자신, 스스로 | 坐 zuò 통 (차나 비행기를) 타다 | 出租车 chūzūchē 명 택시 | 回家 huíjiā 집에 가다 | 就 jiù 부 곧, 바로 | 可以 kěyǐ 조동 ~해도 된다 | 希望 xīwàng 통 바라다, 희망하다

Test 1-17

17

해설 및 정답 곧 도착한다(很快就到 hěn kuài jiù dào)고 했으므로 아직 도착하지 않았다.

我已经从书店出来了，正在等车。你们等我一会儿，我很快就到。

★ 他已经到了。（ X ）

난 이미 서점에서 나와서 차를 기다리고 있어. 너희들 조금만 날 기다려 줘, 나 곧 도착해.

★ 그는 이미 도착했다. （ X ）

🔤 从 cóng 개 ~에서 | 书店 shūdiàn 명 서점 | 出来 chūlai 통 나오다 | 等 děng 통 기다리다 | ★一会儿 yíhuìr 명 잠시 | 到 dào 통 도착하다

Test 1-18

18

해설 및 정답 아빠와 왕 삼촌 두 집안의 관계가 굉장히 좋다(我们两家人的关系…非常好 wǒmen liǎng jiārén de guānxi…fēicháng hǎo)고 했으므로, 내용이 서로 일치한다.

我爸爸和王叔叔是同事，也是多年的老邻居，我们两家人的关系一直都非常好。

★ 爸爸和王叔叔的关系不错。（ √ ）

우리 아빠와 왕 삼촌은 회사 동료이자, 오랜 이웃이야. 우리 두 집안은 사이가 줄곧 아주 좋았어.

★ 아빠와 왕 삼촌의 관계가 좋다. （ √ ）

🔤 爸爸 bàba 명 아빠 | 和 hé 개 ~와 | ★叔叔 shūshu 명 삼촌 | ★同事 tóngshì 명 동료 | 也 yě 부 ~도 또한 | ★老 lǎo 형 오래되다 | ★邻居 línjū 명 이웃, 이웃집 | ★关系 guānxi 명 관계 | ★一直 yìzhí 부 계속해서 | 都 dōu 부 모두, 다 | 非常 fēicháng 부 아주 | 不错 búcuò 형 괜찮다, 좋다

해설 및 정답 시험이 그다지 어렵지 않고(**不太难** bú tài nán), 비교적 쉬웠다(**比较简单** bǐjiào jiǎndān)고 했으므로, 내용이 서로 일치하지 않는다.

> 三年级的考试已经结束了，我听同学们说，虽然题很多，**但不太难**，**比较简单**。

★ 这次考试特别难。(**X**)

3학년 시험이 이미 끝났다. 친구들이 시험 문제가 많긴 했지만 그다지 어렵지 않고 비교적 쉬웠다고 했다.

★ 이번 시험은 특히 어렵다. (**X**)

단어 年级 niánjí 몡 학년 | 考试 kǎoshì 몡 시험 | 已经 yǐjīng 뷔 이미 | ★结束 jiéshù 동 끝나다 | 虽然…但… suīrán…dàn… 접 비록 ~하지만 그러나 ~하다 | 题 tí 몡 문제 | ★比较 bǐjiào 뷔 비교적 | ★简单 jiǎndān 혱 간단하다, 쉽다 | 这次 zhècì 몡 이번 | ★特别 tèbié 뷔 특히 | 难 nán 혱 어렵다

해설 및 정답 처음 중국에 왔을 때에는 젓가락 쓰는 게 습관이 안 됐다(**我不习惯用筷子** wǒ bù xíguàn yòng kuàizi)고 했으므로, 내용이 서로 일치한다.

> 一开始来中国的时候，我不习惯用筷子，每次吃饭都很慢。但经过两个多月的练习，我现在都能用筷子吃面条儿了。

★ 他以前不会用筷子。(**√**)

처음 중국에 왔을 때, 나는 젓가락 쓰는 게 습관이 안 되어서, 매번 밥을 천천히 먹었다. 그런데 두 달 넘게 연습해서 지금은 젓가락으로 국수도 먹을 수 있게 되었다.

★ 그는 예전에 젓가락을 쓸 줄 몰랐다. (**√**)

단어 一开始 yì kāishǐ 처음에 | 来 lái 동 오다 | 中国 Zhōngguó 고유 중국 | 时候 shíhou 몡 때 | ★习惯

xíguàn 동 습관이 되다 | ★用 yòng 동 사용하다, 쓰다 | ★筷子 kuàizi 몡 젓가락 | 每次 měi cì 매번 | 吃饭 chīfàn 동 밥을 먹다 | 都 dōu 뷔 모두, 다 | 慢 màn 혱 느리다 | 但 dàn 접 그러나 | ★经过 jīngguò 동 지나다, 경과하다 | ★练习 liànxí 동 연습하다 | 现在 xiànzài 몡 지금 | 能 néng 조동 ~할 수 있다 | 面条(儿) miàntiáo(r) 몡 국수, 면 | ★以前 yǐqián 몡 이전 | 不会 bú huì ~할 줄 모르다

해설 및 정답 남자는 농구 경기 보는 것을 좋아한다(**喜欢看篮球比赛** xǐhuan kàn lánqiú bǐsài)고 했으므로 보기 C가 정답이다.

> 女：你喜欢打篮球吗?
> 男：我很少打篮球，但是我喜欢看篮球比赛。
>
> 问：男的是什么意思?
>
> A 喜欢打篮球
> B 喜欢做运动
> **C 喜欢看篮球比赛**

여: 너 농구 하는 거 좋아해?
남: 난 농구는 좀처럼 하지 않아, 그런데 농구 경기 보는 건 좋아해.

질문: 남자의 말은 무슨 뜻인가?

A 농구 하는 걸 좋아한다
B 운동하는 걸 좋아한다
C 농구 경기 보는 걸 좋아한다

단어 喜欢 xǐhuan 동 좋아하다 | 打篮球 dǎ lánqiú 농구를 하다 | 很少 hěn shǎo 좀처럼 ~하지 않는다 | 但是 dànshì 접 그러나 | ★比赛 bǐsài 몡 경기 | 意思 yìsi 몡 의미, 뜻 | 做运动 zuò yùndòng 운동하다

해설 및 정답 그가 우리나라에서 가장 유명한 배우(**演员** yǎnyuán)라고 했으므로 보기 C가 정답이다.

男: 他是我们国家最有名的演员。
女: 我知道，我经常在电视上看到他。

问: 他们在说谁?

A 司机　　　B 大夫　　　**C 演员**

남: 그는 우리나라에서 가장 유명한 배우야.
여: 나도 알아, 텔레비전에서 그 사람을 자주 봤어.

질문: 그들은 누구를 말하고 있는가?

A 운전기사　　B 의사　　　**C 배우**

단어 ★国家 guójiā 명 나라 | 最 zuì 부 가장 | ★有名 yǒumíng 형 유명하다 | 演员 yǎnyuán 명 배우 | 知道 zhīdào 동 알다 | ★经常 jīngcháng 부 자주, 항상 | 在 zài 개 ~에서 부 ~하고 있다 | 电视 diànshì 명 텔레비전 | 看到 kàndào 보다 | 说 shuō 말하다 | 谁 shéi 대 누구 | ★司机 sījī 명 운전기사 | 大夫 dàifu 명 의사

23　　　　　　　　　　　　Test **1-23**

(해설 및 정답) 남자는 어릴 때부터 그림 그리기(画画儿 huà huàr)에 관심이 있었다고 했으므로 보기 **C**가 정답이다.

女: 墙上的画儿都是你画的吗? 画得真好。
男: 是，我从小就对画画儿很感兴趣。

问: 男的有什么爱好?

A 唱歌
B 游泳
C 画画儿

여: 벽에 있는 그림은 다 네가 그린 거니? 정말 잘 그렸다.
남: 응, 나는 어려서부터 그림 그리는 것에 관심이 많았어.

질문: 남자의 취미는 무엇인가?

A 노래 부르기
B 수영하기
C 그림 그리기

단어 墙 qiáng 명 벽 | 画儿 huàr 명 그림 | ★画 huà 동 (그림을) 그리다 | 真 zhēn 부 정말 | 从小 cóng xiǎo 부 어릴 때부터 | 对 duì 개 ~에 대해 | ★感兴趣 gǎn xìngqù 관심이 있다, 흥미를 느끼다 | ★爱好 àihào 명 취미 | 唱歌 chànggē 동 노래를 부르다 | 游泳 yóuyǒng 동 수영하다

24　　　　　　　　　　　　Test **1-24**

(해설 및 정답) 남자가 자기 전에 우유를 한 잔 마시면(喝杯牛奶 hē bēi niúnǎi) 잠이 더 잘 온다고 하자 여자가 시도해 보겠다고 했으므로 여자는 우유를 마실 계획이다. 따라서 보기 **C**가 정답이다.

男: 报纸上说，睡觉前喝杯牛奶能让人睡得更好。
女: 真的吗? 那我今晚就试试。

问: 女的睡前打算做什么?

A 洗澡
B 看报纸
C 喝牛奶

남: 신문에서 잠자기 전에 우유 한 잔 마시면 잠이 더 잘 온다고 하더라.
여: 정말이야? 그럼 오늘 밤에 해봐야겠다.

질문: 여자는 잠자기 전에 무엇을 하려고 하는가?

A 샤워한다
B 신문을 본다
C 우유를 마신다

단어 报纸 bàozhǐ 명 신문 | 说 shuō 동 말하다 | 睡觉 shuìjiào 동 잠을 자다 | 前 qián 명 앞, 전 | 喝 hē 동 마시다 | 杯 bēi 양 잔, 컵 | 牛奶 niúnǎi 명 우유 | 能 néng 조동 ~할 수 있다 | 让 ràng 동 (~로 하여금) ~하게 하다 | 睡 shuì 동 (잠을) 자다 | ★更 gèng 부 더 | 真的 zhēnde 부 정말로 | 那 nà 접 그러면 | 今晚 jīnwǎn

📻 오늘 밤 | 就 jiù 🔛 곧, 바로 | ★试 shì 🔛 시험 삼아 해보다 | ★打算 dǎsuan 🔛 계획하다 | 做 zuò 🔛 하다 | ★洗澡 xǐzǎo 🔛 목욕하다

25 ──────────────── Test **1-25**

(해설 및 정답) 여자가 사진이 어떤지 묻자 남자가 사람이 너무 작다(人太小 rén tài xiǎo)고 했으므로 보기 B가 정답이다.

女: 你觉得我这张照片怎么样?
男: 不是很好，人太小，都看不清楚是谁。

问: 男的觉得那张照片怎么样?

A 很好看
B 人太小了
C 比较清楚

여: 나의 이 사진을 어떻게 생각해?
남: 좋진 않아. 사람이 너무 작아서 누군지 잘 모르겠어.

질문: 남자는 그 사진이 어떻다고 생각하는가?

A 보기 좋다
B 사람이 너무 작다
C 비교적 선명하다

📻 觉得 juéde 🔛 ~라고 생각하다 | ★张 zhāng 📐 장[종이 등을 세는 단위] | ★照片 zhàopiàn 📻 사진 | 怎么样 zěnmeyàng 📻 어떠하다 | 小 xiǎo 📻 작다 | 都 dōu 🔛 모두, 다 | 看不清楚 kàn bu qīngchu 확실하게 보이지 않다 | 谁 shéi 📻 누구 | 好看 hǎokàn 📻 보기 좋다 | ★比较 bǐjiào 🔛 비교적 | ★清楚 qīngchu 📻 분명하다

26 ──────────────── Test **1-26**

(해설 및 정답) 여자가 남자에게 회사 근처의 식당(一家饭馆 yì jiā fànguǎn)에서 만나자고 했으므로 보기 B가 정답이다.

男: 我明天早上的火车，你今天晚上有时间跟我见个面吗?
女: 好的，在我们公司附近的一家饭馆见，怎么样?

问: 他们打算在哪儿见面?

A 公司   **B 饭馆**   C 火车站

남: 나 내일 아침 기차야. 너 오늘 저녁에 시간 있으면 얼굴 볼래?
여: 좋아, 우리 회사 근처 식당에서 보는 거 어때?

질문: 그들은 어디에서 만나려고 하는가?

A 회사   **B 식당**   C 기차역

📻 明天 míngtiān 📻 내일 | 早上 zǎoshang 📻 아침 | 火车 huǒchē 📻 기차 | 今天 jīntiān 📻 오늘 | 晚上 wǎnshang 📻 저녁 | 时间 shíjiān 📻 시간 | ★见面 jiànmiàn 🔛 만나다 | 在 zài 📻 ~에서 | 公司 gōngsī 📻 회사 | ★附近 fùjìn 📻 부근, 근처 | 家 jiā 📐 가게를 세는 단위 | 饭馆 fànguǎn 📻 식당 | ★打算 dǎsuan 🔛 계획하다 | 火车站 huǒchēzhàn 📻 기차역

27 ──────────────── Test **1-27**

(해설 및 정답) 여자가 아들이 오늘 시험이 있다(儿子今天有考试 érzi jīntiān yǒu kǎoshì)고 했으므로 보기 B가 정답이다.

女: 儿子今天有考试，别忘了七点叫他起床。
男: 他早就起来了，正在洗脸呢。

问: 关于儿子，可以知道什么?

A 平时早起
B 今天有考试
C 不喜欢洗脸

여: 아들은 오늘 시험이 있어요. 7시에 깨우는 거 잊지 마세요.
남: 걔는 벌써 일어나서, 지금 세수하고 있어요.

질문: 아들에 관하여 알 수 있는 것은?

A 평소에 빨리 일어난다
B 오늘 시험이 있다
C 세수하는 것을 안 좋아한다

단어 儿子 érzi 몡 아들 | 今天 jīntiān 몡 오늘 | 考试 kǎoshì 몡 시험 | 别 bié 凨 ~하지 마라[금지를 나타냄] | 忘 wàng 됭 잊다 | 叫 jiào 됭 (~더러) ~하게 하다 | 起床 qǐchuáng 됭 일어나다 | 早就 zǎojiù 凨 벌써, 진작 | ★起来 qǐlai 됭 (잠자리에서) 일어나다 | 正在 zhèngzài 凨 마침 ~하는 중이다 | 洗脸 xǐ liǎn 됭 세수하다 | ★关于 guānyú 캐 ~에 관하여 | 可以 kěyǐ 조됭 ~할 수 있다 | 知道 zhīdào 됭 알다 | 平时 píngshí 몡 평소 | 早起 zǎoqǐ 됭 일찍 일어나다 | 喜欢 xǐhuan 됭 좋아하다

28　　　　　　　　　　　　　　Test **1-28**

해설 및 정답　남자가 얼굴이 왜 빨간지 묻자, 여자가 방금 맥주 한 병을 마셨다(我刚才喝了一瓶啤酒 wǒ gāngcái hēle yì píng píjiǔ)고 했으므로 보기 **A**가 정답이다.

男：你的脸怎么这么红？发烧了？
女：没有，我刚才喝了一瓶啤酒。我一喝酒，脸就容易红。

问：女的为什么脸红了？

A 喝酒了
B 发烧了
C 生气了

남：너 얼굴이 왜 이렇게 빨개? 열이 나?
여：아니, 방금 맥주를 한 병 마셨어. 나는 술만 마시면 얼굴이 쉽게 빨개져.

질문：여자는 왜 얼굴이 빨개졌는가?

A 술을 마셨다
B 열이 났다
C 화가 났다

단어 ★脸 liǎn 몡 얼굴 | 怎么 zěnme 대 어째서 | 这么 zhème 대 이렇게 | 红 hóng 휑 빨갛다 | ★发烧 fāshāo 됭 열이 나다 | ★刚才 gāngcái 몡 방금 | 喝 hē 됭 마시다 | 瓶 píng 영 병 | ★啤酒 píjiǔ 몡 맥주 | ★一…就… yī…jiù… ~하자마자(했다 하면) 곧 ~하다 | 酒 jiǔ 몡 술 | ★容易 róngyì 휑 쉽다 | 为什么 wèishénme 대 왜 | ★生气 shēngqì 됭 화내다

29　　　　　　　　　　　　　　Test **1-29**

해설 및 정답　이번이 두 번째(这是第二次 zhè shì dì-èr cì)라고 했으므로 보기 **B**가 정답이다.

女：你看，又下雪了！
男：今年已经下过一次了，这是第二次。

问：今年下了几次雪了？

A 一次　　　　**B 两次**　　　　C 三次

여：봐, 또 눈이 와.
남：올해 벌써 한 번 내렸는데, 이번이 두 번째네.

질문：올해 눈이 몇 번 내렸는가?

A 한 번　　　　**B 두 번**　　　　C 세 번

단어 ★又 yòu 凨 또, 다시 | 下雪 xiàxuě 됭 눈이 내리다 | 今年 jīnnián 몡 올해 | 已经 yǐjīng 凨 이미, 벌써 | 下 xià 됭 내리다, 떨어지다 | 次 cì 영 번, 차례[동작의 횟수를 세는 단위]

30　　　　　　　　　　　　　　Test **1-30**

해설 및 정답　많은 사람들 앞에서 춤을 추려고 하니(要在那么多人面前跳舞 yào zài nàme duō rén miànqián tiàowǔ) 겁난다는 남자의 말을 듣고, 그가 춤을 추기 전 긴장한 상태라는 것을 알 수 있다. 따라서 보기 **A**가 정답이다.

男：要在那么多人面前跳舞，我还真有点儿害怕。
女：你练了那么久，一定没问题，我相信你。

问：关于男的，可以知道什么？

A 要跳舞
B 腿很疼
C 有点儿累

1회 해설

남: 그렇게 많은 사람들 앞에서 춤을 추려니까 진짜 좀 겁난다.

여: 너 그렇게 오래 연습했는데, 분명 문제없을 거야. 난 널 믿어.

질문: 남자에 관하여 알 수 있는 것은?

A 춤을 추려고 한다

B 다리가 아프다

C 좀 피곤하다

단어 要 yào 조동 ~하고자 하다 | 在 zài 개 ~에서 | 那么 nàme 때 그렇게 | 面前 miànqián 명 면전, 눈앞 | 跳舞 tiàowǔ 동 춤을 추다 | 还 hái 부 여전히 | 真 zhēn 부 정말 | 有点儿 yǒudiǎnr 부 조금, 약간[부정적인 어투가 강함] | 害怕 hàipà 동 겁내다 | 练 liàn 동 연습하다 | ★久 jiǔ 오래다 | 一定 yídìng 부 분명, 반드시 | 没问题 méi wèntí 문제없다 | ★相信 xiāngxìn 동 믿다 | ★关于 guānyú 개 ~에 관하여 | 可以 kěyǐ 조동 ~할 수 있다 | 知道 zhīdào 동 알다 | ★腿 tuǐ 명 다리 | ★疼 téng 형 아프다 | 累 lèi 형 피곤하다

---

31 ◀ ─────────────────── Test 1-31

해설 및 정답 여자가 머리가 아프고(头有点儿疼 tóu yǒudiǎnr téng) 감기에 걸린 것 같다(可能是感冒了 kěnéng shì gǎnmào le)고 했으므로 휴가를 내려는 이유가 몸이 안 좋기 때문이라는 것을 알 수 있다. 따라서 보기 A가 정답이다.

男: 起床吧, 再不起来上班就晚了。

女: 我头有点儿疼, 可能是感冒了。

男: 要不要去医院看看?

女: 不用, 我吃点儿药就可以。你把电话给我, 我请个假。

问: 女的为什么要请假?

A 不舒服

B 迟到了

C 要照顾孩子

남: 일어나, 지금 일어나서 출근 안 하면 늦는다.

여: 저 머리가 좀 아파요. 아마도 감기에 걸린 것 같아요.

남: 병원에 가봐야 하는 거 아니니?

여: 아니에요, 약 좀 먹으면 돼요. 전화기 좀 주세요. 휴가를 신청해야겠어요.

질문: 여자는 왜 휴가를 신청하려고 하는가?

A 몸이 안 좋아서

B 지각해서

C 아이를 돌보아야 해서

단어 起床 qǐchuáng 동 일어나다 | ★起来 qǐlai 동 (잠자리에서) 일어나다 | 上班 shàngbān 동 출근하다 | 就 jiù 부 바로 | 晚 wǎn 형 늦다 | 头 tóu 명 머리 | 有点儿 yǒudiǎnr 부 조금, 약간[부정적인 어투가 강함] | ★疼 téng 형 아프다 | 可能 kěnéng 부 아마(도) | ★感冒 gǎnmào 동 감기에 걸리다 | 要 yào 조동 ~해야 한다 | 去 qù 동 가다 | 医院 yīyuàn 명 병원 | 看 kàn 동 보다 | 不用 búyòng 부 ~할 필요가 없다 | 吃 chī 동 먹다 | (一)点儿 (yì)diǎnr 양 약간, 조금 | 药 yào 명 약 | 可以 kěyǐ 형 괜찮다 | ★把 bǎ 개 ~을 | 电话 diànhuà 명 전화기 | 给 gěi 동 주다 | ★请假 qǐngjià 동 휴가를 신청하다 | 为什么 wèishénme 때 왜 | ★舒服 shūfu 형 편안하다 | ★迟到 chídào 동 지각하다 | ★照顾 zhàogù 동 돌보다 | 孩子 háizi 명 (어린)아이

---

32 ◀ ─────────────────── Test 1-32

해설 및 정답 남자가 베이징에 친구를 보러 갔었다(去北京看了个朋友 qù Běijīng kànle ge péngyou)고 했으므로 보기 B가 정답이다.

女: 你什么时候回来的?

男: 星期五上午。

女: 会议不是上个星期三就结束了吗?

男: 对, 我后来又去北京看了个朋友, 在那儿玩儿了一天。

问: 男的为什么星期五才回来?

A 工作很忙
B 去见朋友
C 有其他会议

여: 언제 돌아오셨어요?
남: 금요일 오전이요.
여: 회의는 지난주 수요일에 끝난 거 아니었나요?
남: 맞아요. (끝난) 후에 베이징에 가서 친구를 보고, 그곳에서 하루 놀았어요.

질문: 남자는 왜 금요일에서야 돌아왔는가?

A 일이 바빠서
B 친구를 만나러 가서
C 다른 회의가 있어서

什么时候 shénme shíhou 언제 | 回来 huílai 동 되돌아오다 | 星期五 xīngqīwǔ 금요일 | 上午 shàngwǔ 명 오전 | ★会议 huìyì 명 회의 | 上个星期三 shàng ge xīngqīsān 지난 수요일 | ★结束 jiéshù 동 끝나다 | ★后来 hòulái 그 후, 그 뒤 | ★又 yòu 부 또 | 看 kàn 동 보다 | 朋友 péngyou 친구 | 在 zài 개 ~에서 | 玩儿 wánr 동 놀다 | ★才 cái 부 ~에서야, 비로소 | 工作 gōngzuò 명 일 | 忙 máng 형 바쁘다 | ★其他 qítā 대 다른

---

33 ◀ Test **1-33**

(해설 및 정답) 남자가 여권을 찾자, 여자가 가방 안에 있지 않냐(在你的书包里呢 zài nǐ de shūbāo li ne)고 했으므로 보기 B가 정답이다.

男: 我的护照在你的手里吗?
女: 没有啊, 这是我的。你的放哪儿了?
男: 怎么办, 我不记得了。
女: 你看, 在你的书包里呢。

问: 护照在哪儿?

A 手里
B 书包里
C 洗手间里

남: 제 여권은 당신 손에 있어요?
여: 없어요, 이건 제 거인데, 당신 거는 어디에 둔 거예요?
남: 어쩌죠, 기억이 안 나요.
여: 봐요, 당신 가방에 있잖아요.

질문: 여권은 어디에 있는가?

A 손에
B 가방에
C 화장실에

★护照 hùzhào 명 여권 | 在 zài 동 ~에 있다 | 手 shǒu 명 손 | ★放 fàng 동 두다, 놓다 | ★记得 jìde 동 기억하고 있다 | 书包 shūbāo 명 책가방 | 洗手间 xǐshǒujiān 명 화장실

---

34 ◀ Test **1-34**

(해설 및 정답) 여자가 이 색깔을 좋아한다(我很喜欢这个颜色 wǒ hěn xǐhuan zhège yánsè)고 했으므로 색깔이 예쁘다고 생각한다는 것을 알 수 있다. 따라서 보기 B가 정답이다.

女: 这个箱子是送给我的?
男: 对, 这是我去南方旅游时买的。
女: 我很喜欢这个颜色, 谢谢。
男: 不客气。

问: **女的觉得礼物怎么样?**

A 不太喜欢
B 颜色很好看
C 不大也不小

여: 이 상자는 나에게 선물하는 거야?
남: 맞아. 이건 내가 남쪽 지역 여행할 때 산 거야.
여: 나 이 색깔 좋아해. 고마워.
남: 천만에.

질문: 여자는 선물이 어떻다고 생각하는가?

A 별로 마음에 들지 않는다

B 색깔이 예쁘다

C 크지도 작지도 않다

단어 箱子 xiāngzi 몡 상자 | 送给 sònggěi ~에게 선물해 주다 | 对 duì 혱 맞다 | 南方 nánfāng 몡 남쪽 지역, 남방 | 旅游 lǚyóu 통 여행하다 | 时 shí 몡 때, 시기 | 买 mǎi 통 사다 | 颜色 yánsè 몡 색깔

---

35 _____ Test **1-35**

해설 및 정답 남자와 여자가 카메라(照相机 zhàoxiàngjī)를 고르고 있으므로 그들이 상점에 있다는 것을 알 수 있다.

男: 这三种照相机哪种比较好?
女: 都不错, 您喜欢哪个?
男: 中间这个怎么样?
女: 这个现在很便宜, 可以便宜两百块。

问: 他们现在可能在哪儿?

A 宾馆　　　　B 车站　　　　**C 商店**

남: 이 세 종류 카메라 중 어떤 게 더 좋아?
여: 다 괜찮아, 넌 어떤 게 좋아?
남: 중간에 이건 어때?
여: 이거 지금 싸, 200위안 싸게 살 수 있어.

질문: 그들은 지금 아마도 어디에 있겠는가?

A 호텔　　　　B 정류장　　　　**C 상점**

단어 ★种 zhǒng 얭 종류, 가지[사람이나 사물의 종류를 세는 단위] | ★照相机 zhàoxiàngjī 몡 카메라, 사진기 | ★比较 bǐjiào 閂 비교적 | 不错 búcuò 혱 괜찮다 | 喜欢 xǐhuan 통 좋아하다 | ★中间 zhōngjiān 몡 중간, 가운데 | 怎么样 zěnmeyàng 때 어떠하다 | 现在 xiànzài 몡 지금 | 便宜 piányi 혱 (값이) 싸다 | 可以 kěyǐ 조통 ~할 수 있다 | 块 kuài 얭 위안[중국 화폐의 기본 단위] | 可能 kěnéng 閂 아마(도) | 在 zài 통 ~에 있다 | 哪儿 nǎr 때 어디 | 宾馆 bīnguǎn 몡 호텔 | 车站 chēzhàn 몡 정류장 | 商店 shāngdiàn 몡 상점

---

36 _____ Test **1-36**

해설 및 정답 바람이 세게 부는 것(刮大风 guā dà fēng)에 대해 이야기하고 있으므로 그들은 날씨에 대해 대화하고 있다.

女: 怎么了? 突然刮起大风了。
男: 这里的冬天就是这样的。你们那儿不是这样吗?
女: 也刮风, 但没有这么大。
男: 放心, 你慢慢就习惯了。

问: 他们在说什么?

A 习惯　　　　**B 天气**　　　　C 文化

여: 왜 그러는 거지? 갑자기 바람이 세게 불어.
남: 여기 겨울은 이렇더라. 네가 사는 그곳은 이렇지 않아?
여: 바람이 불긴 하지만 이렇게 세진 않아.
남: 걱정하지 마, 넌 곧 익숙해질 거야.

질문: 그들은 무엇에 관해 이야기하고 있는가?

A 습관　　　　**B 날씨**　　　　C 문화

단어 ★突然 tūrán 閂 갑자기 | ★刮风 guāfēng 통 바람이 불다 | 刮起 guāqǐ (바람이) 불기 시작하다 | 大 dà 혱 (바람이) 세다 | 这里 zhèlǐ 때 이곳, 여기 | 冬天 dōngtiān 몡 겨울 | 这样 zhèyàng 때 이렇다 | ★放心 fàngxīn 통 안심하다, 마음을 놓다 | 慢慢 mànmàn 천천히 | ★习惯 xíguàn 몡 습관 통 익숙해지다, 습관이 되다 | 在 zài 閂 ~하고 있다 | 天气 tiānqì 몡 날씨 | ★文化 wénhuà 몡 문화

---

37 _____ Test **1-37**

해설 및 정답 여자가 남자에게 기차역에 남동생을 데리러 가야 한다(我得去火车站接我弟弟 wǒ děi qù huǒchēzhàn jiē wǒ dìdi)고 했으므로 보기 A가 정답이다.

男: 下班后一起去唱歌吧。
女: 不了, 我得去火车站接我弟弟。
男: 你弟弟要来吗?
女: 对, 他放假了, 来我家玩儿几天。

问: 女的下班后要去接谁?

A 弟弟　　　　B 同学　　　C 丈夫

남: 퇴근 후에 같이 노래 부르러 가자.
여: 됐어. 나는 남동생 데리러 기차역에 가야 해.
남: 네 남동생이 와?
여: 응, 걔가 방학해서 우리 집에 와서 며칠 놀 거야.

질문: 여자는 퇴근 후 누구를 마중 나가려고 하는가?

A 남동생　　　B 학교(반) 친구　C 남편

단어 下班 xiàbān 图 퇴근하다 | 后 hòu 명 뒤, 후 | 一起 yìqǐ 녬 같이, 함께 | 唱歌 chànggē 图 노래를 부르다 | 得 děi 조동 ~해야 한다 | 火车站 huǒchēzhàn 명 기차역 | ★接 jiē 图 마중하다 | 放假 fàngjià 图 방학을 하다 | 玩儿 wánr 图 놀다 | 几天 jǐ tiān 며칠

---

38 ◀ ──────────────── Test **1-38**

해설 및 정답 샤오가오 외에 다른 사람들은 모두 왔다(除了小高, 其他人都来了 chúle Xiǎo Gāo, qítā rén dōu lái le)고 했으므로 샤오가오가 아직 공항에 도착하지 않았음을 알 수 있다. 따라서 보기 B가 정답이다.

女: 大家都到了吗?
男: 除了小高, 其他人都来了。
女: 他怎么还没到? 飞机还有一个小时就起飞了。
男: 他已经坐上出租车了, 十分钟后就能到。

问: 关于小高, 可以知道什么?

A 要买机票
B 还没到机场
C 没坐出租车

여: 다들 도착했나요?
남: 샤오가오 빼고 다른 사람들은 다 왔어요.
여: 샤오가오는 왜 아직까지 안 왔죠? 비행기가 한 시간 후면 이륙하는데.
남: 걔는 이미 택시를 타서 10분 후면 도착해요.

질문: 샤오가오에 관해 알 수 있는 것은?

A 비행기표를 사려고 한다
B 아직 공항에 도착하지 않았다
C 택시에 타지 않았다

단어 大家 dàjiā 떼 모두들 | 都 dōu 녬 모두, 다 | 到 dào 图 도착하다 | ★除了 chúle 깨 ~을 제외하고 | 其他人 qítā rén 다른 사람 | 来 lái 图 오다 | 怎么 zěnme 떼 어째서 | 还 hái 녬 아직도 | 飞机 fēijī 명 비행기 | 小时 xiǎoshí 명 시간[시간의 양] | 就 jiù 녬 곧, 바로 | ★起飞 qǐfēi 图 (비행기 등이) 이륙하다 | 已经 yǐjīng 녬 이미, 벌써 | 坐上 zuòshàng 타게 되다, 올라타다 | 出租车 chūzūchē 명 택시 | 分钟 fēnzhōng 명 분[시간의 양] | 后 hòu 명 뒤, 후 | 能 néng 조동 ~할 수 있다 | ★关于 guānyú 깨 ~에 관하여 | 可以 kěyǐ 조동 ~할 수 있다 | 知道 zhīdào 图 알다 | 要 yào 조동 ~하고자 하다 | 买 mǎi 图 사다 | 机票 jīpiào 명 비행기표

---

39 ◀ ──────────────── Test **1-39**

해설 및 정답 남자가 여자에게 왜 이렇게 일찍 왔냐면서 아직 3시가 안 됐다(还不到三点呢 hái bú dào sān diǎn ne)고 했으므로 지금은 2시 반일 가능성이 높다. 따라서 보기 A가 정답이다.

男: 你怎么这么早就回来了? 还不到三点呢。
女: 肚子突然非常疼, 就请假回来了。
男: 那你休息一会儿, 我给你拿药。
女: 好的, 谢谢你。

问: 女的最可能是几点回来的?

A **2:30**　　　　B 3:00　　　　C 3:15

남: 왜 이렇게 빨리 돌아왔어? 아직 3시도 안 됐는데.

여: 배가 갑자기 너무 아파서, 휴가 내고 왔어.

남: 좀 쉬고 있어, 내가 약 가져다줄게.

여: 그래, 고마워.

질문: 여자는 아마도 몇 시에 돌아왔겠는가?

A 2:30 B 3:00 C 3:15

단어 怎么 zěnme 때 어째서 | 这么 zhème 때 이렇게 | 回来 huílai 통 (화자가 있는 곳으로) 되돌아오다 | 还 hái 閉 아직 | 到 dào 통 이르다 | 点 diǎn 양 시[시간을 나타냄] | 肚子 dùzi 명 배 | ★突然 tūrán 閉 갑자기 | ★疼 téng 형 아프다 | ★请假 qǐngjià 통 (휴가·조퇴·외출·결석 등의 허락을) 신청하다 | 休息 xiūxi 통 쉬다 | ★一会儿 yíhuìr 명 잠시 | 给 gěi 개 ~에게 | 药 yào 명 약 | 最 zuì 閉 가장 | 可能 kěnéng 閉 아마(도) | 几 jǐ 쉬 몇

40   Test **1-40**

해설 및 정답 남자가 여자를 엄마(妈 mā)라고 불렀으므로 모자 관계라는 것을 알 수 있다.

女: 你多准备两双筷子。

男: 怎么了? 有客人来吗?

女: 你爷爷奶奶可能过来一起吃晚饭。

男: 好的。妈，筷子在哪儿呢?

问: 说话人最可能是什么关系?

A 丈夫和妻子

B 妈妈和儿子

C 奶奶和阿姨

여: 젓가락 두 벌 더 준비하렴.

남: 왜요? 손님 오세요?

여: 너희 할아버지, 할머니가 같이 저녁 먹으러 오실 거야.

남: 알았어요. <u>엄마</u>, 젓가락은 어디에 있어요?

질문: 말하는 사람은 아마도 어떤 관계이겠는가?

A 남편과 아내

B 엄마와 아들

C 할머니와 이모

단어 准备 zhǔnbèi 통 준비하다 | ★双 shuāng 양 벌[둘씩 쌍을 이룬 것을 세는 단위] | ★筷子 kuàizi 명 젓가락 | ★客人 kèrén 명 손님 | ★爷爷 yéye 명 할아버지 | ★奶奶 nǎinai 명 할머니 | 一起 yìqǐ 閉 함께 | 晚饭 wǎnfàn 명 저녁밥 | 在 zài 통 ~에 있다 | 说话 shuōhuà 통 말하다 | 最 zuì 閉 가장 | 可能 kěnéng 閉 아마(도) | ★关系 guānxi 명 관계

독해

41

해설 및 정답 더 챙겨야 하냐는 질문은 좀 적게 가져가자(보기 D)는 제안과 어울린다.

A: **41** 옷, 모자, 약 다 준비했어, 더 챙겨야 할 것이 있을까?

B: **D** 우리는 여행을 가는 거지, 이사를 가는 게 아니야. 그냥 좀 적게 가져가자.

단어 衣服 yīfu 명 옷 | ★帽子 màozi 명 모자 | 药 yào 명 약 | 都 dōu 閉 모두, 다 | 准备 zhǔnbèi 통 준비하다 | 还 hái 閉 또, 더 | ★需要 xūyào 통 필요로 하다, 요구되다 | ★带 dài 통 (몸에) 지니다, 가지다, 휴대하다, 챙기다 | 什么 shénme 때 무엇, 무슨 | 去 qù 통 가다 | 旅游 lǚyóu 통 여행하다 | 搬家 bānjiā 통 이사하다 | ★还是…吧 háishi…ba 아무래도, 역시 ~하는 게 낫다 | 少 shǎo 형 (수량이) 적다 | ★拿 ná 통 잡다, 들다 | 一些 yìxiē 양 조금, 약간

해설 및 정답 관계(사이)가 어떠냐는 질문은 '보통이야(一般)'라는 말(보기 **B**)과 어울린다.

A: **42** 너랑 왕 아가씨는 관계(사이)가 어때?

B: **B** 보통이지. 우린 지난달에 알게 되었고. 그냥 보통 친구야.

단어 小姐 xiǎojiě 몡 아가씨 | ★关系 guānxi 몡 관계 | 怎么样 zěnmeyàng 때 어떠하다 | ★一般 yìbān 혱 일반적이다 | 上个月 shàng ge yuè 지난달 | ★才 cái 뷔 비로소, 겨우 | 认识 rènshi 됭 (사람·길·글자를) 알다 | ★只 zhǐ 뷔 단지, 다만 | 普通 pǔtōng 혱 보통이다 | 朋友 péngyou 몡 친구

43

해설 및 정답 호텔에 대한 소감을 묻는 질문(보기 **F**)은 방이 조용하고 인터넷도 할 수 있다는 말과 어울린다.

A: **F** 난 이 호텔이 괜찮은 것 같아. 넌?

B: **43** 방도 조용하고, 인터넷도 사용할 수 있고, 오늘은 여기 묵자.

단어 觉得 juéde 됭 ~라고 생각하다, 여기다 | 家 jiā 양 가게를 세는 단위 | 宾馆 bīnguǎn 몡 호텔 | 还 hái 그런대로, 그럭저럭 | 不错 búcuò 혱 좋다, 괜찮다 | 房间 fángjiān 몡 방 | ★安静 ānjìng 혱 조용하다 | 还 hái 또 | 能 néng 조동 ~할 수 있다 | ★上网 shàngwǎng 됭 인터넷을 하다 | 今天 jīntiān 몡 오늘 | 住 zhù 됭 살다, 묵다 | 这儿 zhèr 때 여기, 이곳

44

해설 및 정답 숙제를 다했다는 말은 다시 한번 검토해 보라(보기 **C**)는 권유와 어울린다.

A: **44** 나는 숙제를 진작에 다 했어.

B: **C** 다시 검토해서 문제가 있는지 없는지 보는 게 좋겠어.

단어 ★完成 wánchéng 됭 완성하다 | 最好 zuìhǎo 뷔 ~하는 것이 가장 좋다 | 再 zài 뷔 또, 다시 | ★检查 jiǎnchá 됭 검사하다 | 一下 yíxià 양 동사 뒤에 쓰여 '좀 ~하다'의 뜻을 나타냄 | 还 hái 뷔 또 | 问题 wèntí 몡 문제

45

해설 및 정답 새집을 샀다는 말은 언제 이사할지(보기 **A**)를 묻는 질문과 어울린다.

A: **45** 나는 드디어 새집을 샀어.

B: **A** 너 언제 이사해? 도움이 필요해?

단어 ★终于 zhōngyú 뷔 드디어, 마침내 | ★自己 zìjǐ 때 자신, 자기 | 新 xīn 혱 새롭다 | 房子 fángzi 몡 집 | 搬家 bānjiā 됭 이사하다 | 呢 ne 조 의문문 끝에 쓰여 강조를 나타냄 | ★需要 xūyào 됭 필요로 하다 | ★帮忙 bāngmáng 몡 도움 됭 일을 돕다

46

해설 및 정답 준비는 어떻게 됐느냐는 질문은 다 봤지만 조금 걱정된다(보기 **B**)는 대답과 어울린다.

A: **46** 너 준비는 어떻게 됐어?

B: **B** 이 책들을 다 봤지만, 아직도 조금 걱정돼.

단어 准备 zhǔnbèi 됭 준비하다 | 虽然…但… suīrán…dàn… 접 비록 ~하지만 그러나 ~하다 | 这些 zhèxiē 때 이 몇몇의 | 还是 háishi 뷔 여전히, 아직도 | 有点儿 yǒudiǎnr 뷔 조금[부정적인 어투가 강함] | ★担心 dānxīn 됭 걱정하다

47

해설 및 정답 아이가 귀엽다는 말은 그가 삼촌의 아들(보기 **A**)이라는 소개 표현과 어울린다.

A: **47** 이 아이는 통통한 게 진짜 귀엽다.

B: **A** 그 아이는 우리 삼촌 아들이야. 1살 넘었어.

단어 小孩儿 xiǎoháir 몡 아이, 자녀 | ★胖 pàng 혱 살찌다, 뚱뚱하다 | 真 zhēn 뷔 정말, 진짜 | ★可爱 kě'ài 혱 귀엽다 | ★叔叔 shūshu 몡 숙부, 삼촌 | 儿子 érzi 몡 아들 | 岁 suì 양 살, 세[나이를 세는 단위]

48

해설 및 정답) 왜 또 감기에 걸렸느냐는 질문은 비 오는데 우산을 안 챙겼다(보기 D)는 대답과 어울린다.

A: ㉘ 너 왜 또 감기에 걸린 거야?
B: ㉓ 어제 비가 엄청 많이 왔는데, <u>난 우산을 안 가져왔었거든.</u>

단어) 怎么 zěnme 때 왜, 어째서 | ★又 yòu 閈 또 | 昨天 zuótiān 옝 어제 | 雨 yǔ 옝 비 | 下 xià 통 내리다, 떨어지다 | 得 de 조 ~하는 정도(상태)가 ~하다 | 非常 fēicháng 閈 굉장히, 아주 | ★带 dài 통 (몸에) 지니다, 가지다

49

해설 및 정답) 도서관이 곧 문을 닫을 것이라는 말에 내일 가도 된다(보기 E)는 반응이 어울린다.

A: ㉙ 도서관이 곧 <u>문을 닫을 거야.</u>
B: ㉓ 괜찮아. 난 내일 가도 괜찮아.

단어) ★图书馆 túshūguǎn 옝 도서관 | ★马上 mǎshàng 閈 곧, 바로 | 就要…了 jiùyào…le 곧 ~하려고 하다 | ★关 guān 통 닫다 | 门 mén 옝 문 | 明天 míngtiān 옝 내일 | 也 yě 閈 ~도 역시

50

해설 및 정답) 봄이 왔다(보기 C)는 말은 자신도 제일 좋아하는 계절이라는 반응과 어울린다.

A: ㉒ 봄이 왔어. 학교에는 꽃도 피었고, 풀도 푸르러 졌어.
B: ㉚ 사실 나도 이 계절이 제일 좋아.

단어) 春天 chūntiān 옝 봄 | 到 dào 통 도착하다, 이르다 | 学校 xuéxiào 옝 학교 | 里 lǐ 옝 안, 속 | ★花(儿) huā(r) 옝 꽃 | 都 dōu 閈 모두, 다 | 开 kāi 통 (꽃이) 피다 | ★草 cǎo 옝 풀 | 也 yě 閈 ~도 역시 | ★绿 lǜ 옝 푸르다 | ★其实 qíshí 閈 사실은 | 最 zuì 閈 가장, 제일 | 喜欢 xǐhuan 통 좋아하다 | ★季节 jìjié 옝 계절

[51~55]

A 选择 xuǎnzé 통 고르다, 선택하다
B 马上 mǎshàng 閈 곧, 바로
C 对 duì 개 ~에(게), ~에 대하여
D 舒服 shūfu 옝 편안하다
E 声音 shēngyīn 옝 소리
F 环境 huánjìng 옝 환경

51

해설 및 정답) 부사 马上(곧)은 주어 뒤 술어 앞에 쓰고, '马上就要了(곧 ~하다)'라는 호응 표현으로 상황의 임박을 나타낸다.

공연이 (**B 곧**) 시작되니 휴대폰을 꺼라.

단어) 表演 biǎoyǎn 옝 공연 | ★马上 mǎshàng 閈 곧, 바로 | 就要…了 jiùyào…le 곧 ~하려고 하다 | 开始 kāishǐ 통 시작하다 | ★把 bǎ 개 ~을 | 手机 shǒujī 옝 휴대폰 | ★关 guān 통 끄다

52

해설 및 정답) 동사 喜欢(좋아하다)의 목적어로 工作环境(업무 환경)이 적합하다.

나는 새로운 회사의 업무 (**F 환경**)을 아주 좋아한다.

단어) 非常 fēicháng 閈 굉장히, 아주 | 喜欢 xǐhuan 통 좋아하다 | 新 xīn 옝 새롭다 | 公司 gōngsī 옝 회사 | 工作 gōngzuò 옝 일, 일자리 | ★环境 huánjìng 옝 환경

53

해설 및 정답) 조동사 可以(~할 수 있다, ~해도 된다)는 동사 앞에 써서 상황의 가능이나 허락을 의미하고, 문장을 해석할 때 '호텔을 선택할 수 있다(可以选择宾馆)'가 자연스럽다.

당신은 기차역 부근의 호텔을 (**A 선택할**) 수 있습니다. 그곳에 묵으면 더 편할 겁니다.

단어) 可以 kěyǐ 조동 ~할 수 있다 | ★选择 xuǎnzé 통 고르다, 선택하다 | 火车站 huǒchēzhàn 옝 기차역 | ★附近 fùjìn 옝 부근 | 住 zhù 통 살다 | 会 huì 조동 ~할 것이다 | ★更 gèng 閈 더, 더욱 | ★方便 fāngbiàn 옝 편리하다

54

〔해설 및 정답〕 개사 对는 有兴趣(흥미가 있다)와 호응하여 '对…有兴趣(~에 흥미가 있다, ~에 관심 있다)' 형식으로 쓰인다.

그는 어려서부터 전자 게임(**C 에**) 관심이 많았다. 커서는 게임과 관련된 일을 선택했다.

〔단어〕 从小 cóng xiǎo 및 어린 시절부터, 어릴 때부터 | 就 jiù 및 곧, 바로 | 对 duì 게 ~에(게), ~에 대하여 | 电子游戏 diànzǐ yóuxì 전자 게임 | ★兴趣 xìngqù 명 재미, 흥미 | 长大 zhǎngdà 동 성장하다, 자라다 | 后 hòu 명 (~한) 후 | ★选择 xuǎnzé 동 고르다, 선택하다 | ★游戏 yóuxì 명 게임 | 有关 yǒuguān 형 관계가 있는, 관련 있는 | 工作 gōngzuò 명 일, 일자리

55

〔해설 및 정답〕 형용사 不舒服(불편하다, 몸이 아프다)는 정도부사 很의 수식을 받아 불편한 상황을 묘사할 수 있다.

그는 키가 커요. 이 테이블은 너무 낮아서, 앉기에 (**D 편하지**) 않아요.

〔단어〕 高 gāo 형 (키가) 크다 | ★张 zhāng 양 침대·탁자 등을 세는 단위 | 桌子 zhuōzi 명 탁자, 테이블 | 太 tài 및 너무, 몹시, 지나치게 | ★低 dī 형 (높이가) 낮다 | 坐 zuò 동 앉다 | ★舒服 shūfu 형 편안하다

[56–60]

> A 教 jiāo 동 가르치다
> B 要求 yāoqiú 명 요구 (사항)
> C 被 bèi 개 ~에 의하여
> D 爱好 àihào 명 취미
> E 吧 ba 조 ~해라, ~하자
> F 其实 qíshí 및 사실은

56

〔해설 및 정답〕 주어와 술어의 호응 표현으로 '要求简单(규칙이 간단하다)'가 어울리므로 보기 B가 정답이다.

A: 경기 (**B 규칙**)은 아주 간단해. 5분 동안 골이 많이 들어간 사람이 일등인 거야.
B: 알았어, 시작해도 돼?

〔단어〕 ★比赛 bǐsài 명 시합, 경기 | ★要求 yāoqiú 명 요구 (사항) | ★简单 jiǎndān 형 간단하다 | 分钟 fēnzhōng 명 분[시간의 양] | 谁 shéi 대 누구 | 打进 dǎjìn 쳐서 들어가다, 골인하다 | 球 qiú 명 공, 볼 | 多 duō 형 많다 | 第一 dì-yī 수 첫(번)째, 맨 처음 | ★明白 míngbai 동 이해하다, 알다 | 可以 kěyǐ 조동 ~할 수 있다, ~해도 된다 | 开始 kāishǐ 동 시작하다

57

〔해설 및 정답〕 조사 吧는 문장 끝에 써서 명령(~해라) 혹은 권유(~하자)를 나타낸다.

A: 샤오장더러 널 마중하러 기차역에 가라고 할(**E 게**).
B: 알았어. 나 여기에서 그를 기다릴게.

〔단어〕 让 ràng 동 (~로 하여금) ~하게 하다 | 去 qù 동 가다 | 火车站 huǒchēzhàn 명 기차역 | ★接 jiē 동 마중하다 | 等 děng 동 기다리다

해설 및 정답 빈칸에는 술어(동사)가 필요하고 문장을 해석하면 '내가 너에게 가르쳐 줄게(我教你)'가 적절하므로 보기 A가 정답이다.

A: 언니(누나), 책에 있는 그 문제들은 어떻게 풀어?
B: 하나도 어렵지 않아. 내가 (**A 가르쳐**) 줄게.

단어 姐(姐) jiě(jie) 명 누나, 언니 | 书 shū 명 책 | 题 tí 명 문제 | 怎么 zěnme 대 어떻게, 어째서 | 做 zuò 동 하다 | 一点儿也 yìdiǎnr yě 조금도 | ★难 nán 형 어렵다 | ★教 jiāo 동 가르치다

해설 및 정답 부사는 주어 앞이나 뒤에서 전달하려는 의미를 더 정확하게 만드는 역할을 한다. 其实를 통해 B가 보고 싶은 오래된 영화가 A가 보여 주려는 것과 차이가 있다는 것을 추측할 수 있다.

A: 너 이런 영화 프로그램 좋아해?
B: (**F 사실**) 난 그냥 오래된 영화들을 좀 보고 싶어.

단어 喜欢 xǐhuan 동 좋아하다 | ★种 zhǒng 양 종류, 가지[사람이나 사물의 종류를 세는 단위] | 电影 diànyǐng 명 영화 | ★节目 jiémù 명 프로그램 | ★其实 qíshí 부 사실은 | ★只 zhǐ 부 단지, 다만 | 想 xiǎng 조동 ~하고 싶다 | 看 kàn 동 보다 | ★老 lǎo 형 늙다, 오래되다

해설 및 정답 개사 被(~에 의하여)는 명사 또는 대명사와 함께 개사구를 이루어 '被…+동사(~에 의해 ~해지다)' 형식으로 쓰인다. 문장을 해석하면 书被同事借走(책이 동료에 의해 빌려가지다, 동료가 책을 빌려 가다)라는 표현이 자연스러우므로 보기 C가 정답이다.

A: 네 역사책은?
B: 그 책은 내 동료(**C 가**) 빌려 갔어.

단어 ★历史 lìshǐ 명 역사 | 书 shū 명 책 | 本 běn 양 권[책을 세는 단위] | ★被 bèi 개 ~에 의하여 | ★同事 tóngshì 명 동료 | 借走 jièzǒu 빌려 가다

해설 및 정답 축구 하러 나가는 게 어떠냐(我们出去踢足球怎么样)고 제안했으므로, 그가 축구 하러 가려고 한다는 것을 알 수 있다.

오늘 날씨가 좋아, 어제처럼 바람이 그렇게 세게 불지도 않아. 우리 축구 하러 나가는 거 어때? 축구는 몸에도 좋잖아. 너 빨리 일어나.

★ 이 글을 통해 알 수 있는 것은:

A 지금은 가을이다
B 어제는 비가 내렸다
C 그는 축구 하러 가려고 한다

단어 天气 tiānqì 명 날씨 | 不错 búcuò 형 좋다, 괜찮다 | ★像 xiàng 동 ~와 같다 | 昨天 zuótiān 명 어제 | ★刮风 guāfēng 동 바람이 불다 | 大 dà 형 (힘·강도 등이) 세다 | 出去 chūqu 동 나가다 | 踢足球 tī zúqiú 축구를 하다 | 对 duì 개 ~에 대해 | 快 kuài 부 빨리 | ★起来 qǐlai 동 일어나다 | ★根据 gēnjù 개 ~에 근거하여 | ★段 duàn 양 단락[사물의 한 부분을 나타냄] | 可以 kěyǐ 조동 ~할 수 있다 | 秋天 qiūtiān 명 가을 | 下雨 xiàyǔ 동 비가 오다

해설 및 정답 아침에 지갑을 챙기지 않았다(没拿钱包)고 했으므로, 돈을 안 가져왔다는 것을 알 수 있다. 따라서 보기 B가 정답이다.

나는 오늘 아침에 너무 늦게 일어났다. 버스를 타고 나서야 지갑을 가져오지 않았다는 것을 알게 됐다. 버스에 있던 반 친구 한 명이 나를 도와줬다.

★ 그는 오늘 아침에:

A 출근하지 않았다
B 돈을 안 가져왔다
C 밥을 안 먹었다

단어 起 qǐ 통 일어나다 | 晚 wǎn 형 늦다 | 坐上 zuòshàng 타다 | 公共汽车 gōnggòng qìchē 명 버스 | 后 hòu 명 뒤, 후 | ★才 cái 부 ~에서야, 비로소 | ★发现 fāxiàn 통 발견하다 | 拿 ná 통 들다 | 钱包 qiánbāo 명 지갑 | ★后来 hòulái 명 그 후 | 同学 tóngxué 명 학교(반) 친구 | 帮助 bāngzhù 통 돕다 | 上班 shàngbān 통 출근하다 | 带 dài 통 (몸에) 지니다, 챙기다 | 钱 qián 명 돈 | 吃饭 chīfàn 통 밥을 먹다

A 차비가 비싸지 않다

B 그의 집에서 가깝다

C 옆에 기차역이 있다

단어 报纸 bàozhǐ 명 신문 | ★马上 mǎshàng 부 곧, 바로 | 坐 zuò 통 (차나 비행기를) 타다 | ★地铁 ditiě 명 지하철, 전철 | ★经过 jīngguò 통 지나다, 거치다 | 家 jiā 명 집 | ★附近 fùjìn 명 근처, 부근 | ★以后 yǐhòu 명 이후 | 上班 shàngbān 통 출근하다 | ★方便 fāngbiàn 형 편리하다 | 从 cóng 개 ~에서, ~로부터 | 到 dào 통 도착하다, 이르다 | 公司 gōngsī 명 회사 | ★只 zhǐ 부 단지, 다만 | 要 yào 통 필요로 하다, 소요하다 | ★花 huā 통 쓰다, 소비하다 | 分钟 fēnzhōng 명 분[시간의 양] | 比 bǐ 개 ~보다 | 公共汽车 gōnggòng qìchē 명 버스 | 快 kuài 형 (속도가) 빠르다 | 车费 chēfèi 명 차비 | 贵 guì 형 (가격이) 비싸다 | 近 jìn 형 가깝다 | 旁边 pángbiān 명 옆, 근처 | 火车站 huǒchēzhàn 명 기차역

63

해설 및 정답 숙제를 아직 완성하지 않았다(还没完成)고 했으므로 보기 C가 정답이다.

숙제를 아직 다 못 했어. 한 문제 남았는데 못 할 것 같아. 내일 학교에 가서 선생님께 여쭤 보는 게 좋을 것 같아. 선생님께서는 분명 어떻게 풀어야 할지 아실 거야.

★ 그의 숙제는:

A 많다
B 모두 할 줄 안다
C 아직 다 하지 못했다

단어 ★作业 zuòyè 명 숙제 | 还没 hái méi 아직 ~하지 않았다 | ★完成 wánchéng 통 완성하다 | 差 chà 통 부족하다, 모자라다 | 题 tí 명 문제 | 做 zuò 통 하다 | ★还是 háishi 부 ~하는 편이 좋다 | 学校 xuéxiào 명 학교 | 问 wèn 통 묻다 | 应该 yīnggāi 조동 응당 ~할 것이다 | 知道 zhīdào 통 알다 | 怎么 zěnme 대 어떻게 | ★才 cái 부 ~에서야, 비로소

65

해설 및 정답 손목시계를 쓰는 것이 더 편리하다(用手表更方便)고 했으므로 그는 휴대폰이 아니라 손목시계로 시간 보는 것을 더 선호한다고 볼 수 있다. 따라서 보기 C가 정답이다.

지금 점점 더 많은 사람들이 휴대폰을 꺼내서 시간을 본다. 나는 그래도 손목시계를 사용하는 것이 더 편하다.

★ 이 글을 통해서 그가 더 원하는 것은:

A 전화를 한다
B 휴대폰으로 인터넷을 한다
C 손목시계로 시간을 본다

단어 现在 xiànzài 명 지금 | 越来越 yuèláiyuè 부 더욱더, 점점, 갈수록 | 喜欢 xǐhuan 통 좋아하다 | 拿出 náchū 통 꺼내다 | 手机 shǒujī 명 휴대폰 | 看 kàn 통 보다 | 时间 shíjiān 명 시간 | 觉得 juéde 통 ~라고 생각하다, 여기다 | ★用 yòng 통 사용하다, 쓰다 | 手表 shǒubiǎo 명 손목시계 | ★更 gèng 부 더, 더욱 | ★方便 fāngbiàn 형 편리하다 | ★根据 gēnjù 개 ~에 근거하여 | ★愿意 yuànyì 통 바라다, 원하다 | 打电话 dǎ diànhuà 전화를 걸다, 전화하다 | ★上网 shàngwǎng 통 인터넷을 하다

64

해설 및 정답 15호선 지하철이 우리 집 근처를 지나고(经过我家附近) 겨우 15분 걸린다(只要花15分钟)고 했으므로 집에서 가깝다는 것을 알 수 있다. 따라서 보기 B가 정답이다.

너 신문 봤어? 난 곧 15호선 지하철을 탈 수 있게 됐어. 15호선 지하철이 우리 집 근처를 지나간대. 나중에 나는 출근하기 훨씬 편하게 됐어. 우리 집에서 회사까지 겨우 15분 걸리니까 버스보다 훨씬 빠르지.

★ 15호선 지하철은:

66

해설 및 정답 (손에 든 것을) 놓는다면 다른 것을 선택할 기회가 있을 것(你就有机会选择其他的)이라고 했으므로 보기 B가 정답이다.

네 손에 물건 하나를 들고 놓지 않으면, 넌 겨우 이 하나의 물건만 갖게 돼. 만약 네가 놓는다면 다른 것을 선택할 기회가 생기는 거야.

★ 손에 있는 것을 놓으면:

A 더 좋은 것을 찾을 수 있다

B 더 많은 선택이 있다

C 자신을 더 이해할 수 있다

단어 手中 shǒu zhōng 몡 손 안 | ★拿 ná 툉 잡다, 들다 | 东西 dōngxi 몡 물건, 것 | ★放 fàng 툉 놓다, 두다 | 时 shí 몡 때, 시기 | ★只 zhǐ 뿐 단지, 다만, 겨우 | ★如果 rúguǒ 젭 만약 | ★愿意 yuànyì 툉 바라다, 원하다 | 放开 fàngkāi 툉 놓다 | ★机会 jīhuì 몡 기회 | ★选择 xuǎnzé 툉 선택하다 | ★其他 qítā 떼 기타, 그 밖, 그 외 | 可以 kěyǐ 조툉 ~할 수 있다 | 找到 zhǎodào 찾아내다 | ★更 gèng 뿐 더, 더욱 | ★了解 liǎojiě 툉 분명히 알다, 잘 알다 | ★自己 zìjǐ 떼 자기, 자신, 스스로

67

해설 및 정답 딸이 노래 부르는 것을 무척 좋아한다(爱唱歌)고 했으므로 보기 C가 정답이다.

이 아이는 내 딸이야. 올해 가을에 1학년에 들어가. 이 애는 노래하는 것을 좋아할 뿐 아니라 춤추는 것도 좋아해. 집에서 별일 없을 때, 애는 항상 나와 아내 앞에서 노래하고 춤춰. 1분도 조용히 있지를 않아.

★ 그의 딸은:

A 아주 똑똑하다

B 깨끗한 것을 좋아한다

C 노래하는 것을 좋아한다

단어 女儿 nǚ'ér 몡 딸 | 今年 jīnnián 몡 올해 | ★秋天 qiūtiān 몡 가을 | 就要…了 jiùyào…le 곧 ~하려고 하다 | 上 shàng 툉 오르다, 어떤 활동을 하다 | ★年级 niánjí 몡 학년 | ★不但…也… búdàn…yě… 젭 ~뿐만 아니라 ~도 ~하다 | 唱歌 chànggē 툉 노래를 부르다 | 跳舞 tiàowǔ 툉 춤을 추다 | 在 zài 깨 ~에서 | 家 jiā 몡 집 | ★总是 zǒngshì 뿐 늘, 항상 | 妻子 qīzi 몡 아내 | 面前 miànqián 몡 면전, 눈앞 | 分钟 fēnzhōng 몡 분[시간의 양] | ★安静 ānjìng 톙 조용하다 | ★聪明 cōngming 톙 똑똑하나, 총명하다 | ★干净 gānjìng 톙 깨끗하다 | 喜欢 xǐhuan 툉 좋아하다

68

해설 및 정답 같이 차를 마시러 가자고 제안한 뒤 우리 회사 근처(在我们公司旁边)에 있다고 했으므로 보기 B가 정답이다.

퇴근 후에 우리 함께 찻집에 가자. 바로 우리 회사 근처에 있는 곳인데 일인당 25위안으로 차뿐만 아니라 먹을 것도 준대. 모두 차 마시면서 이야기하는 건 어때?

★ 그 찻집은 어떠한가?

A 사람이 많다

B 회사 근처에 있다

C 문 닫는 시간이 늦다

단어 下班 xiàbān 툉 퇴근하다 | 后 hòu 몡 뒤, 후 | 一起 yìqǐ 뿐 같이, 함께 | 茶馆儿 cháguǎnr 찻집 | 在 zài 툉 ~에 있다 | 公司 gōngsī 몡 회사 | 旁边 pángbiān 몡 옆, 근처 | 位 wèi 양 분[사람의 수를 세는 단위] | ★除了…, 还… chúle…, hái… ~말고도 또한 ~하다 | 茶水 cháshuǐ 차, tea | 送 sòng 툉 주다 | 一些 yìxiē 양 조금, 약간 | 大家 dàjiā 떼 모두들 | 聊天儿 liáotiānr 툉 이야기하다, 잡담하다

해설 및 정답 웃는 방법을 통해 기쁘고 만족스럽다(很高兴, 很满意)는 것을 알려 준다고 했으므로 보기 B가 정답이다.

아이들이 말을 배우기 전에 이미 울고 웃는 것을 배운다. 그들은 이런 방법을 통해 다른 사람에게 자기가 배고프고, 화가 났고, 불편하고 또는 기쁘고, 만족스럽다는 것을 알려 준다. 이후에 천천히 자라서 그들은 간단한 단어로 자기 뜻을 표현하기 시작한다.

★ 아이들이 웃는 것은 아마도 무엇을 나타내는가:

A 불만족스럽다

B 아주 좋다

C 좀 피곤하다

단어 孩子 háizi 명 자녀, (어린)아이 | 在…以前 zài…yǐqián ~하기 전에 | 学会 xuéhuì 통 습득하다, 배워서 알다 | 说话 shuōhuà 통 말하다, 이야기하다 | 就 jiù 부 곧, 바로 | 已经 yǐjīng 부 이미, 벌써 | 懂 dǒng 통 알다, 이해하다 | ★哭 kū 통 울다 | 笑 xiào 통 웃다 | ★借 jiè 통 빌리다 | 办法 bànfǎ 명 방법 | 告诉 gàosu 통 알려 주다 | ★别人 biéren 대 남, 타인 | ★自己 zìjǐ 대 자기, 자신, 스스로 | ★饿 è 형 배고프다 | ★生气 shēngqì 통 화를 내다 | ★舒服 shūfu 형 편안하다 | ★或者 huòzhě 접 ~든지, ~거나 | 高兴 gāoxìng 형 기쁘다 | ★满意 mǎnyì 형 만족하다 | ★后来 hòulái 명 그 후, 그 뒤 | 慢 màn 형 느리다 | 长大 zhǎngdà 통 성장하다, 자라다, 크다 | 开始 kāishǐ 통 시작하다 | ★用 yòng 통 사용하다, 쓰다 | 一些 yìxiē 양 몇몇의 | ★简单 jiǎndān 형 간단하다 | ★词语 cíyǔ 명 어휘 | ★表示 biǎoshì 통 표시하다, 나타내다 | 意思 yìsi 명 의미, 뜻 | 可能 kěnéng 부 아마(도) | 累 lèi 형 피곤하다, 힘들다

해설 및 정답 따뜻한 차를 좋아하고 차를 마시면 무척 편하다(喝杯热茶, 真是舒服极了)고 했으므로, 그는 차 마시는 것을 아주 좋아한다고 볼 수 있다. 따라서 보기 C가 정답이다.

차는 내가 가장 좋아하는 것이다. 녹차와 홍차, 화차를 나는 모두 좋아한다. 날씨가 춥거나 공부에 지칠 때 따뜻한 차 한 잔을 마시면 정말 너무 편하다.

★ 그에 대해 알 수 있는 것은:

A 차를 파는 사람이다

B 공부를 못한다

C 차 마시는 것을 아주 좋아한다

단어 茶 chá 명 차, tea | 最爱 zuì'ài 명 가장 사랑하는 사람이나 사물 | 绿茶 lǜchá 명 녹차 | 红茶 hóngchá 명 홍차 | 花茶 huāchá 명 화차, 꽃차 | 都 dōu 부 모두, 다 | 喜欢 xǐhuan 통 좋아하다 | 天 tiān 명 하루, 날 | 冷 lěng 형 춥다 | ★或者 huòzhě 접 ~든지, ~거나 | 学习 xuéxí 통 공부하다 | 累 lèi 형 피곤하다, 지치다 | 时候 shíhou 명 때 | 喝 hē 통 마시다 | 杯 bēi 양 잔, 컵 | 热 rè 형 덥다, 뜨겁다 | 真是 zhēnshi 부 정말로 | ★舒服 shūfu 형 편안하다 | 极了 jíle 극히, 매우[형용사 뒤에 위치해 뜻을 매우 강조할 때 쓰임] | ★关于 guānyú 개 ~에 관하여 | 可以 kěyǐ 조동 ~할 수 있다 | 知道 zhīdào 통 알다, 이해하다 | 卖 mài 통 팔다

쓰기

71

해설 *Step 1.* 먼저 술어가 될 동사나 형용사를 찾고, 그다음에 주어와 목적어를 찾는다.

桌子上 + 放着 + 书
주어　　술어(동사)　목적어

[존현문] 존재하는 장소+有/동사着+존재하는 것

책상 위에 책이 놓여 있다

Step 2. 양사 本은 '권'이라는 의미로 책을 세는 단위이므로, 명사 앞에 쓴다.

桌子上 + 放着 + (一本) + 书
　　　　　　　　　한 권의 책

책상에 책 한 권이 놓여 있다

정답 **桌子上放着一本书。**
Zhuōzi shang fàngzhe yì běn shū.
책상에 책 한 권이 놓여 있다.

단어 桌子 zhuōzi 명 탁자, 테이블 | 上 shàng 명 위 | ★放 fàng 통 놓다, 두다 | 本 běn 양 권[책을 세는 단위] | 书 shū 명 책

72

해설 *Step 1.* 먼저 술어가 될 동사나 형용사를 찾고, 그다음에 주어와 목적어를 찾는다.

老师 + 送给他女儿 + 一个礼物
주어　　술어(동사)　　　　목적어

선생님은 그의 딸에게 하나의 선물을 준다

Step 2. 양사 位는 사람을 세는 단위로, 사람을 의미하는 명사 앞에 쓴다.

(那位) + 老师 + 送给他女儿 + 一个
礼物　　　　그 선생님

그 선생님은 그의 딸에게 하나의 선물을 준다

정답 **那位老师送给他女儿一个礼物。**
Nà wèi lǎoshī sònggěi tā nǚ'ér yí ge lǐwù.
그 선생님은 딸에게 선물을 하나 주었다.

단어 ★位 wèi 양 분[사람의 수를 세는 단위] | 老师 lǎoshī 명 선생님 | 送给 sònggěi ~에게 주다, ~에게 선물하다 | 女儿 nǚ'ér 명 딸 | 礼物 lǐwù 명 선물

73

해설 *Step 1.* 먼저 술어가 될 동사나 형용사를 찾고, 그다음에 주어와 목적어를 찾는다.

您 + 还有 + 要求吗?
주어　　술어(동사)　목적어

당신은 요구 사항이 또 있나요?

Step 2. 대명사 其他는 '기타, 그 밖'의 의미로 명사 앞에 쓸 수 있다.

您 + 还有 + (其他) + 要求吗?
　　　　　　　　그 밖의 요구 사항

당신은 그 밖의 요구 사항이 또 있나요?

정답 **您还有其他要求吗?**
Nín hái yǒu qítā yāoqiú ma?
당신은 그 밖의 요구 사항이 또 있나요?

단어 还 hái 부 또, 더 | ★其他 qítā 대 기타, 그 밖, 다른 | ★要求 yāoqiú 명 요구 (사항)

74

해설 *Step 1.* 제시어에 개사 把가 등장하면 특이한 어순을 먼저 떠올려야 한다. 把는 '~을'의 의미로, 목적어를 술어(동사) 앞으로 가져와 강조할 때 쓴다.

他最后 + [把 + 那些菜] + 吃完
주어　　　[把+목적어]　　술어(동사)+기타성분

그는 결국 그 요리들을 다 먹는다

Step 2. 동사 决定은 의미적으로 문장 전체의 술어 역할을 하는 것이 적합하다.

他最后 + 决定 + [把 + 那些菜] + 吃完

주어　　　　술어　　[把+목적어] + 술어(동사) + 기타성분
　　　　　　　　　　　　　　　目的語

그는 결국 그 요리들을 다 먹기로 결정했다

(정답) 他最后决定把那些菜吃完。
Tā zuìhòu juédìng bǎ nàxiē cài chīwán.
그는 결국 그 음식들을 다 먹어버리기로 결정했다.

(단어) 最后 zuìhòu 명 최후, 맨 마지막 | ★决定 juédìng 동 결정하다 | 那些 nàxiē 대 그 몇몇의 | 菜 cài 명 요리, 음식 | 吃完 chīwán 다 먹다

75

(해설) **Step 1.** 먼저 술어가 될 동사나 형용사를 찾고, 그다음에 술어가 동사라면 적절한 목적어를 찾는다.

我同学长得 + [?]
주어 + 술어(동사) 得 + 〈형용사〉

내 반 친구는 생긴 것이 ~하다

Step 2. '동사 得'는 동작이 발생한 후 그 동작에 대한 묘사, 소감, 평가를 표현할 때 쓴다. 따라서 동작을 묘사할 수 있는 표현(형용사)이 제시어 중에 있는지 살펴보아야 한다.

我同学长得 + 〈一样〉
동사 得 + 〈형용사〉 : 똑같이 생기다

내 반 친구는 생긴 것이 똑같다

Step 3. 형용사 一样은 의미적으로 '닮은 대상'이 필요하므로, 他爸爸와 함께 호응하여 쓸 수 있다.

我同学长得 + 〈[跟他爸爸] + 一样〉
　　　　　　　　　~와 똑같다

내 반 친구는 그의 아빠와 생긴 것이 똑같다

(정답) 我同学长得跟他爸爸一样。
Wǒ tóngxué zhǎng de gēn tā bàba yíyàng.
내 반 친구는 그의 아빠와 생긴 것이 똑같다.

(단어) 同学 tóngxué 명 학교(반) 친구 | ★长 zhǎng 동 생기다, 자라다 | 跟 gēn 개 ~와, ~(이)랑 | 爸爸 bàba 명 아빠 | 一样 yíyàng 형 같다, 똑같다

76

(해설 및 정답) 동사 뒤에서 동작이 모두 완료되었음을 나타내는 표현은 完 wán이다.

숙제를 <u>다</u> 하고 나서 나가 놀아라!

(단어) ★作业 zuòyè 명 숙제 | 写完 xiěwán 다 쓰다 | 再 zài 부 ~하고 나서 | 去 qù 동 가다 | 玩 wánr 동 놀다

77

(해설 및 정답) 명사 앞에서 가장 일반적으로 쓰이는 양사는 个 ge이다.

바로 이 거리 서쪽에 빵집이 <u>하나</u> 있다.

(단어) 就 jiù 부 바로, 곧 | 在 zài 동 ~에 있다 | ★条 tiáo 양 (길·강·물고기 등) 가늘고 긴 형상 또는 물건을 세는 단위 | 街 jiē 명 거리 | 西边 xībian 명 서쪽 | ★面包 miànbāo 명 빵 | 店 diàn 명 상점, 가게

78

(해설 및 정답) 몸(건강)의 상태를 표현할 때 쓰는 형용사는 舒服 shūfu이다.

요즘 늘 몸이 그다지 <u>좋지</u> 않다고 느낀다.

(단어) ★最近 zuìjìn 명 요즘 | ★总是 zǒngshì 부 늘, 항상 | 觉得 juéde 동 ~라고 생각하다, 여기다 | 身体 shēntǐ 명 몸, 신체 | 不太 bú tài 그다지 ~하지 않다 | ★舒服 shūfu 형 편안하다

'수준이 향상되다(水平提高 shuǐpíng tígāo)'는 표현을 완성하면 해석이 자연스럽다.

선생님의 도움으로 네 중국어 실력이 반드시 <u>향상될</u> 거라고 믿는다.

단어 ★相信 xiāngxìn 동 믿다 | 在 zài 개 ~에서 | 帮助 下 bāngzhù xià 도움 하에, 도움으로 | 汉语 Hànyǔ 명 중국어 | ★水平 shuǐpíng 명 수준, 능력 | ★一定 yídìng 부 반드시, 꼭 | 会 huì 조동 ~할 것이다 | ★提高 tígāo 동 향상시키다, 향상되다

중간 위치를 표현할 때 쓰는 명사는 **中间** zhōngjiān이다.

선생님, 칠판 <u>중간</u>에 있는 그 한자는 어떻게 쓰는 거예 요?

단어 老师 lǎoshī 명 선생님 | ★黑板 hēibǎn 명 칠판 | ★中间 zhōngjiān 명 중간, 가운데 | 汉字 Hànzì 명 한자 | 怎么 zěnme 대 어떻게 | 写 xiě 동 (글씨를) 쓰다

정답

듣기

1. B	2. E	3. C	4. F	5. A	6. B	7. C	8. E	9. A	10. D
11. X	12. X	13. √	14. √	15. √	16. X	17. X	18. √	19. X	20. √
21. B	22. C	23. C	24. C	25. A	26. C	27. A	28. A	29. C	30. A
31. A	32. C	33. A	34. B	35. A	36. C	37. B	38. B	39. C	40. A

독해

41. C	42. B	43. A	44. D	45. F	46. B	47. D	48. E	49. A	50. C
51. F	52. D	53. C	54. B	55. A	56. A	57. B	58. E	59. F	60. C
61. A	62. A	63. C	64. B	65. C	66. C	67. A	68. B	69. A	70. C

쓰기

71. 我也需要一个那样的照相机。

72. 冬天的北京可能会下大雪。

73. 我解决过几次难题。

74. 我的伞被我同学拿走了。

75. 那个小男孩儿表演得很不错。

76. 文　77. 太　78. 里　79. 会　80. 共

여: 이 흰색 치마 괜찮네, 네 생각엔 어때?
남: 나도 이 색이 좋아, 너 입어 봐.

---

1   Test **2-01**

해설 및 정답 欢迎您(huānyíng nín 어서 오세요)는 대개 종업원이 손님에게 하는 인사이다. 또한 여자가 남자에게 일행이 몇 명인지를 물었으므로 식당에서 일하는 종업원임을 유추할 수 있다.

女: 欢迎您，先生。请问您几位？
男: 两位，楼上有地方吗？

여: 어서 오세요, 선생님, 몇 분이세요?
남: 두 명인데, 위층에 자리가 있나요?

단어 欢迎 huānyíng 통 환영하다 | 先生 xiānsheng 명 선생님, 씨 | 请问 qǐngwèn 통 말씀 좀 여쭙겠습니다 | 几 jǐ 몇 | ★位 wèi 양 분[사람의 수를 세는 단위] | 楼上 lóushàng 명 위층 | ★地方 dìfang 명 곳, 장소

---

2   Test **2-02**

해설 및 정답 자전거(自行车 zìxíngchē)를 타고 출퇴근하는 이야기를 나누고 있으므로 보기 E가 정답이다.

男: 你每天都骑自行车上下班？
女: 是，骑车对身体非常好。

남: 너 매일 자전거 타고 출퇴근하는 거야?
여: 응, 자전거 타는 게 몸에 굉장히 좋거든.

단어 每天 měi tiān 매일 | ★骑 qí (자전거·오토바이·동물 등을) 타다 | ★自行车 zìxíngchē 명 자전거 | 上下班 shàngxiàbān 통 출퇴근하다 | 骑车 qí chē 자전거를 타다 | 对 duì 개 ~에(게), ~에 대해 | 身体 shēntǐ 명 신체, 몸 | 非常 fēicháng 부 굉장히, 아주

---

3   Test **2-03**

해설 및 정답 여자가 남자에게 치마(裙子 qúnzi)가 어떤지 물었으므로 보기 C가 정답이다.

女: 这条白色的裙子不错，你觉得怎么样？
男: 我也很喜欢这个颜色，你试试吧。

단어 ★条 tiáo 양 바지·치마를 세는 단위 | 白色 báisè 명 흰색 | ★裙子 qúnzi 치마 | 不错 búcuò 형 괜찮다 | 觉得 juéde 통 ~라고 생각하다 | 怎么样 zěnmeyàng 대 어떠하다 | 也 yě 부 ~도 또한 | 喜欢 xǐhuan 통 좋아하다 | 颜色 yánsè 명 색깔 | ★试 shì 통 시험 삼아 해보다

---

4   Test **2-04**

해설 및 정답 약을 먹을(吃药 chī yào) 필요가 있는지 묻자 쉬면 된다고 했으므로 의사와 환자의 대화라고 유추할 수 있다. 따라서 보기 F가 정답이다.

男: 我真的不需要吃药吗？
女: 不需要，休息几天就好了。

남: 저 정말 약을 먹을 필요가 없나요?
여: 필요 없어요. 며칠 쉬면 괜찮아질 거예요.

단어 真的 zhēnde 부 정말로 | ★需要 xūyào 통 필요하다 | 药 yào 명 약 | 休息 xiūxi 통 쉬다 | 几 jǐ 수 몇 | 天 tiān 명 날, 일

---

5   Test **2-05**

해설 및 정답 여자가 문제를 해결했다고 하자 남자가 기뻐했으므로, 직장 동료 간의 대화로 유추할 수 있다. 따라서 보기 A가 정답이다.

女: 你看，上次的那个问题，我已经解决了。
男: 太好了！下班后大家一起喝杯酒吧。

여: 봐봐, 지난번 그 문제는 내가 이미 해결했어.
남: 너무 잘됐다! 퇴근 후에 모두 같이 술 한 잔 마시자.

단어 上次 shàngcì 명 지난번 | 问题 wèntí 명 문제 | 已经 yǐjīng 부 이미, 벌써 | ★解决 jiějué 통 해결하다 | 下班 xiàbān 통 퇴근하다 | 后 hòu 명 뒤, 후 | 一起 yìqǐ 부 같이, 함께 | 喝 hē 통 마시다 | 杯 bēi 양 잔, 컵 | 酒 jiǔ 명 술

6

해설 및 정답 커피(咖啡 kāfēi)가 몸에 안 좋은 이야기를 하고 있으므로 커피를 마시고 있는 사진 보기 **B**가 정답이다.

男：咖啡喝多了对身体不好。
女：我不太喜欢喝咖啡。今天我起来太早了，觉得有点儿累，所以喝一杯。

남: 커피를 많이 마시면 몸에 안 좋아.
여: 난 커피 마시는 걸 별로 안 좋아해. 오늘은 너무 일찍 일어나서 좀 피곤해. 그래서 한 잔 마시는 거야.

단어 咖啡 kāfēi 몡 커피 | 喝 hē 동 마시다 | 多 duō 혱 많다 | 对 duì 개 ~에(게), ~에 대해 | 身体 shēntǐ 몡 몸 | 不太 bú tài 그다지 ~하지 않다 | 喜欢 xǐhuan 동 좋아하다 | 今天 jīntiān 몡 오늘 | ★起来 qǐlai 동 일어나다 | 太 tài 児 너무 | 早 zǎo 혱 (때가) 이르다, 빠르다 | 觉得 juéde 동 ~라고 생각하다 | 有点儿 yǒudiǎnr 児 조금, 약간[부정적인 어투가 강함] | 累 lèi 혱 피곤하다 | 所以 suǒyǐ 접 그래서 | 杯 bēi 양 잔, 컵

7

해설 및 정답 전자사전(电子词典 diànzǐ cídiǎn)이 쓰기 좋은지 묻자 중국어 공부에 도움이 된다고 대답했으므로, 공부하는 아이와 엄마 사진 보기 **C**가 정답이다.

女：这个电子词典好用吗？
男：好用，我学习汉语的时候，它很有帮助。

여: 이 전자사전은 쓰기 좋아?
남: 쓰기 좋아요, 제가 중국어 공부할 때, 그게 많이 도움이 돼요.

단어 电子 diànzǐ 몡 전자 | ★词典 cídiǎn 몡 사전 | 好用 hǎoyòng 혱 쓰기 편하다 | 学习 xuéxí 동 공부하다 | 汉语 Hànyǔ 몡 중국어 | 帮助 bāngzhù 몡 도움

8

해설 및 정답 남자가 여자에게 셔츠(衬衫 chènshān)가 어떤지 물었으므로 셔츠 사진 보기 **E**가 정답이다.

男：这件衬衫是在网上买的，好看吗？
女：不错，你试过了吗？大小怎么样？

남: 이 셔츠는 인터넷에서 산 건데, 예뻐?
여: 괜찮네. 입어 봤어? 사이즈는 괜찮아?

단어 件 jiàn 양 벌[옷 등을 세는 단위] | ★衬衫 chènshān 몡 셔츠 | 在 zài 개 ~에서 | 网上 wǎngshàng 몡 온라인, 인터넷상 | 买 mǎi 동 사다 | 好看 hǎokàn 혱 예쁘다, 보기 좋다 | 不错 búcuò 혱 괜찮다 | ★试 shì 동 시험 삼아 해보다 | 大小 dàxiǎo 몡 크기 | 怎么样 zěnmeyàng 대 어떠하다

9

해설 및 정답 물건들을 챙기고 이미 다 준비했다(已经准备好了 yǐjīng zhǔnbèi hǎo le)는 말은 여행을 준비할 때 할 수 있다. 따라서 여행 배낭 사진 보기 **A**가 정답이다.

女：眼镜、帽子、地图，一个也不能少。
男：好了，我相信你已经准备好了。

여: 안경, 모자, 지도, 하나라도 빠뜨리면 안 돼.
남: 다 됐어, 난 네가 이미 준비했을 거라고 믿어.

단어 ★眼镜 yǎnjìng 몡 안경 | ★帽子 màozi 몡 모자 | ★地图 dìtú 몡 지도 | 不能 bù néng ~해서는 안 된다 | 少 shǎo 동 모자라다 | ★相信 xiāngxìn 동 믿다 | 已经 yǐjīng 児 이미, 벌써 | 准备 zhǔnbèi 동 준비하다

10

해설 및 정답 남자가 喂(wéi 여보세요)라고 했으므로 전화하는 상황임을 알 수 있다. 따라서 보기 **D**가 정답이다.

男：喂，你在哪儿？
女：我刚下火车，马上到家。

남: 여보세요, 너 어디야?
여: 방금 기차에서 내렸어. 곧 집에 도착해.

단어 喂 wéi 감탄 (전화상에서) 여보세요 | 在 zài 동 ~에 있다 | 哪儿 nǎr 대 어디 | 刚 gāng 児 방금 | 下 xià 동 (높은 곳에서 낮은 곳으로) 내려가다 | 火车 huǒchē 몡 기차 | ★马上 mǎshàng 児 곧, 바로 | 到 dào 동 도착하다 | 家 jiā 몡 집

11

해설 및 정답 녹음에서는 여름(夏天 xiàtiān)에 하기 좋아하는 일에 대해 말했으므로 내용이 서로 일치하지 않는다.

> 学校附近有个公园，环境不错，很安静，夏天我常去那儿的草地上听音乐或者看书。

★ 他喜欢秋天去公园看书。(X)

> 학교 근처에 공원이 하나 있는데, 환경도 좋고 매우 조용하다. 여름에 나는 자주 그곳 잔디밭에 가서 음악을 듣거나 책을 본다.

★ 그는 가을에 공원에 가서 책 보는 것을 좋아한다.
(X)

단어 学校 xuéxiào 명 학교 | ★附近 fùjìn 명 부근, 근처 | ★公园 gōngyuán 명 공원 | ★环境 huánjìng 명 환경 | 不错 búcuò 형 괜찮다 | ★安静 ānjìng 형 조용하다 | 夏天 xiàtiān 명 여름 | 常 cháng 부 자주 | 去 qù 동 가다 | 草地 cǎodì 명 잔디밭 | 听 tīng 동 듣다 | ★音乐 yīnyuè 명 음악 | ★或者 huòzhě ~거나, 혹은 | 看书 kàn shū 책을 보다 | 喜欢 xǐhuan 동 좋아하다 | ★秋天 qiūtiān 명 가을

12

Test **2-12**

해설 및 정답 사무실(办公室 bàngōngshì)이 808호에 있다(在八零八 zài bā líng bā)고 했으므로, 서로 일치하지 않는다.

> 你明天到办公室找我，我在八零八；如果我不在，你就上七楼，到七零三会议室找我，我可能在那儿开会。

★ 办公室在7层。(X)

> 내일 사무실로 절 찾아오세요. 전 808호에 있습니다. 만약에 제가 없으면 7층으로 오셔서 703호 회의실로 절 찾아오세요. 전 아마도 그곳에서 회의를 하고 있을 겁니다.

★ 사무실은 7층에 있다. (X)

단어 到 dào 동 도착하다, 이르다 | ★办公室 bàngōngshì 명

사무실 | 找 zhǎo 동 찾다 | 在 zài 개 ~에서 동 ~에 있다 | ★如果 rúguǒ 접 만약 | 上楼 shàng lóu 동 위층으로 올라가다 | ★会议室 huìyìshì 명 회의실 | 可能 kěnéng 부 아마(도) | 开会 kāihuì 동 회의를 열다 | ★层 céng 양 층

13

Test **2-13**

해설 및 정답 지난번(上次 shàngcì)에 머리가 짧았지만 지금은 머리가 이렇게 길었다(现在头发这么长了 xiànzài tóufa zhème cháng le)고 했으므로 내용이 서로 일치한다.

> 上次见到你女儿时，她头发还很短，像个男孩子。没想到她现在头发这么长了，比以前漂亮多了。

★ 女儿现在是长发。(√)

> 전에 네 딸을 봤을 때, 머리가 짧아서 남자아이 같았어. 지금은 머리도 이렇게 길고 전보다 훨씬 예뻐졌을 줄 생각지도 못했어.

★ 딸은 지금 긴 머리다. (√)

단어 上次 shàngcì 명 지난번 | 见到 jiàndào 동 만나다 | 女儿 nǚ'ér 명 딸 | 时 shí 명 때 | ★头发 tóufa 명 머리카락 | 还 hái 부 아직 | ★短 duǎn 형 (길이가) 짧다 | ★像 xiàng 동 ~와 같다 | 男孩子 nánháizi 명 남자아이 | 没想到 méi xiǎngdào 생각지 못하다 | 现在 xiànzài 명 지금 | 这么 zhème 대 이렇게 | 长 cháng 형 (길이가) 길다 | 比 bǐ 개 ~보다[비교를 나타냄] | ★以前 yǐqián 명 이전 | 漂亮 piàoliang 형 예쁘다 | 长发 chángfà 명 긴 머리

14

Test **2-14**

해설 및 정답 차를 겨우 10만 위안에 팔 수밖에 없는 것에 대해 안타까워했으므로 남자가 차를 팔려고 한다는 것을 알 수 있다.

> 这辆车现在只能卖十万块钱吗？太便宜了，我三年前买的时候花了二十多万。

★ 他要卖车。(√)

64 **맛있는 중국어** 新HSK 3급

이 차는 지금 겨우 10만 위안에 팔 수 있는 거예요?
너무 싸네요. 제가 3년 전에 샀을 때는 20여 만 위안이
었는데 말이죠.

★ 그는 차를 팔려고 한다. (√)

단어 ★辆 liàng 영 대[차량을 세는 단위] | 车 chē 명 자동차
| 现在 xiànzài 명 지금 | ★只 zhǐ 분 단지, 겨우 | 能
néng 조동 ~할 수 있다 | 卖 mài 동 팔다 | ★万 wàn 수
10000, 만 | 块 kuài 영 위안[중국 화폐의 기본 단위] | 便
宜 piányi 형 (값이) 싸다 | 年 nián 명 년, 해 | 前 qián 명
(방위·순서·시간의) 앞 | ★花 huā 동 쓰다, 소비하다 | 多
duō 수 ~여, ~남짓

---

15 ◀   Test **2-15**

해설 및 정답 라오장의 다리가 아직 안 나아서 축구 시합
에 참가할 수 없다(不能参加…足球比赛 bù néng cānjiā…
zúqiú bǐsài)고 했으므로 내용이 서로 일치한다.

我昨天去医院看老张了，他的腿还没
好，不能参加下周学校的足球比赛了。

★ 老张现在不能踢球。(√)

난 어제 라오장을 보러 병원에 갔었다. 그는 다리가
아직 다 낫지 않아서, 다음 주 학교 축구 시합에 참가
할 수 없게 되었다.

★ 라오장은 지금 축구를 할 수 없다. (√)

단어 昨天 zuótiān 명 어제 | 去 qù 동 가다 | 医院 yīyuàn 명
병원 | 看 kàn 동 보다 | ★腿 tuǐ 명 다리 | 还 hái 분 아직
| 好 hǎo 형 (몸이) 건강하다 | 不能 bù néng ~할 수 없다
| ★参加 cānjiā 동 참가하다 | 下周 xiàzhōu 명 다음 주
| 学校 xuéxiào 명 학교 | 足球 zúqiú 명 축구 | ★比赛
bǐsài 명 경기, 시합 | 现在 xiànzài 명 지금 | 踢球 tī qiú
축구를 하다

---

16 ◀   Test **2-16**

해설 및 정답 중국어 실력이 아주 빠르게 향상되었다(汉语
水平很快就提高了 Hànyǔ shuǐpíng hěn kuài jiù tígāo le)고
했으므로 내용이 서로 일치하지 않는다.

我虽然学习汉语的时间还不到半年，
但是我非常努力，经常练习说汉语，所以
汉语水平很快就提高了。

★ 他不懂汉语。(X)

난 비록 중국어를 공부한 지 아직 반 년이 안 됐지
만, 매우 열심히 하고 자주 말하기 연습을 해서 중국어
실력이 빠르게 향상됐다.

★ 그는 중국어를 모른다. (X)

단어 虽然…但是… suīrán…dànshì… 접 비록 ~하지만,
그러나 ~하다 | 时间 shíjiān 명 시간 | 还 hái 분 아직
| 不到 bú dào 동 도달하지 못하다 | ★努力 nǔlì 동
노력하다 | ★经常 jīngcháng 분 자주 | ★练习 liànxí 동
연습하다 | 所以 suǒyǐ 접 그래서 | ★水平 shuǐpíng 명
수준 | ★提高 tígāo 동 향상되다

---

17 ◀   Test **2-17**

해설 및 정답 작년보다 뚱뚱해졌다(比去年胖了 bǐ qùnián
pàng le)라고 했으므로 내용이 서로 일치하지 않는다.

这件衬衫是我去年春天买的。那时
候我穿还有点儿大，但今年夏天就穿不上
了。看来我比去年胖了不少。

★ 他比去年瘦了不少。(X)

이 셔츠는 내가 작년 봄에 산 거야. 그때 내가 입었
을 때는 좀 컸는데, 올해 여름에는 입을 수가 없어. 나
작년보다 살이 많이 쪘나 봐.

★ 그는 작년보다 살이 많이 빠졌다. (X)

단어 件 jiàn 영 벌[옷 등을 세는 단위] | ★衬衫 chènshān 명
셔츠 | 去年 qùnián 명 작년 | 春天 chūntiān 명 봄 |
买 mǎi 동 사다 | 那时候 nà shíhou 그때 | 穿 chuān
동 (옷을) 입다 | 还 hái 분 아직 | 有点儿 yǒudiǎnr 분
조금, 약간[부정적인 어투가 강함] | 但 dàn 접 그러나 | 今
年 jīnnián 명 올해 | 夏天 xiàtiān 명 여름 | 就 jiù 분
곧, 바로 | 穿不上 chuān bu shàng 입을 수 없다 | 看
来 kànlai 동 보아하니 | 比 bǐ 개 ~보다 | ★胖 pàng 형
살찌다 | ★瘦 shòu 형 마르다, 여위다

달다 | 喝 hē 동 마시다

해설 및 정답 봄이 되면 공원이 굉장히 아름답다(非常漂亮 fēicháng piàoliang)고 했으므로 내용이 서로 일치한다.

　　　　一到春天，这个公园就开花了，有红的、白的，非常漂亮，所以每年很多人喜欢来这里拍照。

★ 这个公园春天很漂亮。(√)

봄이 되면 이 공원에는 꽃이 핀다. 빨간 꽃, 흰 꽃, 굉장히 예쁘다. 그래서 매년 많은 사람들이 이곳에 와서 사진 찍는 것을 좋아한다.

★ 이 공원의 봄은 매우 예쁘다. (√)

단어 一…就… yī…jiù… ~하자마자 (곧) ~하다, ~하기만 하면 (곧) ~하다 | 到 dào 동 이르다 | 春天 chūntiān 명 봄 | ★公园 gōngyuán 명 공원 | 开花 kāihuā 동 꽃이 피다 | 红 hóng 형 빨갛다 | 白 bái 형 희다 | 漂亮 piàoliang 형 예쁘다 | 所以 suǒyǐ 접 그래서 | 每年 měi nián 매년 | 拍照 pāizhào 동 사진을 찍다

해설 및 정답 내가 제일 좋아하는 녹차 케이크(绿茶蛋糕 lǜchá dàngāo)라고 했으므로 내용이 서로 일치하지 않는다.

　　　　盘子里的蛋糕是我做的，这是我最爱吃的绿茶蛋糕。你尝尝，怎么样？是不是太甜了？

★ 他最喜欢喝绿茶。(X)

접시에 있는 케이크는 내가 만든 거야. 이것은 내가 가장 좋아하는 녹차 케이크야. 좀 먹어 봐, 어때? 너무 달지 않아?

★ 그는 녹차 마시는 걸 가장 좋아한다. (X)

단어 ★盘子 pánzi 명 큰 접시, 쟁반 | 里 lǐ 명 안, 속 | ★蛋糕 dàngāo 명 케이크 | 做 zuò 동 하다, 만들다 | 最 zuì 부 가장 | 爱 ài 동 몹시 좋아하다 | 吃 chī 동 먹다 | 绿茶 lǜchá 명 녹차 | 尝 cháng 동 맛보다 | 怎么样 zěnmeyàng 대 어떠하다 | 太 tài 부 너무 | ★甜 tián 형

해설 및 정답 딸이 오늘 드디어 판다를 봐서 무척 기뻐한다고 했으므로 내용이 서로 일치한다.

　　　　女儿以前只在电视节目里见过熊猫，今天终于见到了真的大熊猫，她高兴极了。

★ 女儿今天很高兴。(√)

딸 아이는 예전에 텔레비전 프로그램에서만 판다를 봤었다. 오늘 드디어 진짜 판다를 봤다. 딸 아이는 너무나 즐거워했다.

★ 딸 아이는 오늘 기분이 좋다. (√)

단어 女儿 nǚ'ér 명 딸 | ★以前 yǐqián 명 이전 | ★只 zhǐ 부 단지, 겨우 | 在 zài 개 ~에서 | 电视 diànshì 명 텔레비전 | ★节目 jiémù 명 프로그램 | 见 jiàn 동 보다 | 过 guo 조 ~한 적 있다 | ★熊猫 xióngmāo 명 판다 | ★终于 zhōngyú 부 드디어 | 见到 jiàndào 동 보다, 만나다 | 极了 jíle 매우 ~하다[형용사 뒤에 위치해 뜻을 매우 강조할 때 쓰임]

해설 및 정답 여자가 나아졌는지 묻자, 감기에 걸려 열이 나는 것뿐(就是感冒发烧 jiùshì gǎnmào fāshāo)이라고 했으므로 보기 B가 정답이다.

女: 爷爷，您现在好点儿了吗？
男: 不用担心。就是感冒发烧，很快就会好的。

问: 男的怎么了？

A 下班了
B 生病了
C 走错了

여: 할아버지, 오늘 좀 괜찮아지셨어요？
남: 걱정할 필요 없단다. 그저 감기에 걸려 열이 나는 것뿐이란다. 곧 좋아질 게다.

질문: 남자는 무슨 일인가?

A 퇴근했다

B 아프다

C 길을 잘못 들었다

(단어) 现在 xiànzài 몡 지금 | 好 hǎo 혱 (몸이) 건강하다, 좋아지다 | (一)点儿 (yì)diǎnr 양 조금, 약간 | 不用 búyòng 뷔 ~할 필요가 없다 | ★担心 dānxīn 동 걱정하다 | 就是 jiùshì 뷔 단지 ~뿐이다 | ★感冒 gǎnmào 동 감기에 걸리다 | ★发烧 fāshāo 동 열이 나다 | 会 huì 조동 ~할 것이다 | 下班 xiàbān 동 퇴근하다 | 生病 shēngbìng 동 아프다, 병이 나다 | 走错 zǒucuò 길을 잘못 들다

---

22 ◀ _____ Test **2-22**

(해설 및 정답) 남자가 종업원(服务员 fúwùyuán)을 부른 뒤, 방의 등(房间的灯 fángjiān de dēng)이 고장 났다고 했으므로 호텔에 있다는 것을 알 수 있다.

男：服务员，我房间的灯坏了。
女：好的，我马上让人给您换新的。

问：男的可能在什么地方？

A 公司　　　B 商店　　　**C 宾馆**

남: 종업원, 제 방의 등이 고장 났어요.
여: 네, 제가 바로 사람을 시켜서 새로운 것으로 바꿔 드리겠습니다.

질문: 남자는 아마도 어디에 있겠는가?

A 회사　　　B 상점　　　**C 호텔**

(단어) 服务员 fúwùyuán 몡 종업원 | 房间 fángjiān 몡 방 | ★灯 dēng 몡 등 | ★坏 huài 혱 고장 나다 | ★马上 mǎshàng 뷔 바로, 곧 | 让 ràng 동 (~로 하여금) ~하게 하다 | 给 gěi 개 ~에게 | ★换 huàn 동 바꾸다 | 新 xīn 혱 새롭다 | 可能 kěnéng 뷔 아마(도) | 在 zài 동 ~에 있다 | ★地方 dìfang 몡 곳, 장소 | 公司 gōngsī 몡 회사 | 商店 shāngdiàn 몡 상점 | 宾馆 bīnguǎn 몡 호텔

---

23 ◀ _____ Test **2-23**

(해설 및 정답) 모두들 영화를 보고 있다(大家都…看电影呢 dàjiā dōu…kàn diànyǐng ne)고 했으므로 영화가 재미있을 것이라고 유추할 수 있다. 따라서 보기 C가 정답이다.

女：真奇怪，这里今天怎么这么安静？
男：大家都在那边看电影呢。

问：关于电影，可以知道什么？

A 很长
B 没有人看
C 很有意思

여: 정말 이상하네, 여기 오늘 왜 이렇게 조용하지?
남: 모두들 저쪽에서 영화를 보고 있어.

질문: 영화에 관하여 무엇을 알 수 있는가?

A 길다
B 보는 사람이 없다
C 재미있다

(단어) 真 zhēn 뷔 정말 | ★奇怪 qíguài 혱 이상하다 | 这里 zhèlǐ 대 이곳 | 今天 jīntiān 몡 오늘 | 怎么 zěnme 대 어떻게 | 这么 zhème 대 이렇게 | ★安静 ānjìng 혱 조용하다 | 大家 dàjiā 대 모두들 | 在 zài 개 ~에서 | 看 kàn 동 보다 | 电影 diànyǐng 몡 영화 | ★关于 guānyú 개 ~에 관하여 | 可以 kěyǐ 조동 ~할 수 있다 | 知道 zhīdào 동 알다 | 长 cháng 혱 (길이나 시간이) 길다 | 有意思 yǒu yìsi 혱 재미있다

---

24 ◀ _____ Test **2-24**

(해설 및 정답) 여자가 남자에게 텔레비전 소리를 더 크게 켜달라(把电视声音开大点儿 bǎ diànshì shēngyīn kāi dà diǎnr)고 했으므로 보기 C가 정답이다.

男：姐，《新闻三十分》开始了。
女：我在洗碗呢，你把电视声音开大点儿。

问：女的想让男的做什么？

A 关灯
B 洗筷子
C 把声音开大些

남: 누나, 『30분 뉴스』 시작했어.
여: 나 설거지하고 있으니까, 텔레비전 소리를 좀 더 크게 켜줘.

질문: 여자는 남자에게 무엇을 하라고 하는가?

A 불을 끄라고
B 젓가락을 씻으라고
C 소리를 조금 크게 켜라고

姐(姐) jiě(jie) 몡 누나, 언니 | 开始 kāishǐ 통 시작하다 | 在 zài 閂 ~하고 있다 | 洗碗 xǐ wǎn 통 설거지하다 | ★把 bǎ 갠 ~을 | 电视 diànshì 몡 텔레비전 | ★声音 shēngyīn 몡 소리 | 开 kāi 통 켜다 | 大 dà 혱 크다 | (一)点儿 (yì)diǎnr 얭 약간, 조금 | 想 xiǎng 조통 ~하고 싶다 | 让 ràng 통 (~로 하여금) ~하게 하다 | 做 zuò 통 하다 | ★关 guān 통 끄다 | ★灯 dēng 몡 등 | 洗 xǐ 통 씻다, 닦다 | ★筷子 kuàizi 몡 젓가락

---

25 ▸ _____ Test **2-25**

해설 및 정답 여자가 남자에게 은행을 못 찾았다(我没找到…银行 wǒ méi zhǎodào…yínháng)고 했으므로 여자가 가려는 곳은 은행임을 알 수 있다.

女：我现在就在学校北门，但我没找到你说的那个银行。
男：你再向东走五十米就能看到了，我就在银行门口等你。

问：女的要去哪儿？

A 银行　　B 学校　　C 机场

여: 나 지금 학교 북문에 있는데, 네가 말한 그 은행을 못 찾겠어.
남: 동쪽으로 또 50미터 가면 보일 거야, 난 은행 입구에서 널 기다리고 있어.

질문: 여자는 어디에 가려고 하는가?

A 은행　　B 학교　　C 공항

就 jiù 閂 바로, 곧 | 在 zài 갠 ~에서 통 ~에 있다 | 学校 xuéxiào 몡 학교 | 北 běi 몡 북쪽 | 门 mén 몡 문 | 但 dàn 젭 그러나 | 找到 zhǎodào 찾아내다 | 说 shuō 통 말하다 | ★银行 yínháng 몡 은행 | 再 zài 閂 또, 다시 | 向 xiàng 갠 ~을 향해 | ★东 dōng 몡 동쪽 | 走 zǒu 통 걷다, 가다 | ★米 mǐ 얭 미터(m) | 能 néng 조통 ~할 수 있다 | 看到 kàndào 보(이)다 | 门口 ménkǒu 몡 입구 | 等 děng 통 기다리다 | 机场 jīchǎng 몡 공항

---

26 ▸ _____ Test **2-26**

해설 및 정답 여자가 자신은 수학을 가르치는 사람(教数学的 jiāo shùxué de)이라고 했으므로 보기 C가 정답이다.

男：我看你很了解中国，你是不是教汉语的？
女：不是，我是教数学的，我只是对中国历史很感兴趣。

问：女的是教什么的？

A 汉语　　B 历史　　**C 数学**

남: 제가 보기에 당신은 중국에 대해 잘 알고 있는 것 같습니다. 중국어 선생님이신가요?
여: 아니에요, 전 수학을 가르쳐요. 단지 중국 역사에 관심이 많은 것뿐이에요.

질문: 여자는 무엇을 가르치는 사람인가?

A 중국어　　B 역사　　**C 수학**

★了解 liǎojiě 통 잘 알다 | ★教 jiāo 통 가르치다 | ★数学 shùxué 몡 수학 | 只是 zhǐshì 閂 단지 | 对 duì 갠 ~에 대해서 | ★历史 lìshǐ 몡 역사 | ★感兴趣 gǎn xìngqù 관심이 있다, 흥미를 느끼다

해설 및 정답 여자가 휴대폰(手机 shǒujī)을 오래 써서 새것으로 바꿔 줄 수 있냐고 물었으므로 보기 A가 정답이다.

女 : 爸，我的手机都用了好几年了。您能不能给我换个新的？
男 : 它没什么问题，以后再说。

问 : 女的是什么意思？

A 想换手机
B 想买手表
C 想借照相机

여: 아빠, 제 휴대폰 벌써 몇 년째 쓰고 있는데, 새것으로 바꿔 주시면 안 돼요?
남: 휴대폰은 아무 문제도 없는데, 다음에 다시 이야기하자.

질문: 여자는 무슨 뜻인가?

A 휴대폰을 바꾸고 싶다
B 시계를 사고 싶다
C 카메라를 빌리고 싶다

단어 爸(爸) bà(ba) 몡 아빠 | 手机 shǒujī 몡 휴대폰 | 都 dōu 믿 모두, 다 | ★用 yòng 동 사용하다, 쓰다 | 好几 hǎo jǐ 여럿, 몇몇의 | 年 nián 몡 년, 해 | 能 néng 조동 ～할 수 있다 | 给 gěi 개 ～에게 | ★换 huàn 동 바꾸다 | 新 xīn 혱 새롭다 | 没问题 méi wèntí 문제없다 | 什么 shénme 대 무슨, 무엇 | ★以后 yǐhòu 몡 이후 | 再 zài 믿 다시 | 说 shuō 동 말하다 | 意思 yìsi 몡 뜻 | 想 xiǎng 조동 ～하고 싶다 | 买 mǎi 동 사다 | 手表 shǒubiǎo 몡 손목시계 | ★借 jiè 동 빌리다 | ★照相机 zhàoxiàngjī 몡 사진기, 카메라

해설 및 정답 남자가 새것을 사자(买个新的吧 mǎi ge xīn de ba)고 하자, 여자가 작년에 자신이 했던 말이라고 했으므로 남자의 의견에 동의한다는 것을 알 수 있다. 따라서 보기 A가 정답이다.

男 : 这个空调太旧了，我们买个新的吧。
女 : 去年我就跟你说应该换一个新的了，你忘了吗？

问 : 女的希望怎么办？

A 买个新的
B 买个贵的
C 买个大的

남: 이 에어컨 너무 낡았으니, 우리 새것으로 삽시다.
여: 작년에 제가 당신한테 새것으로 바꿔야 한다고 말했잖아요, 잊었어요?

질문: 여자는 어떻게 하길 바라는가?

A 새것으로 사기를
B 비싼 것으로 사기를
C 큰 것으로 사기를

단어 ★空调 kōngtiáo 몡 에어컨 | 太 tài 믿 너무 | ★旧 jiù 혱 낡다, 오래되다 | 新 xīn 혱 새롭다 | 去年 qùnián 몡 작년 | 就 jiù 믿 바로, 곧 | ★跟 gēn 개 ～에게, ～한테 | ★应该 yīnggāi 조동 마땅히 ～해야 한다 | ★换 huàn 동 바꾸다 | 忘 wàng 동 잊다 | 希望 xīwàng 동 바라다 | 贵 guì 혱 비싸다

해설 및 정답 등산하는 것(爬山 páshān)이 힘드니 여기에서 좀 쉬자(在这儿休息一会儿吧 zài zhèr xiūxi yíhuìr ba)고 했으므로, 그들이 등산하는 중임을 알 수 있다.

女 : 爬山太累了，我现在腿很疼，在这儿休息一会儿吧。
男 : 你来这边坐下。怎么样？好点儿了吗？

问 : 他们正在做什么？

A 上网　　　B 跑步　　　C 爬山

여: 등산은 너무 힘들어, 나 지금 다리가 아픈데, 여기에서 잠깐 쉬어 가자.

남: 이쪽으로 와서 앉아. 어때? 좀 괜찮아졌어?

질문: 그들은 무엇을 하고 있는가?

A 인터넷　　　　B 달리기　　　**C 등산**

단어 ★爬山 páshān 통 등산하다 | 累 lèi 형 힘들다, 피곤하다 | 腿 tuǐ 명 다리 | ★疼 téng 형 아프다 | 休息 xiūxi 통 쉬다 | ★一会儿 yíhuìr 명 잠시 | 来 lái 통 오다 | 坐下 zuòxià 앉다 | 好 hǎo 형 (몸이) 건강하다, 좋아지다 | (一)点儿 (yì)diǎnr 영 약간 | 正在 zhèngzài 부 마침 ~하는 중이다 | 做 zuò 통 하다 | 上网 shàngwǎng 인터넷을 하다 | 跑步 pǎobù 통 달리다

30　　　　　　　　　　　　　　　Test **2-30**

해설 및 정답　남자가 여자에게 도움이 필요한지(需要帮什么忙吗? Xūyào bāng shénme máng ma?) 물었으므로 보기 A가 정답이다.

男: 你什么时候搬家? 需要帮什么忙吗?
女: 谢谢，不用了。我已经找好搬家公司了。

问: 男的是什么意思?

A 想帮助女的
B 不愿意搬家
C 要打扫房间

남: 너 언제 이사해? 도움이 필요하니?
여: 고맙지만 괜찮아. 벌써 이삿짐 센터를 찾아놨어.

질문: 남자는 무슨 뜻인가?

A 여자를 돕고 싶다
B 이사하고 싶지 않다
C 방을 청소하려고 한다

단어 什么时候 shénme shíhou 언제 | 搬家 bānjiā 통 이사하다 | ★需要 xūyào 통 필요로 하다 | 什么 shénme 대 무슨 | ★帮忙 bāngmáng 통 도움을 주다

| 不用 búyòng 부 ~할 필요가 없다 | 已经 yǐjīng 부 이미, 벌써 | 找好 zhǎohǎo 다 찾다 | 搬家公司 bānjiā gōngsī 이삿짐 센터 | 意思 yìsi 뜻 | 想 xiǎng 조동 ~하고 싶다 | 帮助 bāngzhù 통 돕다 | ★愿意 yuànyì 통 바라다, 원하다 | 要 yào 조동 ~하고자 하다 | ★打扫 dǎsǎo 통 청소하다 | 房间 fángjiān 명 방

31　　　　　　　　　　　　　　　Test **2-31**

해설 및 정답　할머니 생신 일(奶奶过生日的事情 nǎinai guò shēngrì de shìqing)에 대해서 이야기하고 있다고 했으므로 보기 A가 정답이다.

男: 你们在说什么?
女: 我们在说奶奶过生日的事情。
男: 奶奶的生日是下个星期二吧?
女: 对，我们打算去北京饭店过，听说那儿的环境特别好。

问: 他们要为谁过生日?

A 奶奶　　　B 爷爷　　　C 阿姨

남: 너희는 무슨 이야기하고 있어?
여: 할머니 생신 지내는 일에 대해서 말하고 있었어.
남: 할머니 생신이 다음 주 화요일이지?
여: 응, 베이징 호텔에 가서 하려고 계획하고 있어, 거기 환경이 아주 좋다고 하더라고.

질문: 그들은 누구를 위해 생일을 보내는가?

A 할머니　　　B 할아버지　　　C 이모, 아주머니

단어 在 zài 부 ~하고 있다 | 说 shuō 통 말하다 | ★奶奶 nǎinai 명 할머니 | 过生日 guò shēngrì 생일을 보내다 | 事情 shìqing 명 일 | 下星期二 xià xīngqī'èr 다음 주 화요일 | 对 duì 형 맞다 | ★打算 dǎsuan 통 계획하다 | 去 qù 통 가다 | 北京饭店 Běijīng Fàndiàn 베이징 호텔 | ★过 guò 통 보내다, 지내다 | 听说 tīngshuō 듣자(하)니 | ★环境 huánjìng 명 환경 | ★特别 tèbié 부 특히 | 要 yào 조동 ~하고자 하다 | ★为 wèi 개 ~을 위하여 | 谁 shéi 대 누구 | ★爷爷 yéye 명 할아버지 | ★阿姨 āyí 명 이모, 아주머니

해설 및 정답〉 새(鸟 niǎo)에 대해서 말하고 있으므로 보기 C가 정답이다.

女：爸爸，你看，这只鸟的嘴红红的。
男：哇，真可爱。
女：我能跟它玩儿吗？
男：不行，鸟要休息。

问：他们在说哪种动物？

A 猫　　　　B 狗　　　　**C 小鸟**

여: 아빠, 봐요. 이 새의 주둥이가 빨개요.
남: 와, 정말 귀엽구나.
여: 얘랑 놀아도 돼요?
남: 안 된다. 새는 쉬어야 해.

질문: 그들은 어떤 동물에 대해 말하고 있는가?

A 고양이　　　B 개　　　**C 작은 새**

단어〉 爸爸 bàba 몡 아빠｜看 kàn 됭 보다｜★只 zhī 양 마리｜★鸟 niǎo 몡 새｜★嘴 zuǐ 몡 입[신체 부위]｜红 hóng 휑 빨갛다｜哇 wā 감탄 우와｜真 zhēn 뵈 정말｜★可爱 kě'ài 휑 귀엽다｜能 néng 조동 ~할 수 있다｜★跟 gēn 개 ~와｜玩儿 wánr 됭 놀다｜不行 bù xíng 휑 안 되다｜要 yào 조동 ~해야 한다｜休息 xiūxi 됭 쉬다｜在 zài 뵈 ~하고 있다｜说 shuō 됭 말하다｜★种 zhǒng 양 종류, 가지[사람이나 사물의 종류를 세는 단위]｜★动物 dòngwù 몡 동물｜猫 māo 몡 고양이｜狗 gǒu 몡 개｜小鸟 xiǎoniǎo 몡 작은 새

해설 및 정답〉 여자가 오른쪽 제일 큰 것(右边…最大的 yòubian…zuì dà de)이 자신의 것이라고 했으므로 보기 A가 정답이다.

男：小姐，我帮您拿行李吧。
女：谢谢你。那个蓝色的是我的。
男：这个行李对吗？
女：不是，右边那个最大的才是我的。

问：女的的行李箱是什么样的？

A 最大的
B 干净的
C 黑色的

남: 아가씨, 제가 짐 좀 들어 드릴게요.
여: 고마워요. 저기 파란색이 제 거예요.
남: 이 짐이 맞나요？
여: 아니요. 오른쪽에 가장 큰 것이 제 거예요.

질문: 여자의 트렁크는 어떤 것인가？

A 가장 큰 것
B 깨끗한 것
C 검은색의 것

단어〉 小姐 xiǎojiě 몡 아가씨｜帮 bāng 됭 돕다｜★拿 ná 됭 들다｜行李 xíngli 몡 짐｜蓝色 lánsè 몡 파란색｜对 duì 휑 맞다｜右边 yòubian 몡 오른쪽｜★行李箱 xínglixiāng 몡 트렁크｜什么样 shénmeyàng 대 어떠한｜★干净 gānjìng 휑 깨끗하다｜黑色 hēisè 몡 검은색

해설 및 정답〉 여자가 내일 날씨를 묻자 맑지만 오늘보다 더 춥다(比今天还冷 bǐ jīntiān hái lěng)고 했으므로 보기 B가 정답이다.

女：明天是晴天还是阴天？
男：晴天，可比今天还冷。
女：那没关系，我不怕冷，我明天穿我的
　　新裙子。
男：我看你明天不敢穿。

问：明天天气怎么样？

A 阴天　　　　**B 更冷**　　　　C 很舒服

2회 해설

여: 내일 날씨가 맑아 아니면 흐려?

남: 맑아, 그런데 오늘보다 더 춥다더라.

여: 상관없어, 난 추위를 안 타니까 내일 새로 산 치마를 입어야겠어.

남: 내가 보기엔 너 내일 입을 엄두도 못 낼걸.

질문: 내일 날씨는 어떠한가?

A 흐린 날씨　　**B 더 춥다**　　C 아주 쾌적하다

단어 晴天 qíngtiān 뎡 맑은 날씨 | ★还是 háishi 젭 아니면 | 阴天 yīntiān 뎡 흐린 날씨 | 可 kě 젭 그러나 | 比 bǐ 갸 ~보다 | 还 hái 뛰 더 | 冷 lěng 뎡 춥다 | 怕 pà 동 견디지 못하다, ~에 약하다 | 穿 chuān 동 (옷을) 입다 | 新 xīn 뎡 새롭다 | 裙子 qúnzi 뎡 치마 | ★敢 gǎn 조동 감히 ~하다 | 天气 tiānqì 뎡 날씨 | ★更 gèng 뛰 더 | ★舒服 shūfu 뎡 편안하다, 쾌적하다

35

Test **2-35**

해설 및 정답 남자가 누구냐고 묻자 여자가 이웃의 딸(邻居的女儿 línjū de nǚ'ér)이라고 대답했으므로 보기 A가 정답이다.

男: 李老师，您有女儿吗？

女: 没有，我只有一个儿子。

男: 那刚才跟你打电话的那个女孩子是谁？

女: 那是我们邻居的女儿，我儿子的同学。

问: 那个女孩儿是谁的孩子？

A 邻居的

B 客人的

C 校长的

- - - - -

남: 이(李) 선생님, 따님이 있으신가요?

여: 없습니다. 전 아들만 하나 있어요.

남: 그럼 방금 통화했던 그 여자아이는 누구인가요?

여: 그 아이는 이웃집의 딸 아이인데, 제 아들의 반 친구랍니다.

질문: 그 여자아이는 누구의 아이인가?

A 이웃집의 아이

B 손님의 아이

C 학교장의 아이

단어 老师 lǎoshī 뎡 선생님 | 女儿 nǚ'ér 뎡 딸 | ★只 zhǐ 뛰 단지 | 儿子 érzi 뎡 아들 | ★刚才 gāngcái 뎡 방금 | 打电话 dǎ diànhuà 전화를 걸다 | 女孩子 nǚháizi 뎡 여자아이 | 谁 shéi 대 누구 | ★邻居 línjū 뎡 이웃집, 이웃 | 同学 tóngxué 뎡 학교(반) 친구 | 孩子 háizi 뎡 자녀, 아이 | ★客人 kèrén 뎡 손님 | ★校长 xiàozhǎng 뎡 학교장, 교장

36

Test **2-36**

해설 및 정답 부모님이 그다지 원하지 않는(我父母不太愿意 wǒ fùmǔ bú tài yuànyì) 이유는 베이징이 집에서 멀다고 생각해서(他们觉得北京离家太远了 tāmen juéde Běijīng lí jiā tài yuǎn le)라고 했으므로 보기 C가 정답이다.

女: 听说你打算去北京找工作？

男: 还没决定，我父母不太愿意让我去那儿。

女: 为什么？北京的工作机会不是更多吗？

男: 他们觉得北京离家太远了。

问: 父母为什么不同意男的去北京？

A 东西很贵

B 不太安静

C 离家很远

- - - - -

여: 너 일자리 구하러 베이징에 간다며?

남: 아직 결정하지 않았어. 부모님이 내가 거기에 가는 것을 별로 원하지 않으셔.

여: 왜? 베이징에 취업 기회가 더 많지 않아?

남: 부모님은 베이징이 집에서 너무 멀다고 생각하셔.

질문: 부모님은 왜 남자가 베이징에 가는 것에 동의하지 않는가?

A 물건이 너무 비싸서

B 그다지 조용하지 않아서

C 집에서 너무 멀어서

听说 tīngshuō 图 듣자(하)니 | ★打算 dǎsuan 图 계획하다 | 去 qù 图 가다 | 北京 Běijīng 고유 베이징, 북경 | 找 zhǎo 图 찾다 | 工作 gōngzuò 图 일, 일자리 | 还 hái 图 아직 | ★决定 juédìng 图 결정하다 | 父母 fùmǔ 图 부모 | 不太 bú tài 그다지 ~하지 않다 | ★愿意 yuànyì 图 원하다 | 让 ràng 图 (~로 하여금) ~하게 하다 | 为什么 wèishénme 때 왜 | ★机会 jīhuì 图 기회 | ★更 gèng 图 더 | 多 duō 图 많다 | 觉得 juéde 图 ~라고 생각하다 | 离 lí 개 ~로부터 | 家 jiā 图 집 | 太 tài 图 너무 | 远 yuǎn 图 (거리가) 멀다 | ★同意 tóngyì 图 동의하다 | 东西 dōngxi 图 물건 | 贵 guì 图 (가격이) 비싸다 | ★安静 ānjìng 图 조용하다

37

해설 및 정답 남자가 시합이 언제 시작하는지(比赛什么时候开始? Bǐsài shénme shíhou kāishǐ?) 묻자, 여자가 10분 후(十分钟以后 shí fēnzhōng yǐhòu)라고 대답했으므로 시합이 아직 시작하지 않았다는 것을 알 수 있다.

男: 小姐, 请问比赛什么时候开始?
女: 十分钟以后。
男: 现在可以进去吗?
女: 当然可以, 先生, 我先看一下您的票。

问: 关于比赛, 下面哪个是对的?

A 三点开始
B 还没开始
C 已经结束了

남: 아가씨, 실례지만 시합이 언제 시작하나요?
여: 10분 후에요.
남: 지금 들어갈 수 있나요?
여: 당연히 가능하죠. 선생님, 먼저 표 좀 보여 주세요.

질문: 시합에 관하여 아래에서 맞는 내용은?

A 3시에 시작한다
B 아직 시작하지 않았다
C 이미 끝났다

단어 小姐 xiǎojiě 图 아가씨 | ★比赛 bǐsài 图 시합, 경기 | 开始 kāishǐ 图 시작하다 | 分钟 fēnzhōng 图 분[시간의 양] | 以后 yǐhòu 图 이후 | 可以 kěyǐ 조동 ~할 수 있다

| 进去 jìnqu 图 들어가다 | ★当然 dāngrán 图 당연히, 물론 | 先生 xiānsheng 图 선생님, 씨[성인 남성에 대한 존칭] | ★先 xiān 图 먼저 | 票 piào 图 표, 티켓 | ★关于 guānyú 개 ~에 관하여 | 下面 xiàmian 图 아래 | 已经 yǐjīng 图 이미, 벌써 | ★结束 jiéshù 图 끝나다

38

해설 및 정답 여자가 남자에게 건강에 신경 써야 한다(应该注意身体 yīnggāi zhùyì shēntǐ)고 했으므로 보기 B가 정답이다.

女: 听说你要去留学?
男: 是, 我一直想去中国读书。
女: 你到了那儿应该注意身体。
男: 谢谢您!

问: 女的希望男的怎么样?

A 不去留学
B 注意身体
C 一起去旅游

여: 너 유학 간다면서?
남: 네, 줄곧 중국에 가서 공부하고 싶었거든요.
여: 그곳에 가면 건강에 신경 써야 해.
남: 감사합니다.

질문: 여자는 남자가 어떻게 하길 바라는가?

A 유학 가지 않기를
B 건강에 신경 쓰길
C 함께 여행 가길

단어 听说 tīngshuō 图 듣자(하)니 | 要 yào 조동 ~하고자 하다 | ★留学 liúxué 图 유학하다 | ★一直 yìzhí 图 줄곧 | 读书 dúshū 图 공부하다, 학교를 다니다 | ★应该 yīnggāi 조동 마땅히 ~해야 한다 | ★注意 zhùyì 图 주의하다 | 身体 shēntǐ 图 몸 | 希望 xīwàng 图 희망하다, 바라다 | 旅游 lǚyóu 图 여행하다

(해설 및 정답) 남자가 여자에게 트렁크(行李箱 xínglixiāng)를 잘못 가져왔다(你拿错了 nǐ nácuò le)고 했으므로 보기 C가 정답이다.

男: 这个行李箱不是我的，你拿错了。
女: 不是这个黑色的吗？
男: 颜色一样，但我的箱子上面写着我的名字。
女: 那我们快回去换吧。

问: 女的怎么了？

A 买错了票
B 看错人了
C 拿错箱子了

남: 이 트렁크는 내 거 아니야, 너 잘못 가져왔어.
여: 이 검은색 아니야?
남: 색깔은 같은데, 내 트렁크에는 내 이름이 써있어.
여: 그럼 우리 빨리 가서 바꾸자.

질문: 여자는 무슨 일인가?

A 표를 잘못 샀다
B 사람을 잘못 봤다
C 트렁크를 잘못 가져왔다

(단어) ★行李箱 xínglixiāng 명 트렁크 | 拿错 nácuò 잘못 들다, 잘못 가지다 | 黑色 hēisè 명 검은색 | 颜色 yánsè 명 색깔 | ★一样 yíyàng 형 같다 | 但 dàn 접 그러나 | 箱子 xiāngzi 명 트렁크, 상자 | 上面 shàngmian 명 위쪽 | 写 xiě 동 (글씨를) 쓰다 | 名字 míngzi 명 이름 | 那 nà 접 그러면 | 快 kuài 형 (속도가) 빠르다 | 回去 huíqu 동 (원래 자리로) 되돌아가다 | ★换 huàn 동 바꾸다, 교환하다 | 怎么了 zěnme le 무슨 일이야? | 买票 mǎi piào 표를 사다, 매표하다 | 买错 mǎicuò 잘못 사다 | 看错 kàncuò 잘못 보다

(해설 및 정답) 여자가 남자에게 왜 전화를 안 받냐고 묻자, 남자가 못 들었다(没听见 méi tīngjiàn)고 했으므로 보기 A가 정답이다.

女: 你忙吗？怎么不接我的电话呢？
男: 对不起，我没听见，有什么事吗？
女: 我想问问你公司里的一些事情。
男: 好，我现在就过去。

问: 男的刚才为什么没接电话？

A 没听见
B 没上班
C 没有手机

여: 바쁘니? 왜 내 전화를 안 받는 거야?
남: 미안해, 못 들었어. 무슨 일 있는 거야?
여: 너희 회사 일 좀 물어보고 싶어서.
남: 응, 내가 지금 갈게.

질문: 남자는 방금 왜 전화를 받지 못했는가?

A 듣지 못해서
B 출근하지 않아서
C 휴대폰이 없어서

(단어) 忙 máng 형 바쁘다 | 接电话 jiē diànhuà 전화를 받다 | 听见 tīngjiàn 들리다 | 有事 yǒu shì 일이 있다 | 问 wèn 동 묻다 | 公司 gōngsī 명 회사 | 一些 yìxiē 양 약간, 조금 | 事情 shìqing 명 일 | ★过去 guòqu 동 가다, 지나가다 | ★刚才 gāngcái 명 방금 | 上班 shàngbān 동 출근하다 | 手机 shǒujī 명 휴대폰

41

해설 및 정답 이야기(故事)를 들어 봤냐(你听说过吗?)는 질문에 할머니가 이야기해 준 적 있다(보기 C)는 대답이 어울린다.

A: **❹** 너 『아기 돼지 삼형제』 이야기 들어 봤어?

B: **ⓒ** 어렸을 때 할머니가 이야기해 주신 적 있어. 아주 유명해.

단어 三只小猪 sān zhī xiǎozhū 아기 돼지 삼형제 | ★故事 gùshi 몡 이야기 | 听说过 tīngshuōguo 들어 본 적 있다 | 小时候 xiǎoshíhou 몡 어렸을 때 | ★奶奶 nǎinai 몡 할머니 | ★给 gěi 깨 ~에게 | ★讲 jiǎng 동 이야기하다, 강연하다 | ★有名 yǒumíng 몡 유명하다

42

해설 및 정답 먼저 수박을 먹으라는 말은 또 뭐 먹을 게 없는지 묻는 질문(보기 B)의 대답으로 어울린다.

A: **ⓑ** 나 배고파 죽겠어, 뭐 먹을 거 있어?

B: **❹** 먼저 수박 먹고 있어. 내가 너에게 맛있는 거 만들어 줄게.

단어 饿 è 몡 배고프다 | ★先 xiān 뮈 먼저 | 来 lái 동 어떤 동작을 하다[의미가 구체적인 동사를 대체함] | 西瓜 xīguā 몡 수박 | 给 gěi 깨 ~에게 | 做 zuò 동 만들다, 하다 | ★碗 wǎn 양 그릇 | 好吃 hǎochī 몡 맛있다

43

해설 및 정답 바지를 얼마에 샀느냐(花了多少钱?)는 질문은 언니가 사준 것(姐姐给我买的)이어서 잘 모른다(보기 A)는 대답과 어울린다.

A: **❹** 이 바지는 얼마에 산 거야?

B: **ⓐ** 언니(누나)가 사준 거야, 난 잘 모르겠어.

단어 ★条 tiáo 양 바지·치마를 세는 단위 | ★裤子 kùzi 몡 바지 | ★花 huā 동 쓰다, 소비하다 | 多少钱 duōshao qián 얼마예요? | 姐姐 jiějie 몡 누나, 언니 | 给 gěi 깨 ~에게 | 买 mǎi 동 사다 | 也 yě 뮈 ~도 또한 | 不太

bú tài 별로, 그다지 ~하지 않다 | ★清楚 qīngchu 몡 분명하다, 명확하다

44

해설 및 정답 강아지를 돌봐 줄 수 있냐는 부탁은 문제없다(보기 D)는 승낙과 어울린다.

A: **❹** 요 며칠 동안 나 집에 없을 건데, 네가 (나를 도와서) 내 강아지 좀 돌봐 줄 수 있어?

B: **ⓓ** 문제없어. 난 네 강아지를 좋아하거든.

단어 几 jǐ 쉬 몇 | 天 tiān 몡 날, 일 | 在 zài 동 ~에 있다 | 家 jiā 몡 집 | 能 néng 조동 ~할 수 있다 | 帮 bāng 동 돕다 | ★照顾 zhàogù 동 돌보다 | 小狗 xiǎogǒu 몡 강아지 | 没问题 méi wèntí 문제없다 | 喜欢 xǐhuan 동 좋아하다

45

해설 및 정답 회의에 참석하는 게 좋겠다는 제안은 그렇게 해 보겠다는 승낙(보기 F)과 어울린다.

A: **❹** 내가 보기에 다음 주 회의는 아무래도 네가 참석하는 게 좋을 것 같아.

B: **ⓕ** 그럼 내가 (참석)해 볼게.

단어 下星期 xià xīngqī 다음 주 | ★会议 huìyì 몡 회의 | ★还是 háishi 뮈 아무래도, 역시 | ★参加 cānjiā 동 참가하다 | ★比较 bǐjiào 뮈 비교적 | ★试 shì 동 시험 삼아 해보다

46

해설 및 정답 사람들이 그를 50세 정도로 본다(보기 B)는 말과 왕 교장이 70세가 되었지만 조금도 그렇게 보이지 않는다는 말이 어울린다.

A: **❹** 왕 교장 선생님은 70세가 넘으셨지만, 전혀 그렇게 보이지 않으셔.

B: **ⓑ** 많은 사람들이 그를 50세쯤으로 봐.

단어 ★校长 xiàozhǎng 몡 교장 | 虽然…但… suīrán… dàn… 집 비록 ~하지만 그러나 ~하다 | 岁 suì 양 살, 세[나이를 세는 단위] | 看起来 kàn qǐlai 보기에, 보아하니 | 一点儿都不 yìdiǎnr dōu bù 조금도 ~하지 않다 | ★像 xiàng 동 ~와 같다, 닮다 | 觉得 juéde 동 ~라고

생각하다, 여기다 | ★只 zhǐ 문 단지, 다만 | 来 lái 조
十(shí)·百(bǎi)·千(qiān) 등 수사나 수량사구 뒤에 쓰여
대략적인 수를 나타냄

47▶

(해설 및 정답) 데리고 갈게라는 말은 운전할 줄 모른다(보기
D)는 반응과 어울린다.

A: **D** 이번 주말에 놀러 가고 싶은데, <u>운전할 줄 몰라.</u>
B: **47** 내가 데리고 갈게. 어디로 가고 싶어?

(단어) 周末 zhōumò 명 주말 | 想 xiǎng 조동 ~하고 싶다 |
玩儿 wánr 동 놀다 | 会 huì 조동 ~할 줄 알다 | 开车
kāichē 동 차를 몰다, 운전하다 | 可以 kěyǐ 조동 ~할 수
있다 | 带 dài 동 데리다, 이끌다 | 要 yào 조동 ~하고자
하다

48▶

(해설 및 정답) 씻고 곧 잘 거라는 말은 내일 아침 기차를 타야
하는데 왜 안 쉬냐(보기 E)는 질문과 어울린다.

A: **E** 너 내일 아침 8시 기차 아니니? 왜 <u>아직 안 쉬어?</u>
B: **48** 이제 세수하고 이 닦으러 가려고요. 곧 잘 거예요.

(단어) 明天 míngtiān 명 내일 | 早上 zǎoshang 명 아침 | 点
diǎn 양 시 | 火车 huǒchē 명 기차 | 怎么 zěnme 대
어떻게, 어째서 | 还 hái 문 아직도 | 休息 xiūxi 동 쉬다,
휴식하다 | 就 jiù 문 곧, 바로 | 去 qù 동 가다 | 洗脸 xǐ
liǎn 동 세수하다 | ★刷牙 shuāyá 동 이를 닦다 | ★马上
mǎshàng 문 곧, 바로 | 睡 shuì 동 (잠을) 자다

49▶

(해설 및 정답) 모자를 줄 테니 감기 걸리지 않게 하라는 말은
괜찮다(보기 A)는 거절 표현과 어울린다.

A: **49** 여기 모자, 밖에 바람이 많이 불어, 감기 걸리지
말고.
B: **A** 괜찮아요, 안 추워요. 저 금방 돌아올 거예요.

(단어) 给 gěi 동 주다 | ★帽子 màozi 명 모자 | 外面 wàimian
명 바깥, 밖 | ★刮风 guāfēng 동 바람이 불다 | 别 bié 문
~하지 마라[금지를 나타냄] | ★感冒 gǎnmào 동 감기에
걸리다 | 不用 búyòng 문 ~할 필요가 없다 | 冷 lěng 형 춥다 | ★一会儿 yíhuìr 명 잠깐 동안, 잠시 | 就 jiù 문 곧,
바로 | 回来 huílai 동 (화자가 있는 곳으로) 되돌아오다

50▶

(해설 및 정답) 녹차를 마시자는 제안은 좋다(보기 C)는 승낙
표현과 어울린다.

A: **50** 옷을 내게 줘, 우리 녹차 마시자.
B: **C** 좋아, 난 <u>띠뜻한 걸로 줘.</u>

(단어) ★把 bǎ 개 ~을 | 给 gěi 동 주다 | 喝 hē 동 마시다 | 杯
bēi 양 잔, 컵 | 绿茶 lǜchá 명 녹차 | 要 yào 동 원하다 |
热 rè 형 뜨겁다

[51-55]

A 更 gèng 문 더, 더욱
B 小心 xiǎoxīn 동 조심하다
C 检查 jiǎnchá 동 검사하다, 점검하다
D 张 zhāng 양 종이·침대·얼굴 등을 세는 단위
E 声音 shēngyīn 명 소리
F 了解 liǎojiě 동 분명히 알다, 잘 알다

51▶

(해설 및 정답) 개사 对는 了解(잘 알다)와 호응하여 '对…了
解(~에 대해 잘 알다)' 형식으로 쓴다.

나는 그랑 한 번 만났다. 그에 대해 아직 별로 (**F 잘
알**)지 못한다.

(단어) ★只 zhǐ 문 단지, 다만 | 见面 jiànmiàn 동 만나다 | 一
次 yí cì 한 번 | 对 duì 개 ~에(게), ~에 대하여 | 还 hái
문 아직 | 不太 bú tài 별로, 그다지 ~하지 않다 | ★了解
liǎojiě 동 분명히 알다, 잘 알다

52▶

(해설 및 정답) 양사 张은 가구 중에서 침대(床), 탁자(桌子)
등을 세는 단위로 해당 명사 앞에 쓴다. 따라서 这张床(이 침
대)가 적절하므로 보기 D가 정답이다.

그는 키가 커서, 이 침대는 너무 작아서 아마도 불편할
거야.

A: 영화가 곧 시작됩니다. 휴대폰(**E 을**) 꺼주세요.

B: 네, 알겠습니다.

（단어） 电影 diànyǐng 명 영화 | ★马上 mǎshàng 부 곧, 바로 | 就要…了 jiùyào…le 곧 ~할 것이다 | 开始 kāishǐ 동 시작하다 | ★把 bǎ 개 ~을 | 手机 shǒujī 명 휴대폰 | ★关 guān 동 끄다 | 没问题 méi wèntí 문제없다

59

（해설 및 정답） 부사 真(정말)은 형용사 앞에서 상태의 정도를 강조하고, 厨房干净(주방이 깨끗하다)라는 호응 표현이 자연스러우므로 보기 **F**가 정답이다.

A: 너희 집 주방이 정말 (**F 깨끗하**)구나!

B: 당연하지, 널 맞이하기 위해 내가 벌써 두 시간째 청소하고 있는 걸.

（단어） 家 jiā 명 집 | 厨房 chúfáng 명 주방 | 真 zhēn 부 정말 | ★干净 gānjìng 형 깨끗하다 | ★当然 dāngrán 형 당연하다 | ★为了 wèile 개 ~을 위해서 | ★欢迎 huānyíng 동 환영하다, 기쁘게 맞이하다 | 已经 yǐjīng 부 이미, 벌써 | ★打扫 dǎsǎo 동 청소하다 | 小时 xiǎoshí 명 시간[시간의 양]

60

（해설 및 정답） 개사 为(~을 위하여)는 명사 또는 대명사와 함께 개사구를 이루어 '为…+동사(~을 위하여 ~하다)'의 형식으로 쓰고, 문장을 해석하면 为大家准备(모두를 위해 준비하다)라는 표현이 자연스러우므로 보기 **C**가 정답이다.

A: 이건 케이크지? 오늘 네 생일인 거야?

B: 오늘은 12월 25일이야, 이건 모두를 위해 (**C 준비한**) 거야.

（단어） ★蛋糕 dàngāo 명 케이크 | 生日 shēngrì 명 생일 | ★为 wèi 개 ~을 위하여 | 大家 dàjiā 대 모두들 | 准备 zhǔnbèi 동 준비하다

61

（해설 및 정답） 한자를 잘 쓰고 싶으면 유일한 방법이 시간을 많이 써서 연습하는 것(多花时间练习)이라고 했으므로 보기 **A**가 정답이다.

한자를 잘 쓰고 싶으면 한 가지 방법밖에 없다. 그것은 바로 시간을 많이 들여서 연습하는 것이다. 이건 쉬운 것처럼 들리지만, 해내는 사람은 많지 않다.

★ 어떻게 해야 한자를 잘 쓸 수 있는가?

A 많이 연습한다

B 선생님을 찾아가 묻는다

C 중국 문화를 잘 안다

（단어） 要 yào 조동 ~하고 싶다, ~하고자 하다 | 想 xiǎng 조동 ~하고 싶다 | ★把 bǎ 개 ~을 | 汉字 Hànzì 명 한자 | 写好 xiěhǎo 잘 쓰다, 다 쓰다 | ★只 zhǐ 부 다만, 단지 | 办法 bànfǎ 명 방법 | 就 jiù 부 바로 | ★花 huā 동 쓰다, 소비하다 | 时间 shíjiān 명 시간 | ★练习 liànxí 동 연습하다 | 听起来 tīng qǐlai ~하게 들리다 | ★容易 róngyì 형 쉽다 | 但 dàn 접 그러나 | 能 néng 조동 ~할 수 있다 | 做到 zuòdào 해서 (목표에) 이르다, 해내다 | 怎样 zěnyàng 대 어떻게, 어떠하다 | ★才 cái 부 비로소, 겨우 | 找 zhǎo 동 찾다 | 老师 lǎoshī 명 선생님 | 问 wèn 동 묻다, 질문하다 | ★了解 liǎojiě 동 분명히 알다, 잘 알다 | 中国 Zhōngguó 고유 중국 | ★文化 wénhuà 명 문화

62

（해설 및 정답） 이해가 안 되는 어떤 일이 있으면 그(小马 샤오마)에게 물어보면 된다(可以问他)고 했으므로, 보기 **A**가 정답이다.

샤오마는 어리지만 이곳에서 벌써 8년이나 일했다. 네가 무슨 모르는 일이 생긴다면 그에게 물어보면 된다. 그는 분명 너를 도와서 해결해 줄 것이다.

★ 만약에 무슨 문제가 생긴다면:

A 샤오마를 찾는다

B 사전을 찾아본다

C 스스로 해결한다

（단어） 别看 bié kàn ~라고 보지 마라 | ★年轻 niánqīng 형 어리다, 젊다 | 已经 yǐjīng 부 이미, 벌써 | 在 zài 개 ~에서 | 工作 gōngzuò 동 일하다 | ★明白 míngbai 동 이해하다, 알다 | 事情 shìqing 명 일 | 可以 kěyǐ 조동 ~해도 된다 | 问 wèn 동 묻다 | ★一定 yídìng 부 반드시

| 会 huì 조동 ~할 것이다 | 帮 bāng 동 돕다 | ★解决 jiějué 동 해결하다 | 问题 wèntí 명 문제 | 找 zhǎo 동 찾다 | 查 chá 동 (뒤져서) 찾아보다 | ★词典 cídiǎn 명 사전 | ★自己 zìjǐ 대 스스로, 자기

해설 및 정답 남자아이는 많은 취미를 가지고 있고 그 취미에 구기 운동(打球)이 있다고 했으므로 남자아이가 운동을 좋아한다고 유추할 수 있다. 따라서 보기 C가 정답이다.

이 남자아이는 새로 온 반 친구인데, 똑똑하고 학업 성적도 매우 좋다. 그는 여러 가지 취미를 가지고 있다고 들었는데, 수영과 구기 종목 등을 좋아한다.

★ 그 남자아이는:

A 취미가 없다

B 공부를 못 한다

C 운동을 좋아한다

단어 男孩子 nánháizi 명 남자아이 | 新 xīn 형 새롭다 | 同学 tóngxué 명 학교(반) 친구 | ★聪明 cōngming 형 총명하다, 똑똑하다 | 学习 xuéxí 동 학습하다, 공부하다 | ★成绩 chéngjì 명 성적 | 非常 fēicháng 굉장히, 아주 | 听说 tīngshuō 동 듣자(하)니 | 还 hái 또 | ★爱好 àihào 명 취미 | 游泳 yóuyǒng 동 수영하다 | 打球 dǎqiú 동 구기 운동을 하다, 공놀이를 하다

해설 및 정답 맥주를 몇 잔 마시고 얼굴이 조금 빨갛다(脸有点儿红)고 했으므로 보기 B가 정답이다.

나는 방금 회사 동료와 맥주를 몇 잔 마셨어. 그래서 얼굴이 좀 빨개졌어. 하지만 괜찮아. 잠 좀 자고 나면 괜찮아져.

★ 그는 무슨 일인가?

A 감기에 걸렸다

B 얼굴이 빨개졌다

C 배불리 먹지 않았다

단어 ★刚才 gāngcái 명 방금 | ★同事 tóngshì 명 동료 | 喝 hē 동 마시다 | 杯 bēi 양 잔, 컵 | ★啤酒 píjiǔ 명 맥주

| 所以 suǒyǐ 접 그래서 | ★脸 liǎn 명 얼굴 | 有点儿 yǒudiǎnr 조금, 약간 | 红 hóng 형 붉다, 빨갛다 | 没事 (儿) méishì(r) 괜찮다 | 睡觉 shuìjiào 동 잠을 자다 | 就 jiù 곧, 바로 | 怎么了 zěnme le 무슨 일이야? | ★感冒 gǎnmào 동 감기에 걸리다 | 吃饱 chībǎo 배불리 먹다

해설 및 정답 첫 번째 수업은 돈을 받지 않는다(第一次课是不花钱的)고 했으므로 보기 C가 정답이다.

이곳은 그림 그리는 것을 가르칩니다. 자신의 흥미에 따라 좋아하는 과목을 선택하시면 됩니다. 첫 번째 수업은 돈을 받지 않습니다. 게다가 만약 친구를 소개해서 같이 오시면, 손목시계도 하나 드립니다.

★ 이 글을 통해서 알 수 있는 것은:

A 기념일에는 수업을 안 한다

B 그곳은 비교적 조용하다

C 첫 번째 수업은 돈이 안 든다

단어 ★教 jiāo 동 가르치다 | 画画儿 huà huàr 그림을 그리다 | ★根据 gēnjù 개 ~에 근거하여 | ★自己 zìjǐ 대 자기, 자신, 스스로 | ★兴趣 xìngqù 명 재미, 흥미 | ★选择 xuǎnzé 동 선택하다 | 喜欢 xǐhuan 동 좋아하다 | 课 kè 명 수업 | 第一次 dì-yī cì 명 첫(번)째 | 花钱 huāqián 동 돈을 쓰다, 소비하다 | ★而且 érqiě 접 게다가 | ★如果 rúguǒ 접 만약 | 能 néng 조동 ~할 수 있다 | 介绍 jièshào 동 소개하다 | 朋友 péngyou 명 친구 | 一起 yìqǐ 같이, 함께 | 学 xué 동 배우다 | 还 hái 또, 다시 | 会 huì 조동 ~할 것이다 | 送 sòng 동 선물하다, 주다 | 块 kuài 양 시계를 세는 단위 | 手表 shǒubiǎo 명 손목시계 | 可以 kěyǐ 조동 ~할 수 있다 | 知道 zhīdào 동 알다 | ★节日 jiérì 명 기념일, 명절 | 上课 shàngkè 동 수업을 듣다, 수업을 하다 | ★比较 bǐjiào 비교적 | ★安静 ānjing 형 조용하다

해설 및 정답 아들이 나를 닮았고(长得像我) 그의 아빠도 닮았다(也像他爸爸)고 했으므로, 화자는 엄마이고 아들이 아빠와 엄마를 모두 닮았을 가능성이 높다. 따라서 보기 C가 정답이다.

내 아들은 나를 닮아 코는 높고 눈은 크다. 그는 또한 아빠를 닮아 웃기를 잘 하고 남들에게 잘해 준다. 난 내 아들이 좋은 아이라고 생각한다.

★ 이 글에 근거하면 아들은:

A 조용하다
B 책 보는 것을 좋아하지 않는다
C (생김새가) 아빠 엄마를 닮았다

단어 儿子 érzi 몡 아들 | ★长 zhǎng 통 생기다, 자라다 | ★像 xiàng 통 닮다 | ★鼻子 bízi 몡 코 | 高 gāo 혱 (높이가) 높다 | 眼睛 yǎnjing 몡 눈[신체 부위] | 笑 xiào 통 웃다 | 对 duì 게 ~에 대해 | 觉得 juéde 통 ~라고 생각하다 | 孩子 háizi 몡 아이 | ★根据 gēnjù 게 ~에 근거하여 | ★段 duàn 양 단락[사물의 한 부분을 나타냄] | ★安静 ānjìng 혱 조용하다

67

해설 및 정답 집에 올 때 양고기, 계란 등을 사러 슈퍼마켓에 가라(去超市)고 했으므로, 그가 장을 보러 갈 것이라는 것을 알 수 있다. 따라서 보기 A가 정답이다.

너에게 50위안을 줄 테니, 집에 올 때 슈퍼마켓에 들러 양고기 2근, 달걀 10개 또 과일 좀 사오렴. 퇴근해서 너에게 맛있는 거 만들어 줄게.

★ 집에 올 때 무엇을 해야 하는가?

A 장 보러 가야 한다
B 케이크를 선물해야 한다
C 밖에서 밥을 먹어야 한다

단어 给 gěi 게 ~에게 통 주다 | 块 kuài 양 위안[중국 화폐의 기본 단위] | 钱 qián 몡 돈 | 回家 huíjiā 통 집으로 돌아가다 | 时 shí 몡 때 | ★超市 chāoshì 몡 슈퍼마켓 | 斤 jīn 양 근[무게의 단위] | 羊肉 yángròu 몡 양고기 | 鸡蛋 jīdàn 몡 달걀 | 再 zài 튀 더, 또 | 一些 yìxiē 양 조금, 약간 | 水果 shuǐguǒ 몡 과일 | 下班 xiàbān 통 퇴근하다 | 后 hòu 몡 뒤, 후 | 做 zuò 통 만들다, 하다 | 好吃 hǎochī 혱 맛있다 | ★应该 yīnggāi 조통 마땅히 ~해야 한다 | 买菜 mǎi cài 장을 보다 | 送 sòng 통 선물하다 | ★蛋糕 dàngāo 몡 케이크 | 吃饭 chīfàn 통 밥을 먹다

68

해설 및 정답 샤오리의 안색이 안 좋아 이유를 묻자 그가 어젯밤(昨晚)에 경기를 봤다(看球赛)고 했으므로, 보기 B가 정답이다.

샤오리가 오전에 안색이 별로 안 좋아서, 동료들은 그가 아픈 줄 알았다. 내가 그에게 무슨 일이냐고 물었는데, 그는 웃으면서 "어젯밤에 경기를 보느라 2시에야 잤어."라고 대답했다.

★ 샤오리는 어젯밤에:

A 열이 났다
B 경기를 봤다
C 음악을 들었다

단어 上午 shàngwǔ 몡 오전 | 脸色 liǎnsè 몡 안색 | 不太 bú tài 그다지 ~하지 않다 | 同事 tóngshì 몡 동료 | ★以为 yǐwéi 통 ~인 줄 알다 | 病 bìng 통 병나다 | 问 wèn 통 묻다 | 笑 xiào 통 웃다 | ★回答 huídá 통 대답하다 | 昨晚 zuówǎn 몡 어제저녁 | 球赛 qiúsài 몡 구기 시합 | 点 diǎn 양 시 | ★才 cái 튀 ~에서야, 비로소 | 睡觉 shuìjiào 통 잠을 자다 | ★发烧 fāshāo 통 열이 나다 | ★比赛 bǐsài 몡 경기 | ★音乐 yīnyuè 몡 음악

69

해설 및 정답 내일이 일요일이니(明天是星期天) 같이 공원에 놀러 가자(我们去公园玩儿怎么样?)고 제안했으므로, 그들은 일요일에 공원에 갈 가능성이 높다. 따라서 보기 A가 정답이다.

어제저녁에 나는 샤오왕에게 전화를 걸어서 "우리 학교 서쪽에 크고 예쁜 공원이 하나 있다더라. 내일이 일요일이니 우리 공원으로 놀러 가는 거 어때?"라고 물었는데, 샤오왕은 "너무 잘됐다! 나도 공원에 가서 산책 좀 하고 싶었어."라고 대답했다.

★ 그들은 아마도 언제 공원에 가겠는가?

A 일요일　　　B 다음 달　　　C 어제저녁

단어 昨天 zuótiān 몡 어제 | 晚上 wǎnshang 몡 저녁 | 给 gěi 게 ~에게 | 打电话 dǎ diànhuà 전화를 걸다 | 问 wèn 통 묻다 | 听说 tīngshuō 통 듣자(하)니 | 学

校 xuéxiào 몡 학교 | 西边 xībian 몡 서쪽 | ★公园 gōngyuán 몡 공원 | 漂亮 piàoliang 혱 예쁘다 | 星期天 xīngqītiān 몡 일요일 | 玩儿 wánr 동 놀다 | ★回答 huídá 동 대답하다 | 太 tài 부 너무 | 也 yě 부 ~도 또한 | 想 xiǎng 조동 ~하고 싶다 | 散步 sànbù 동 산책하다 | 最 zuì 부 가장 | 可能 kěnéng 부 아마(도) | 下个月 xià ge yuè 다음 달

70

(해설 및 정답) 등산할 때에는 너무 빨리 걷지 마(别走太快了)라고 했으므로 보기 C가 정답이다.

등산할 때 반드시 조심해야 해, 자기 발 아래를 주의하고 너무 빨리 걷지 마. 만약 불편한 곳이 있으면 선생님께 말씀드리고, 혼자서 결정하지 말고.

★ 등산할 때:

A 쉽게 목마르다

B 구두를 신지 마라

C 너무 빨리 걷지 마라

(단어) ★爬山 páshān 동 등산하다 | 时 shí 몡 때 | ★一定 yídìng 부 반드시, 꼭 | 要 yào 조동 ~해야 한다 | ★小心 xiǎoxīn 동 조심하다 | ★注意 zhùyì 동 주의를 기울이다, 신경 쓰다 | ★自己 zìjǐ 대 자기, 자신, 스스로 | ★脚 jiǎo 몡 (신체의) 발 | 下 xià 몡 밑, 아래 | 别 bié 부 ~하지 마라[금지를 나타냄] | 走 zǒu 동 걷다, 가다, 떠나다 | 快 kuài 혱 (속도가) 빠르다 | ★如果 rúguǒ 접 만약 | 觉得 juéde 동 ~라고 생각하다, 여기다 | ★舒服 shūfu 혱 편안하다 | 就 jiù 부 곧, 바로 | ★跟 gēn 개 ~와 | 老师 lǎoshī 몡 선생님 | 不要 búyào 조동 ~하지 마라, ~해서는 안 된다 | ★决定 juédìng 동 결정하다 | ★容易 róngyì 혱 쉽다 | ★渴 kě 혱 목마르다 | 穿 chuān 동 (신발을) 신다 | ★皮鞋 píxié 몡 구두

71

(해설) **Step 1.** 먼저 술어가 될 동사나 형용사를 찾고, 그다음에 주어와 목적어를 찾는다.

我 + 需要 + 那样的照相机
주어 술어(동사) 목적어

나는 저런 카메라가 필요하다

Step 2. 부사 也는 '~도 또한'의 의미로 술어 앞에 쓰고, 양사 个는 사물이나 사람을 세는 일반적인 단위로 명사 앞에 쓴다.

我 + [也] + 需要 + (一个) + 那样的照相机
~도 필요하다   하나의 카메라

나는 저런 카메라가 하나 필요하다

(정답) **我也需要一个那样的照相机。**
Wǒ yě xūyào yí ge nàyàng de zhàoxiàngjī.
나는 저런 카메라가 하나 필요하다.

(단어) 也 yě 부 ~도 또한 | ★需要 xūyào 동 필요하다 | 那样 zhèyàng 대 저렇게, 그러한 | ★照相机 zhàoxiàngjī 몡 카메라

72

(해설) **Step 1.** 먼저 술어가 될 동사나 형용사를 찾고, 그다음에 주어와 목적어를 찾는다.

[?] + 下 + 大雪
주어 술어(동사) 목적어

눈이 많이 내린다

Step 2. 冬天的北京은 장소를 나타내는 말로 주어 역할을 할 수 있다.

冬天的北京 + 下 + 大雪
　　　　주어　　　　술어(동사)　목적어

겨울에 베이징에는 눈이 많이 내린다

Step 3. 可能会는 술어(동사) 앞에 쓴다.

冬天的北京 + [可能会] + 下 + 大雪

겨울에 베이징에는 아마 눈이 많이 내릴 것이다

(정답) **冬天的北京可能会下大雪。**
Dōngtiān de Běijīng kěnéng huì xià dà xuě.
겨울에 베이징에는 아마 눈이 많이 내릴 것이다.

(단어) 冬天 dōngtiān 몡 겨울 | 北京 Běijīng 고유 베이징, 북경 | 可能 kěnéng 뮈 아마(도) | 下雪 xiàxuě 동 눈이 내리다

73

(해설) *Step 1.* 먼저 술어가 될 동사나 형용사를 찾고, 그다음에 주어와 목적어를 찾는다.

我 + 解决 + 难题
주어　술어(동사)　목적어

나는 어려운 문제를 해결한다

Step 2. 조사 过는 동사 바로 뒤에 써서 경험(~한 적 있다)을 나타낸다.

我 + 解决 + 过 + 难题
　　　　　　　　해결한 적 있다

나는 어려운 문제를 해결한 적 있다

Step 3. 几次는 동작이 발생한 횟수를 의미하고, 동사 뒤 목적어(명사) 앞에 쓴다.

我 + 解决 + 过 + 〈几次〉 + 难题
　　　술어(동사)　　　동작의 횟수　목적어(명사)

나는 어려운 문제를 몇 번 해결해 봤다

(정답) **我解决过几次难题。**
Wǒ jiějuéguo jǐ cì nántí.
나는 어려운 문제를 몇 번 해결해 봤다.

(단어) ★解决 jiějué 동 해결하다 | 几 jǐ 쥐 몇 | 次 cì 양 번, 차례[동작의 횟수를 세는 단위] | 难题 nántí 몡 어려운 문제, 난제

74

(해설) *Step 1.* 제시어에 개사 被가 등장하면 특이한 어순을 먼저 떠올려야 한다. 被는 '~에 의하여'의 의미로, 동작의 행위자가 주어 자리가 아닌 被 뒤에 위치한다.

我的伞 + [被 + 我同学] + 拿走了
　　　　가져가는 동작의 행위자 : 학교 친구
[被자문] 주어 + [被 + 동작의 행위자] + 술어(동사) + 기타성분

내 우산은 내 학교 친구에 의해 가져가졌다
=내 우산은 내 학교 친구가 가져갔다

(정답) **我的伞被我同学拿走了。**
Wǒ de sǎn bèi wǒ tóngxué názǒu le.
내 우산은 내 학교 친구가 가져갔다.

(단어) ★伞 sǎn 몡 우산 | ★被 bèi 개 ~에 의하여 (~를 당하다) | 同学 tóngxué 몡 학교(반) 친구 | 拿走 názǒu 동 가지고 가다

75

해설 *Step 1.* 먼저 술어가 될 동사나 형용사를 찾고, 그다음에 술어가 동사라면 적절한 목적어를 찾는다.

那个小男孩儿 + 表演
　主어　　　　 술어(동사)

그 어린 남자아이가 공연한다

Step 2. '동사 得'는 동작이 발생한 후 그 동작에 대한 묘사, 소감, 평가를 표현할 때 쓴다. 따라서 동작을 묘사할 수 있는 표현(형용사)이 제시어 중에 있는지 살펴보아야 한다.

那个小男孩儿 + 表演 + 得 + 〈不错〉
동사得+(형용사) : 공연을 잘한다

그 어린 남자아이는 공연을 잘한다

Step 3. 정도부사 很은 형용사나 심리감정동사 앞에 쓴다.

那个小男孩儿 + 表演 + 得 + 〈[很]不错〉
매우 좋다

그 어린 남자아이는 공연을 매우 잘한다

정답 那个小男孩儿表演得很不错。
Nàge xiǎo nánháir biǎoyǎn de hěn búcuò.
그 어린 남자아이는 공연을 매우 잘한다.

단어 男孩儿 nánháir 몡 남자아이 | 表演 biǎoyǎn 동 공연하다 | 不错 búcuò 형 좋다

76

해설 및 정답 '문화를 잘 알다(了解文化 liǎojiě wénhuà)'라는 표현을 완성하면 해석이 자연스럽다.

내가 중국에 온 것은 첫째는 중국어를 공부하기 위해서고, 둘째는 더 많은 중국 문화를 알기 위해서다.

단어 来 lái 동 오다 | 中国 Zhōngguó 고유 중국 | ★为了 wèile 개 ~을 위해서 | 学习 xuéxí 동 공부하다 | 汉语 Hànyǔ 몡 중국어 | ★了解 liǎojiě 동 분명히 알다, 잘 알다 | ★更 gèng 부 더 | 多 duō 형 많다 | ★文化 wénhuà 몡 문화

77

해설 및 정답 '태양이 나오다, 해가 뜨다(太阳出来 tàiyáng chūlai)'는 표현을 완성하면 해석이 자연스럽다.

해가 떴다. 새로운 하루가 시작되었다.

단어 ★太阳 tàiyáng 몡 태양 | 出来 chūlai 동 나오다, 나가다 | 新 xīn 형 새롭다 | 的 de 조 ~한 | 天 tiān 몡 날, 일 | 开始 kāishǐ 동 시작하다

78

해설 및 정답 '안, 속'이라는 위치를 표현할 때 쓰는 명사는 里 li이다.

냉장고 안에 과일이 아직 있어? 나 좀 배고파.

단어 ★冰箱 bīngxiāng 몡 냉장고 | 里 lǐ 몡 안, 속 | 还 hái 부 아직 | 水果 shuǐguǒ 몡 과일 | 有点儿 yǒudiǎnr 부 조금, 약간[부정적인 어투가 강함] | ★饿 è 형 배고프다

79

해설 및 정답 '잠깐, 잠시 동안'이라는 의미로 동사 뒤에 쓰여 짧은 시간을 나타내는 표현은 一会儿 yíhuìr이다.

너무 더우니까, 우리 커피숍에 가서 좀 앉아 있자.

단어 太 tài 부 너무 | 热 rè 형 덥다 | 去 qù 동 가다 | 咖啡店 kāfēidiàn 몡 커피숍 | 坐 zuò 동 앉다 | ★一会儿 yíhuìr 몡 잠시, 잠깐 | 吧 ba 조 ~하자[문장 끝에 쓰여 제안을 나타냄]

80

해설 및 정답 모두 합친 수량을 표현할 때 쓰는 부사는 一共 yígòng이다.

이 과일들은 모두 30위안 5자오입니다.

단어 这些 zhèxiē 대 이런 것들, 이러한 | 水果 shuǐguǒ 몡 과일 | ★一共 yígòng 부 모두, 전부 | ★元 yuán 양 위안[중국의 화폐 단위] | ★角 jiǎo 양 자오[중국의 화폐 단위(1元=10角)]

■ 汉 语 水 平 考 试 HSK（三级）答 题 卡 ■

請填寫考生信息

按照考试证件上的姓名填写：

| 姓名 | |

如果有中文姓名，请填写：

| 中文姓名 | |

考生序号	[0] [1] [2] [3] [4] [5] [6] [7] [8] [9]
	[0] [1] [2] [3] [4] [5] [6] [7] [8] [9]
	[0] [1] [2] [3] [4] [5] [6] [7] [8] [9]
	[0] [1] [2] [3] [4] [5] [6] [7] [8] [9]
	[0] [1] [2] [3] [4] [5] [6] [7] [8] [9]

請填寫考點信息

考点代码	[0] [1] [2] [3] [4] [5] [6] [7] [8] [9]
	[0] [1] [2] [3] [4] [5] [6] [7] [8] [9]
	[0] [1] [2] [3] [4] [5] [6] [7] [8] [9]
	[0] [1] [2] [3] [4] [5] [6] [7] [8] [9]
	[0] [1] [2] [3] [4] [5] [6] [7] [8] [9]
	[0] [1] [2] [3] [4] [5] [6] [7] [8] [9]
	[0] [1] [2] [3] [4] [5] [6] [7] [8] [9]

国籍	[0] [1] [2] [3] [4] [5] [6] [7] [8] [9]
	[0] [1] [2] [3] [4] [5] [6] [7] [8] [9]
	[0] [1] [2] [3] [4] [5] [6] [7] [8] [9]

| 年龄 | [0] [1] [2] [3] [4] [5] [6] [7] [8] [9] |
| | [0] [1] [2] [3] [4] [5] [6] [7] [8] [9] |

| 性别 | 男 [1]   女 [2] |

注意　请用2B铅笔这样写：■

一、听力

1. [A] [B] [C] [D] [E] [F]
2. [A] [B] [C] [D] [E] [F]
3. [A] [B] [C] [D] [E] [F]
4. [A] [B] [C] [D] [E] [F]
5. [A] [B] [C] [D] [E] [F]

6. [A] [B] [C] [D] [E] [F]
7. [A] [B] [C] [D] [E] [F]
8. [A] [B] [C] [D] [E] [F]
9. [A] [B] [C] [D] [E] [F]
10. [A] [B] [C] [D] [E] [F]

11. [√] [×]
12. [√] [×]
13. [√] [×]
14. [√] [×]
15. [√] [×]

16. [√] [×]
17. [√] [×]
18. [√] [×]
19. [√] [×]
20. [√] [×]

21. [A] [B] [C]
22. [A] [B] [C]
23. [A] [B] [C]
24. [A] [B] [C]
25. [A] [B] [C]

26. [A] [B] [C]
27. [A] [B] [C]
28. [A] [B] [C]
29. [A] [B] [C]
30. [A] [B] [C]

31. [A] [B] [C]
32. [A] [B] [C]
33. [A] [B] [C]
34. [A] [B] [C]
35. [A] [B] [C]

36. [A] [B] [C]
37. [A] [B] [C]
38. [A] [B] [C]
39. [A] [B] [C]
40. [A] [B] [C]

二、阅读

41. [A] [B] [C] [D] [E] [F]
42. [A] [B] [C] [D] [E] [F]
43. [A] [B] [C] [D] [E] [F]
44. [A] [B] [C] [D] [E] [F]
45. [A] [B] [C] [D] [E] [F]

46. [A] [B] [C] [D] [E] [F]
47. [A] [B] [C] [D] [E] [F]
48. [A] [B] [C] [D] [E] [F]
49. [A] [B] [C] [D] [E] [F]
50. [A] [B] [C] [D] [E] [F]

51. [A] [B] [C] [D] [E] [F]
52. [A] [B] [C] [D] [E] [F]
53. [A] [B] [C] [D] [E] [F]
54. [A] [B] [C] [D] [E] [F]
55. [A] [B] [C] [D] [E] [F]

56. [A] [B] [C] [D] [E] [F]
57. [A] [B] [C] [D] [E] [F]
58. [A] [B] [C] [D] [E] [F]
59. [A] [B] [C] [D] [E] [F]
60. [A] [B] [C] [D] [E] [F]

61. [A] [B] [C]
62. [A] [B] [C]
63. [A] [B] [C]
64. [A] [B] [C]
65. [A] [B] [C]

66. [A] [B] [C]
67. [A] [B] [C]
68. [A] [B] [C]
69. [A] [B] [C]
70. [A] [B] [C]

三、书写

71.

72.

73.

74.

75.

76.

77.

78.

79.

80.

不要写到框线以外！

汉语水平考试 HSK（三级）答题卡 ■

注意 | 请用 2 B 铅笔这样写： ■

一、听力

1. [A] [B] [C] [D] [E] [F]
2. [A] [B] [C] [D] [E] [F]
3. [A] [B] [C] [D] [E] [F]
4. [A] [B] [C] [D] [E] [F]
5. [A] [B] [C] [D] [E] [F]

6. [A] [B] [C] [D] [E] [F]
7. [A] [B] [C] [D] [E] [F]
8. [A] [B] [C] [D] [E] [F]
9. [A] [B] [C] [D] [E] [F]
10. [A] [B] [C] [D] [E] [F]

11. [√] [×]
12. [√] [×]
13. [√] [×]
14. [√] [×]
15. [√] [×]

16. [√] [×]
17. [√] [×]
18. [√] [×]
19. [√] [×]
20. [√] [×]

21. [A] [B] [C]
22. [A] [B] [C]
23. [A] [B] [C]
24. [A] [B] [C]
25. [A] [B] [C]

26. [A] [B] [C]
27. [A] [B] [C]
28. [A] [B] [C]
29. [A] [B] [C]
30. [A] [B] [C]

31. [A] [B] [C]
32. [A] [B] [C]
33. [A] [B] [C]
34. [A] [B] [C]
35. [A] [B] [C]

36. [A] [B] [C]
37. [A] [B] [C]
38. [A] [B] [C]
39. [A] [B] [C]
40. [A] [B] [C]

二、阅读

41. [A] [B] [C] [D] [E] [F]
42. [A] [B] [C] [D] [E] [F]
43. [A] [B] [C] [D] [E] [F]
44. [A] [B] [C] [D] [E] [F]
45. [A] [B] [C] [D] [E] [F]

46. [A] [B] [C] [D] [E] [F]
47. [A] [B] [C] [D] [E] [F]
48. [A] [B] [C] [D] [E] [F]
49. [A] [B] [C] [D] [E] [F]
50. [A] [B] [C] [D] [E] [F]

51. [A] [B] [C] [D] [E] [F]
52. [A] [B] [C] [D] [E] [F]
53. [A] [B] [C] [D] [E] [F]
54. [A] [B] [C] [D] [E] [F]
55. [A] [B] [C] [D] [E] [F]

56. [A] [B] [C] [D] [E] [F]
57. [A] [B] [C] [D] [E] [F]
58. [A] [B] [C] [D] [E] [F]
59. [A] [B] [C] [D] [E] [F]
60. [A] [B] [C] [D] [E] [F]

61. [A] [B] [C]
62. [A] [B] [C]
63. [A] [B] [C]
64. [A] [B] [C]
65. [A] [B] [C]

66. [A] [B] [C]
67. [A] [B] [C]
68. [A] [B] [C]
69. [A] [B] [C]
70. [A] [B] [C]

三、书写

71.

72.

73.

74.

75.

76.   77.   78.   79.   80.

모의고사 \20강/

무료 동영상 강의

www.booksJRC.com

新 **HSK** 3급

JRC 중국어연구소 기획 / 박수진 저

해설집

시작에서
합격까지
4주
완성!

맛있는 books

저자 **박수진**

북경어언대학 중국어교육학(교수법 및 교재 연구) 석사

차이나요(www.china-yo.co.kr) 대표
유튜브 노마드림 차이나요
인스타그램 @nomadream_chinayo

메가스터디 고등 중국어&HSK 전임
웅진스마트올 중등 중국어&HSK 전임
다락원 사이버 어학원, YBM e4u 사이버 어학원 중국어 강사

전 천재교육 밀크티 중학 중국어&HSK 전임
　　차이나로 중국어 학원 신HSK 전문강사
　　중국 북경 39中学 중국어 교사

저서 맛있는 중국어 HSK 3급
　　맛있는 중국어 HSK 첫걸음 1~2급
　　중국 MZ세대의 요즘 중국어 101
　　톡 하면 톡 나오는 SNS 중국어
　　신HSK FINAL TEST 4급
　　신HSK FINAL TEST 5급
　　Restart Chinese

무료 모의고사 2회분 동영상 강의

▲ 강의 보기

맛있는스쿨에서 **동영상 강의** 듣기

3급

급

해설집

JRC 중국어연구소 기획 / 박수진 저

맛있는 books

맛있는 중국어 新HSK 3급 해설집

기획	JRC 중국어연구소
저자	박수진
발행인	김효정
발행처	맛있는books
등록번호	제2006-000273호
편집	최정임
디자인	이솔잎
제작	박선희

주소	서울시 서초구 명달로54 JRC빌딩 7층
전화	구입문의 02·567·3861 l 02·567·3837
	내용문의 02·567·3860
팩스	02·567·2471
홈페이지	www.booksJRC.com

차례

맛있는 중국어 新HSK 3급 듣기

1 가족, 집안일

| 실전 트레이닝 1 | 기본서 24쪽

정답

1. C   2. A   3. B   4. X   5. √   6. √

---

1 Track 05-1

해설 및 정답 **문제 분석▼** 여자가 컴퓨터(电脑 diànnǎo)를 쓰고 싶다고 했으므로, 보기 중에서 컴퓨터를 하는 사진 C가 정답이다.

女: 你在玩儿游戏吗? 我想用你的电脑发个电子邮件。 男: 好, 你用吧。	여: 게임하고 있어? 나 네 컴퓨터로 이메일을 보내고 싶어. 남: 좋아. 너 써.

단어 在 zài 분 ~하고 있다. ~하고 있는 중이다 | 玩儿 wánr 동 놀다 | ★游戏 yóuxì 명 게임 | 想 xiǎng 조동 ~하고 싶다 | ★用 yòng 동 쓰다, 사용하다 | 电脑 diànnǎo 명 컴퓨터 | ★发 fā 동 보내다 | ★电子邮件 diànzǐ yóujiàn 명 이메일

---

2 Track 05-2

해설 및 정답 **문제 분석▼** 남자가 여자에게 무슨 프로그램(节目 jiémù)을 보는지 물었으므로, 보기 중에서 텔레비전을 보는 사진 A가 정답이다.

男: 你看什么节目呢? 女: 春节晚会。这个节目很有名, 你也过来看看。	남: 너는 무슨 프로그램을 봐? 여: 춘절 연환회. 이 프로그램은 유명해. 너도 와서 봐봐.

단어 看 kàn 동 보다 | 什么 shénme 대 무엇, 무슨 | ★节目 jiémù 명 프로그램 | 春节晚会 Chūnjié Wǎnhuì 춘절 연환회[중국의 유명한 설날 프로그램] | ★有名 yǒumíng 형 유명하다 | 也 yě 분 ~도 역시 | 过来 guòlai 동 다가오다

---

3 Track 05-3

해설 및 정답 **문제 분석▼** 여자가 남자에게 접시 씻는 것(洗盘子 xǐ pánzi)을 돕겠다고 했으므로, 보기 중에서 설거지를 하는 사진 B가 정답이다.

女: 爸, 我来帮您洗盘子, 您去休息一下。 男: 不用了, 你快去写作业吧。	여: 아빠, 제가 접시 씻는 거 도울게요. 가서 좀 쉬세요. 남: 괜찮아. 너 빨리 가서 숙제를 하렴.

단어 爸 bà 몡 아빠 | 帮 bāng 툉 돕다 | 洗 xǐ 툉 씻다, 닦다 | ★盘子 pánzi 몡 쟁반, 큰 접시 | 去 qù 툉 가다 | 休息 xiūxi 툉 쉬다, 휴식하다 | 一下 yíxià 옝 동사 뒤에 쓰여 '좀 ~하다'의 뜻을 나타냄 | 不用 búyòng 뷰 ~할 필요가 없다 | 快 kuài 옝 (속도가) 빠르다 | 写作业 xiě zuòyè 숙제를 하다

4

해설 및 정답 문제 분석▼ 녹음에서 사실(其实 qíshí) 학교(반) 친구(同学 tóngxué) 관계라고 했으므로, 내용이 일치하지 않는다.

因为她们两个都姓张，长得又有点儿像，所以总被人认为是姐妹，但其实她们只是同学关系。	그녀들 둘은 모두 성이 장씨이고, 생긴 것도 조금 닮아서, 늘 사람들이 자매라고 생각하게 만든다. 하지만 사실 그녀들은 같은 학교(반) 친구 관계일 뿐이다.
★ 她们两个是姐妹。(X)	★ 그녀들 둘은 자매이다. (X)

단어 因为A，所以B yīnwèi A, suǒyǐ B 쩹 (왜냐하면) A하기 때문에, 그래서 B하다 | 姓 xìng 몡 성, 성씨 툉 성이 ~이다 | ★长 zhǎng 툉 자라다, 크다, 생기다 | ★又 yòu 뷰 또 | 有点儿 yǒudiǎnr 뷰 조금, 약간 | ★像 xiàng 툉 서로 같다, 닮다 | 总 zǒng 뷰 늘, 언제나 | ★被 bèi 꺠 ~에 의하여 (~를 당하다) | ★认为 rènwéi 툉 생각하다, 여기다 | 姐妹 jiěmèi 몡 자매, 언니와 여동생 | 但 dàn 쩹 그러나 | ★其实 qíshí 뷰 사실은 | ★只 zhǐ 뷰 단지 | 同学 tóngxué 몡 학교(반) 친구 | ★关系 guānxi 몡 관계

[TIP] 녹음에 보기와 같은 표현이 들리는지를 찾는 것이 듣기의 기본이지만, HSK 3급에서는 더 나아가 문맥을 파악하고 전체의 의미를 정확하게 이해하는지 테스트하는 문제도 출제된다.

5

해설 및 정답 문제 분석▼ 녹음에서도 할머니가 이야기를 해주셨다(奶奶给我讲个故事 nǎinai gěi wǒ jiǎng ge gùshi)고 했으므로, 내용이 일치한다.

小时候，每天晚上睡觉前，奶奶总会给我讲个故事，很多故事我到现在都还记得。	어릴 때, 매일 저녁 잠자기 전, 할머니는 늘 나에게 이야기를 해주셨다. 많은 이야기들을 나는 지금까지도 여전히 기억한다.
★ 小时候奶奶常给我讲故事。(√)	★ 어릴 때 할머니는 자주 나에게 이야기를 해주셨다. (√)

단어 小时候 xiǎoshíhou 몡 어린 시절, 어렸을 때 | 晚上 wǎnshang 몡 저녁 | 睡觉 shuìjiào 툉 잠을 자다 | 前 qián 몡 앞, 전 | ★奶奶 nǎinai 몡 할머니 | 会 huì 조툉 ~할 수 있다, ~할 줄 알다, ~할 것이다 | 给 gěi 꺠 ~에게 | 讲故事 jiǎng gùshi (옛날) 이야기를 하다 | ★故事 gùshi 몡 이야기 | 到 dào 꺠 ~에, ~까지 | 现在 xiànzài 몡 지금, 현재 | 还 hái 뷰 아직도 | ★记得 jìde 툉 기억하고 있다 | 常 cháng 뷰 자주, 항상

[TIP] HSK 3급에서는 같거나 비슷한 의미의 다른 표현을 써서 학습자를 혼동하게 만드는 경우가 종종 있다. 이 문제에서는 总 zǒng(늘, 언제나)과 常 cháng(자주, 항상)을 다르게 썼는데, 둘 다 빈번한 횟수를 뜻하므로 결국 같은 의미이다.

6

해설 및 정답 문제 분석▼ 녹음에서도 아버지, 어머니께 관심을 많이 가져야 한다(要多关心爸爸妈妈 yào duō guānxīn bàba māma)고 했으므로, 내용이 일치한다.

年轻人要多关心爸爸妈妈。周末没事就常回家看看，和他们吃个饭聊聊天儿，他们会很高兴的。

★ 要多关心爸爸妈妈。（ √ ）

젊은 사람들은 아버지, 어머니께 관심을 많이 가져야 한다. 주말에 별일이 없으면 자주 집에 가서 뵙고, 부모님과 식사하고 이야기하면, 그들은 기뻐하실 것이다.

★ 아버지, 어머니께 관심을 많이 가져야 한다. （ √ ）

단어 ★年轻 niánqīng 톙 젊다 | 要 yào 조통 ～하고 싶다, ～하고자 하다, ～해야 한다 | ★关心 guānxīn 통 관심을 가지다 | ★周末 zhōumò 몡 주말 | 没事 méishì 통 (할) 일이 없다, 한가하다 | 常 cháng 뷔 자주 | 回家 huíjiā 통 집으로 돌아가다 | 和 hé 개 ～와, ～랑 | 吃饭 chīfàn 통 밥을 먹다 | 聊天儿 liáotiānr 통 수다를 떨다 | 高兴 gāoxìng 톙 기쁘다

|*실전* **트레이닝 2**| 기본서 **24**쪽

1. B   2. C   3. B   4. A

해설 및 정답 문제 분석▼ 남자가 프로그램을 봤냐고 묻자 여자가 좋았다(不错 búcuò)고 했으므로, 정답은 보기 B이다.

男：我上次跟你说的那个电视节目，你看了吗？
女：我昨天上网看了，是很不错。

问：女的觉得那个节目怎么样？

A 很差
B 很不错
C 比较长

남: 내가 지난번에 너에게 말한 그 텔레비전 프로그램, 너 봤니？
여: 어제 인터넷으로 봤는데, 좋더라.

질문: 여자가 생각하기에 그 프로그램은 어떠한가？

A 형편없다
B 좋다
C 비교적 길다

단어 上次 shàngcì 몡 지난번 | ★跟 gēn 개 ～와, ～에게 | 说 shuō 통 말하다 | 跟…说 gēn…shuō ～에게 말하다 | 电视 diànshì 몡 텔레비전 | ★节目 jiémù 몡 프로그램 | 看 kàn 통 보다 | 昨天 zuótiān 몡 어제 | ★上网 shàngwǎng 통 인터넷을 하다 | 不错 búcuò 톙 좋다, 괜찮다 | 觉得 juéde 통 ～라고 생각하다, 여기다 | 怎么样 zěnmeyàng 때 어떠하다

해설 및 정답 문제 분석▼ 남자가 여자에게 소리를 좀 더 크게 켜달라(声音开大点儿 shēngyīn kāi dà diǎnr)고 했으므로, 정답은 보기 C이다.

女：哥，《霸王别姬》开始了。
男：我在洗碗呢，你把电视声音开大点儿。

问：男的想让女的做什么？

여: 오빠, 『패왕별희』 시작했어.
남: 나 설거지하고 있으니까, 텔레비전 소리를 좀 더 크게 켜줘.

질문: 남자는 여자더러 무엇을 하게 하는가？

A 关灯

B 洗筷子

C 把声音开大些

A 불을 끄는 것

B 젓가락을 씻는 것

C 소리를 조금 크게 켜는 것

[단어] 哥 gē 圓 형, 오빠 | 霸王别姬 bàwáng bié jī 패왕별희[영화명] | 开始 kāishǐ 圄 시작하다 | 在 zài 图 ~하고 있다 | 洗碗 xǐ wǎn 圄 설거지하다 | ★把 bǎ 게 ~을 | 电视 diànshì 圓 텔레비전 | ★声音 shēngyīn 圓 소리 | 开 kāi 圄 열다, 켜다 | 大 dà 圈 크다 | 点儿 diǎnr 圀 약간, 조금 | 想 xiǎng 歪圄 ~하고 싶다 | 让 ràng 圄 (~로 하여금) ~하게 하다 | 做 zuò 圄 하다 | 什么 shénme 때 무엇, 무슨 | ★关 guān 圄 끄다 | ★灯 dēng 圓 등, 램프 | 洗 xǐ 圄 씻다, 닦다 | ★筷子 kuàizi 圓 젓가락

3

[해설 및 정답] **문제 분석▼** 여자가 양치를 하라고 하자 남자가 '알았어요, 엄마(知道了, 妈妈 zhīdào le, māma)'라고 했으므로, 정답은 보기 B이다.

女: 吃完了就刷牙吧。	여: 다 먹었으면 이 닦아라.
男: 知道了, 妈妈。	남: 알았어요, 엄마.
女: 啊! 想起来了, 还有西瓜没吃呢。	여: 아! 생각났어, 아직 수박을 안 먹었네.
男: 太好了, 现在不用刷牙了。	남: 잘됐다, 지금 이 닦을 필요 없네요.
问: 他们可能是什么关系?	질문: 그들은 아마도 무슨 관계인가?
A 爸爸和妈妈	A 아빠와 엄마
B 妈妈和儿子	**B 엄마와 아들**
C 爷爷和妈妈	C 할아버지와 엄마

[단어] 吃完 chīwán 다 먹다 | 就 jiù 圀 곧, 바로 | ★刷牙 shuāyá 圄 이를 닦다 | 知道 zhīdào 圄 알다 | 想起来 xiǎng qǐlai 생각이 나다 | 还 hái 圀 아직도, 더(욱) | 西瓜 xīguā 圓 수박 | 太 tài 圀 너무 | 现在 xiànzài 圓 지금, 현재 | 不用 búyòng 圀 ~할 필요가 없다 | 可能 kěnéng 圀 아마(도) | ★关系 guānxi 圓 관계 | 儿子 érzi 圓 아들 | ★爷爷 yéye 圓 할아버지

4

[해설 및 정답] **문제 분석▼** 남자가 노트북 컴퓨터(笔记本电脑 bǐjìběn diànnǎo)를 못 찾겠다고 했으므로, 정답은 보기 A이다.

男: 我的笔记本电脑怎么找不到?	남: 내 노트북 컴퓨터를 왜 아무리 찾으려 해도 못 찾겠지?
女: 你上午不是拿到图书馆去了吗?	여: 너 오전에 도서관에 가지고 가지 않니?
男: 我记得我带回来了。	남: 난 내가 가지고 온 걸로 기억해.
女: 你再好好儿检查一下。	여: 다시 잘 찾아봐.
问: 男的在找什么?	질문: 남자는 무엇을 찾고 있나?

A 电脑	B 电视	C 铅笔	**A 컴퓨터**	B 텔레비전	C 연필

단어 笔记本电脑 bǐjìběn diànnǎo 몡 노트북 컴퓨터 | 怎么 zěnme 때 어째서 | 找不到 zhǎo bu dào 찾을래야 찾을 수 없다, 아무래도 찾을 수 없다 | 上午 shàngwǔ 오전 | 拿 ná 동 (손으로) 잡다, (손에) 쥐다 | ★图书馆 túshūguǎn 몡 도서관 | ★记得 jìde 동 기억하고 있다 | ★带 dài 동 (몸에) 지니다 | 回来 huílai 동 (화자가 있는 곳으로) 되돌아오다 | 再 zài 뷔 또, 다시 | 好好儿 hǎohāor 뷔 잘 | ★检查 jiǎnchá 동 검사하다, 점검하다 | 一下 yíxià 얭 동사 뒤에 쓰여 '좀 ~하다'의 뜻을 나타냄 | 在 zài 뷔 ~하고 있다, ~하고 있는 중이다 | 电脑 diànnǎo 몡 컴퓨터 | 电视 diànshì 몡 텔레비전 | 铅笔 qiānbǐ 몡 연필

---

2 학교, 직장 생활

| *실전* 트레이닝 1 | 기본서 32쪽

정답
1. C　　2. A　　3. B　　4. X　　5. √　　6. √

1　　　　　　　　　　　　　　　　　　　　　　　　Track **18 - 1**

해설 및 정답 **문제 분석▼** 여자가 잘못 썼다(写错了 xiěcuò le)고 했고, 남자가 (종이) 한 장을 더 주겠다(再给你一张 zài gěi nǐ yì zhāng)고 했으므로, 보기 중에서 종이와 연필 사진 C가 정답이다.

女: 对不起，我写错了。 男: 没关系，我再给你一张，你再写一次。	여: 죄송해요, 제가 잘못 썼네요. 남: 괜찮아요, 한 장 다시 드릴게요. 다시 쓰세요.

단어 对不起 duìbuqǐ 미안해요, 죄송해요 | 写错 xiěcuò 잘못 쓰다 | 没关系 méi guānxi 괜찮아요 | 再 zài 뷔 또, 다시 | 给 gěi 동 주다 | ★张 zhāng 얭 장[종이·침대·얼굴 등을 세는 단위] | 次 cì 얭 번, 차례[동작의 횟수를 세는 단위]

2　　　　　　　　　　　　　　　　　　　　　　　　Track **18 - 2**

해설 및 정답 **문제 분석▼** 여자가 시험이 제일 싫다(最不喜欢考试了 zuì bù xǐhuan kǎoshì le)고 했으므로, 보기 중에서 공부하기 싫어하는 여자 사진 A가 정답이다.

男: 老师让我们好好儿复习，准备考试。 女: 我最不喜欢考试了!	남: 선생님께서 우리에게 잘 복습해서 시험을 준비하라고 하셨어. 여: 난 시험이 제일 싫어!

단어 老师 lǎoshī 몡 선생님 | 让 ràng 동 (~로 하여금) ~하게 하다 | 好好儿 hǎohāor 뷔 잘 | ★复习 fùxí 동 복습하다 | 准备 zhǔnbèi 동 준비하다 | 考试 kǎoshì 명동 시험(을 보다) | 最 zuì 뷔 가장, 제일 | 喜欢 xǐhuan 동 좋아하다

해설 및 정답 문제 분석▼ 여자가 남자에게 회의(会议 huìyì)가 언제 끝나냐고 물었으므로, 보기 중에서 회의실 앞에서 이야기 중인 직원 사진 B가 정답이다.

女: <u>会议什么时候能结束啊?</u> 有人找王经理。 男: 我也不清楚。	여: 회의는 언제 끝나요? 어떤 분이 왕 사장님을 찾으세요. 남: 저도 잘 모르겠어요.

단어 ★会议 huìyì 몡 회의 | 什么时候 shénme shíhou 언제 | 能 néng 조동 ~일 것 같다[주로 추측의 어기에 쓰임] | ★结束 jiéshù 통 끝나다, 마치다 | 找 zhǎo 통 찾다 | ★经理 jīnglǐ 몡 사장, 책임자 | 清楚 qīngchu 혱 분명하다

해설 및 정답 문제 분석▼ 녹음에서 수학 문제가 너무 어렵고(太难了 tài nán le), 이해가 안 된다(不明白 bù míngbai)고 했으므로 공부를 좋아한다고 볼 수 없다. 따라서 내용이 일치하지 않는다.

这个<u>数学问题太难了!</u> 昨天爸爸刚教完我,<u>可我还不明白。</u>	이 수학 문제는 너무 어려워! 어제 아빠가 금방 알려 주셨는데, 아직 난 이해가 안 돼.
★ 他很喜欢学习。(**X**)	★ 그는 공부를 아주 좋아한다. (**X**)

단어 ★数学 shùxué 몡 수학 | 问题 wèntí 몡 문제 | ★难 nán 혱 어렵다 | 昨天 zuótiān 몡 어제 | 刚 gāng 문 방금, 막 | 教完 jiāowán 다 가르치다 | 可 kě 접 그러나, 하지만 | 还 hái 문 여전히, 아직도 | ★明白 míngbai 통 이해하다, 알다 | 喜欢 xǐhuan 통 좋아하다 | 学习 xuéxí 통 공부하다

해설 및 정답 문제 분석▼ 녹음에서 중국어도 잘하고(汉语说得好 Hànyǔ shuō de hǎo), 한자도 예쁘게 쓴다(汉字也写得很漂亮 Hànzì yě xiě de hěn piàoliang)고 했으므로 중국어 실력이 좋다는 것을 알 수 있다. 따라서 내용이 일치한다.

他学习中文已经三年了。现在他<u>不但汉语说得好</u>,<u>而且汉字也写得很漂亮。</u>	그가 중국어를 배운 지 이미 3년이 되었다. 지금 그는 중국어를 잘할 뿐만 아니라 한자도 아주 예쁘게 쓴다.
★ 他中文不错。(√)	★ 그는 중국어를 잘한다. (√)

단어 学习 xuéxí 통 공부하다 | ★中文 Zhōngwén 몡 중국어 | 已经 yǐjīng 문 이미, 벌써 | 现在 xiànzài 몡 지금, 현재 | ★不但… 而且… búdàn…érqiě… 접 ~뿐만 아니라 게다가 ~하다 | 汉语 Hànyǔ 몡 중국어 | 说 shuō 통 말하다 | 汉字 Hànzì 몡 한자 | 也 yě 문 ~도 역시 | 写 xiě 통 (글씨를) 쓰다 | 漂亮 piàoliang 혱 예쁘다 | 不错 búcuò 혱 좋다, 괜찮다

해설 및 정답 문제 분석▼ 녹음에서 샤오장을 부른 뒤, 가오 사장이 일이 있어서 찾는다(高经理有事找你 Gāo jīnglǐ yǒu shì zhǎo nǐ)고 했으므로, 내용이 일치한다.

小张,会议结束后,你到经理办公室去一下,<u>高经理有事找你。</u>	샤오장(小张), 회의가 끝난 후에 사장님 사무실에 좀 가 보세요. 가오(高) 사장님이 일이 있어서 당신을 찾으세요.

★ 高经理找小张有事。（ √ ）	★ 가오(高) 사장님이 일이 있어서 샤오장을 찾는다. （ √ ）

★会议 huìyì 명 회의 | ★结束 jiéshù 동 끝나다, 마치다 | 后 hòu 명 뒤, 후 | 到 dào 동 ~에 이르다 | ★经理 jīnglǐ 명 사장, 책임자 | ★办公室 bàngōngshì 명 사무실 | 有事 yǒu shì 동 일이 있다, 용무가 있다 | 找 zhǎo 동 찾다

| *실전* **트레이닝 2** | 기본서 **32**쪽

정답

1. C   **2.** A   **3.** B   **4.** C

1

문제 분석▼ 남자가 장 선생님(张老师 Zhāng lǎoshī)이 가져다주라고 한 지도라고 했으므로, 지도는 장 선생님의 것임을 알 수 있다. 따라서 정답은 보기 C이다.

Track **19 - 1**

男：这是张老师让我带给你的地图。 女：谢谢，我正需要呢。	남: 이것은 장(张) 선생님께서 너에게 가져다주라고 한 지 도야. 여: 고마워, 마침 필요했어.
问：根据这段话，可以知道地图是：	질문: 이 대화에 근거하여 지도에 대해 알 수 있는 것은:
A 男人的 B 女人的 **C 张老师的**	A 남자의 것이다 B 여자의 것이다 **C 장(张) 선생님의 것이다**

老师 lǎoshī 명 선생님 | 让 ràng 동 (~로 하여금) ~하게 하다 | 带给 dàigěi 가져다주다 | ★地图 dìtú 명 지도 | 谢谢 xièxie 동 고마워요, 감사해요 | ★需要 xūyào 동 필요하다

2

문제 분석▼ 여자가 같이 영화 보러 가자(我们一起去看电影吧 wǒmen yìqǐ qù kàn diànyǐng ba)고 하자, 남자는 회사에 가야 한다(我要去公司 wǒ yào qù gōngsī)고 했으므로, 정답은 보기 A이다.

Track **19 - 2**

女：星期六有时间吗？我们一起去看电影吧。 男：对不起，我要去公司参加会议。	여: 토요일에 시간 있어? 우리 같이 영화 보러 가자. 남: 미안, 나 회의에 참석하러 회사에 가야 해.
问：男的说什么？	질문: 남자는 뭐라고 했는가?
A 要去公司 B 想去看电影 C 跟女的一起去公司	**A 회사에 가야 한다** B 영화를 보러 가고 싶다 C 여자와 함께 회사에 간다

단어 星期六 xīngqīliù 토요일 | 时间 shíjiān 뗑 시간 | 一起 yìqǐ 뿐 같이, 함께 | 电影 diànyǐng 뗑 영화 | 对不起 duìbuqǐ 미안해요, 죄송해요 | 要 yào 조동 ~해야 한다 | 公司 gōngsī 뗑 회사 | ★参加 cānjiā 동 참가하다 | ★会议 huìyì 뗑 회의 | 说 shuō 동 말하다 | 想 xiǎng 조동 ~하고 싶다 | ★跟 gēn 개 ~와

---

3 ────────────────────────────────── Track **19-3**

해설 및 정답 문제 분석▼ 여자가 남자에게 시험을 제일 잘 봤다(**你考得最好** nǐ kǎo de zuì hǎo)고 했으므로, 공부를 잘한다는 사실을 알 수 있다. 따라서 정답은 보기 B이다.

女: 小张, 这次历史考试你考得最好！	여: 샤오장, 이번 역사 시험에서 네가 시험을 제일 잘 봤어!
男: 谢谢。这次考试我学习非常努力。	남: 고마워. 이번 시험은 굉장히 열심히 공부했어.
女: 为什么你学习这么好呢？	여: 넌 왜 이렇게 공부를 잘하니?
男: 因为我每天都复习, 而且做很多练习。	남: 왜냐하면 난 매일 복습하고, 게다가 연습문제를 많이 풀거든.
问: 关于男的, 下面哪句话是对的？	질문: 남자에 관하여, 다음 중 맞는 것은?
A 不做练习	A 연습문제를 풀지 않는다
B 学习不错	**B 공부를 잘한다**
C 不喜欢历史课	C 역사 수업을 좋아하지 않는다

단어 这次 zhècì 때 이번 | ★历史 lìshǐ 뗑 역사 | 考试 kǎoshì 뗑동 시험(을 보다) | 最 zuì 뿐 가장, 제일 | 谢谢 xièxie 동 고마워요, 감사해요 | 学习 xuéxí 동 공부하다 | ★努力 nǔlì 동 노력하다, 힘쓰다 | 为什么 wèishénme 때 왜 | 因为 yīnwèi 접 왜냐하면, ~때문에 | 每天 měi tiān 매일 | ★复习 fùxí 동 복습하다 | ★而且 érqiě 접 게다가 | 做 zuò 동 하다 | ★练习 liànxí 뗑 연습문제 | ★关于 guānyú 개 ~에 관하여 | 下面 xiàmian 뗑 아래 | 哪 nǎ 때 어느 | 句 jù 양 마디, 구[언어나 시문을 세는 단위] | 话 huà 뗑 말 | 对 duì 형 맞다 | 不错 búcuò 형 좋다, 괜찮다 | 喜欢 xǐhuan 동 좋아하다 | 课 kè 뗑 (수업) 과목

---

4 ────────────────────────────────── Track **19-4**

해설 및 정답 문제 분석▼ 맨 끝에 여자가 아들이 배우를 하고 싶어 한다(**他想做演员** tā xiǎng zuò yǎnyuán)고 했으므로, 보기 C가 정답이다.

男: 你儿子几年级了？	남: 네 아들은 몇 학년이야?
女: 已经六年级了, 每天都认真学习。	여: 벌써 6학년이야, 매일 열심히 공부하고 있어.
男: 以后可能会比他爸爸知道的东西还多吧, 做医生吧。	남: 나중에는 아마 아빠보다도 아는 것이 더 많아지겠지. 의사 하라고 해.
女: 他想做演员呢。	여: 그는 배우를 하고 싶어 해.
问: 根据这段话, 可以知道:	질문: 이 대화를 통해서 알 수 있는 것은:
A 女的儿子是医生	A 여자의 아들은 의사다
B 女的儿子不想工作	B 여자의 아들은 일하기 싫어한다
C 女的儿子想做演员	**C 여자의 아들은 배우를 하고 싶어 한다**

단어 儿子 érzi 명 아들 | 几 jǐ 수 몇 | ★年级 niánjí 명 학년 | 已经 yǐjīng 부 이미, 벌써 | ★认真 rènzhēn 형 성실하다, 진지하다 | 学习 xuéxí 동 공부하다 | 以后 yǐhòu 명 이후 | 比 bǐ 개 ~보다 | 知道 zhīdào 동 알다, 이해하다 | 东西 dōngxi 명 물건, 것 | 还 hái 부 더 | 做 zuò 동 하다 | 医生 yīshēng 명 의사 | 想 xiǎng 조동 ~하고 싶다 | 演员 yǎnyuán 명 배우 | 工作 gōngzuò 동 일하다

3 상점, 식당

| *실전* 트레이닝 1 | 기본서 41쪽

정답

1. B   2. A   3. C   4. X   5. X   6. X

1
Track **33-1**

해설 및 정답 문제 분석▼ 여자가 남자에게 원하던 모자(帽子 màozi)를 줬으므로, 보기 중에서 모자 사진 B가 정답이다.

| 女: 高兴吗? 这是你一直想要的帽子。 | 여: 좋아? 이건 네가 계속 갖고 싶어 했던 모자야. |
| 男: 太好了! 但是我不喜欢白色的。 | 남: 잘됐다! 근데 난 흰색을 안 좋아해. |

단어 高兴 gāoxìng 형 기쁘다 | ★一直 yìzhí 부 계속해서, 줄곧 | 想 xiǎng 조동 ~하고 싶다 | 要 yào 동 원하다 | ★帽子 màozi 명 모자 | 太 tài 부 너무 | 但是 dànshì 접 그러나 | 喜欢 xǐhuan 동 좋아하다 | 白色 báisè 명 흰색

2
Track **33-2**

해설 및 정답 문제 분석▼ 남자는 셔츠(衬衫 chènshān)가 귀엽다고 했으므로, 보기 중에서 남방 셔츠 사진 A가 정답이다.

| 男: 你做的这件衬衫真是太可爱了。 | 남: 네가 만든 이 셔츠는 정말 너무 귀엽다. |
| 女: 不是我做的, 是买的。 | 여: 내가 만든 거 아니야, 산 거야. |

단어 做 zuò 동 하다 | 件 jiàn 양 벌[옷을 세는 단위] | ★衬衫 chènshān 명 셔츠 | 真是 zhēnshi 부 정말, 실로[강조를 나타냄] | ★可爱 kě'ài 형 귀엽다 | 买 mǎi 동 사다

3
Track **33-3**

해설 및 정답 문제 분석▼ 여자가 종업원(服务员 fúwùyuán)을 부르며 메뉴판(菜单 càidān)을 달라고 했으므로, 보기 중에서 식당 배경의 사진 C가 정답이다.

| 女: 今天好累, 我想吃好吃的。服务员, 请把菜单拿来! | 여: 오늘 정말 피곤하네, 맛있는 거 먹고 싶어. 종업원, 메뉴판 주세요! |
| 男: 好, 请等一下。 | 남: 네, 잠시만요. |

단어 今天 jīntiān 몡 오늘 | 好 hǎo 띔 매우 | 累 lèi 톙 피곤하다, 힘들다 | 想 xiǎng 조동 ~하고 싶다 | 吃 chī 동 먹다 | 好吃 hǎochī
톙 (먹는 것이) 맛있다 | 服务员 fúwùyuán 몡 종업원 | 请 qǐng 동 (상대가 어떤 일을 하길 바라는 의미로) ~하세요 | ★把 bǎ 개
~을 | ★菜单 càidān 몡 메뉴, 차림표 | ★拿 ná 동 잡다, 들다 | 等 děng 동 기다리다 | 一下 yíxià 얭 동사 뒤에 쓰여 '좀 ~하다'의
뜻을 나타냄

해설 및 정답 **문제 분석▼** 녹음에서 이곳의 커피가 비싸지 않다(不贵 bú guì)고 했으므로, 내용이 일치하지 않는다.

这儿是我最喜欢的店。这里的咖啡不但好喝，而且不贵。你喜欢喝咖啡的话，跟我一起去喝一杯吧。	이곳은 내가 제일 좋아하는 가게야. 여기 커피는 맛있을 뿐 아니라 비싸지도 않아. 커피 좋아하면 나랑 같이 가서 한 잔 마시자.
★ 这里的咖啡不便宜。(X)	★ 여기 커피는 싸지 않다. (X)

단어 最 zuì 띔 가장, 제일 | 喜欢 xǐhuan 동 좋아하다 | 店 diàn 몡 상점, 가게 | 这里 zhèlǐ 대 이곳, 여기 | 咖啡 kāfēi 몡 커피 |
★不但…而且… búdàn…érqiě… 젭 ~뿐만 아니라 게다가 ~하다 | 好喝 hǎohē 톙 (음료수 따위가) 맛있다 | 贵 guì 톙 (가격이)
비싸다 | 喝 hē 동 마시다 | …的话 …dehuà 만약 (~한다면) | ★跟 gēn 개 ~와 | 一起 yìqǐ 띔 같이, 함께 | 杯 bēi 얭 잔, 컵 |
便宜 piányi 톙 (값이) 싸다

해설 및 정답 **문제 분석▼** 녹음에서는 빵(面包 miànbāo)에 대해 말하고 있으므로 보기의 국수(面条 miàntiáo)와 상관이 없다. 따라서 내용이 일치하지 않는다.

小王，别着急，慢点儿吃，面包还有呢。吃完了还能再买。	샤오왕, 서두르지 말고 천천히 먹어, 빵은 더 있어. 다 먹고 또 사면 되지.
★ 小王很喜欢吃面条。(X)	★ 샤오왕은 국수를 좋아한다. (X)

단어 别 bié 띔 ~하지 마라[금지를 나타냄] | ★着急 zháojí 동 조급하다, 초조해하다 | 慢 màn 톙 느리다 | (一)点儿 (yì)diǎnr 얭
조금, 약간 | 吃 chī 동 먹다 | ★面包 miànbāo 몡 빵 | 吃完 chīwán 다 먹다 | 能 néng 조동 ~할 수 있다, ~해도 된다 | 再 zài
띔 또, 다시 | 买 mǎi 동 사다 | 喜欢 xǐhuan 동 좋아하다 | 面条 miàntiáo 몡 국수, 면

해설 및 정답 **문제 분석▼** 녹음에서 다음 주말(下周末 xià zhōumò)에 파티가 열린다(举行晚会 jǔxíng wǎnhuì)고 했으므로, 회사에서 일을 한다고 볼 수 없다. 따라서 내용이 일치하지 않는다.

下周末公司要举行新年晚会，我想去买一件新衣服。我打算买三百块左右的衣服，因为我没有那么多钱。	다음 주말에 회사에서 신년 파티를 하는데, 나는 새옷 한 벌을 사러 가고 싶어. 나는 300위안 정도 하는 옷을 살 계획이야. 왜냐하면 난 돈이 그렇게 많지 않거든.
★ 他周末要工作。(X)	★ 그는 주말에 일해야 한다. (X)

듣기 **3** 상점, 식당 13

단어 下周末 xià zhōumò 다음 주말 | 公司 gōngsī 몡 회사 | 要 yào 조동 ~하고자 하다 | ★举行 jǔxíng 동 거행하다, 개최하다 | 新年晚会 xīnnián wǎnhuì 신년 파티 | 想 xiǎng 조동 ~하고 싶다 | 新 xīn 혱 새롭다 | 衣服 yīfu 몡 옷 | ★打算 dǎsuan 동 계획하다, ~할 작정이다 | 块 kuài 양 위안[중국 화폐의 기본 단위] | 左右 zuǒyòu 몡 정도, 즈음 | 因为 yīnwèi 젭 왜냐하면 | 那 么 nàme 때 그렇게 | 钱 qián 몡 돈

| *실전* 트레이닝 2 | 기본서 **41**쪽

정답 1. A   2. B   3. C   4. A

1   Track **34-1**

해설 및 정답 **문제 분석▼** 남자가 여자에게 계란(鸡蛋 jīdàn)과 면(面条 miàntiáo)을 사오라고 하면서 계란국수(鸡蛋面 jīdànmiàn)를 해주겠다고 했으므로 정답은 보기 **A**이다.

男: 你下课后, <u>买点儿鸡蛋和面条</u>, 晚上我给 你做鸡蛋面。 女: 好, 我去上课了。	남: 너 수업이 끝난 후에, <u>계란과 면 좀 사와라</u>, 저녁에 계 란국수 해줄게. 여: 네, 저 수업 가요.
问: 他们晚上要吃什么?	질문: 그들은 저녁에 무엇을 먹을 것인가?
A 鸡蛋面 B 米饭和汤 C 牛奶和面包	**A 계란국수** B 밥과 국 C 우유와 빵

단어 下课 xiàkè 동 수업이 끝나다, 수업을 마치다 | 后 hòu 몡 뒤, 후 | 鸡蛋 jīdàn 몡 계란, 달걀 | 面条 miàntiáo 몡 국수, 면 | 晚上 wǎnshang 몡 저녁 | 给 gěi 개 ~에게 | 做 zuò 동 하다 | 鸡蛋面 jīdànmiàn 계란국수 | 上课 shàngkè 동 수업을 듣다, 수업을 하다 | 吃 chī 동 먹다 | 米饭 mǐfàn 몡 쌀밥 | 汤 tāng 몡 탕, 국 | 牛奶 niúnǎi 몡 우유 | ★面包 miànbāo 몡 빵

2   Track **34-2**

해설 및 정답 **문제 분석▼** 여자가 남자에게 이 구두(皮鞋 píxié)가 어떠냐고 묻자, 남자가 아빠에게 선물할 것(送的 sòng de)이 라고 했으므로 남자는 가게(상점)에 있을 가능성이 높다. 따라서 정답은 보기 **B**이다.

女: <u>这双皮鞋怎么样? 您满意吗?</u> 男: 不是我穿的, 是要<u>送给我爸爸的</u>。	여: <u>이 구두는 어떠세요? 마음에 드세요?</u> 남: 제가 신을 게 아니라, <u>아빠에게 선물하려는 거예요.</u>
问: 男的可能在哪儿?	질문: 남자는 아마도 어디에 있겠는가?
A 医院 **B 商店** C 宾馆	A 병원 **B 상점** C 호텔

단어 ★双 shuāng 양 쌍, 켤레[쌍이나 짝을 이룬 물건을 세는 단위] | ★皮鞋 píxié 몡 구두 | 怎么样 zěnmeyàng 때 어떠하다 | ★满意 mǎnyì 혱 만족하다 | 穿 chuān 동 (신발을) 신다 | 给 gěi 개 ~에게 | 送 sòng 동 선물하다, 주다 | 在 zài 동 ~에 있다 | 商店 shāngdiàn 몡 상점, 가게 | 宾馆 bīnguǎn 몡 호텔

3

해설 및 정답 | **문제 분석▼** 여자가 살 지 안 살지(**要不要买** yào bu yào mǎi)를 묻자, 맘에 드는 것이 있으면 산다(**买** mǎi)고 했으므로, 보기 C가 정답이다.

女：这件衣服有点儿小，不太舒服。	여: 이 옷은 좀 작아서, 그다지 편하지 않아.
男：我们再去三楼看看吧！	남: 우리 다시 3층에 가서 보자.
女：好。你要不要买？现在都很便宜。	여: 그래. 너는 살 거야 안 살 거야? 지금 다 싸잖아.
男：有喜欢的我就买。	남: 마음에 드는 게 있으면 살 거야.
问：他们可能在做什么？	질문: 그들은 아마도 무엇을 하고 있겠는가?
A 看房子	A 방을 보고 있다
B 换衣服	B 옷을 갈아입고 있다
C 买东西	**C 물건을 사고 있다**

단어 | 件 jiàn 양 벌[옷을 세는 단위] | 衣服 yīfu 명 옷 | 有点儿 yǒudiǎnr 부 조금, 약간[부정적인 어투가 강함] | 小 xiǎo 형 작다 | ★舒服 shūfu 형 편안하다 | 再 zài 부 또, 다시 | ★楼 lóu 명 층, 건물 | 现在 xiànzài 명 지금, 현재 | 便宜 piányi 형 (값이) 싸다 | 喜欢 xǐhuan 동 좋아하다 | 就 jiù 부 곧, 바로 | 房子 fángzi 명 집, 건물 | ★换 huàn 동 바꾸다, 교환하다 | 东西 dōngxi 명 물건, 것

4

해설 및 정답 | **문제 분석▼** 남자가 주문하겠는지(**点菜** diǎncài)를 묻자, 여자가 메뉴판(**菜单** càidān)을 보여 달라고 했으므로 보기 A가 정답이다.

男：小姐，请问您现在点菜吗？	남: 아가씨, 지금 주문하시겠어요?
女：等一会儿吧，我丈夫还没到，我先看一下菜单。	여: 잠시만요, 제 남편이 아직 안 왔어요, 먼저 메뉴 좀 볼게요.
男：好，有需要您再叫我。	남: 네, 필요할 때 불러 주세요.
女：好的。	여: 알겠어요.
问：他们最可能在哪里？	질문: 그들은 아마도 어디에 있겠는가?
A 饭店　　B 书店　　C 商店	**A 식당**　　B 서점　　C 상점

단어 | 小姐 xiǎojiě 명 아가씨 | 请问 qǐngwèn 동 말씀 좀 여쭙겠습니다 | 点菜 diǎncài 동 요리를 주문하다 | 等 děng 동 기다리다 | ★一会儿 yíhuìr 명 잠깐 동안, 잠시 | 丈夫 zhàngfu 명 남편 | ★先 xiān 부 우선, 먼저 | ★菜单 càidān 명 메뉴, 차림표 | ★需要 xūyào 동 필요하다 | 再 zài 부 또, 다시 | 叫 jiào 동 부르다 | 饭店 fàndiàn 명 호텔, 식당 | 书店 shūdiàn 명 서점 | 商店 shāngdiàn 명 상점, 가게

| *실전* 트레이닝 1 | 기본서 50쪽

정답
1. B	2. C	3. A	4. √	5. √	6. X

---

1   Track **43-1**

해설 및 정답   **문제 분석▼** 여자는 바람이 점점 심하게 불고(风越刮越大了 fēng yuè guā yuè dà le), 곧 비가 오겠다(快下雨了 kuài xiàyǔ le)고 했으므로, 보기 중에서 흐린 날씨 사진 B가 정답이다.

女 : 风越刮越大了。天也变黑了，看上去**快下雨了**。 男 : 我们快点儿回宿舍吧。	여: 바람이 점점 세지네. 날도 어두워졌고, 보아하니 곧 비가 오겠어. 남: 우리 빨리 기숙사로 돌아가자.

단어 ★刮风 guāfēng 동 바람이 불다 | ★越···越··· yuè···yuè··· ~하면 ~할수록 | 大 dà 형 (비·눈이) 많다, 크다 | 天 tiān 명 하늘 | 也 yě 부 ~도 역시 | 变黑 biànhēi 어두워지다 | 看上去 kàn shàngqu 보아하니 | 快 kuài 부 곧, 머지않아 형 (속도가) 빠르다 | 下雨 xiàyǔ 동 비가 내리다 | 回 huí 동 (원래의 곳으로) 되돌아가다 | 宿舍 sùshè 명 기숙사

---

2   Track **43-2**

해설 및 정답   **문제 분석▼** 여자가 요 며칠 계속 춥고(冷 lěng), 적게 입으면 감기에 걸릴까 봐 걱정된다(怕少穿了会感冒 pà shǎo chuān le huì gǎnmào)고 했으므로, 보기 중에서 두꺼운 옷을 입고 있는 여자 사진 C가 정답이다.

男 : 你怎么没穿那条短短的裙子？ 女 : 这几天一直很冷，我怕少穿了会感冒。	남: 너는 왜 저 짧은 치마를 안 입었어? 여: 요 며칠 계속 추워서, 적게 입으면 감기에 걸릴까 봐.

단어 怎么 zěnme 대 어떻게, 어째서 | 穿 chuān 동 (옷을) 입다 | ★条 tiáo 양 바지·치마를 세는 단위 | ★短 duǎn 형 (길이가) 짧다 | ★裙子 qúnzi 명 치마 | ★一直 yìzhí 부 계속해서, 줄곧 | 冷 lěng 형 춥다 | 怕 pà 동 근심하다, 걱정하다 | 少 shǎo 형 (수량이) 적다 | 会 huì 조동 ~할 것이다 | ★感冒 gǎnmào 동 감기에 걸리다

---

3   Track **43-3**

해설 및 정답   **문제 분석▼** 여자가 장 교수님이 다음 달에 결혼한다(下个月要结婚了 xià ge yuè yào jiéhūn le)고 했으므로, 보기 중에서 결혼하는 남녀 사진 A가 정답이다.

女 : 你听说了吗? 张教授下个月要结婚了。 男 : 真快，他们认识还不到一个月吧?	여: 너 들었어? 장 교수님이 다음 달에 결혼하신다네. 남: 진짜 빠르다. 그분들 안 지 아직 한 달도 안 되었지?

단어 听说 tīngshuō 동 듣자(하)니 | 教授 jiàoshòu 명 교수 | 下个月 xià ge yuè 다음 달 | ★结婚 jiéhūn 동 결혼하다 | 真 zhēn 부 정말, 진짜 | 认识 rènshi 동 (사람·길·글자를) 알다 | 还 hái 부 아직도 | 不到 búdào 동 (일정한 수량에) 미치지 못하다 | 一个月 yí ge yuè 한 달

4

(해설 및 정답) **문제 분석▼** 녹음에서 중국에 있을 때 베이징과 상하이에서 산 적이 있다(住过 zhùguo)고 경험을 말했으므로, 지금은 중국에 있지 않다고 볼 수 있다. 따라서 내용이 일치한다.

我在中国学了两年汉语。在中国的时候，住过北京和上海。这两个城市都有很大的发展。	난 중국에서 2년 동안 중국어를 공부했어. 중국에 있을 때, 베이징과 상하이에 살아 봤어. 이 두 도시는 다 아주 발전했어.
★ 他现在不在中国。(√)	★ 그는 현재 중국에 있지 않다. (√)

(단어) 在 zài 게 ~에서 | 中国 Zhōngguó 교유 중국 | 学 xué 통 배우다, 학습하다 | 汉语 Hànyǔ 명 중국어 | 时候 shíhou 명 때, 무렵 | 住 zhù 통 살다 | ★城市 chéngshì 명 도시 | 都 dōu 부 모두, 다 | 发展 fāzhǎn 명통 발전(하다) | 现在 xiànzài 명 지금, 현재

5

(해설 및 정답) **문제 분석▼** 녹음에서 날이 추우면 감기에 쉽게 걸리고(容易感冒 róngyì gǎnmào), 몸이 아프다(身体不舒服 shēntǐ bù shūfu)고 했으므로 추운 것을 싫어한다고 볼 수 있다. 따라서 내용이 일치한다.

从小时候，天一冷，我就容易感冒，身体不舒服。我妈妈总是为我担心，自己做毛衣让我穿。	어렸을 때부터, 날이 추워지기만 하면 나는 쉽게 감기에 걸리고 몸이 아팠어. 우리 엄마는 항상 나를 걱정했고, 직접 스웨터를 떠서 나에게 입히셨어.
★ 他怕冷。(√)	★ 그는 추위를 탄다. (√)

(단어) 从 cóng 게 ~에서, ~로부터 | 小时候 xiǎoshíhou 명 어렸을 때 | 天 tiān 명 날씨 | 一…就… yī…jiù… ~하기만 하면 ~하다 | 冷 lěng 형 춥다 | ★容易 róngyì 형 쉽다 | ★感冒 gǎnmào 통 감기에 걸리다 | 身体 shēntǐ 명 신체, 몸 | ★舒服 shūfu 형 편안하다 | ★总是 zǒngshì 부 늘, 항상 | ★为 wèi 게 ~을 위하여 | ★担心 dānxīn 통 걱정하다 | ★自己 zìjǐ 대 자기, 자신, 스스로 | 做 zuò 통 하다 | 毛衣 máoyī 명 스웨터 | 让 ràng 통 (~로 하여금) ~하게 하다 | 穿 chuān 통 (옷을) 입다 | 怕 pà 통 ~에 약하다

6

(해설 및 정답) **문제 분석▼** 녹음에서 여름(夏天 xiàtiān)이 곧 온다고 했으므로 보기와 일치하지 않는다.

外面的太阳真大，天气也越来越热，看来夏天马上就要到了。	밖에 해가 정말 강하고, 날씨도 점점 더워져, 보아하니 곧 여름이 올 것 같아.
★ 快到春天了。(X)	★ 곧 봄이 온다. (X)

(단어) 外面 wàimian 명 바깥, 밖 | ★太阳 tàiyáng 명 태양 | 真 zhēn 부 정말, 진짜 | 天气 tiānqì 명 날씨 | 越来越 yuèláiyuè 부 더욱더, 점점 | 热 rè 형 덥다 | 看来 kànlai 보아하니 | 夏天 xiàtiān 명 여름 | ★马上 mǎshàng 부 곧, 바로 | 就要 jiùyào 부 머지않아, 곧 | 到 dào 통 도착하다, 이르다 | 快 kuài 부 곧, 머지않아 | 春天 chūntiān 명 봄

정답
1. B   2. A   3. A   4. C

1   Track **44-1**

해설 및 정답 **문제 분석▼** 남자가 처음 뵙겠습니다(初次见面 chūcì jiànmiàn)라고 인사했으므로, 그들은 전에 본 적 없는 사이임을 알 수 있다. 따라서 보기 **B**가 정답이다.

男: <u>初次见面</u>, 我叫王红。	남: <u>처음 뵙겠습니다</u>, 저는 왕홍이에요.
女: 我记住了, 欢迎您!	여: 기억해 두겠습니다. 환영합니다.
问: 他们可能:	질문: 그들은 아마도:
A 是朋友	A 친구이다
B 以前没有见过	**B 전에 본 적이 없다**
C 很早以前见过	C 아주 오래 전에 본 적이 있다

단어 初次 chūcì 몡 처음, 첫 번째 | ★见面 jiànmiàn 동 서로 만나다 | 叫 jiào 동 (~라고) 부르다 | 记住 jìzhu 동 확실히 기억해 두다 | 欢迎 huānyíng 동 환영하다 | 朋友 péngyou 몡 친구 | ★以前 yǐqián 몡 이전 | 见 jiàn 동 만나다 | 过 guo 조 ~한 적이 있다 | 루 zǎo 혱 (때가) 이르다

[TIP] 初次(chūcì 처음), 第一次(dì-yī cì 첫 번째), 小时候(xiǎoshíhou 어렸을 때), 一开始(yì kāishǐ 막 시작했을 때)는 시기나 때를 나타내는 말로 시험에 종종 등장한다.

2   Track **44-2**

해설 및 정답 **문제 분석▼** 여자가 아빠에게 날이 너무 어두워서(天太黑了 tiān tài hēi le), 혼자 잘 엄두를 낼 수 없다(不敢一个人睡觉 bù gǎn yí ge rén shuìjiào)고 했으므로, 보기 **A**가 정답이다.

女: 爸爸, 天太黑了, <u>我不敢一个人睡觉</u>!	여: 아빠, 날이 너무 어두워요, <u>저는 혼자 못 자겠어요</u>!
男: 没事儿。爸爸在。	남: 괜찮아. 아빠가 있잖아.
问: 女的怎么了?	질문: 여자는 무슨 일인가?
A 怕黑	**A 어두운 것을 무서워한다**
B 想一个人睡觉	B 혼자 자고 싶다
C 不想睡这么早	C 이렇게 일찍 자고 싶지 않다

단어 天 tiān 몡 하늘, 날씨 | 黑 hēi 혱 어둡다 | 不敢 bùgǎn 조동 감히 ~하지 못하다 | 一个人 yí ge rén 한 사람, 혼자 | 睡觉 shuìjiào 동 잠을 자다 | 没事儿 méishìr 동 괜찮다 | 在 zài 동 ~에 있다 | 怎么了 zěnme le 무슨 일이야, 왜 그래 | 怕 pà 동 무서워하다 | 想 xiǎng 조동 ~하고 싶다 | 睡 shuì 동 (잠을) 자다 | 这么 zhème 데 이렇게 | 루 zǎo 혱 (때가) 이르다

(해설 및 정답)   **문제 분석▼**   여자가 기사(司机 sījī)와 약속한 시간을 묻자, 남자가 내일 아침 6시 15분(明天早上六点一刻 míngtiān zǎoshang liù diǎn yíkè)이라고 했으므로, 보기 **A**가 정답이다.

女：你跟司机说的是几点?	여: 너 기사님께 몇 시라고 말씀드렸어?
男：明天早上六点一刻在楼下见。	남: <u>내일 아침 6시 15분</u>에 건물 아래에서 만나기로 했어.
女：那我们很早就要起床了?	여: 그럼 우리 아주 일찍 일어나야 하네?
男：对，早点儿走，去机场的路上车不多。	남: 응, 좀 일찍 가야 공항 가는 길에 차가 많지 않지.
问：司机明天可能几点到?	질문: 기사는 내일 아마도 몇 시에 오겠는가?
A 6:15 B 5:45 C 9:15	**A 6:15** B 5:45 C 9:15

(단어) ★跟 gēn 团 ~에게 | ★司机 sījī 몡 운전기사 | 说 shuō 통 말하다 | 几 jǐ 囝 몇 | 明天 míngtiān 몡 내일 | 早上 zǎoshang 몡 아침 | 一刻 yí kè 15분 | 在 zài 囝 ~에서 | 楼下 lóuxià 몡 아래층, 건물 아래 | 见 jiàn 통 만나다 | 那 nà 쩹 그러면, 그렇다면 | 早就要 zǎojiù yào 진작에 ~하려고 했다(해야 했다) | 起床 qǐchuáng 통 기상을 하다, 일어나다 | 对 duì 혱 맞다 | 点儿 diǎnr 멍 약간, 조금 | 走 zǒu 통 가다, 떠나다 | 机场 jīchǎng 몡 공항 | 路 lù 몡 도로, 길 | 车 chē 몡 자동차

(해설 및 정답)   **문제 분석▼**   남자가 눈이 오고 있는지 묻자, 여자가 눈은 내리지 않고(不下了 bú xià le) 바람은 아직 많이 분다(风还是比较大 fēng háishi bǐjiào dà)고 했으므로, 보기 **C**가 정답이다.

男：外面还下雪吗?	남: 밖에 아직 눈이 오니?
女：不下了，但风还是比较大。你要出去?	여: <u>안 와</u>, 근데 <u>바람은 아직 많이 불어</u>. 너 나가려고?
男：对，我想去楼下超市买点儿鸡蛋。	남: 응, 아래 슈퍼에 가서 계란 좀 사려고.
女：那你多穿点儿衣服，外面很冷。	여: 그럼 옷 좀 많이 입어, 밖에 너무 추워.
问：现在天气怎么样?	질문: 지금 날씨가 어떠한가?
A 很热	A 아주 덥다
B 下雨	B 비가 온다
C 在刮风	**C 바람이 불고 있다**

(단어) 外面 wàimian 몡 바깥, 밖 | 还 hái 囝 여전히, 아직도 | 下雪 xiàxuě 통 눈이 내리다 | 但 dàn 쩹 그러나 | 风 fēng 몡 바람 | ★还是 háishi 囝 여전히, 아직도 | ★比较 bǐjiào 囝 비교적 | 楼下 lóuxià 몡 아래층, 건물 아래 | ★超市 chāoshì 몡 슈퍼마켓 | 买 mǎi 통 사다 | 鸡蛋 jīdàn 몡 계란, 달걀 | 那 nà 쩹 그러면, 그렇다면 | 穿 chuān 통 (옷을) 입다 | 衣服 yīfu 몡 옷 | 冷 lěng 혱 춥다 | 现在 xiànzài 몡 지금, 현재 | 天气 tiānqì 몡 날씨 | 怎么样 zěnmeyàng 떼 어떠하다 | 热 rè 혱 덥다 | ★刮风 guāfēng 통 바람이 불다

| *실전* **트레이닝 1** | 기본서 58쪽

정답
| 1. C | 2. A | 3. B | 4. X | 5. √ | 6. √ |

1 Track **53-1**

해설 및 정답 ▶ **문제 분석▼** 여자가 남자에게 눈이 빨갛다(眼睛红 yǎnjing hóng)고 했으므로, 보기 중에서 눈이 빨갛고 아픈 사진 C가 정답이다.

| 女: 你的眼睛怎么了? 好红啊! | 여: 너 눈이 왜 그래? 진짜 빨갛다! |
| 男: 我也不知道, 是不是要去看医生? | 남: 나도 모르겠어, 치료를 받으러 가야 하나? |

단어 眼睛 yǎnjing 몡 눈 | 怎么了 zěnme le 무슨 일이야? | 好 hǎo 틧 아주, 매우 | 红 hóng 톙 붉다, 빨갛다 | 也 yě 틧 ~도 역시 | 知道 zhīdào 통 알다, 이해하다 | 看医生 kàn yīshēng 의사에게 보이다. 진료를 받다

2 Track **53-2**

해설 및 정답 ▶ **문제 분석▼** 남자가 축구 경기(足球比赛 zúqiú bǐsài)가 곧 시작한다고 했으므로, 보기 중에서 축구 하는 사진 **A**가 정답이다.

| 男: 在哪儿? 还没到? 足球比赛马上就要开始了。 | 남: 어디야? 아직 도착 안 했어? 축구 경기가 곧 시작해. |
| 女: 还有几分钟开始? 现在坐上出租车了, 马上就到。 | 여: 몇 분 있다 시작해? 지금 택시 탔어, 곧 도착해. |

단어 在 zài 통 ~에 있다 | 哪儿 nǎr 떼 어디 | 还 hái 틧 여전히, 아직도 | 到 dào 통 도착하다, 이르다 | 足球 zúqiú 몡 축구 | ★比赛 bǐsài 몡 시합, 경기 | ★马上 mǎshàng 틧 곧, 바로 | 就要 jiùyào 틧 머지않아, 곧 | 开始 kāishǐ 통 시작하다 | 几 jǐ 囹 몇 | 分钟 fēnzhōng 몡 분[시간의 양] | 现在 xiànzài 몡 지금, 현재 | 坐上 zuòshàng 타다 | 出租车 chūzūchē 몡 택시

3 Track **53-3**

해설 및 정답 ▶ **문제 분석▼** 여자가 남자에게 음악을 들을 때(听音乐时 tīng yīnyuè shí) 주의할 점에 대해 말했으므로, 보기 중에서 음악을 듣는 사진 B가 정답이다.

| 女: 听音乐时不要开这么大声音, 对耳朵不好。 | 여: 음악을 들을 때 이렇게 크게 듣지 마, 귀에 안 좋아. |
| 男: 好的, 我会注意的。 | 남: 알겠어, 주의할게. |

단어 听 tīng 통 듣다 | ★音乐 yīnyuè 몡 음악 | 时 shí 몡 때 | 不要 búyào 조통 ~하지 마라 | 开 kāi 통 틀다, 켜다 | 这么 zhème 떼 이렇게 | 大 dà 톙 (크기가) 크다 | ★声音 shēngyīn 몡 소리 | 对…不好 duì…bù hǎo ~에 안 좋다 | ★耳朵 ěrduo 몡 귀 | 会 huì 조통 ~할 것이다 | ★注意 zhùyì 통 주의하다

4

해설 및 정답 **문제 분석▼** 녹음에서 몸 건강(**身体健康** shēntǐ jiànkāng)을 위해 매일 아침 운동을 한다(**做运动** zuò yùndòng)고 했으므로, 건강이 안 좋다고 볼 수 없다. 따라서 내용이 일치하지 않는다.

为了身体健康，我每天早上都去公园做运动。	몸 건강을 위해, 나는 매일 아침마다 공원에 가서 운동을 한다.
★ 他身体不太好。(X)	★ 그는 몸이 별로 좋지 않다. (X)

단어 ★为了 wèile 껜 ~을 위하여 | 身体 shēntǐ 몡 몸, 신체 | ★健康 jiànkāng 혱 건강하다 | 每天 měi tiān 매일 | 早上 zǎoshang 몡 아침 | 都 dōu 븻 모두, 다 | 去 qù 됭 가다 | ★公园 gōngyuán 몡 공원 | 做 zuò 됭 하다 | 运动 yùndòng 몡됭 운동(하다)

5

해설 및 정답 **문제 분석▼** 녹음과 문제 모두 병원에 보낸(**送到医院了** sòngdào yīyuàn le) 동작의 주체는 이웃(**邻居** línjū)이므로 내용이 일치한다.

昨天是邻居把生病的奶奶送到医院的。	어제 이웃이 아픈 할머니를 병원에 보냈다.
★ 奶奶被邻居送到医院了。(√)	★ 할머니는 이웃에 의해 병원에 보내졌다. (√)

단어 昨天 zuótiān 몡 어제 | ★邻居 línjū 몡 이웃, 이웃집 | ★把 bǎ 껜 ~을 | 生病 shēngbìng 됭 아프다, 병이 생기다 | ★奶奶 nǎinai 몡 할머니 | 送到 sòngdào ~로 보내다 | 医院 yīyuàn 몡 병원 | ★被 bèi 껜 ~에 의하여 (~를 당하다)

[TIP] 把자문과 被자문의 행위자
小猫把鱼吃了。Xiǎomāo bǎ yú chī le. 고양이가 생선을 먹었다.
=鱼被小猫吃了。Yú bèi xiǎomāo chī le. 생선은 고양이한테 먹혔다.
두 문장 모두 먹는 동작을 한 주체는 고양이다. 把자문과 被자문에서는 동작의 행위자를 빨리 파악하는 것이 중요하다.

6

해설 및 정답 **문제 분석▼** 녹음에서 영화를 볼 때(**看电影时** kàn diànyǐng shí)에는 큰 소리로 말하면 안 된다(**不要大声说话** búyào dàshēng shuōhuà)고 했으므로 내용이 일치한다.

在电影院看电影时，注意不要大声说话。因为旁边有人说和电影没关系的话，会让人觉得不高兴。	영화관에서 영화를 볼 때, 큰 소리로 말하지 않도록 주의해라. 옆에서 누가 영화와 상관없는 말을 하면, 사람들 기분이 좋지 않을 수 있다.
★ 看电影时不能大声说话。(√)	★ 영화를 볼 때 큰 소리로 말해서는 안 된다. (√)

단어 在 zài 껜 ~에서 | 电影院 diànyǐngyuàn 몡 영화관 | 电影 diànyǐng 몡 영화 | 时 shí 몡 때 | ★注意 zhùyì 됭 주의하다 | 大声 dàshēng 몡 큰 소리 | 说话 shuōhuà 됭 말하다, 이야기하다 | 因为 yīnwèi 쩝 왜냐하면 | 旁边 pángbiān 몡 옆, 근처 | 让 ràng 됭 (~로 하여금) ~하게 하다 | 觉得 juéde 됭 ~라고 생각하다, 여기다 | 高兴 gāoxìng 혱 기쁘다 | 不能 bù néng ~해서는 안 된다

[TIP] '~하지 마라, ~해서는 안 된다'는 금지의 표현으로는 别 bié, 不要 búyào, 不能 bù néng, 不应该 bù yīnggāi 등이 있다.

1. C   2. C   3. A   4. B

---

1   Track **54-1**

해설 및 정답 **문제 분석▼** 남자는 여자에게 열이 나는 것(发烧 fāshāo)이 아니냐고 묻자, 여자는 축구를 해서(踢足球 tī zúqiú) 굉장히 덥다(非常热 fēicháng rè)고 했으므로, 신나게 축구 했기 때문에 덥다는 것을 유추할 수 있다. 따라서 보기 C가 정답이다.

男: 你是不是发烧了？脸和耳朵这么红！ 女: 我刚和同学踢足球了，非常热！ 问: 女的怎么了？ A 发烧了 B 生病了 **C 玩得很开心**	남: 너는 열 나는 거 아니야? 얼굴이랑 귀가 왜 이렇게 빨개! 여: 방금 학교 친구랑 축구 했어, 너무 더워! 질문: 여자는 무슨 일인가? A 열이 난다 B 병이 났다 **C 즐겁게 놀았다**

단어 ★发烧 fāshāo 통 열이 나다 | ★脸 liǎn 명 얼굴 | ★耳朵 ěrduo 명 귀 | 这么 zhème 대 이렇게 | 红 hóng 형 붉다, 빨갛다 | 刚 gāng 부 방금, 막 | 和 hé ~와, ~랑 | 同学 tóngxué 명 학교(반) 친구 | 踢足球 tī zúqiú 축구를 하다 | 非常 fēicháng 부 굉장히, 아주 | 热 rè 형 덥다 | 怎么了 zěnme le 무슨 일이야? | 生病 shēngbìng 통 아프다, 병이 생기다 | 玩 wán 통 놀다 | 开心 kāixīn 형 기쁘다, 즐겁다

---

2   Track **54-2**

해설 및 정답 **문제 분석▼** 여자가 베이징의 국수도 굉장히 맛있다(北京的面条也非常好吃 Běijīng de miàntiáo yě fēicháng hǎochī)고 하자, 남자가 꼭 가서 먹자(去吃 qù chī)고 했으므로, 보기 C가 정답이다.

女: 北京故宫很有名，其实北京的面条也非常好吃。 男: 真的吗？你一定要带我去吃啊！ 问: 他们想做什么？ A 见北京人 B 去北京故宫 **C 吃北京的面条**	여: 베이징은 고궁이 유명해, 사실 베이징의 국수도 굉장히 맛있어. 남: 정말? 꼭 나 데리고 가서 먹어야 해! 질문: 그들은 무엇을 하고 싶어 하는가? A 베이징 사람을 만나고 싶다 B 베이징의 고궁에 가고 싶다 **C 베이징의 국수를 먹고 싶다**

단어 故宫 Gùgōng 고유 고궁 | ★有名 yǒumíng 형 유명하다 | ★其实 qíshí 부 사실은 | 面条 miàntiáo 명 국수, 면 | 也 yě 부 ~도 역시 | 非常 fēicháng 부 굉장히, 아주 | 好吃 hǎochī 형 (먹는 것이) 맛있다 | 真的 zhēnde 부 참으로, 정말로 | ★一定 yídìng 부 꼭, 반드시 | ★带 dài 통 데리다, 이끌다 | 见 miàn 통 만나다

3

해설 및 정답 **문제 분석▼** 여자가 운동을 했지만 조금도 빠지지 않았다(一点儿也没瘦 yìdiǎnr yě méi shòu)고 했으므로, 여전히 뚱뚱하다는 것을 알 수 있다. 따라서 보기 A가 정답이다.

女：为了减肥，我做了很多运动，但是一点儿也没瘦。	여: 살을 빼기 위해 많은 운동을 했지만 조금도 빠지지 않았어.
男：那你注意吃的了吗？	남: 그럼 넌 먹는 것에 신경 썼어?
女：因为做完运动后觉得很饿，吃得比以前更多了。	여: 운동한 후에는 배가 고파서, 전보다 더 많이 먹어.
男：所以你瘦不下来啊！	남: 그래서 네가 살이 안 빠지는 거야!
问：女的怎么了？	질문: 여자는 무슨 일인가?
A 还是胖	A 여전히 뚱뚱하다
B 觉得很饿	B 배가 고프다
C 不想做运动	C 운동을 하기 싫다

단어 ★为了 wèile 께 ~을 위하여 | 减肥 jiǎnféi 동 살을 빼다, 다이어트하다 | 多 duō 형 (양·나이가) 많다 | 运动 yùndòng 명동 운동(하다) | 但是 dànshì 접 그러나 | ★瘦 shòu 형 마르다 | ★注意 zhùyì 동 주의하다 | 因为 yīnwèi 접 왜냐하면 | 做完 zuòwán 다 하다 | 后 hòu 뒤, 후 | 觉得 juéde 동 ~라고 생각하다, 여기다 | ★饿 è 형 배고프다 | 得 de 조 ~하는 정도(상태)가 ~하다 | 比 bǐ 께 ~보다 | ★以前 yǐqián 명 이전 | ★更 gèng 부 더, 더욱 | 所以 suǒyǐ 접 그래서, 그러므로 | ★还是 háishi 부 여전히, 아직도 | ★胖 pàng 형 살찌다, 뚱뚱하다

4

해설 및 정답 **문제 분석▼** 남자가 여자에게 그림 그리는 것을 좋아하죠(你一定很喜欢画画儿吧？ Nǐ yídìng hěn xǐhuan huà huàr ba?)라고 묻자 여자는 맞다(是的 shì de)고 대답했으므로, 보기 B가 정답이다.

男：你画儿画得比我好多了。	남: 그림을 저보다 훨씬 잘 그리시네요.
女：哪儿啊，你太客气了。	여: 무슨 소리예요, 별말씀을 다하세요.
男：你一定很喜欢画画儿吧？	남: 그림 그리는 것을 좋아하시죠?
女：是的，我学过两年。	여: 네, 2년 배운 적 있어요.
问：关于女的，可以知道什么？	질문: 여자에 관해 무엇을 알 수 있는가?
A 没学过	A 배운 적이 없다
B 喜欢画画儿	B 그림 그리는 것을 좋아한다
C 画得没有男的好	C 남자보다 그림을 못 그린다

단어 画儿 huàr 명 그림 | ★画 huà 동 (그림을) 그리다 | 比 bǐ 께 ~보다 | 客气 kèqi 동 사양하다, 체면을 차리다 | ★一定 yídìng 부 꼭, 반드시 | 喜欢 xǐhuan 동 좋아하다 | 学 xué 동 배우다 | ★关于 guānyú 께 ~에 관하여 | 可以 kěyǐ 조동 ~할 수 있다 | 知道 zhīdào 동 알다, 이해하다 | 得 de 조 ~하는 정도(상태)가 ~하다 | 没有 méiyǒu 동 ~만 못하다[A没有B형용사：A는 B만큼 ~하지 않다]

6 길 찾기, 교통수단

| *실전* 트레이닝 1 | 기본서 65쪽

정답
1. B 　2. A 　3. C 　4. X 　5. √ 　6. X

1 　　　　　　　　　　　　　　　　　　　　　　　　　　　Track **65-1**

해설 및 정답　**문제 분석▼** 여자가 휴대폰(手机 shǒujī)을 끄라고 하자 남자가 알았다고 했으므로, 보기 중에서 휴대폰을 만지는 남자 사진 B가 정답이다.

| 女: 飞机就要起飞了，把手机关了吧。
男: 好，我现在就关。 | 여: 비행기가 곧 이륙합니다, 휴대폰을 꺼주세요.
남: 네, 지금 바로 끌게요. |

단어　飞机 fēijī 몡 비행기 | 就要 jiùyào 뭐 머지않아, 곧 | ★起飞 qǐfēi 동 이륙하다 | ★把 bǎ 개 ~을 | 手机 shǒujī 몡 휴대폰 | ★关 guān 동 끄다 | 现在 xiànzài 몡 지금, 현재 | 就 jiù 뭐 곧, 바로

2 　　　　　　　　　　　　　　　　　　　　　　　　　　　Track **65-2**

해설 및 정답　**문제 분석▼** 남자가 버스(公共汽车 gōnggòng qìchē)에 사람이 많다고 했으므로, 보기 중에서 버스 앞에 서있는 사진 A가 정답이다.

| 男: 这辆公共汽车上的人真不少。
女: 我们等下一辆吧，应该很快就来了。 | 남: 이 버스에 사람이 진짜 많다.
여: 우리 다음 버스를 기다리자, 분명히 금방 올 거야. |

단어　★辆 liàng 양 대[차량을 셀 때 쓰임] | 公共汽车 gōnggòng qìchē 몡 버스 | 真 zhēn 뭐 정말, 진짜 | 等 děng 동 기다리다 | 下 xià 몡 나중, 다음 | ★应该 yīnggāi 조동 분명 ~할 것이다 | 快 kuài 형 (속도가) 빠르다 | 就 jiù 뭐 곧, 바로 | 来 lái 동 오다

3 　　　　　　　　　　　　　　　　　　　　　　　　　　　Track **65-3**

해설 및 정답　**문제 분석▼** 여자가 자전거(自行车 zìxíngchē) 탈 때 주의할 점을 말했으므로, 보기 중에서 사진 C가 정답이다.

| 女: 骑自行车的时候，眼睛要往前看，别害怕。
男: 好，但是你别放手啊。 | 여: 자전거를 탈 때는 눈은 앞을 봐야 해, 무서워하지 말고.
남: 알겠어요, 근데 손은 놓지 마세요. |

단어　★骑 qí 동 (자전거를) 타다 | ★自行车 zìxíngchē 몡 자전거 | …的时候 …de shíhou ~할 때 | 眼睛 yǎnjing 몡 눈 | 往 wǎng 개 ~을 향해 | 前 qián 몡 앞, 전 | 别 bié 뭐 ~하지 마라[금지를 나타냄] | ★害怕 hàipà 동 두려워하다, 무서워하다 | 但是 dànshì 접 그러나 | 放手 fàngshǒu 동 (물건을 잡았던) 손을 놓다

(해설 및 정답) **문제 분석▼** 녹음에서 그냥 비행기(飞机 fēijī)를 타자고 했으므로, 기차(火车 huǒchē)를 타기로 했다는 내용과 일치하지 않는다.

坐火车是便宜些，但要十个小时，太慢了。我们还是坐飞机吧，我这边买机票也很方便。	기차를 타는 게 좀 더 싸긴 한데, 열 시간이 걸려서 너무 느려. 우리 그냥 비행기 타자, 여기서는 비행기표를 사기도 편해.
★ 他们最后决定坐火车去。(X)	★ 그들은 결국 기차를 타고 가기로 결정했다. (X)

(단어) 坐 zuò 통 (차나 비행기를) 타다 | 火车 huǒchē 명 기차 | 便宜 piányi 형 (값이) 싸다 | 些 xiē 양 조금, 약간 | 但 dàn 접 그러나 | 要 yào 통 필요로 하다, 걸리다 | 小时 xiǎoshí 명 시간[시간의 양] | 慢 màn 형 느리다 | ★还是 háishi 부 ~하는 편이 (더) 좋다 | 飞机 fēijī 명 비행기 | 这边 zhèbiān 대 이곳, 여기 | 买 mǎi 통 사다 | 机票 jīpiào 명 비행기표 | ★方便 fāngbiàn 형 편리하다 | ★最后 zuìhòu 명 제일 마지막, 결국 | ★决定 juédìng 통 결정하다

(해설 및 정답) **문제 분석▼** 녹음에서 아직 마치지 못한 일이 있다(我还有工作没完成 wǒ hái yǒu gōngzuò méi wánchéng)고 한 것은 아직 해야 할 일이 있다는 의미이다. 따라서 내용이 일치한다.

我还有工作没完成，要很晚才下班，就不去接你了，你自己坐出租车回家吧。	나 아직 마치지 못한 일이 있어서 늦게 퇴근해, 당신 데리러 안 갈게, 당신 혼자서 택시 타고 집에 가.
★ 他还有工作要做。(√)	★ 그는 아직 해야 할 일이 있다. (√)

(단어) 还 hái 부 또 | 工作 gōngzuò 명 일 | ★完成 wánchéng 통 완성하다 | 晚 wǎn 형 늦다 | ★才 cái 부 비로소, 겨우 | 下班 xiàbān 통 퇴근하다 | 就 jiù 부 곧, 바로 | ★接 jiē 통 마중하다 | ★自己 zìjǐ 대 자기, 자신, 스스로 | 坐 zuò 통 (차나 비행기를) 타다 | 出租车 chūzūchē 명 택시 | 回家 huíjiā 통 집으로 돌아가다 | 做 zuò 통 하다

(해설 및 정답) **문제 분석▼** 녹음에서 자전거(自行车 zìxíngchē)를 이미 10년 넘게 탔다(已经骑了十年多了 yǐjīng qíle shí nián duō le)고 했으므로 내용이 일치하지 않는다.

这辆自行车是我八岁生日时，爸爸送给我的礼物。虽然已经骑了十年多了，但它看起来还是新的。	이 자전거는 내가 8살 생일 때 아빠가 나에게 준 선물이다. 벌써 10년 넘게 탔지만 아직도 새것같이 보인다.
★ 他不会骑自行车。(X)	★ 그는 자전거를 탈 줄 모른다. (X)

(단어) ★辆 liàng 양 대[차량을 셀 때 쓰임] | ★自行车 zìxíngchē 명 자전거 | 岁 suì 양 살, 세[나이를 세는 단위] | 生日 shēngrì 명 생일 | 时 shí 명 때 | 送 sòng 통 선물하다, 주다 | 礼物 lǐwù 명 선물 | 虽然…但… suīrán…dàn… 접 비록 ~하지만 그러나 ~하다 | 已经 yǐjīng 부 이미, 벌써 | ★骑 qí 통 (자전거를) 타다 | 它 tā 대 그것[사물이나 동물을 가리킴] | 看起来 kàn qǐlai 보기에, 보아하니 | ★还是 háishi 부 여전히, 아직도 | 新 xīn 형 새롭다 | 会 huì 조동 ~할 줄 알다

정답

1. C   **2.** C   **3.** A   **4.** A

---

1   Track **66-1**

해설 및 정답   **문제 분석**▼ 여자가 3분 더 가면 남자 집에 도착한다(**再走3分钟就到你家** zài zǒu sān fēnzhōng jiù dào nǐ jiā)고 했으므로 아직 가는 길임을 알 수 있다. 따라서 보기 **C**가 정답이다.

男: 我住三楼，302号。 女: 知道了，我走错路了。<u>再走3分钟就到你</u> <u>家</u>。 问: 女的现在可能在哪儿？	남: 난 3층 302호에 살아. 여: 알겠어, 나 잘못 왔어. <u>3분이면 너네 집에 도착해.</u> 질문: 여자는 지금 아마도 어디에 있겠는가?
A 三楼 B 男的家 **C 在路上**	A 3층 B 남자의 집 **C 길에**

단어   住 zhù 됭 살다 | ★楼 lóu 몡 층, 건물 | 号 hào 몡 순번, 번호 | 知道 zhīdào 됭 알다, 이해하다 | 走错 zǒucuò (길을) 잘못 들다 | 路 lù 몡 도로, 길 | 再 zài 튄 또, 다시 | 分钟 fēnzhōng 몡 분[시간의 양] | 到 dào 됭 도착하다, 이르다 | 现在 xiànzài 몡 지금, 현재 | 可能 kěnéng 튄 아마(도) | 在 zài 됭 ~에 있다 | 哪儿 nǎr 때 어디 | 路上 lùshang 몡 길 가는 중, 도중

---

2   Track **66-2**

해설 및 정답   **문제 분석**▼ 여자가 도서관에 어떻게 가는지(**图书馆怎么走** túshūguǎn zěnme zǒu)를 물었으므로 보기 **C**가 정답이다.

女: 请问，上海图书馆怎么走？
男: 从这儿向右拐，走十分钟，邮局的旁边就
   是。
 	
问: 女的找什么地方？
	여: 말씀 좀 물을게요, 상하이도서관은 어떻게 가요?
	남: 여기서 오른쪽으로 돌아서 10분을 가면 우체국 옆에
	   있어요.
	
	질문: 여자는 어디를 찾고 있는가?

A 车站 B 邮局 **C 图书馆**	A 버스 정류장 B 우체국 **C 도서관**

단어   请问 qǐngwèn 됭 말씀 좀 여쭙겠습니다 | 上海 Shànghǎi 고유 상하이, 상해 | ★图书馆 túshūguǎn 몡 도서관 | 怎么 zěnme 때 어떻게 | 走 zǒu 됭 가다 | 从 cóng 개 ~에서, ~로부터 | 向 xiàng 개 ~을 향해 | 右 yòu 몡 우측, 오른쪽 | 拐 guǎi 됭 방향을 바꾸다, 커브를 틀다 | 分钟 fēnzhōng 몡 분[시간의 양] | 邮局 yóujú 몡 우체국 | 旁边 pángbiān 몡 옆, 근처 | 找 zhǎo 됭 찾다 | ★地方 dìfang 몡 곳, 장소 | 车站 chēzhàn 몡 정류장

---

3   Track **66-3**

해설 및 정답   **문제 분석**▼ 남자가 지금까지 부모님을 떠나 본 적이 없다(**我从来没离开过父母** wǒ cónglái méi líkāiguo fùmǔ) 는 의미는 집을 떠난 적이 없다는 것과 같다. 따라서 보기 **A**가 정답이다.

女: 你下个月就要去北京留学了吧? 都准备好了吗?

男: 是啊, 我从来没离开过父母, 有点儿紧张。

女: 不用担心, 习惯就好了。

男: 谢谢你!

问: 关于男的, 下面哪句话是对的?

여: 너는 다음 달이면 곧 베이징으로 유학 가지? 다 준비했어?	

여: 너는 다음 달이면 곧 베이징으로 유학 가지? 다 준비했어?

남: 응, 난 여태까지 부모님을 떠난 적이 없어서, 좀 긴장돼.

여: 걱정할 필요 없어, 적응하면 괜찮아.

남: 고마워!

질문: 남자에 관해, 다음 중 맞는 것은?

A 没离开过家

B 要去北京旅游

C 习惯北京生活了

A 집을 떠난 적이 없다

B 베이징에 여행을 가려고 한다

C 베이징 생활에 적응했다

단어 | 下个月 xià ge yuè 다음 달 | 就要 jiùyào 뷔 머지않아, 곧 | 北京 Běijīng 고유 베이징, 북경 | ★留学 liúxué 동 유학하다 | 准备 zhǔnbèi 동 준비하다 | 从来 cónglái 뷔 지금까지, 여태껏 | ★离开 líkāi 동 떠나다, 벗어나다 | 父母 fùmǔ 명 부모 | 有点儿 yǒudiǎnr 뷔 조금, 약간[부정적인 어투가 강함] | ★紧张 jǐnzhāng 형 긴장하다 | 不用 búyòng 뷔 ~할 필요가 없다 | ★担心 dānxīn 걱정하다 | ★习惯 xíguàn 동 습관이 되다, 익숙해지다 | ★关于 guānyú 개 ~에 관하여 | 下面 xiàmian 명 아래 | 对 duì 형 맞다 | 家 jiā 명 집 | 旅游 lǚyóu 동 여행하다 | 生活 shēnghuó 동 살다, 생활하다

해설 및 정답 **문제 분석▼** 남자가 여자를 리 사장님(李经理 Lǐ jīnglǐ)이라고 호칭했으므로, 여자의 성씨는 리(李 Lǐ)임을 알 수 있다. 따라서 정답은 보기 A이다.

男: 喂, 李经理, 您快上飞机了吧?

女: 还没有, 飞机晚点了, 我可能要中午或者下午到北京。

男: 没关系, 飞机起飞前您给我打个电话, 我让司机去接您。

女: 好的, 谢谢。

问: 关于女的, 可以知道什么?

남: 여보세요, 리(李) 사장님, 이제 곧 비행기 타시죠?

여: 아직 아니에요, 비행기가 출발이 지연되었어요. 저는 아마 정오나 오후가 되어야 베이징에 도착할 것 같아요.

남: 괜찮아요, 비행기가 뜨기 전에 저에게 전화 주세요, 기사에게 마중을 나가라고 할게요.

여: 알겠어요. 감사합니다.

질문: 여자에 관해 알 수 있는 것은?

A 姓李

B 早就到了

C 已经上飞机了

A 리(李)씨이다

B 이미 도착했다

C 이미 비행기를 탔다

단어 | 喂 wéi 감탄 (전화상에서) 여보세요 | ★经理 jīnglǐ 명 사장, 책임자 | 快 kuài 뷔 곧, 머지않아 | 上 shàng 동 올라타다 | 飞机 fēijī 명 비행기 | 还 hái 뷔 아직도 | 晚点 wǎndiǎn 동 (차·배·비행기 등이) 규정 시간보다 늦다 | 可能 kěnéng 뷔 아마(도) | 中午 zhōngwǔ 명 정오 | ★或者 huòzhě ~든지, ~거나 | 下午 xiàwǔ 명 오후 | 到 dào 동 도착하다, 이르다 | 没关系 méi guānxi 괜찮아요, 상관없어요 | ★起飞 qǐfēi 동 (비행기 등이) 이륙하다 | 前 qián 명 앞, 전 | 给 gěi 개 ~에게 | 打电话 dǎ diànhuà 전화를 걸다, 전화하다 | 让 ràng 동 (~로 하여금) ~하게 하다 | ★司机 sījī 명 기사 | ★接 jiē 동 마중하다 | 谢谢 xièxie 동 고마워요, 감사해요 | 姓 xìng 명 성, 성씨 동 성이 ~이다 | 早就 zǎojiù 뷔 일찍이, 진작에 | 已经 yǐjīng 뷔 이미, 벌써

기본서 **68**쪽

정답									
1. B	2. C	3. A	4. F	5. E	6. E	7. A	8. D	9. B	10. C
11. √	12. X	13. X	14. X	15. X	16. √	17. X	18. X	19. √	20. X
21. C	22. A	23. B	24. C	25. A	26. B	27. C	28. C	29. A	30. C
31. C	32. C	33. B	34. B	35. A	36. C	37. B	38. C	39. A	40. C

1 ──────────────────────────────── Track **69-1**

해설 및 정답 **문제 분석▼** 강아지(小狗 xiǎogǒu)에 대해 이야기하고 있으므로 보기 B가 정답이다.

女：这是我的小狗，它是我最好的朋友。	여: 이건 내 강아지야, 그는 나의 가장 좋은 친구야.
男：给我看看，真可爱。	남: 좀 보자, 정말 귀엽다!

단어 小狗 xiǎogǒu 몡 강아지 | 它 tā 때 그것[사물이나 동물을 가리킴] | 最 zuì 뷔 가장 | 好 hǎo 혱 좋다 | 朋友 péngyou 몡 친구 | 给 gěi 깨 ~에게 | 看 kàn 동 보다 | 真 zhēn 뷔 정말 | ★可爱 kě'ài 혱 귀엽다

2 ──────────────────────────────── Track **69-2**

해설 및 정답 **문제 분석▼** 남자가 아빠에 대해 묻자 여자가 신문을 보고 있다(看报纸 kàn bàozhǐ)고 대답했으므로 보기 C가 정답이다.

男：妈，爸爸呢？他还没回家吗？	남: 엄마, 아빠는요? 아직 집에 안 오셨어요?
女：刚才看见他进他的房间了，一定正在看报纸呢。	여: 방금 방으로 들어가는 거 봤는데, 분명 신문을 보고 계실 거야.

단어 妈(妈) mā(ma) 몡 엄마 | 爸爸 bàba 몡 아빠 | 还 hái 뷔 아직 | 回家 huíjiā 동 집으로 돌아가다 | 刚才 gāngcái 몡 방금 | 看见 kànjiàn 동 보(이)다 | 进 jìn 동 들어가다 | 房间 fángjiān 몡 방 | ★一定 yídìng 뷔 분명, 반드시 | 正在 zhèngzài 뷔 마침 ~하고 있는 중이다 | 看 kàn 동 보다 | 报纸 bàozhǐ 몡 신문

3 ──────────────────────────────── Track **69-3**

해설 및 정답 **문제 분석▼** 여자가 남자에게 새집(新房子 xīn fángzi)에 대해 물었으므로 보기 A가 정답이다.

女：听说你上个月搬家了，新房子怎么样？	여: 너 지난달에 이사했다며, 새집은 어때?
男：不错，在一个安静的公园旁边，住着挺舒服。	남: 괜찮아, 조용한 공원 옆에 있어서 살기 편해.

단어 听说 tīngshuō 동 듣자(하)니 | 上个月 shàng ge yuè 지난달 | 搬家 bānjiā 동 이사하다 | 新 xīn 혱 새롭다 | 房子 fángzi 몡 집 | 怎么样 zěnmeyàng 때 어떠하다 | 不错 búcuò 혱 괜찮다 | 在 zài 동 ~에 있다 | ★安静 ānjìng 혱 조용하다 | ★公园 gōngyuán 몡 공원 | 旁边 pángbiān 몡 옆 | 住 zhù 동 살다 | 着 zhe 조 ~하고 보니 ~하다 | ★挺 tǐng 뷔 아주, 꽤 | ★舒服 shūfu 혱 편안하다

4

解설 및 정답 **문제 분석▼** 남자가 바지(裤子 kùzi)의 문제에 대해 말하고 있으므로 보기 F가 정답이다.

男：你好，这条裤子有点儿问题，能换一条吗?	남: 안녕하세요, 이 바지는 문제가 좀 있는데요, 교환할 수 있나요?
女：当然可以，请等一下。	여: 당연히 가능하죠, 잠시만요.

단어 ★条 tiáo 양 바지·치마를 세는 단위 | ★裤子 kùzi 명 바지 | (一)点儿 (yì)diǎnr 양 조금[불확정적인 수량] | 问题 wèntí 명 문제 | 能 néng 조동 ~할 수 있다 | ★换 huàn 동 교환하다, 바꾸다 | ★当然 dāngrán 부 당연히 | 可以 kěyǐ 조동 ~할 수 있다 | 请 qǐng 동 (상대가 어떤 일을 하길 바라는 의미로) ~하세요 | 等 děng 동 기다리다 | 一下 yíxià 양 동사 뒤에 쓰여 '좀 ~하다'의 뜻을 나타냄

5

해설 및 정답 **문제 분석▼** 여자가 처음 요리했다(我第一次做饭 wǒ dì-yī cì zuò fàn)고 했으므로 보기 E가 정답이다.

女：怎么样? 这是我第一次做饭。	여: 어때? 내가 처음으로 한 밥이야.
男：看起来不错啊。	남: 괜찮아 보이는걸.

단어 怎么样 zěnmeyàng 대 어떠하다 | 第一次 dì-yī cì 명 처음 | 做饭 zuò fàn 동 밥을 하다 | 看起来 kàn qǐlai 보기에 | 不错 búcuò 형 괜찮다

6

해설 및 정답 **문제 분석▼** 남자가 수박(西瓜 xīguā)의 가격을 물었으므로 보기 E가 정답이다.

男：请问，西瓜怎么卖?	남: 실례합니다, 수박은 어떻게 파나요?
女：三块钱一斤。这是今天新到的，特别甜。	여: 한 근에 3위안이에요. 이건 오늘 새로 들어온 건데, 아주 달아요.

단어 请问 qǐngwèn 동 말씀 좀 여쭙겠습니다 | 西瓜 xīguā 명 수박 | 怎么 zěnme 대 어떻게 | 卖 mài 동 팔다 | 块 kuài 양 위안[중국의 화폐 단위] | 钱 qián 명 돈 | 斤 jīn 양 근[무게 단위] | 今天 jīntiān 명 오늘 | 新 xīn 형 새롭다 | 到 dào 동 도착하다 | ★特别 tèbié 부 특히 | ★甜 tián 형 달다

7

해설 및 정답 **문제 분석▼** 여자가 테이블 위의 커피(咖啡 kāfēi)에 대해 물었으므로 보기 A가 정답이다.

女：桌子上的那杯咖啡是你的吗?	여: 테이블에 있는 저 커피는 네 거야?
男：不是，我点的是茶。	남: 아니야, 내가 주문한 건 차야.

단어 桌子 zhuōzi 명 테이블 | 上 shàng 명 위 | 杯 bēi 양 잔, 컵 | 咖啡 kāfēi 명 커피 | 点 diǎn 동 (요리·음식을) 주문하다 | 的 de 조 ~하는 것, ~하는 사람 | 茶 chá 명 차, tea

8

해설 및 정답 **문제 분석▼** 남자가 여자에게 여권(护照 hùzhào)을 내주었으므로 보기 **D**가 정답이다.

男: 小姐，您的护照在这儿。 女: 找到了? 先生，太谢谢你了。	남: 아가씨, 여권은 여기 있어요. 여: 찾았어요? 선생님, 정말 감사합니다.

단어 小姐 xiǎojiě 몡 아가씨 | ★护照 hùzhào 몡 여권 | 在 zài 통 ~에 있다 | 这儿 zhèr 때 여기 | 找到 zhǎodào 찾아내다 | 先生 xiānsheng 몡 선생님, 씨 | 太 tài 뿐 너무

9

해설 및 정답 **문제 분석▼** 여자가 남자에게 길을 알려주며 천천히 운전하라(慢点儿开 màn diǎnr kāi)고 했으므로 보기 **B**가 정답이다.

女: 医院旁边那条路比较危险，你慢点儿开。 男: 放心吧，我会小心的。	여: 병원 옆쪽의 그 길은 좀 위험하니까, 천천히 운전해요. 남: 걱정 마요, 조심할게요.

단어 医院 yīyuàn 몡 병원 | 旁边 pángbiān 몡 옆, 근처 | ★条 tiáo 양 (길·강·물고기 등) 가늘고 긴 물건을 세는 단위 | 路 lù 도로, 길 | 比较 bǐjiào 뿐 비교적 | 危险 wēixiǎn 톙 위험하다 | 慢 màn 톙 느리다 | 开 kāi 통 (자동차 등을) 운전하다 | ★放心 fàngxīn 톙 안심하다 | 会 huì 조동 ~할 것이다 | ★小心 xiǎoxīn 통 조심하다 | 的 de 조 평서문 끝에 쓰여 긍정의 어기를 나타냄

10

해설 및 정답 **문제 분석▼** 남자가 의자(椅子 yǐzi)에 대해 말했으므로 보기 **C**가 정답이다.

男: 左边那个椅子不太舒服，您坐这个吧。 女: 好的，谢谢你。	남: 왼쪽의 그 의자는 별로 편하지 않아요, 여기 앉으세요. 여: 네, 감사합니다.

단어 左边 zuǒbian 몡 왼쪽 | 椅子 yǐzi 몡 의자 | 不太 bú tài 그다지 ~하지 않다 | ★舒服 shūfu 톙 편안하다 | 坐 zuò 통 앉다 | 吧 ba 조 문장 끝에 쓰여 제안·명령 등의 어기를 나타냄 | 好 hǎo 톙 좋다

11

해설 및 정답 **문제 분석▼** 매일 계란 하나를 다 먹고 나온다(每天吃完一个鸡蛋后出门 měi tiān chīwán yí ge jīdàn hòu chūmén)고 했으므로 자주 계란을 먹는 것과 일치한다.

今天的早饭很好吃，都是我喜欢的。我特别喜欢鸡蛋，每天吃完一个鸡蛋后出门。	오늘 아침 맛있네, 다 내가 좋아하는 거야. 나는 계란을 특히 좋아해서 매일 계란 하나를 먹고 나와.
★ 他经常吃鸡蛋。(√)	★ 그는 자주 계란을 먹는다. (√)

단어 今天 jīntiān 몡 오늘 | 早饭 zǎofàn 몡 아침밥 | 好吃 hǎochī 톙 (먹는 것이) 맛있다 | 喜欢 xǐhuan 통 좋아하다 | 的 de 조 ~하는 것, ~하는 사람 | ★特别 tèbié 뿐 특히 | 鸡蛋 jīdàn 몡 계란 | 每天 měi tiān 매일 | 吃完 chīwán 다 먹다 | 后 hòu 몡 (순서상으로) 뒤 | 出门 chūmén 통 집을 나서다, 외출하다 | ★经常 jīngcháng 뿐 자주

12

해설 및 정답 **문제 분석▼** 아주머니를 부른 뒤, 말하는 이 자신(我 wǒ)이 여행을 가니 강아지를 부탁한다고 했으므로, 여행을 가려는 사람은 아주머니가 아니다. 따라서 내용이 일치하지 않는다.

阿姨，我明天要去上海旅游，下星期天才回来。您能不能帮我照顾我的小狗?

★ 阿姨要去旅游。(X)

아주머니, 제가 내일 상하이로 여행을 가세. 다음 주 일요일에야 돌아와요. 제 강아지 좀 돌봐 주실 수 있으세요?

★ 아주머니는 여행을 가려고 한다. (X)

단어 ★阿姨 āyí 명 아주머니 | 明天 míngtiān 명 내일 | 要 yào 조동 ~하려고 하다 | 上海 Shànghǎi 고유 상하이, 상해 | 旅游 lǚyóu 동 여행하다 | 下星期天 xià xīngqītiān 다음 주 일요일 | ★才 cái 부 겨우, 비로소 | 回来 huílai 동 되돌아오다 | 能 néng 조동 ~할 수 있다 | 帮 bāng 동 돕다 | ★照顾 zhàogù 동 돌보다 | 小狗 xiǎogǒu 강아지

13

해설 및 정답 **문제 분석▼** 만약(如果 rúguǒ) 여자 친구보다 노래를 더 잘하면(唱得还好 chàng de hái hǎo)이라고 했으므로, 사실은 여자 친구보다 노래를 못한다고 유추할 수 있다. 따라서 내용이 일치하지 않는다.

如果我唱歌比我的女朋友唱得还好，该多好啊!

★ 他比他的女朋友唱得好。(X)

내가 만약 내 여자 친구보다 노래를 더 잘하면 얼마나 좋을까!

★ 그는 여자 친구보다 노래를 잘한다. (X)

단어 ★如果 rúguǒ 접 만약 | 唱歌 chànggē 동 노래를 부르다 | 比 bǐ 개 ~보다[비교를 나타냄] | 女朋友 nǚpéngyou 명 여자 친구 | 得 de 조 ~하는 정도(상태)가 ~하다 | 还 hái 부 더(욱) | 该 gāi 조동 ~일 것이다[감탄어구에 쓰여 어기를 강조함] | 多 duō 부 얼마나

14

해설 및 정답 **문제 분석▼** 이름을 잘못 쓰지 말라(别写错了 bié xiěcuò le)고 했으므로 아직 잘못 쓴 것은 아니다. 따라서 내용이 일치하지 않는다.

小王，这位客人的姓比较特别，不太常见，你等一会儿注意点儿，别写错了。

★ 小王把客人的名字写错了。(X)

샤오왕, 이 손님의 성은 좀 특이해서 흔히 볼 수 없어, 나중에 주의 좀 해줘, 잘못 쓰지 말고.

★ 샤오왕은 손님의 이름을 잘못 썼다. (X)

단어 ★位 wèi 양 분[사람의 수를 세는 단위] | ★客人 kèrén 명 손님 | 姓 xìng 명 성, 성씨 | ★比较 bǐjiào 부 비교적 | ★特别 tèbié 형 특이하다 | 不太 bú tài 그다지 ~하지 않다 | 常见 chángjiàn 동 자주(흔히) 보다 | 等 děng 동 기다리다 | ★一会儿 yíhuìr 명 잠시 | ★注意 zhùyì 동 주의하다 | (一)点儿 (yì)diǎnr 양 조금 | 别 bié 부 ~하지 마라[금지를 나타냄] | 写错 xiěcuò (글씨를) 잘못 쓰다 | ★把 bǎ 개 ~을 | 名字 míngzi 명 이름

해설 및 정답   **문제 분석▼** 영화를 보고 싶은데 내일 같이 가자(**我们一起去吧** wǒmen yíqù qù ba)고 했으므로, 그는 내일 영화 볼 시간이 있다고 유추할 수 있다. 따라서 내용이 일치하지 않는다.

上个月我工作太忙了，一直想请你去 看电影，都没有时间。明天星期六，如果你 有空，我们一起去吧。	지난달에 나는 일이 너무 바빴어, 계속 너한테 영화 보러 가자고 하고 싶었는데, 시간이 없었어. 내일 토요일인데, 너 시간 있으면 우리 같이 가자.
★ 他明天没有时间看电影。(**X**)	★ 그는 내일 영화 볼 시간이 없다. (**X**)

단어 上个月 shàng ge yuè 지난달 | 工作 gōngzuò 몡 일 | 太 tài 뷔 너무 | 忙 máng 혱 바쁘다 | ★一直 yìzhí 뷔 계속해서 | 想 xiǎng 조동 ~하고 싶다 | 请 qǐng 통 청하다 | 去 qù 통 가다 | 看 kàn 통 보다 | 电影 diànyǐng 몡 영화 | 时间 shíjiān 몡 시간 | 明天 míngtiān 몡 내일 | 星期六 xīngqīliù 토요일 | ★如果 rúguǒ 젭 만약 | 有空 yǒu kòng 틈이 나다 | 一起 yìqǐ 뷔 같이

해설 및 정답   **문제 분석▼** 샤오왕이 진지하게 보고 있다(**看得认真** kàn de rènzhēn)면서 음악 프로그램(**音乐节目** yīnyuè jiémù)을 좋아하는지 확인했으므로, 샤오왕은 텔레비전을 보고 있는 중이라고 유추할 수 있다. 따라서 내용이 일치 한다.

你看小王看得多认真，他最喜欢音乐节 目，是不是?	샤오왕이 얼마나 진지하게 보는지 좀 봐봐, 걔는 음악 프로그램을 가장 좋아하지, 그렇지?
★ 小王可能在看电视。(**√**)	★ 샤오왕은 아마도 텔레비전을 보는 중일 것이다. (**√**)

단어 看 kàn 통 보다 | 多 duō 뷔 얼마나 | ★认真 rènzhēn 혱 진지하다 | 最 zuì 뷔 가장 | 喜欢 xǐhuan 통 좋아하다 | ★音乐 yīnyuè 몡 음악 | ★节目 jiémù 몡 프로그램 | 可能 kěnéng 뷔 아마(도) | 在 zài 뷔 ~하고 있다 | 电视 diànshì 몡 텔레비전

해설 및 정답   **문제 분석▼** 아들이 스스로 할 수 있게 되었다(**他都能自己完成了** tā dōu néng zìjǐ wánchéng le)고 했으므로, 지 금은 아들이 세수하는 걸 돕지 않는다는 것을 알 수 있다. 따라서 내용이 일치하지 않는다.

我儿子8岁了，变化非常大。现在，洗脸、 洗澡、刷牙，他都能自己完成了。	우리 아들은 8살이 돼서 많이 변했다. 지금은 세수, 목 욕, 이닦기 다 개 혼자서 할 수 있다.
★ 现在他帮儿子洗脸。(**X**)	★ 지금 그는 아들이 세수하는 것을 돕는다. (**X**)

단어 儿子 érzi 몡 아들 | 岁 suì 양 살, 세[나이를 세는 단위] | ★变化 biànhuà 몡 변화 | 非常 fēicháng 뷔 아주 | 大 dà 혱 크다 | 现 在 xiànzài 몡 지금 | 洗脸 xǐ liǎn 통 세수하다 | ★洗澡 xǐzǎo 통 목욕하다 | 刷牙 shuāyá 이를 닦다 | 都 dōu 뷔 모두, 다 | 能 néng 조동 ~할 수 있다 | ★自己 zìjǐ 때 자기, 자신 | ★完成 wánchéng 통 완성하다 | 帮 bāng 통 돕다

18

〔해설 및 정답〕 **문제 분석▼** 밥을 다 먹은 후 방을 청소한다는 말은 거론하지 않았으므로 내용이 일치하지 않는다.

吃完晚饭以后，我马上去厨房把盘子洗干净，然后去我的房间休息休息。

★ 他吃完饭以后打扫房间。(X)

저녁을 다 먹은 후에, 나는 바로 주방에 가서 접시를 깨끗이 닦은 후 내 방에 가서 좀 쉬었다.

★ 그는 밥을 다 먹은 후에 방을 청소했다. (X)

〔단어〕 吃完 chīwán 다 먹다 | 晚饭 wǎnfàn 몡 저녁밥 | ★以后 yǐhòu 몡 이후 | ★马上 mǎshàng 쁴 곧, 바로 | 去 qù 동 가다 | ★厨房 chúfáng 몡 주방 | ★把 bǎ 게 ~을 | ★盘子 pánzi 몡 쟁반, 큰 접시 | 洗干净 xǐ gānjìng 깨끗하게 닦다 | ★然后 ránhòu 젭 그런 후에 | 房间 fángjiān 몡 방 | 休息 xiūxi 동 쉬다 | ★打扫 dǎsǎo 동 청소하다

19

〔해설 및 정답〕 **문제 분석▼** 집에서 회사가 가깝다(很近 hěn jìn)고 했으므로 내용이 일치한다.

从我家到公司很近，走路半个小时就能到，骑自行车只需要十分钟。

★ 他家离公司不远。(√)

우리 집에서 회사까지 매우 가깝다. 30분 걸으면 도착할 수 있고, 자전거를 타면 10분이면 된다.

★ 그의 집은 회사에서 멀지 않다. (√)

〔단어〕 从 cóng 게 ~에서, ~로부터 | 家 jiā 몡 집 | 到 dào 게 ~까지 | 公司 gōngsī 몡 회사 | 近 jìn 혱 가깝다 | 走路 zǒulù 동 걷다 | 半个小时 bàn ge xiǎoshí 30분 | 就 jiù 쁴 곧, 바로 | 能 néng 조동 ~할 수 있다 | 到 dào 동 도착하다 | ★骑 qí 동 (자전거나 오토바이 등을) 타다 | ★自行车 zìxíngchē 몡 자전거 | ★只 zhǐ 쁴 단지 | ★需要 xūyào 동 필요하다 | 分钟 fēnzhōng 몡 분[시간의 양] | 离 lí 게 ~로부터 | 远 yuǎn 혱 (거리가) 멀다

20

〔해설 및 정답〕 **문제 분석▼** 우산이 테이블 위(在桌子上 zài zhuōzi shang)에 놓여 있다고 했으므로 내용이 일치하지 않는다.

你没带伞吗？我宿舍还有一把，就在桌子上放着，你要用就去拿吧。

★ 伞在椅子下。(X)

너 우산을 안 가져왔어? 내 숙소에 하나 더 있어, 책상 위에 놓여져 있는데, 필요하면 가서 가져가.

★ 우산은 의자 아래 있다. (X)

〔단어〕 ★带 dài 동 (몸에) 지니다, 챙기다 | ★伞 sǎn 몡 우산 | 宿舍 sùshè 몡 기숙사 | 还 hái 쁴 또 | ★把 bǎ 양 자루[손잡이·자루가 있는 기구를 세는 단위] | 就 jiù 쁴 바로 | 在 zài 동 ~에 있다 | 桌子 zhuōzi 몡 탁자, 테이블 | ★放 fàng 동 놓다, 두다 | ★着 zhe 조 ~한 상태이다 | 要 yào 조동 ~하고자 하다 | ★用 yòng 동 사용하다 | 去 qù 동 가다 | ★拿 ná 동 들다 | 椅子 yǐzi 몡 의자 | 下 xià 몡 아래

해설 및 정답 **문제 분석▾** 여자가 서점(书店 shūdiàn)이 근처에 있는지 물었으므로, 그들은 서점에 가는 중이라는 것을 알 수 있다.

女：我们没走错路吧？那家书店是在这儿附近？ 男：没错，过了那家宾馆就到了。 问：他们要去哪儿？ A 饭店　　　B 宾馆　　　**C 书店**	여: 우리가 길을 잘못 가는 건 아니지? 그 서점은 여기 근처에 있는 거지? 남: 맞아, 저 호텔을 지나면 바로 도착이야. 질문: 그들은 어디에 가려고 하는가? A 호텔, 식당　　B 호텔　　**C 서점**

단어 走错路 zǒucuò lù 길을 잘못 들다 | 吧 ba 조 ~이지?[예측되는 상황에서의 질문] | 家 jiā 양 집·점포·공장 등을 세는 단위 | 书店 shūdiàn 명 서점 | 在 zài 동 ~에 있다 | 这儿 zhèr 대 여기 | ★附近 fùjìn 부근, 근처 | 没错 méicuò 형 틀림없다, 맞다 | 过 guò 동 (지점을) 지나다 | 宾馆 bīnguǎn 명 호텔 | 就 jiù 부 바로 | 到 dào 동 도착하다 | 要 yào 조동 ~하고자 하다 | 哪儿 nǎr 대 어디 | 饭店 fàndiàn 명 호텔, 식당

해설 및 정답 **문제 분석▾** 조금 피곤하다(有点儿累 yǒudiǎnr lèi)고 했으므로 보기 A가 정답이다.

男：你怎么了？看上去很累，如果身体不舒服，就回家吧。 女：没事儿，就是有点儿累。 问：女的怎么了？ **A 累了** B 想回家 C 身体不舒服	남: 왜 그래? 피곤해 보여. 몸이 안 좋으면 집에 들어가. 여: 괜찮아, 그냥 좀 피곤할 뿐이야. 질문: 여자는 무슨 일인가? **A 피곤해졌다** B 집에 가고 싶다 C 몸이 안 좋다

단어 怎么了 zěnme le 무슨 일이야? | 看上去 kàn shàngqu 보아하니 (~하다) | 累 lèi 형 피곤하다 | ★如果 rúguǒ 접 만약 | 身体 shēntǐ 명 몸 | ★舒服 shūfu 형 편안하다 | 就 jiù 부 바로 | 回家 huíjiā 집으로 돌아가다 | 没事儿 méishìr 괜찮다 | 就是 jiùshì 부 단지 ~뿐이다 | 有点儿 yǒudiǎnr 부 조금, 약간[부정적인 어투가 강함] | 想 xiǎng 조동 ~하고 싶다

해설 및 정답 **문제 분석▾** 밖에 바람이 분다(外面刮风 wàimian guāfēng)고 했으므로 보기 B가 정답이다.

女：你怎么又回来了？ 男：外面刮风，我回来拿帽子，你出门时也多穿件衣服吧。 问：现在天气怎么样？	여: 너 왜 다시 돌아왔어? 남: 밖에 바람이 불어서 모자를 가지러 왔어. 너도 나갈 때 옷을 많이 입어. 질문: 지금 날씨는 어떠한가?

A 下雨	B 刮风	C 晴天	A 비가 온다	B 바람이 분다	C 맑은 날씨

단어 怎么 zěnme 때 어째서 | ★又 yòu 및 다시, 또 | 回来 huílai 동 되돌아오다 | 外面 wàimian 명 밖 | ★刮风 guāfēng 동 바람이 불다 | ★拿 ná 동 들다 | ★帽子 màozi 명 모자 | 出门 chūmén 동 집을 나서다, 외출하다 | 时 shí 명 때 | 也 yě 및 ~도 역시 | 多 duō 및 많이 | 穿 chuān 동 (옷을) 입다 | 件 jiàn 명 벌[옷 등을 세는 단위] | 衣服 yīfu 명 옷 | 现在 xiànzài 명 지금 | 天气 tiānqì 명 날씨 | 怎么样 zěnmeyàng 때 어떠하다 | 下雨 xiàyǔ 동 비가 내리다 | 晴天 qíngtiān 명 맑은 날씨

---

24 ◀ ── Track **69 - 24**

해설 및 정답 **문제 분석▼** 남자가 여자에게 인터넷 게임을 하는 게 어떠냐(我们上网玩儿游戏, 好不好? Wǒmen shàngwǎng wánr yóuxì, hǎo bu hǎo?)고 물었으므로 컴퓨터를 하고 싶어 한다는 것을 알 수 있다.

男: 我们上网玩儿游戏, 好不好? 女: 我的电脑让妹妹玩儿坏了。	남: 우리 인터넷 게임 하자, 어때? 여: 내 컴퓨터는 여동생이 가지고 놀다가 고장 냈어.
问: 男的想做什么?	질문: 남자는 무엇을 하고 싶은가?
A 看书 B 照照片 **C 玩儿电脑**	A 책을 보고 싶다 B 사진을 찍고 싶다 **C 컴퓨터를 하고 싶다**

단어 ★上网 shàngwǎng 동 인터넷을 하다 | ★游戏 yóuxì 동 게임하다 | 电脑 diànnǎo 명 컴퓨터 | 让 ràng 동 ~에 의해서 ~되다 | 妹妹 mèimei 명 여동생 | 玩儿坏 wánrhuài 놀다가 고장 나다 | 想 xiǎng 조동 ~하고 싶다 | 做 zuò 동 하다 | 什么 shénme 때 무엇, 무슨 | 照片 zhào zhàopiàn 사진을 찍다

---

25 ◀ ── Track **69 - 25**

해설 및 정답 **문제 분석▼** 남자가 여자아이를 누나의 아이(我姐姐的孩子 wǒ jiějie de háizi)라고 소개했으므로 남자에게 누나가 있다는 사실을 알 수 있다.

女: 你女儿长得真漂亮! 男: 她是我姐姐的孩子。	여: 당신 딸은 정말 예쁘게 생겼네요! 남: 그 아이는 제 누나의 아이예요.
问: 根据这句话, 可以知道:	질문: 이 대화에 근거하여 알 수 있는 것은:
A 男的有姐姐 B 男的姐姐很漂亮 C 男的孩子很可爱	**A 남자에게는 누나가 있다** B 남자의 누나는 아주 예쁘다 C 남자의 아이는 매우 귀엽다

단어 女儿 nǚ'ér 명 딸 | ★长 zhǎng 동 자라다, 생기다 | 真 zhēn 및 정말 | 漂亮 piàoliang 형 예쁘다 | 姐姐 jiějie 명 누나, 언니 | 孩子 háizi 명 (어린)아이 | ★根据 gēnjù 개 ~에 근거하여 | ★可爱 kě'ài 형 귀엽다

26

해설 및 정답 **문제 분석▼** 남자가 여자에게 당신의 에어컨(您的空调 nín de kōngtiáo)에 무슨 문제가 생겼는지 물었으므로 여자의 에어컨이 고장 났다는 것을 알 수 있다.

男: 小姐, 您的空调出了什么问题?	남: 아가씨, 에어컨에 무슨 문제가 생겼나요?
女: 每次一打开就听到奇怪的声音, 最近声音越来越大了。	여: 매번 켜기만 하면 이상한 소리가 들려요. 요즘은 소리가 점점 커져요.
问: 女的怎么了?	질문: 여자는 무슨 일인가?
A 手表坏了	A 손목시계가 망가졌다
B 空调坏了	**B 에어컨이 고장 났다**
C 自行车坏了	C 자전거가 고장 났다

단어 小姐 xiǎojiě 몡 아가씨 | ★空调 kōngtiáo 몡 에어컨 | 出问题 chū wèntí 문제가 발생하다 | 每次 měi cì 매번 | 一…就… yī…jiù… ~하자마자 ~하다 | 打开 dǎkāi 통 (스위치 따위를) 켜다 | 听到 tīngdào 듣다 | ★奇怪 qíguài 혱 이상하다 | ★声音 shēngyīn 몡 소리 | ★最近 zuìjìn 몡 요즘 | 越来越 yuèláiyuè 점점, 갈수록 | 大 dà 크다 | 怎么了 zěnme le 무슨 일이야? | 手表 shǒubiǎo 몡 손목시계 | ★自行车 zìxíngchē 몡 자전거 | ★坏 huài 혱 고장 나다

27

해설 및 정답 **문제 분석▼** 남자에게 빌린 잡지를 겨우 절반 봤다(我才看了一半儿 wǒ cái kànle yíbànr)고 했으므로 보기 C가 정답이다.

女: 对不起, 你借我的那本杂志, 我才看了一半儿, 下星期还你可以吗?	여: 미안, 네가 빌려 준 그 잡지, 나 겨우 절반 봤는데, 다음 주에 돌려줘도 될까?
男: 不用着急, 你慢慢还我。	남: 급할 것 없으니 천천히 돌려줘.
问: 关于女的, 可以知道什么?	질문: 여자에 관하여 알 수 있는 것은?
A 想买杂志	A 잡지를 사고 싶어 한다
B 不愿意借杂志	B 잡지를 빌리길 원하지 않는다
C 还没看完杂志	**C 아직 잡지를 다 보지 못했다**

단어 ★借 jiè 통 빌리다 | 本 běn 양 권[책을 세는 단위] | 杂志 zázhì 몡 잡지 | ★才 cái 뷔 겨우 | 一半(儿) yíbàn(r) 젭 절반 | 下星期 xià xīngqī 다음 주 | ★还 huán 돌려주다 | 可以 kěyǐ 조통 ~해도 된다 | 不用 búyòng 뷔 ~할 필요가 없다 | ★着急 zháojí 통 조급해하다 | 慢 màn 혱 느리다 | 想 xiǎng 조통 ~하고 싶다 | 买 mǎi 통 사다 | ★愿意 yuànyì 통 원하다 | 还 hái 뷔 아직 | 看完 kànwán 다 보다

28

(해설 및 정답) **문제 분석▾** 왕 사장님(王经理 Wáng jīnglǐ)이 중요한 손님을 만나고 있다(他正在见一位重要客人 tā zhèngzài jiàn yí wèi zhòngyào kèrén)고 했으므로 보기 **C**가 정답이다.

男: 王经理在办公室吗？	남: 왕 사장님은 사무실에 계신가요？
女: 在，但是他正在见一位重要客人。请问你 有什么事情吗？	여: 계세요. 그런데 지금 중요한 손님을 만나고 계세요. 실 례지만 무슨 일이세요？
问: 王经理正在做什么？	질문: 왕 사장님은 지금 무엇을 하고 있는가？
A 开会	A 회의하고 있다
B 喝茶	B 차를 마시고 있다
C 见客人	**C 손님을 만나고 있다**

(단어) ★经理 jīnglǐ 몡 사장, 책임자 | 在 zài 통 ~에 있다 | ★办公室 bàngōngshì 몡 사무실 | 但是 dànshì 젭 그러나 | 正在 zhèngzài 閉 마침 ~하는 중이다 | 见 jiàn 통 만나다 | ★位 wèi 떙 분[사람의 수를 세는 단위] | ★重要 zhòngyào 혱 중요하다 | ★客人 kèrén 몡 손님 | 请问 qǐngwèn 통 말씀 좀 여쭙겠습니다 | 什么 shénme 떼 무엇, 무슨 | 事情 shìqing 몡 일 | 做 zuò 통 하다 | 开会 kāihuì 통 회의를 열다 | 喝茶 hē chá 차를 마시다

29

(해설 및 정답) **문제 분석▾** 여자가 남자에게 무슨 선물을 준비하는 게 좋을지 묻자, 남자가 케이크(蛋糕 dàngāo)가 가장 좋겠다 고 했으므로 보기 **A**가 정답이다.

女: 下星期六小王过生日，我们准备什么礼物 好呢？	여: 다음 주 토요일이 샤오왕 생일인데, 우리 무슨 선물을 준비하는 게 좋을까？
男: 我觉得买个蛋糕最好，因为他最喜欢吃蛋 糕。	남: 내 생각에는 케이크를 사는 게 제일 좋을 것 같아, 왜 냐하면 걔가 케이크를 가장 좋아하거든.
问: 女的打算送什么礼物？	질문: 여자는 어떤 선물을 주려고 하는가？
A 蛋糕　　B 水果　　C 手机	**A 케이크**　　B 과일　　C 휴대폰

(단어) 下星期六 xià xīngqīliù 다음 주 토요일 | 过生日 guò shēngri 생일을 보내다 | 准备 zhǔnbèi 통 준비하다 | ★礼物 lǐwù 몡 선물 | 觉得 juéde 통 ~라고 생각하다 | 买 mǎi 통 사다 | ★蛋糕 dàngāo 몡 케이크 | 最 zuì 閉 가장 | 好 hǎo 혱 좋다 | 因为 yīnwèi 젭 왜냐하면 | 喜欢 xǐhuan 통 좋아하다 | 吃 chī 통 먹다 | ★打算 dǎsuan 통 계획하다 | 送 sòng 통 선물하다, 주다 | 水 果 shuǐguǒ 몡 과일 | 手机 shǒujī 몡 휴대폰

해설 및 정답　**문제 분석▼** 남자가 여자에게 유학 가지 않기로 결심했냐고 묻자, 여자가 은행에서 일하고 싶다(想在银行工作 xiǎng zài yínháng gōngzuò)고 대답했으므로 보기 C가 정답이다.

男: 你想好了吗? 真的决定不去留学了?	남: 너 생각해 봤어? 정말 유학 가지 않기로 결정한 거야?
女: 对, <u>我还是想在银行工作</u>。我觉得我需要 更多工作经验。	여: 응, <u>난 은행에서 일하고 싶어</u>. 나는 더 많은 실무 경험 이 필요한 것 같아.
问: 女的为什么不去留学了?	질문: 여자는 왜 유학을 가지 않는가?
A 不想读书	A 공부하기 싫어서
B 想做老师	B 선생님이 되고 싶어서
C 要在银行工作	**C 은행에서 일하려고**

단어 想好 xiǎnghǎo 잘 생각하다 | 真的 zhēnde 閉 정말로 | ★决定 juédìng 图 결정하다 | 去 qù 图 가다 | ★留学 liúxué 图 유학하다 | 对 duì 图 맞다 | ★还是 háishi 閉 ~하는 편이 좋다 | 在 zài 꿰 ~에서 | ★银行 yínháng 圀 은행 | 工作 gōngzuò 图 일하다 | 觉得 juéde 图 ~라고 생각하다 | ★需要 xūyào 图 필요하다 | ★更 gèng 閉 더 | 经验 jīngyàn 圀 경험 | 为什么 wèishénme 団 왜 | 读书 dúshū 图 공부하다, 학교를 다니다 | 做 zuò 图 하다 | 老师 lǎoshī 圀 선생님

해설 및 정답　**문제 분석▼** 남자가 스포츠 잡지(体育杂志 tǐyù zázhì)를 사고 싶다고 했으므로 보기 C가 정답이다.

男: 请问, 这儿附近有书店吗? <u>我想买一本体 育杂志</u>。	남: 말씀 좀 물을게요. 이 근처에 서점이 있어요? <u>스포츠 잡지를 한 권 사고 싶어서요</u>.
女: 前面有一家, 但不知道卖不卖体育杂志。	여: 앞쪽에 한 군데 있는데, 스포츠 잡지를 파는지는 모르 겠어요.
男: 没关系, 我去看看。谢谢你。	남: 괜찮아요, 제가 가서 한번 볼게요. 감사합니다.
女: 不客气。	여: 아니에요.
问: 男的想买什么?	질문: 남자는 무엇을 사고 싶어 하는가?
A 词典　　　B 报纸　　　**C 杂志**	A 사전　　　B 신문　　　**C 잡지**

단어 请问 qǐngwèn 图 말씀 좀 여쭙겠습니다 | ★附近 fùjìn 圀 부근, 근처 | 书店 shūdiàn 圀 서점 | 想 xiǎng 区图 ~하고 싶다 | 买 mǎi 图 사다 | 本 běn 図 권[책을 세는 단위] | 体育杂志 tǐyù zázhì 스포츠 잡지 | 前面 qiánmian 圀 (공간·위치상의) 앞 | 家 jiā 図 집·점포·공장 등을 세는 단위 | 但 dàn 젭 그러나 | 知道 zhīdào 图 알다 | 卖 mài 图 팔다 | 没关系 méi guānxi 괜찮아요 | 看 kàn 图 보다 | 不客气 bú kèqi 천만에요 | ★词典 cídiǎn 圀 사전 | 报纸 bàozhǐ 圀 신문 | 杂志 zázhì 圀 잡지

32

해설 및 정답   **문제 분석▼** 여자가 공항에 가겠다(我要去机场 wǒ yào qù jīchǎng)고 한 뒤 천천히 운전해 달라(开慢点儿 kāi màn diǎnr)고 말했으므로 지금은 택시를 타고 있을 가능성이 높다.

女：先生，我要去机场。	여: 기사님, 공항으로 가주세요.
男：好的，请坐好！	남: 네, 앉으세요!
女：我不急。开慢点儿，好不好？	여: 급하지 않으니까, 천천히 가주시겠어요?
男：您放心，我不会开快的。	남: 걱정 마세요, 빨리 몰지 않을 겁니다.
问：女的可能在什么地方？	질문: 여자는 아마도 어디에 있겠는가?
A 飞机上　　　　B 火车上　　　**C 出租车上**	A 비행기에　　　B 기차에　　　**C 택시에**

단어   先生 xiānsheng 몡 선생님, 씨 | 要 yào 조동 ~하고자 하다 | 机场 jīchǎng 몡 공항 | 坐好 zuòhǎo 똑바로 앉다 | 急 jí 혱 급하다 | 开 kāi 동 (자동차 등을) 운전하다 | 慢 màn 혱 느리다 | (一)点儿 (yì)diǎnr 조금, 약간 | ★放心 fàngxīn 안심하다 | 会 huì 조동 ~할 것이다 | 开 kāi 동 운전하다 | 快 kuài 혱 (속도가) 빠르다 | 可能 kěnéng 뷔 아마(도) | 在 zài 동 ~에 있다 | ★地方 dìfang 몡 장소 | 飞机 fēijī 몡 비행기 | 火车 huǒchē 몡 기차 | 出租车 chūzūchē 몡 택시

33

해설 및 정답   **문제 분석▼** 문을 나가서 서쪽으로 100미터 가라(出门向西走一百米 chūmén xiàng xī zǒu yìbǎi mǐ)고 했으므로 보기 **B**가 정답이다.

男：服务员，你们宾馆有感冒药吗？	남: 저기요, 여기 호텔에 감기약이 있나요?
女：不好意思，先生，没有，但这儿附近有个药店。	여: 죄송합니다, 선생님, 없습니다. 그런데 이 근처에 약국이 있습니다.
男：在哪儿？	남: 어디에 있나요?
女：您出门向西走一百米，就在路的左边。	여: 밖으로 나가서 서쪽으로 100미터 가면, 길 왼쪽에 바로 있습니다.
问：药店怎么走？	질문: 약국은 어떻게 가는가?
A 出门往东走	A 나가서 동쪽으로 간다
B 出门往西走	**B 나가서 서쪽으로 간다**
C 出门往北走	C 나가서 북쪽으로 간다

단어   服务员 fúwùyuán 몡 종업원 | 宾馆 bīnguǎn 몡 호텔 | 感冒药 gǎnmàoyào 몡 감기약 | 不好意思 bù hǎoyìsi 죄송합니다 | 先生 xiānsheng 몡 선생님, 씨 | 但 dàn 접 그러나 | 这儿 zhèr 떼 여기 | ★附近 fùjìn 몡 부근, 근처 | 药店 yàodiàn 몡 약국 | 在 zài 동 ~에 있다 | 哪里 nǎlǐ 떼 어디 | 出门 chūmén 동 집을 나서다 | 向 xiàng 개 ~을 향해 | ★西 xī 몡 서쪽 | 走 zǒu 동 걷다 | 米 mǐ 몡 미터(m) | 就 jiù 뷔 곧, 바로 | 路 lù 몡 도로, 길 | 左边 zuǒbian 몡 왼쪽 | 怎么 zěnme 떼 어떻게 | 往 wǎng 개 ~쪽으로 | ★东 dōng 몡 동쪽 | 北 běi 몡 북쪽

[TIP] 向(xiàng)과 往(wǎng)은 '~을 향하여'라는 뜻으로 방향을 나타낸다.

🔵 **해설 및 정답**   **문제 분석▼** 여자가 남자에게 고양이가 밥을 안 먹었다고 하자, 남자가 병에 걸린 것이 아니냐(**是不是生病了** shì bu shì shēngbìng le)고 물은 뒤 병원에 데려가 보자고 했으므로, 고양이가 병에 걸렸을 가능성이 높다.

女: 小猫今天一点儿饭也没吃。	여: 고양이가 오늘 밥을 조금도 안 먹었어.
男: <u>是不是生病了?</u>	남: <u>아픈 거 아니야?</u>
女: 我们带它去医院看看吧。	여: 우리 고양이 데리고 병원에 가보자.
男: 好，我们现在就过去。	남: 그래, 우리 지금 바로 가자.
问: 小猫可能怎么了?	질문: 고양이가 왜 그러는 걸까?
A 渴了	A 목이 말라서
B 生病了	**B 아파서**
C 不睡觉	C 잠을 안 자서

🔵 **단어**   小猫 xiǎomāo 몡 고양이 | 今天 jīntiān 몡 오늘 | 一点儿 yìdiǎnr 먭 조금도, 전혀[부정형으로 쓰임] | 饭 fàn 몡 밥 | 也 yě 틛 ~도 역시 | 吃 chī 됭 먹다 | 生病 shēngbìng 됭 아프다, 병이 생기다 | ★带 dài 됭 데리다 | 医院 yīyuàn 몡 병원 | 现在 xiànzài 몡 지금 | ★过去 guòqu 됭 지나가다 | 怎么了 zěnme le 무슨 일이야? | ★渴 kě 휑 목마르다 | 睡觉 shuìjiào 됭 잠을 자다

🔵 **해설 및 정답**   **문제 분석▼** 남자가 여자에게 냉장고(**冰箱** bīngxiāng)를 배달해 주겠다고 했으므로 보기 A가 정답이다.

男: 喂，您好，<u>我们早上给您送冰箱</u>，您家里有人吗?	남: 여보세요, 안녕하세요, <u>아침에 냉장고를 배달하려고 하는데</u>, 댁에 사람이 계신가요?
女: 有人。你们什么时候到?	여: 있어요. 언제 오세요?
男: 十点钟。	남: 10시요.
女: 好的。	여: 알겠습니다.
问: 女的买什么了?	질문: 여자는 무엇을 샀는가?
A 冰箱 B 空调 C 椅子	**A 냉장고** B 에어컨 C 의자

🔵 **단어**   喂 wéi 잚 (전화상에서) 여보세요 | 早上 zǎoshang 몡 아침 | 给 gěi 꽤 ~에게 | 送 sòng 됭 보내다 | ★冰箱 bīngxiāng 몡 냉장고 | 家 jiā 몡 집 | 什么时候 shénme shíhou 언제 | 到 dào 됭 도착하다 | 点钟 diǎnzhōng 몡 시 | 买 mǎi 됭 사다 | 什么 shénme 때 무슨, 무엇 | ★空调 kōngtiáo 몡 에어컨 | 椅子 yǐzi 몡 의자

해설 및 정답 **문제 분석▼** 여자가 언니와 4시 15분(四点一刻 sì diǎn yí kè)에 만나기로 했다고 했으므로 보기 C가 정답이다.

女: 我先走了，我和我姐说好四点一刻在车站见。	여: 나 먼저 갈게, 나는 언니랑 4시 15분에 정류장에서 만나기로 했어.
男: 好，我不送你了，路上小心。	남: 알겠어, 안 나간다, 조심해서 가.
女: 放心吧。到了我给你打电话。	여: 걱정 마, 도착하면 전화할게.
男: 好，再见。	남: 그래, 안녕.
问: 女的什么时候见她姐姐？	질문: 여자는 언제 그녀의 언니를 만나기로 했는가?
A 两点一刻	A 2시 15분
B 三点一刻	B 3시 15분
C 四点一刻	**C 4시 15분**

단어 ★先 xiān 囝 먼저 | 走 zǒu 통 가다 | 和 hé 깨 ~와 | 姐(姐) jiě(jie) 명 누나, 언니 | 说好 shuōhǎo 통 (어떻게 하기로) 약속하다 | 点 diǎn 양 시 | 一刻 yí kè 양 15분 | 在 zài 깨 ~에서 | 车站 chēzhàn 명 정류장 | 见 jiàn 통 만나다 | 送 sòng 통 배웅하다 | 路上 lùshang 길 가는 중, 도중 | ★小心 xiǎoxīn 통 조심하다 | ★放心 fàngxīn 통 안심하다 | 到 dào 통 도착하다 | 给 gěi 깨 ~에게 | 打电话 dǎ diànhuà 전화를 걸다 | 什么时候 shénme shíhou 언제

해설 및 정답 **문제 분석▼** 여자가 빵(面包 miànbāo)을 먹으면 된다고 했으므로 보기 B가 정답이다.

男: 你饿了吧？	남: 너 배고파?
女: 饿死了，会议一结束我就回来了。	여: 배고파 죽겠어. 회의가 끝나자마자 바로 왔어.
男: 那你先喝杯茶，我去给你做点儿吃的。	남: 그럼 먼저 차 좀 마시고 있어, 내가 가서 먹을 것 좀 만들게.
女: 我吃几个面包就可以。	여: 난 빵 몇 개만 먹으면 돼.
问: 女的可能吃什么？	질문: 여자는 무엇을 먹을 것인가?
A 米饭　　 **B 面包**　　 C 面条	A 밥　　 **B 빵**　　 C 국수

단어 ★饿 è 형 배고프다 | 死了 sǐle ~해 죽겠다 | ★会议 huìyì 명 회의 | 一…就… yī…jiù… ~하자마자 ~하다 | ★结束 jiéshù 통 끝나다 | 回来 huílai 통 되돌아오다 | 那 nà 접 그러면 | ★先 xiān 囝 먼저 | 喝 hē 통 마시다 | 杯 bēi 양 잔, 컵 | 茶 chá 명 차, tea | 给 gěi 깨 ~에게 | 做 zuò 통 하다 | (一)点儿 (yì)diǎnr 약간, 조금[불확정적인 수량] | 吃 chī 통 먹다 | 的 de 조 ~하는 것, ~하는 사람 | ★面包 miànbāo 명 빵 | 米饭 mǐfàn 명 쌀밥 | 面条 miàntiáo 명 국수

해설 및 정답 **문제 분석▼** 여자가 며칠 더 쉬라고 하자 남자가 '고맙습니다, 왕 교수님(**谢谢王教授** xièxie Wáng jiàoshòu)'이라고 했으므로 둘은 교수님과 학생의 관계이다.

女：怎么样？好些了吗？	여: 어때? 좀 나아졌어?
男：好多了，头不像以前那么疼了。	남: 많이 좋아졌어요, 머리도 이전처럼 그렇게 아프지 않아요.
女：你多休息几天，别担心学习上的事。	여: 며칠 더 쉬렴, 학업에 관한 일은 걱정하지 말고.
男：好的，谢谢王教授。	남: 네, 감사합니다, 왕 교수님.
问：他们可能是什么关系？	질문: 그들은 아마도 무슨 관계이겠는가?
A 司机和客人	A 운전기사와 손님
B 爸爸和女儿	B 아빠와 딸
C 教授和学生	**C 교수님과 학생**

단어 怎么样 zěnmeyàng 떼 어떠하다 | 好 hǎo 혱 (몸이) 건강하다 | 些 xiē 혱 조금, 약간 | 头 tóu 혱 머리 | ★像 xiàng 동 ~와 같다 | ★以前 yǐqián 혱 이전 | 那么 nàme 떼 그렇게 | ★疼 téng 혱 아프다 | 多 duō 혱 훨씬 | 休息 xiūxi 동 쉬다 | 几 jǐ 혱 몇 | 天 tiān 혱 날, 일 | 别 bié 훰 ~하지 마라[금지를 나타냄] | ★担心 dānxīn 동 걱정하다 | 学习 xuéxí 혱 공부, 학습 | 上 shang 혱 ~에, ~상[명사 뒤에 쓰여, 어떤 것의 범위 안에 있음을 나타냄] | 事 shì 혱 일 | 教授 jiàoshòu 혱 교수 | ★关系 guānxi 혱 관계 | ★司机 sījī 혱 운전기사 | ★客人 kèrén 혱 손님 | 女儿 nǚ'ér 혱 딸 | 学生 xuésheng 혱 학생

해설 및 정답 **문제 분석▼** 남자의 질문에 여자가 작은 것이 좀 더 달다(**小的更甜一些** xiǎo de gèng tián yìxiē)고 했으므로 보기 A가 정답이다.

男：西瓜怎么卖？	남: 수박은 어떻게 팔아요?
女：小的十块，大的八块。	여: 작은 건 10위안, 큰 건 8위안이에요.
男：为什么小的更贵？	남: 왜 작은 게 더 비싸죠?
女：小的更甜一些。	여: 작은 게 좀 더 달아요.
问：为什么小西瓜更贵？	질문: 왜 작은 수박이 더 비싼가?
A 更甜	**A 더 달아서**
B 更新鲜	B 더 신선해서
C 颜色更好看	C 색이 더 보기 좋아서

단어 西瓜 xīguā 혱 수박 | 怎么 zěnme 떼 어떻게 | 卖 mài 동 팔다 | 小 xiǎo 혱 작다 | 块 kuài 혱 위안[중국의 화폐 단위] | 大 dà 혱 (크기가) 크다 | 为什么 wèishénme 떼 왜 | ★更 gèng 훰 더(욱) | 贵 guì 혱 (가격이) 비싸다 | ★甜 tián 혱 달다 | 一些 yìxiē 혱 약간 | ★新鲜 xīnxiān 혱 신선하다, 싱싱하다 | 颜色 yánsè 혱 색깔 | 好看 hǎokàn 혱 보기 좋다

해설 및 정답) **문제 분석▼** 여자가 지금보다 많이 뚱뚱해 보인다(看着比现在胖不少 kànzhe bǐ xiànzài pàng bù shǎo)고 했으므로 보기 **C**가 정답이다.

女: <u>照片上的人是你女儿小美吗?</u>	여: <u>사진 속의 사람은 네 딸 샤오메이(小美)니?</u>
男: 是，旁边的人是她丈夫。	남: 응, 옆에 있는 사람은 딸 아이의 남편이야.
女: 这是小美什么时候照的? <u>看着比现在胖不</u> <u>少。</u>	여: 이건 샤오메이가 언제 적에 찍은 거야? <u>지금보다 많이</u> <u>뚱뚱해 보이는걸.</u>
男: 去年夏天。	남: 작년 여름이야.
问: 女的觉得照片上的小美怎么样?	질문: 여자는 사진 속의 샤오메이가 어떻다고 생각하나?
A 很矮	A (키가) 작다
B 变老了	B 늙었다
C 比现在胖	**C 지금보다 뚱뚱하다**

단어 ★照片 zhàopiàn 명 사진 | 女儿 nǚ'ér 명 딸 | 旁边 pángbiān 명 옆 | 丈夫 zhàngfu 명 남편 | 什么时候 shénme shíhou 언제 | 照 zhào 동 (사진·영화를) 찍다 | 看 kàn 동 보다 | 着 zhe 조 ~하고 보니 ~하다 | 比 bǐ 개 ~보다[비교를 나타냄] | 现在 xiànzài 명 지금 | ★胖 pàng 형 뚱뚱하다 | 去年 qùnián 작년 | 夏天 xiàtiān 명 여름 | 觉得 juéde 동 ~라고 생각하다 | 怎么样 zěnmeyàng 대 어떠하다 | ★矮 ǎi 형 (키가) 작다 | 变 biàn 동 (성질·상태가) 변하다 | ★老 lǎo 형 늙다

맛있는 중국어 新**HSK 3**급 독해

1 대화 유형과 동사의 호응 가족, 집안일

│실전 트레이닝 1│ 기본서 83쪽

정답
1. C   2. B   3. A   4. B   5. C   6. A

[1-3]

A 没有。怎么了？有什么重要的新闻吗？ B 是吗？但是他看起来非常年轻。 C 爸爸，我什么时候能跟您一样高？	A 아니. 왜 그래? 무슨 중요한 뉴스라도 있어? B 그래요? 하지만 그는 굉장히 젊어 보여요. C 아빠, 저는 언제 아빠랑 똑같이 키가 클까요?

1

(해설 및 정답) **문제 분석▼** 밥 잘 먹고 운동을 많이 해야 '키(个子)'가 빨리 클 수 있다는 말은 언제 아빠만큼 클 수 있냐는 '키'와 관련된 질문(보기 **C**)의 대답으로 적절하다.

A: **ⓒ** 爸爸，我什么时候能跟您一样高？ 跟…一样+형용사 : ~와 똑같이 ~하다 B: **❶** 你只有好好吃饭，多运动，个子才会长 长得+형용사 : 크는 것이 ~하다 得快。	A: **ⓒ** 아빠, 저는 언제 아빠랑 똑같이 키가 클까요? B: **❶** 밥 잘 먹고 운동을 많이 해야만, 키가 빨리 클 거야.

(단어) 什么时候 shénme shíhou 언제 | 能 néng 조동 ~할 수 있다 | ★一样 yíyàng 형 같다, 동일하다 | 高 gāo 형 (키가) 크다 | ★只有…才… zhǐyǒu…cái… 접 ~해야만 비로소 ~하다 | 好好 hǎohǎo 부 충분히, 잘 | 吃饭 chīfàn 동 밥을 먹다 | 多 duō 부 많이 | 运动 yùndòng 동 운동하다 | ★个子 gèzi 명 (사람의) 키 | 会 huì 조동 ~할 것이다 | ★长 zhǎng 동 자라다, 크다 | 快 kuài 형 (속도가) 빠르다

2

(해설 및 정답) **문제 분석▼** 샤오리의 나이가 '이미(已经) 37살이 되었다'는 말은 그가 나이를 많이 먹었다는 의미이므로, '하지만 젊어 보인다(보기 **B**)'는 반응이 적절하다.

A: **❷** 小李其实已经37岁了，孩子也很大了。 이미 ~되었다 B: **ⓑ** 是吗？但是他看起来非常年轻。 看起来+형용사 : 보기에 ~하다, ~해 보이다	A: **❷** 사실 샤오리는 벌써 37살이고, 아이도 꽤 큽니다. B: **ⓑ** 그래요? 하지만 그는 굉장히 젊어 보여요.

단어 ★其实 qíshí 图 사실은 | 已经 yǐjīng 图 이미, 벌써 | 岁 suì 鸢 살, 세[나이를 세는 단위] | 孩子 háizi 몡 자녀, (어린)아이 | 也 yě 图 ~도 역시 | 大 dà 웹 (나이가) 많다 | 但是 dànshì 웹 그러나 | 看起来 kàn qǐlai 보기에, 보아하니 | 非常 fēicháng 图 굉장히, 아주 | ★年轻 niánqīng 혱 젊다

3

해설 및 정답 **문제 분석▼** '신문(报纸)을 봤냐'는 질문에는 '아니(没有)'라는 대답과 '중요한 뉴스(新闻)가 있냐'는 또 다른 질문 (보기 **A**)이 어울린다.

A: ❸桌子上的报纸你看了吗?	A: ❸ 책상 위의 신문을 넌 봤니?
B: ❹没有。怎么了? 有什么重要的新闻吗? ~하지 않았다, ~하지 못했다	B: ❹ 아니. 왜 그래? 무슨 중요한 뉴스라도 있어?

단어 桌子 zhuōzi 몡 탁자, 테이블 | 上 shàng 몡 위 | 报纸 bàozhǐ 몡 신문 | 怎么了 zěnme le 무슨 일이야? | 什么 shénme 떼 무엇, 무슨 | ★重要 zhòngyào 혱 중요하다 | ★新闻 xīnwén 몡 소식, 뉴스

[4-6]

A 层 céng 鸢 층	B 照片 zhàopiàn 몡 사진	C 留学 liúxué 图 유학하다

4

해설 및 정답 **문제 분석▼** 조사 的는 뒤에 명사를 받을 수 있으므로 보기 **B**가 정답이다.

这是你儿子的 (**B 照片**) 吗? 和你长得真 (…的)+명사 像，特别是嘴和鼻子。	이건 당신 아들의 (**B 사진**)인가요? 당신하고 정말 닮았군 요, 특히 입하고 코가요.

단어 儿子 érzi 몡 아들 | ★照片 zhàopiàn 몡 사진 | 和 hé 께 ~와, ~랑 | ★长 zhǎng 图 자라다, 생기다 | ★像 xiàng 图 서로 같다, 닮다 | ★特别 tèbié 图 특히 | ★嘴 zuǐ 몡 입 | ★鼻子 bízi 몡 코

5

해설 및 정답 **문제 분석▼** 문장을 해석했을 때 두 부부가 '베이징에서 유학하다가 알게 되었다'는 표현이 적절하므로 보기 **C**가 정답이다.

我和妻子是在北京 (**C 留学**) 时认识的。 [在 장소]+동사 : ~에서서 ~하다	저와 아내는 베이징에서 (**C 유학할**) 때 알게 되었어요.

단어 妻子 qīzi 몡 아내 | 在 zài 께 ~에서 | ★留学 liúxué 图 유학하다 | 认识 rènshi 图 (사람·길·글자를) 알다

해설 및 정답 **문제 분석▼** 문장을 해석했을 때 '6층 엘리베이터 입구'가 적절하고, '수사(6)+양사(层)'의 순서로 쓰는 것이 올바르므로 보기 **A**가 정답이다.

A: 喂，您的冰箱到了，一共2000元，请问您在家吗?	A: 여보세요, 당신의 냉장고가 도착했어요, 총 2000위안입니다. 집에 계신가요?
B: 在，我在6（ **A 层** ）电梯口这儿等你。 　　　　수사+양사	B: 집에 있어요. 제가 6(**A 층**) 엘리베이터 입구에서 당신을 기다릴게요.

단어 喂 wéi 감탄 (전화상에서) 여보세요 | ★冰箱 bīngxiāng 명 냉장고 | 到 dào 동 도착하다, 이르다 | ★一共 yígòng 부 모두, 전부 | 请问 qǐngwèn 말씀 좀 여쭙겠습니다 | 在 zài 동 ~에 있다 | 家 jiā 명 집 | ★层 céng 양 층 | ★电梯 diàntī 엘리베이터 | ★口 kǒu 명 출입구 | 等 děng 동 기다리다

| 실전 **트레이닝 2** | 기본서 **84쪽**

정답

1. C   2. C   3. C   4. B

해설 및 정답 **문제 분석▼** '우리 형(我哥)'이 '휴대폰을 집에 두고 갔다(手机忘在家里了)'고 했으므로, 보기 **C**가 정답이다.

我是他弟弟，我哥和朋友去踢足球了，手机忘在家里了，等他回来让他给你回电话吧。 　　忘在+장소+了 : ~에 두고 오다/가다	나는 그의 남동생이에요. 우리 형 은 친구랑 축구 하러 갔는데, 휴대폰 을 잊고 집에 두고 갔어요. 그가 돌아오면 형한테 다시 전화하라고 할게요.
★ 哥哥 :	★ 형은 :
A 在打篮球 B 打扫厨房 **C 忘记带手机了**	A 농구를 하고 있다 B 주방을 청소한다 **C 휴대폰을 가지고 가는 것을 잊었다**

단어 朋友 péngyou 명 친구 | 踢足球 tī zúqiú 축구를 하다 | 手机 shǒujī 명 휴대폰 | 忘在 wàngzài ~에 두고 오다(가다) | 等 děng 동 기다리다 | 回来 huílai 동 돌아오다 | 让 ràng 동 (~로 하여금) ~하게 하다 | 给 gěi 개 ~에게 | 回 huí 동 회답하다 | 电话 diànhuà 명 전화 | 打篮球 dǎ lánqiú 농구를 하다 | ★打扫 dǎsǎo 동 청소하다 | ★厨房 chúfáng 명 주방 | ★忘记 wàngji 동 잊다 | ★带 dài 동 (몸에) 지니다, 가지다, 휴대하다

2

해설 및 정답 **문제 분석▼** '아빠 엄마가 드나들기 편하도록(为了爸妈进出方便)' 결국 1층 집으로 결정했다고 했으므로, 보기 C가 정답이다.

我其实不太喜欢住一楼，但是为了爸妈进出方便，我最后还是决定买一层的房子。

为了+목적: ~하기 위하여

나는 사실 1층에 사는 걸 별로 좋아하지 않는다. 하지만 아빠 엄마가 드나들기 편하도록, 결국은 1층 집을 사기로 결정했다.

★ 他为什么买一楼的房子?

★ 그는 왜 1층 집을 사나?

A 安静
B 花钱少
C 为爸妈方便

A 조용해서
B 돈 쓰는 것이 적어서
C 아빠 엄마가 편하도록

단어 ★其实 qíshí 튄 사실은 | 不太 bú tài 별로, 그다지 ~하지 않다 | 喜欢 xǐhuan 튕 좋아하다 | 住 zhù 튕 살다 | ★楼 lóu 명 층, 건물 | 但是 dànshì 접 그러나 | ★为(了) wèi(le) 개 ~을 위해서 | 进出 jìnchū 튕 출입하다, 드나들다 | ★方便 fāngbiàn 형 편리하다 | ★最后 zuìhòu 명 제일 마지막, 결국 | ★还是 háishi 튄 여전히, 아직도 | ★决定 juédìng 튕 결정하다 | 买 mǎi 튕 사다 | ★层 céng 양 층 | 房子 fángzi 명 집, 건물 | ★安静 ānjìng 형 조용하다 | 花钱 huā qián 튕 돈을 쓰다 | 少 shǎo 형 (수량이) 적다

3

해설 및 정답 **문제 분석▼** 그와 그의 아내 '모두 베이징대학에서 공부한 적 있다(都在北京大学读过书)'고 했으므로, 보기 C가 정답이다.

我和我妻子是在火车上认识的。那时候一聊天儿才知道，我们不但都是上海人，而且都在北京大学读过书。后来她做了我的女朋友，我们第二年就结婚了。

~할 뿐만 아니라 게다가 ~하기도 하다

나와 내 아내는 기차에서 알게 되었다. 그때 이야기를 나누고서야 우리 모두 상하이 사람일 뿐만 아니라, 베이징 대학에서 공부한 적이 있다는 것을 알게 되었다. 나중에 그녀는 내 여자 친구가 되었고, 우리는 그 다음 해에 결혼했다.

★ 他和妻子:

★ 그와 아내는:

A 是邻居
B 都没留过学
C 都在北京上过学

A 이웃이다
B 유학한 적 없다
C 베이징에서 학교를 다닌 적 있다

단어 妻子 qīzi 명 아내 | 在 zài 개 ~에서 | 火车 huǒchē 명 기차 | 聊天儿 liáotiānr 튕 수다를 떨다 | 知道 zhīdào 튕 알다, 이해하다 | ★不但⋯而且⋯ búdàn⋯érqiě⋯ 접 ~뿐만 아니라 게다가 ~하다 | 上海 Shànghǎi 고유 상하이, 상해 | 北京大学 Běijīng Dàxué 고유 베이징대학 | 读书 dúshū 튕 학교를 다니다, 공부하다 | ★后来 hòulái 명 그 후, 그 뒤 | 第二年 dì-èr nián 이듬해 | ★结婚 jiéhūn 튕 결혼하다 | ★邻居 línjū 명 이웃 | ★留学 liúxué 튕 유학하다 | 北京 Běijīng 고유 베이징, 북경 | 上学 shàngxué 튕 학교에 다니다

독해 █ 대화 유형과 동사의 호응 47

해설 및 정답 **문제 분석▼** 어릴 때(小时候)의 경험을 말한 뒤 '그때의 우리(那时候的我们)가 얼마나 즐거웠던가(多么快乐啊)'라고 했으므로 그의 어린 시절은 매우 즐거웠음(보기 **B**)을 알 수 있다.

小时候，每到夏天的晚上，奶奶就会把桌子搬到院子里的大树下。我们几个小孩儿就坐在桌子旁边，一边听奶奶讲故事，一边吃西瓜。那时候的我们是多么快乐啊！ ～하면서 (동시에) ～하다 多么…啊 : 얼마나 ～한가＝매우 ～하다	어릴 때, 매번 여름 밤이 되면 할머니는 테이블을 마당의 큰 나무 아래로 옮기셨다. 우리 몇몇의 아이들은 테이블 곁에 앉아 할머니가 들려 주시는 이야기를 들으면서 수박을 먹었다. 그때의 우리는 얼마나 즐거웠던지!
★ 他认为自己小时候:	★ 그가 생각하기에 자신은 어릴 때:
A 很聪明 **B 过得很快乐** C 不该吃太多西瓜	A 매우 똑똑했다 **B 매우 즐겁게 보냈다** C 너무 많은 수박을 먹으면 안 됐다

단어 小时候 xiǎoshíhou 몡 어릴 때 | 每到 měi dào ～(할) 때마다 | 夏天 xiàtiān 몡 여름 | 晚上 wǎnshang 몡 저녁 | ★奶奶 nǎinai 몡 할머니 | ★把 bǎ 깨 ～을 | 桌子 zhuōzi 몡 탁자, 테이블 | 搬到 bāndào ～로 옮기다 | 院子 yuànzi 몡 뜰, 정원 | ★树 shù 몡 나무 | 下 xià 몡 밑, 아래 | 小孩儿 xiǎoháir 몡 아이 | 坐在 zuòzài ～에 앉다 | 旁边 pángbiān 몡 옆, 근처 | ★一边…一边… yìbiān…yìbiān… ～하면서 ～하다 | 听 tīng 동 듣다 | 讲故事 jiǎng gùshi (옛날) 이야기를 하다 | 西瓜 xīguā 몡 수박 | ★多么 duōme 뮈 얼마나 | 快乐 kuàilè 톙 즐겁다 | ★聪明 cōngming 톙 총명하다, 똑똑하다 | ★过 guò 동 (시간을) 지내다 | 该 gāi 조동 ～해야 한다

2 접속사의 호응 학교, 직장 생활

| 실전 트레이닝 1 | 기본서 92쪽

정답
1. A   2. B   3. C   4. B   5. A   6. C

[1–3]

A 先复习上次学过的几个句子，然后做了做练习题。 B 喂，校长，有一位姓王的先生找您。 C 老师，我怎样做才能提高数学成绩呢？	A 먼저 저번에 공부했던 몇 문장을 복습하고, 그러고 나서 연습문제를 했어. B 여보세요, 교장 선생님, 왕씨라는 분이 찾으십니다. C 선생님, 저는 어떻게 해야 수학 성적을 올릴 수 있을까요?

1

해설 및 정답 **문제 분석▼** 선생님이 무엇을 강의했냐는 질문에는 복습하고 연습문제를 풀었다는 대답(보기 A)이 적절하다.

A: ❶ 我昨天感冒没去上课，<u>老师都讲什么了?</u>

B: Ⓐ <u>先复习</u>上次学过的几个句子，<u>然后</u>做了
做练习题。
먼저 ~하고, 그런 다음에 ~하다

A: ❶ 난 어제 감기에 걸려서 수업에 못 갔어, <u>선생님이 무엇을 강의하셨어?</u>

B: Ⓐ 먼저 저번에 공부했던 몇 문장을 복습하고, 그러고 나서 연습문제를 했어.

昨天 zuótiān 몡 어제 | ★感冒 gǎnmào 동 감기에 걸리다 | 上课 shàngkè 동 수업을 듣다, 수업을 하다 | 老师 lǎoshī 몡 선생님 | 都 dōu 뿐 모두, 다 | ★讲 jiǎng 동 말하다, 강연하다 | 什么 shénme 때 무엇, 무슨 | ★先…然后… xiān…ránhòu… 먼저 ~하고, 그런 후에 ~하다 | ★复习 fùxí 동 복습하다 | 上次 shàngcì 몡 지난번 | 学 xué 동 배우다 | ★句子 jùzi 몡 문장 | 做 zuò 동 하다 | ★练习 liànxí 몡동 연습(하다) | 题 tí 몡 문제

2

해설 및 정답 **문제 분석▼** 사무실에 그를 데리고 가면 곧 (사무실로) 가겠다는 말은 누군가가 찾아온 상황이라는 것을 유추할 수 있다. 따라서 '왕씨라는 분이 찾아왔다(有一位姓王的先生找您)'는 보기 B와 어울린다.

A: Ⓑ 喂，校长，<u>有一位姓王的先生找您。</u>

B: ❷ 你先带他去我的办公室，<u>我马上就过去。</u>
곧 ~하다

A: Ⓑ 여보세요, 교장 선생님, <u>왕씨라는 분이 찾으십니다.</u>

B: ❷ 먼저 모시고 제 사무실에 가 계세요, 제가 금방 갈게요.

喂 wéi 감탄 (전화상에서) 여보세요 | ★校长 xiàozhǎng 몡 교장 | ★位 wèi 양 분[사람을 세는 단위] | 姓 xìng 몡 성, 성씨 동 성이 ~이다 | 先生 xiānsheng 몡 선생님, 씨[성인 남성에 대한 존칭] | 找 zhǎo 동 찾다 | ★先 xiān 뿐 먼저 | ★带去 dàiqu 데리고(모시고) 가다 | ★办公室 bàngōngshì 몡 사무실 | ★马上 mǎshàng 뿐 곧, 바로 | 就 jiù 뿐 곧, 바로 | ★过去 guòqu 동 지나가다

3

해설 및 정답 **문제 분석▼** 어떻게 해야 성적을 향상시킬 수 있냐는 질문에는 수업을 잘 듣고 수업 후에 많이 연습해야 한다는 대답(보기 C)이 적절하다.

A: Ⓒ 老师，<u>我怎样做才能提高数学成绩呢?</u>
어떻게 해야 비로소 ~할 수 있나?

B: ❸ 你上课时要认真，课下多做练习。

A: Ⓒ 선생님, <u>저는 어떻게 해야 수학 성적을 올릴 수 있을까요?</u>

B: ❸ 수업할 때 열심히 하고, 수업이 끝난 후에는 연습을 많이 해야지.

老师 lǎoshī 몡 선생님 | 怎样 zěnyàng 때 어떠하다 | ★才 cái 뿐 비로소, 겨우 | 能 néng 조동 ~할 수 있다 | ★提高 tígāo 동 향상시키다 | ★数学 shùxué 몡 수학 | ★成绩 chéngjì 몡 성적 | 上课 shàngkè 동 수업을 듣다, 수업을 하다 | 时 shí 몡 때 | 要 yào 조동 ~해야 한다 | ★认真 rènzhēn 혱 성실하다 | ★练习 liànxí 몡동 연습(하다)

[4–6]

| A 复习 fùxí 圄 복습하다 | B 清楚 qīngchu 휑 분명하다 | C 如果 rúguǒ 쩝 만약 |

4

(해설 및 정답) **문제 분석▼** 清楚는 동사 看 뒤에 쓰여 看清楚(보고 분명하다, 분명하게 보이다)라고 말할 수 있다. 이 밖에도 **听清楚**(분명하게 들리다), **写清楚**(분명하게 쓰다)라는 표현을 자주 쓴다.

| 你坐得那么远，能看（ **B 清楚** ）黑板上的字吗? | 너 그렇게 멀리 앉아서, 칠판에 있는 글씨가（ **B 또렷히** ）보이니? |

(단어) 坐 zuò 圄 앉다 | 得 de 쩝 ~하는 정도(상태)가 ~하다 | 那么 nàme 뗌 그렇게, 저렇게 | 远 yuǎn 휑 (거리가) 멀다 | 能 néng 쩐 ~할 수 있다 | 看 kàn 圄 보다 | ★清楚 qīngchu 휑 분명하다, 명확하다 | ★黑板 hēibǎn 뗌 칠판 | 字 zì 뗌 글자

5

(해설 및 정답) **문제 분석▼** 문장을 해석하면 '시험을 준비하다'는 의미가 필요하므로, 보기 중에서 **考试**(시험)을 목적어로 쓸 수 있는 동사 **复习**(복습하다)가 적절하다. 따라서 보기 **A**가 정답이다.

| 今天先练到这儿，记得好好（ **A 复习** ）考试。 | 오늘은 우선 여기까지 연습하고, 시험 잘（ **A 준비하는** ）것 잊지 마. |

(단어) 今天 jīntiān 뗌 오늘 | ★先 xiān 뗌 먼저, 우선 | 练到 liàndào ~까지 연습하다 | 这儿 zhèr 뗌 여기, 이곳 | ★记得 jìde 圄 기억하고 있다 | ★复习 fùxí 圄 복습하다 | 考试 kǎoshì 뗌 시험

6

(해설 및 정답) **문제 분석▼** 如果는 앞 문장에 쓰여 가정(~한다면)을 나타낸다. 따라서 마지막 문장에는 결코 쓸 수 없다. 또한 해석을 해보면 '네가 배우고 싶다면 아빠가 너에게 가르쳐 주겠다'는 표현이 적절하므로, 보기 **C**가 정답이다.

| A: 爸爸，骑马是不是很难学?
 B: 不难，（ **C 如果** ）你想学，爸爸教你。 | A: 아빠, 말 타는 것 배우기 어렵지 않아요?
 B: 어렵지 않아,（ **C 만약** ）네가 배우고 싶으면 아빠가 가르쳐 줄게. |

(단어) 爸爸 bàba 뗌 아빠 | 骑马 qí mǎ 말을 타다 | ★难 nán 휑 어렵다 | 学 xué 圄 배우다 | ★如果 rúguǒ 쩝 만약 | 想 xiǎng 쩐 ~하고 싶다 | ★教 jiāo 圄 가르치다

| *실전* **트레이닝 2** | 기본서 **93쪽**

(정답)
  1. A   2. C   3. B   4. B

해설 및 정답 **문제 분석▼** 본문에서 '우리에게 역사를 가르친 선생님(教我们历史的老师)'을 만났다고 했으므로 보기 **A**가 정답이다.

今天上班的路上，我遇到了以前教我们历史的老师，就跟他聊了几句，也没注意时间，差点儿就迟到了。

~와 수다 떨다

하마터면 ~할 뻔하다

★ 他今天遇到谁了?

A 历史老师
B 班上的同学
C 以前的校长

오늘 출근 길에, 나는 전에 우리에게 역사를 가르치신 선생님을 만났다. 그와 몇 마디 하다가 시간 가는 줄도 모르고, 하마터면 지각할 뻔했다.

★ 그는 오늘 누구를 만났는가?

A 역사 선생님
B 반 친구
C 이전 교장 선생님

단어 上班 shàngbān 통 출근하다 | 路上 lùshang 명 길 가는 중, 도중 | ★遇到 yùdào 통 만나다, 마주치다 | ★以前 yǐqián 명 이전 | ★教 jiāo 통 가르치다 | ★历史 lìshǐ 명 역사 | 老师 lǎoshī 명 선생님 | 聊 liáo 통 수다를 떨다 | 句 jù 양 마디[말·언어의 단위] | ★注意 zhùyì 통 주의를 기울이다, 신경 쓰다 | 时间 shíjiān 명 시간 | 差点儿 chàdiǎnr 부 하마터면, 자칫하면 | ★迟到 chídào 통 지각하다 | ★班 bān 명 학급, 반 | 同学 tóngxué 명 학교(반) 친구 | ★校长 xiàozhǎng 명 교장

해설 및 정답 **문제 분석▼** 형(哥哥)이 수영 수업(游泳课)을 들었고, 수업마다 매우 열심히 배웠다(学得非常认真)고 했으므로 보기 **C**가 정답이다.

哥哥每周要上七八个小时的游泳课，每

수업을 하다

次上课他都学得非常认真。现在，哥哥的游泳

동사+得+〈형용사〉: 동작 진행 후 그 동작에 대한 묘사, 소감

水平已经有了很大的提高。

형은 매주 7, 8시간 수영 수업을 들어야 한다. 수업마다 그는 아주 성실하게 배운다. 지금 형의 수영 실력은 이미 많이 향상되었다.

★ 关于哥哥，可以知道:

A 不会游泳
B 不喜欢运动
C 学游泳很认真

★ 형에 대해 알 수 있는 것은:

A 수영할 줄 모른다
B 운동을 좋아하지 않는다
C 수영을 열심히 배운다

단어 每周 měi zhōu 매주 | 要 yào 조동 ~해야 한다 | 小时 xiǎoshí 명 시간 | 游泳 yóuyǒng 통 수영을 하다 | 每次 měi cì 매번 | 课 kè 명 수업 | 学 xué 통 배우다 | 非常 fēicháng 부 굉장히, 아주 | ★认真 rènzhēn 형 성실하다 | 现在 xiànzài 명 지금, 현재 | ★水平 shuǐpíng 명 실력, 수준 | 已经 yǐjīng 부 이미, 벌써 | ★提高 tígāo 통 향상되다 | ★关于 guānyú 개 ~에 관하여 | 可以 kěyǐ 조동 ~할 수 있다 | 知道 zhīdào 통 알다, 이해하다 | 会 huì 조동 ~할 줄 알다 | 喜欢 xǐhuan 통 좋아하다 | 运动 yùndòng 통 운동하다

3

해설 및 정답 **문제 분석▼** 오늘 오전의 시험을 준비하기 위해(为了准备今天上午的考试) 어제 늦게 잤다고 했으므로 보기 B
가 정답이다.

为了 准备今天上午的考试，我昨天很晚 为了+목적 : ~하기 위하여 才睡，早上起床后发现跟熊猫的眼睛一样。	오늘 오전 시험을 준비하기 위해, 나는 어제 늦게서야 잠을 잤다. 아침에 일어난 후에 판다 눈이랑 똑같은 것을 발견했다.
★ 他昨天为什么很晚才睡？	★ 그는 어제 왜 아주 늦게서야 잠이 들었나?
A 看电视 **B 准备考试** C 打扫房间	A 텔레비전을 보느라 **B 시험을 준비하느라** C 방을 청소하느라

★为了 wèile 개 ~을 위해서 | 准备 zhǔnbèi 동 준비하다 | 今天 jīntiān 명 오늘 | 上午 shàngwǔ 명 오전 | 考试 kǎoshì 명동
시험(을 보다) | 昨天 zuótiān 명 어제 | 晚 wǎn 형 늦다 | ★才 cái 부 비로소, 겨우 | 睡 shuì 동 (잠을) 자다 | 早上 zǎoshang
명 아침 | 起床 qǐchuáng 동 기상을 하다, 일어나다 | ★发现 fāxiàn 동 발견하다 | ★跟 gēn 개 ~와 | ★熊猫 xióngmāo 명
판다 | 眼睛 yǎnjing 명 눈 | ★一样 yíyàng 형 같다, 동일하다 | 为什么 wèishénme 대 왜 | 看 kàn 동 보다 | 电视 diànshì 명
텔레비전 | ★打扫 dǎsǎo 동 청소하다 | 房间 fángjiān 명 방

4

해설 및 정답 **문제 분석▼** 샤오장(小张)에게 힘들어 하지 말라(别难过)고 위로하고 있으므로, 샤오장이 지금 매우 힘들어한다
는 것을 알 수 있다. 따라서 보기 B가 정답이다.

小张，别难过，回去再认真练习练习， 我相信下次你一定能做得更好。	샤오장, 힘들어하지 마, 돌아가서 다시 열심히 연습해, 다음 번엔 네가 반드시 더 잘할 것을 나는 믿어.
★ 根据这段话，小张现在：	★ 이 글에 근거하면, 샤오장은 지금:
A 是老师 **B 很难过** C 不能上课了	A 선생님이다 **B 힘들어한다** C 수업할 수 없게 되었다

别 bié 부 ~하지 마라[금지를 나타냄] | ★难过 nánguò 형 괴롭다, 힘들다 | 回去 huíqu 동 돌아가다 | 再 zài 부 또, 다시 |
★认真 rènzhēn 형 성실하다 | ★练习 liànxí 동 연습하다 | ★相信 xiāngxìn 동 믿다 | 下次 xiàcì 명 다음 번 | ★一定 yídìng
부 반드시, 꼭 | 能 néng 조동 ~할 수 있다 | ★更 gèng 부 더, 더욱 | ★根据 gēnjù 개 ~에 근거하여 | ★段 duàn 양 단락[사물의
한 부분을 나타냄] | 现在 xiànzài 명 지금, 현재

3 형용사의 호응 학교, 직장 생활

| 실전 트레이닝 1 | 기본서 100쪽

정답
1. B   2. C   3. A   4. A   5. C   6. B

[1-3]

A 除了一位请假的同事，其他人都到了。 B 他可能不在办公室，你打他手机试试。 C 我不这么认为，我相信我们可以做到。	A 휴가를 낸 동료 한 명 빼고, 다른 사람은 다 왔어요. B 아마 사무실에 없을 거야, 휴대폰으로 전화해 봐. C 나는 그렇게 생각하지 않아, 나는 우리가 할 수 있다고 　믿어.

1

해설 및 정답 **문제 분석▼** 왜 전화를 받지 않냐는 질문에는 그가 사무실에 없으니 휴대폰으로 걸어 보라(보기 B)는 대답이 적절하다.

A: ❶奇怪，小张怎么一直不接电话？

B: ❸他可能不在办公室，你打他手机试试。

A: ❶이상하다, 샤오장이 왜 계속 전화를 안 받지?

B: ❸아마 사무실에 없을 거야, 휴대폰으로 전화해 봐.

단어 ★奇怪 qíguài 혱 기괴하다, 이상하다 | 怎么 zěnme 때 어째서 | ★一直 yìzhí 悍 계속해서, 줄곧 | 接电话 jiē diànhuà 전화를 받다 | 可能 kěnéng 悍 아마(도) | 在 zài 동 ~에 있다 | ★办公室 bàngōngshì 뎡 사무실 | 打 dǎ 동 (전화를) 걸다 | 手机 shǒujī 뎡 휴대폰 | ★试 shì 동 시험 삼아 해보다, 시도하다

2

해설 및 정답 **문제 분석▼** 짧은 시간에 일을 완성하는 것이 어렵다는 말에 대한 반응으로는 '그렇게 생각하지 않는다(**我不这么认为**)'는 반대 의견을 밝히고 '할 수 있다(**可以做到**)'고 말하는 보기 C가 어울린다.

A: ❷要在这么短的时间里完成工作，还是比较难的。

B: ❸我不这么认为，我相信我们可以做到。

A: ❷이렇게 짧은 시간 안에 일을 완성하는 것은 아무래도 좀 어려워.

B: ❸나는 그렇게 생각하지 않아, 나는 우리가 할 수 있다고 믿어.

단어 要 yào 조동 ~하고자 하다, ~해야 한다 | ★短 duǎn 혱 짧다 | 时间 shíjiān 뎡 시간 | 里 lǐ 뎡 안, 속 | ★完成 wánchéng 동 완성하다 | 工作 gōngzuò 뎡 일 | ★还是 háishi 悍 여전히, 아직도 | ★比较 bǐjiào 悍 비교적 | ★难 nán 혱 어렵다 | ★认为 rènwéi 동 ~라고 생각하다, 여기다 | ★相信 xiāngxìn 동 믿다 | 可以 kěyǐ 조동 ~할 수 있다 | 做到 zuòdào 해내다

해설 및 정답 | **문제 분석▼** 다들 도착했냐는 질문에 한 명 빼고 나머지는 모두 왔다는 대답(보기 **A**)이 적절하다.

A: ❸大家都到了吗?	A: ❸ 다들 도착했나요?
B: ❹除了一位请假的同事，其他人都到了。	B: ❹ 휴가를 낸 동료 한 명 빼고, 다른 사람은 다 왔어요.
~을 제외하고 모두 ~하다	

단어 大家 dàjiā 데 모두들, 여러분 | 都 dōu 뷰 모두, 다 | 到 dào 통 도착하다, 이르다 | ★除了 chúle 깨 ~외에, ~을 제외하고 | ★位 wèi 영 분[사람을 세는 단위] | ★请假 qǐngjià 통 휴가를 내다 | ★同事 tóngshì 명 동료 | ★其他 qítā 데 다른, 기타

[4-6]

| A 一直 yìzhí 뷰 계속해서, 줄곧 | B 完成 wánchéng 통 완성하다 | C 灯 dēng 명 등, 램프 |

해설 및 정답 | **문제 분석▼** 부사 一直는 '계속해서, 줄곧'이라는 뜻으로 주어 뒤, 술어 앞에 써서 동작의 지속을 강조한다. 또한 문장을 해석했을 때에도 一直做下去(계속 해나가다)라는 표현이 적절하므로 보기 **A**가 정답이다.

| 做好事不难，难的是（ **A 一直** ）做下去。 | 좋은 일을 하는 것은 어렵지 않지, 어려운 건 (**A 계속**) 해나가는 거야. |

단어 做 zuò 통 하다 | 好事 hǎoshì 명 좋은 일 | ★难 nán 영 어렵다 | ★一直 yìzhí 뷰 계속해서, 줄곧 | 做下去 zuò xiàqu (하던 것을 앞으로도 계속) 해나가다

해설 및 정답 | **문제 분석▼** 문장을 해석해 보면 '무엇을' 끄는 걸(혹은 닫는 걸) 잊지 말라고 하는지 알 수 없다. 따라서 동사 关(끄다, 닫다) 뒤에는 목적어 灯(등)이 필요하고, 关灯(등을 끄다)라는 표현을 완성하면 자연스러워진다. 따라서 보기 **C**가 정답이다.

| 最后离开公司的同事不要忘了关（ **C 灯** ）。 | 마지막으로 회사를 나가는 동료는 (**C 전등**) 끄는 것을 잊지 마세요. |

단어 ★最后 zuìhòu 명 제일 마지막, 결국 | ★离开 líkāi 통 떠나다, 벗어나다 | 公司 gōngsī 명 회사 | ★同事 tóngshì 명 동료 | 不要 búyào 조동 ~하지 마라, ~해서는 안 된다 | 忘 wàng 통 잊다 | ★关 guān 통 (기계를) 끄다 | ★灯 dēng 명 등, 램프

해설 및 정답 | **문제 분석▼** 조동사 能 뒤에는 동사를 써야 하므로, 能完成(완성할 수 있다)는 표현을 완성할 수 있다. 따라서 보기 **B**가 정답이다.

A : 小白，上次让你做的那件事情怎么样了？ B : 您放心，经理，这个周末前就**能**（**B 完成**）。 조동사(能)+동사 : ~할 수 있다	A : 샤오바이, 저번에 자네한테 시킨 그 일은 어떻게 되었나? B : 걱정 마세요, 사장님, 이번 주말 전까지 (**B 완성할**) 수 있어요.

단어 上次 shàngcì 명 지난번 | 让 ràng 통 (~로 하여금) ~하게 하다 | 做 zuò 통 하다 | 件 jiàn 양 건[일·사건 등을 세는 단위] | 事情 shìqing 명 일, 사건 | 怎么样 zěnmeyàng 대 어떠하다 | ★放心 fàngxīn 통 안심하다, 마음을 놓다 | ★经理 jīnglǐ 명 사장, 책임자 | ★周末 zhōumò 명 주말 | 前 qián 명 앞, 전 | 就 jiù 부 곧, 바로 | 能 néng 조동 ~할 수 있다 | ★完成 wánchéng 통 완성하다

| *실전* 트레이닝 2 | 기본서 101쪽

정답
1. B   2. C   3. B   4. C

1

해설 및 정답   **문제 분석▼** 전화로 말하는 상황에서 '다음에 기회가 되면(下次有机会)' 같이 밥을 먹자고 했으므로, 이번에는 만날 수 없음을 알 수 있다. 따라서 보기 B가 정답이다.

喂，我来这边主要是为了工作上的事情， A是为了B(목적) : A는 B하기 위항이다 忙完就马上回去，下次有机会再找你吃顿饭。	여보세요, 제가 여기 온 것은 업무상의 일을 위해서이니, 다 처리되면 금방 돌아갈 거예요. 다음에 기회가 있으면 같이 식사하죠.
★ 他们<u>这次</u>：	★ 그들은 <u>이번</u>에：
A 都不太忙 **B 没时间见面** C 打算一起玩儿	A 모두 그다지 바쁘지 않다 **B 볼 시간이 없다** C 함께 놀 계획이다

단어 喂 wéi 감탄 (전화상에서) 여보세요 | ★主要 zhǔyào 부 주로 | ★为了 wèile 개 ~을 위해서 | 工作 gōngzuò 명 일 | 事情 shìqing 명 일, 사건 | 忙完 mángwán 바쁜 일을 끝내다 | ★马上 mǎshàng 부 곧, 바로 | 回去 huíqu 통 돌아가다 | 下次 xiàcì 명 다음 번 | ★机会 jīhuì 명 기회 | 再 zài 부 또, 다시 | 找 zhǎo 통 찾다 | 吃饭 chīfàn 통 밥을 먹다 | 顿 dùn 양 번, 끼[끼니를 세는 단위] | 不太 bú tài 그다지 ~하지 않다 | ★见面 jiànmiàn 통 만나다 | ★打算 dǎsuan 통 계획하다 | 一起 yìqǐ 부 같이, 함께 | 玩儿 wánr 통 놀다

2

해설 및 정답   **문제 분석▼** 두 가지 방법 중에서 첫 번째(第一个)를 시도해 보는 것은 '그것이 문제를 더 빨리 해결할 수 있어서 (因为它能更快地解决问题)'라고 했으므로 보기 C가 정답이다.

今天会议上大家说的 那两个办法 ，我同意试试 第一个 ， 因为 它能更快地解决问题。

왜냐하면[+원인/이유]

★ 他觉得 第一个办法 ：

A 影响很大
B 需要很长时间
C 解决问题更快

오늘 회의에서 여러분이 말한 그 두 가지 방법 , 저는 첫 번째 방법 을 시도하는 것에 동의해요. 왜냐하면 그것이 더 빨리 문제를 해결할 수 있기 때문이에요.

★ 그가 생각하기에 첫 번째 방법 이:

A 영향이 크다
B 아주 긴 시간이 필요하다
C 문제 해결이 더 빠르다

> 단어 ★会议 huìyì 몡 회의 | 大家 dàjiā 떼 모두들, 여러분 | 说 shuō 통 말하다 | ★办法 bànfǎ 몡 방법 | ★同意 tóngyì 통 동의하다, 찬성하다 | ★试 shì 통 시험 삼아 해보다, 시도하다 | 第一个 dì-yī ge 몡 첫 번째, 맨 처음 | 因为 yīnwèi 젭 왜냐하면 | 它 tā 떼 그것[사물이나 동물을 가리킴] | 能 néng 조통 ~할 수 있다 | ★更 gèng 凨 더, 더욱 | 快 kuài 혱 (속도가) 빠르다 | ★解决 jiějué 통 해결하다 | 问题 wèntí 몡 문제 | 觉得 juéde 통 ~라고 생각하다, 여기다 | ★影响 yǐngxiǎng 몡 영향 | ★需要 xūyào 통 필요하다, 요구되다 | 长 cháng 혱 (길이가) 길다 | 时间 shíjiān 몡 시간

3

해설 및 정답 **문제 분석▼** 남동생(弟弟)이 회사의 환경이 좋고(环境不错), 동료도 친절하고(同事很热情), 지금의 일을 좋아한다(很喜欢现在的工作)고 했으므로 회사에 만족한다는 것을 알 수 있다. 따라서 보기 B가 정답이다.

弟弟 在一家电脑公司上班。他告诉我们那儿环境不错，同事也都很热情，他很喜欢现在的工作，会努力把它做好。

★ 根据这段话，可以知道 弟弟 ：

A 工作不努力
B 对公司很满意
C 喜欢安静的环境

남동생 은 컴퓨터 회사에서 일한다. 그는 우리에게 거기 환경이 좋고, 동료들도 다 친절하고, 지금의 일도 아주 좋아서, 일을 열심히 해낼 거라고 말했다.

★ 이 글에 근거하면, 남동생 은:

A 일을 열심히 하지 않는다
B 회사에 대해 만족한다
C 조용한 환경을 좋아한다

> 단어 弟弟 dìdi 몡 남동생 | 家 jiā 몡 집·점포·공장 등을 세는 단위 | 电脑 diànnǎo 몡 컴퓨터 | 公司 gōngsī 몡 회사 | 上班 shàngbān 통 출근하다 | 告诉 gàosu 통 알리다, 말하다 | ★环境 huánjìng 몡 환경 | 不错 búcuò 혱 좋다, 괜찮다 | ★同事 tóngshì 몡 동료 | ★热情 rèqíng 혱 친절하다 | 喜欢 xǐhuan 통 좋아하다 | 现在 xiànzài 몡 지금, 현재 | 会 huì 조통 ~할 것이다 | 努力 nǔlì 통 노력하다 | ★把 bǎ 개 ~을 | ★根据 gēnjù 개 ~에 근거하여 | ★段 duàn 몡 단락[사물의 한 부분을 나타냄] | 可以 kěyǐ 조통 ~할 수 있다 | 知道 zhīdào 통 알다, 이해하다 | ★满意 mǎnyì 혱 만족하다 | ★安静 ānjìng 혱 조용하다

4

해설 및 정답 **문제 분석▼** 나에게 시간을 좀 주고(给我点儿时间), 잘 생각해 보게 해달라(让我好好想想)고 했으므로 말하는 사람은 생각할 시간이 필요하다는 것을 알 수 있다. 따라서 보기 C가 정답이다.

这件事来得太突然了，我心里一点儿准备也没有，希望你能给我点儿时间，让我好好想想再做决定。

이 일은 너무 갑작스러워. 나는 마음에 준비가 하나도 되어 있지 않아. 나한테 시간을 좀 주어서, 충분히 생각하고 결정할 수 있게 해줬으면 좋겠어.

★ 说话人是什么意思？

★ 말하는 사람은 무슨 의미인가?

A 都准备好了
B 要求非常高
C 需要时间想想

A 다 잘 준비되었다
B 기대치가 아주 높다
C 생각할 시간이 필요하다

단어 件 jiàn 양 건[일·사건 등을 세는 단위] | 事 shì 명 일, 사건 | 来 lái 동 오다 | 太 tài 부 너무, 몹시 | ★突然 tūrán 형 갑작스럽다, 의외다 | 心里 xīnli 명 마음(속), 머릿속 | 一点儿 yìdiǎnr 양 조금도, 전혀[부정형으로 쓰임] | 准备 zhǔnbèi 동 준비하다 | 也 yě 부 ~도 또한 | 希望 xīwàng 동 바라다, 희망하다 | 能 néng 조동 ~할 수 있다 | 给 gěi 동 주다 | 时间 shíjiān 명 시간 | 让 ràng 동 (~로 하여금) ~하게 하다 | 好好 hǎohǎo 부 충분히, 잘 | 想 xiǎng 동 생각하다 | 再 zài 부 ~한 후에 | 做 zuò 동 하다 | ★决定 juédìng 동 결정하다 | 什么 shénme 대 무엇, 무슨 | 意思 yìsi 명 의미, 뜻 | 都 dōu 부 모두, 다 | ★要求 yāoqiú 명 요구(사항) | 高 gāo 형 (수준·정도가) 높다 | ★需要 xūyào 동 필요하다

4 동사의 호응 상점, 식당

| 실전 트레이닝 1 | 기본서 107쪽

정답
1. B   2. C   3. A   4. A   5. C   6. B

[1-3]

A 这条裙子好看吗？	A 이 치마는 예뻐？
B 怎么没见你穿过那条白色的裤子啊？	B 네가 그 흰색 바지 입은 걸 왜 못 봤지？
C 好的，能刷信用卡吗？	C 알겠습니다. 신용카드를 사용할 수 있나요？

1

해설 및 정답 문제 분석▼ '집에 가서야 너무 긴 걸 발견했다(回家后才发现太长了)'는 말은 '그래서 입지 않았다'는 것과 연결할 수 있고, 이것은 '왜 그 옷을 입은 걸 못 봤지?(怎么没见你穿过那条…?)'라는 질문에 대한 대답으로 적절하다.

A: ❸怎么没见你穿过那条白色的裤子啊?	A: ❸네가 그 흰색 바지 입은 걸 왜 못 봤지?
B: ❶买的时候没试，回家后才发现太长了。	B: ❶살 때 안 입어 봤더니, 집에 가서야 너무 길다는 걸 알았거든.

단어 怎么 zěnme 때 어째서 | 见 jiàn 통 보이다 | 穿 chuān 통 (옷을) 입다 | ★条 tiáo 양 바지·치마를 세는 단위 | 白色 báisè 명 흰색 | ★裤子 kùzi 명 바지 | 买 mǎi 통 사다 | 时候 shíhou 명 때 | ★试 shì 시험 삼아 해보다, 시도하다 | 回家 huíjiā 통 집으로 돌아가다 | 后 hòu 명 (~한) 후 | ★才 cái 분 비로소, 겨우 | ★发现 fāxiàn 통 발견하다 | 太 tài 분 너무, 몹시 | 长 cháng 형 (길이가) 길다

2

해설 및 정답 **문제 분석▼** 3000위안이라는 가격을 말해 주자, '알았다(好的)'라고 승낙하고 신용카드를 쓸 수 있는지(보기 C) 되물을 수 있다.

A: ❷小姐，这块儿手表3000元。	A: ❷아가씨, 이 손목시계는 3000위안이에요.
B: ❸好的，能刷信用卡吗?	B: ❸알겠습니다. 신용카드를 사용할 수 있나요?

단어 小姐 xiǎojiě 명 아가씨 | 块 kuài 양 손목시계를 세는 단위 | 手表 shǒubiǎo 명 손목시계 | ★元 yuán 양 위안[중국의 기본 화폐 단위] | 能 néng 조통 ~할 수 있다 | 刷 shuā 통 (카드를) 긁다 | ★信用卡 xìnyòngkǎ 명 신용카드

3

해설 및 정답 **문제 분석▼** 방금 전의 옷보다 낫다(比刚才那条好)는 말은 치마에 대한 평가로 적절하므로 치마가 예쁜지 묻는 질문(보기 A)과 어울린다.

A: ❹这条裙子好看吗?	A: ❹이 치마는 예뻐?
B: ❸我觉得比刚才那条好。 　　　 ~보다	B: ❸내 생각엔 방금 전의 그 옷보다 나은 것 같아.

단어 ★条 tiáo 양 바지·치마를 세는 단위 | ★裙子 qúnzi 명 치마 | 好看 hǎokàn 형 아름답다, 보기 좋다 | 觉得 juéde 통 ~라고 생각하다, 여기다 | 比 bǐ 개 ~보다 | 刚才 gāngcái 분 방금

[4-6]

A 欢迎 huānyíng 통 환영하다	B 跟 gēn 개 ~와, ~에게	C 旧 jiù 형 낡다, 오래되다

4

해설 및 정답 **문제 분석▼** 문장을 해석했을 때 '다음에 또 오세요(欢迎下次再来)'라는 표현이 적절하므로 보기 A가 정답이다.

这是您的鞋和包，请拿好，(A 欢迎)下次再来。	이건 당신의 신발과 가방이에요. 잘 챙기시고, 다음에 또 오세요.

단어 ★鞋 xié 몡 신, 신발 | ★包 bāo 몡 가방 | 请 qǐng 통 (상대가 어떤 일을 하길 바라는 의미로) ~하세요 | ★拿 ná 통 잡다, 들다 | 欢迎 huānyíng 통 환영하다 | 下次 xiàcì 몡 다음 번 | 再 zài 튀 또, 다시 | 来 lái 통 오다

5

해설 및 정답 **문제 분석▼** 부사 太는 '너무, 지나치게'라는 뜻으로 형용사나 심리감정동사 앞에 서서 상태의 정도를 강조한다. 따라서 빈칸에는 형용사 旧가 적절하므로 보기 C가 정답이다.

你那双黑皮鞋太（ C 旧 ）了。	당신의 그 검정 구두는 너무 (C 낡았어요).

太+형용사 : 너무 ~하다

단어 ★双 shuāng 양 쌍, 켤레[쌍이나 짝을 이룬 물건을 세는 단위] | 黑 hēi 형 검다 | ★皮鞋 píxié 명 구두 | 太 tài 부 너무, 몹시 | ★旧 jiù 형 낡다, 오래되다

6

해설 및 정답 **문제 분석▼** 개사 跟은 '~와'라는 뜻으로 뒤에 명사 혹은 대명사와 함께 개사구를 이룬다. 따라서 우선 跟朋友(친구와)라는 표현이 적절하고, 뒤에 나오는 동사 学와 호응하여 '跟…学(~와 배우다, ~에게 배우다)'라고도 할 수 있으므로, 보기 B가 정답이다.

A: 你不是不喜欢吃鸡蛋吗？怎么还买了这么多？ B: 我最近在（ B 跟 ）朋友学做鸡蛋汤，需要用鸡蛋。	A: 너 계란 안 좋아하지 않아? 왜 이렇게 많이 샀어? B: 나 요즘 친구(B 에게) 계란국 만드는 거 배우고 있어서, 계란이 필요해.

跟…学 : ~와 배우다, ~에게 배우다

단어 喜欢 xǐhuan 통 좋아하다 | 吃 chī 통 먹다 | 鸡蛋 jīdàn 몡 계란, 달걀 | 怎么 zěnme 때 어째서 | 还 hái 부 의외나 뜻밖이라는 어감을 더욱 두드러지게 함 | 买 mǎi 통 사다 | 这么 zhème 때 이렇게 | 多 duō 형 (양·나이가) 많다 | ★最近 zuìjìn 최근, 요즘 | 在 zài 부 ~하고 있다 | ★跟 gēn 개 ~와, ~에게 | 朋友 péngyou 몡 친구 | 学 xué 통 배우다 | 做 zuò 통 하다 | 鸡蛋汤 jīdàn tāng 계란국 | ★需要 xūyào 통 필요하다 | ★用 yòng 통 사용하다, 쓰다

| 실전 트레이닝 2 | 기본서 108쪽

정답 1. C   2. B   3. C   4. C

1

해설 및 정답 **문제 분석▼** 제1슈퍼마켓의 양고기는 1근에 30위안이고, 그곳에서 2근을 샀다고 했으므로 총 60위안의 돈을 썼다.

昨天我在第一超市看到一斤羊肉35元，
<small>보게 되다, 발견하다</small>
后来又在第二超市看到羊肉一斤卖30元。所以
<small>그래서[+결과]</small>
我选择在第二超市买了两斤羊肉。

어제 나는 제1슈퍼에서 양고기 1근에 35위안인 것을 보았고, 그 후에 다시 제2슈퍼에서 양고기 1근을 30위안에 파는 것을 보았어. 그래서 나는 제2슈퍼에서 양고기 두 근을 사기로 선택했다.

★ 他昨天买羊肉花了多少钱?

★ 그는 어제 양고기를 사는 데 얼마를 썼는가?

A 30元

A 30위안

B 35元

B 35위안

C 60元

C 60위안

단어 昨天 zuótiān 몡 어제 | 在 zài 꽤 ~에서 | 第一 dì-yī 준 제1, 첫(번)째 | ★超市 chāoshì 몡 슈퍼마켓 | 看 kàn 동 보다 | 斤 jīn 양 근 | 羊肉 yángròu 몡 양고기 | ★元 yuán 양 위안[중국의 기본 화폐 단위] | ★后来 hòulái 몡 그 후, 그 뒤 | ★又 yòu 틧 다시, 또 | 第二 dì-èr 준 제2, 둘째 | 卖 mài 동 팔다 | 所以 suǒyǐ 젭 그래서 | ★选择 xuǎnzé 동 선택하다 | 买 mǎi 동 사다 | ★花 huā 동 (돈을) 쓰다, 소비하다 | 多少钱 duōshao qián 얼마예요?

2

해설 및 정답 **문제 분석▼** 그 책(那本书)의 많은 단어와 문장을 이해하지 못했다고 했으므로, 책이 비교적 어렵다고 생각한다는 것을 알 수 있다.

你说的那本关于中国文化的书，我去书
<small>~에 관한</small>
店看了，里面有很多词和句子我都不懂，有没
有简单一点儿的?

네가 말한 그 중국 문화에 관한 책, 내가 서점에 가서 봤는데, 안에 많은 단어와 문장을 난 이해를 못하겠어, 좀 간단한 것 없을까?

★ 他觉得那本书怎么样?

★ 그는 그 책이 어떻다고 생각하는가?

A 特别贵

A 굉장히 비싸다

B 比较难懂

B 비교적 이해하기 어렵다

C 对学习帮助不大

C 공부에 도움이 크게 되지 않는다

단어 说 shuō 동 말하다 | 本 běn 양 권[책을 세는 단위] | ★关于 guānyú 꽤 ~에 관하여 | ★文化 wénhuà 몡 문화 | 书 shū 몡 책 | 书店 shūdiàn 몡 서점 | 里面 lǐmiàn 몡 안, 안쪽 | 词 cí 몡 단어 | ★句子 jùzi 몡 문장 | 懂 dǒng 동 알다, 이해하다 | ★简单 jiǎndān 혱 간단하다 | 一点儿 yìdiǎnr 양 조금(만큼) | 觉得 juéde 동 ~라고 생각하다, 여기다 | 怎么样 zěnmeyàng 떼 어떠하다 | ★特别 tèbié 틧 특히, 각별히 | 贵 guì 혱 (가격이) 비싸다 | 比较 bǐjiào 틧 비교적 | ★难 nán 혱 어렵다 | 对 duì 꽤 ~에 대하여 | 学习 xuéxí 동 공부하다 | 帮助 bāngzhù 몡 도움 동 돕다

해설 및 정답 문제 분석▼ 본문에서 '음료수 등 먹을 것은 괜찮다(饮料等吃的东西还可以)'고 했으므로 보기 C가 정답이다.

我家附近有一家小商店，买东西不太便宜。如果要买水果、饮料等吃的东西还可以，
_{만약 ~하다면[+가정]　　　　(그런대로) 괜찮다}
但要买盘子、碗等用的东西比较贵。

★ 他家附近的商店：

A 牛肉贵
B 菜很新鲜
C 饮料不太贵

우리 집 근처에 작은 상점이 하나 있는데 물건이 별로 싸지는 않아. 과일이나 음료수 등 먹을 것을 살 때는 괜찮지만, 접시나 그릇 등 쓸 것을 사려면 비싼 편이야.

★ 그의 집 근처의 상점은：

A 소고기가 비싸다
B 야채가 아주 싱싱하다
C 음료수는 그다지 비싸지 않다

단어 家 jiā 명 집 양 집·점포·공장 등을 세는 단위 | ★附近 fùjìn 명 근처, 부근 | 商店 shāngdiàn 명 상점, 가게 | 买 mǎi 동 사다 | 东西 dōngxi 명 물건, 것 | 不太 bú tài 별로, 그다지 ~하지 않다 | 便宜 piányi 형 (값이) 싸다 | ★如果 rúguǒ 접 만약 | 水果 shuǐguǒ 명 과일 | ★饮料 yǐnliào 명 음료 | 等 děng 조 등, 따위 | 吃 chī 동 먹다 | 还可以 hái kěyǐ (그런대로) 괜찮다 | 但 dàn 접 그러나 | ★盘子 pánzi 명 큰 접시, 쟁반 | ★碗 wǎn 명 그릇, 공기 | ★用 yòng 동 사용하다, 쓰다 | 比较 bǐjiào 부 비교적 | 贵 guì 형 (가격이) 비싸다 | 牛肉 niúròu 명 소고기 | 菜 cài 명 채소, 야채 | ★新鲜 xīnxiān 형 신선하다, 싱싱하다

해설 및 정답 문제 분석▼ 사진기를 다시 사서 돌려준다(再买一个还给她)고 했으므로 보기 C가 정답이다.

小白的相机不见了，不知道被我放哪儿了。我只能再买一个还给她了。
_{~에 의하여　　　　　~에게 돌려주다}

★ 他打算：

A 给小白送礼物
B 向小白借铅笔
C 再买个照相机

샤오바이의 사진기가 안 보이는데, 내가 어디에 놓아두었는지 모르겠다. 내가 다시 하나 사서 그녀에게 돌려줄 수밖에 없다.

★ 그는 계획하기를：

A 샤오바이에게 선물을 준다
B 샤오바이에게 연필을 빌린다
C 다시 사진기를 하나 산다

단어 相机 xiàngjī 명 사진기 | 不见 bújiàn 동 보이지 않다, 없어지다 | 知道 zhīdào 동 알다, 이해하다 | ★被 bèi 개 ~에 의하여 (~를 당하다) | ★放 fàng 동 놓다, 두다 | 哪儿 nǎr 대 어디 | 只能 zhǐnéng 동 단지 ~만 할 수 있다 | 再 zài 부 또, 다시 | 买 mǎi 동 사다 | 还给 huángěi ~에게 돌려주다 | ★打算 dǎsuan 동 계획하다 | 送 sòng 동 보내다, 주다 | ★礼物 lǐwù 명 선물 | 向 xiàng 개 ~을 향하여 | ★借 jiè 동 빌리다 | 铅笔 qiānbǐ 명 연필

| *실전* 트레이닝 1 | 기본서 **114쪽**

정답

| 1. B | 2. C | 3. A | 4. C | 5. B | 6. A |

[1-3]

A 我也是第一次来。先看看菜单，一会儿再让 服务员介绍一下。 B 这边有椅子，快过来坐吧。 C 你不能喝啤酒，我们点其他饮料吧。	A 저도 처음 왔어요. 먼저 메뉴 좀 보고, 이따가 종업원에 게 소개해 달라고 하죠. B 여기 의자 있어, 빨리 와서 앉아. C 너 맥주 마시면 안 되니까, 우리 다른 음료를 시키자.

1

해설 및 정답 문제 분석▼ 不了(됐어, 필요 없어)는 거절할 때 쓰는 표현이고 '잠시 서있겠다(先站一会儿)'고 했으므로, '와서 앉 으라(快过来坐吧)'고 말한 보기 **B**와 어울린다.

A: **B**这边有椅子，快过来坐吧。 B: **①**不了，我中午吃了两碗面条，吃得太饱 了，先站一会儿。	A: **B**여기 의자 있어, 빨리 와서 앉아. B: **①**아니야, 나 점심에 국수를 두 그릇이나 먹어서 너무 배불러, 먼저 좀 서있을게.

단어 这边 zhèbiān 때 이곳, 여기 | 椅子 yǐzi 명 의자 | 快 kuài 형 (속도가) 빠르다 | 过来 guòlai 통 다가오다 | 坐 zuò 통 앉다 | 中午 zhōngwǔ 명 정오, 점심 | 吃 chī 통 먹다 | ★碗 wǎn 명 그릇, 공기 | 面条 miàntiáo 명 국수, 면 | 得 de 조 ~하는 정도(상태)가 ~하다 | 太 tài 부 너무, 몹시 | ★饱 bǎo 형 배부르다 | ★先 xiān 부 먼저 | ★站 zhàn 통 서다, 일어서다 | ★一会儿 yíhuìr 명 잠깐 동안, 잠시

2

해설 및 정답 문제 분석▼ 好(그래, 알겠어)는 승낙하거나 동의할 때 쓰는 표현이고 '녹차를 마시겠다(我要喝杯绿茶)'고 했으므 로, 다른 음료를 주문하자(我们点其他饮料吧)고 말한 보기 **C**와 어울린다.

A: **C**你不能喝啤酒，我们点其他饮料吧。 B: **②**好，我要喝杯绿茶，你呢？	A: **C**너 맥주 마시면 안 되니까, 우리 다른 음료를 시키 자. B: **②**그래, 나는 녹차 마실래, 너는?

단어 能 néng 조동 ~할 수 있다 | 喝 hē 통 마시다 | ★啤酒 píjiǔ 명 맥주 | 点 diǎn 통 (요리나 음식을) 주문하다 | ★其他 qítā 때 기타, 그 밖 | ★饮料 yǐnliào 명 음료 | 要 yào 조동 ~하고자 하다 | 杯 bēi 양 잔, 컵 | 绿茶 lǜchá 명 녹차

3

(해설 및 정답) **문제 분석▼** 식당의 맛있는 음식을 묻는 질문은 '나도 처음 왔으니(我也是第一次来)', '먼저 메뉴판을 보자(先看看菜单)'고 말한 보기 A와 어울린다.

A: ❸ 这家饭店什么比较好吃？	A: ❸ 이 식당은 뭐가 비교적 맛있어요?
B: ❹ 我也是第一次来。先看看菜单，一会儿再让服务员介绍一下。	B: ❹ 저도 처음 왔어요. 먼저 메뉴 좀 보고, 이따가 종업원에게 소개해 달라고 하죠.

(단어) 饭店 fàndiàn 몡 호텔, 식당 | 什么 shénme 떼 무엇, 무슨 | ★比较 bǐjiào 뷔 비교적 | 好吃 hǎochī 혱 (먹는 것이) 맛있다 | 第一次 dì-yī cì 몡 첫 번째, 맨 처음 | ★先 xiān 뷔 먼저 | ★菜单 càidān 몡 메뉴, 차림표 | ★一会儿 yíhuìr 몡 잠깐 동안, 잠시 | 再 zài 뷔 또, 다시 | 服务员 fúwùyuán 몡 종업원 | 介绍 jièshào 됭 소개하다 | 一下 yíxià 얭 동사 뒤에 쓰여 '좀 ~하다'의 뜻을 나타냄

[4-6]

A 生日 shēngrì 몡 생일	B 放 fàng 됭 놓다, 두다	C 块 kuài 얭 덩어리, 위안

4

(해설 및 정답) **문제 분석▼** 기본적으로 양사는 수사 다음에 쓰고, 양사 块는 '덩어리(조각을 세는 단위), 위안(중국 화폐의 기본 단위)'의 뜻으로, 조각으로 셀 수 있는 명사 西瓜(수박) 앞에 쓰는 것이 적절하므로 보기 C가 정답이다.

饭前我吃了几（ C 块 ）西瓜，所以不太饿。 　　　　　（수사+양사）+명사	식사 전에 수박 몇（ C 조각 ）을 먹었더니, 별로 배고프지 않아.

(단어) 饭 fàn 몡 밥, 식사 | 前 qián 몡 앞, 전 | 吃 chī 됭 먹다 | 块 kuài 얭 덩어리[조각을 세는 단위] | 西瓜 xīguā 몡 수박 | 所以 suǒyǐ 졉 그래서 | 不太 bú tài 별로, 그다지 ~하지 않다 | ★饿 è 혱 배고프다

5

(해설 및 정답) **문제 분석▼** 进, 出, 上, 下 등과 같이 방향성을 갖는 동사는 또 다른 동사 뒤에 쓰여 그 동작의 방향성을 보충 설명할 수 있다. 따라서 '놓는 동작(放)' 후 냉장고 안으로 '들어가는(进) 상황'을 떠올린다면 '放进冰箱(냉장고 안에넣다)'라는 표현이 가능하다.

香蕉（ B 放 ）进冰箱后容易变黑，而且会坏得更快。	바나나를 냉장고에（ B 넣으면 ）쉽게 검어지고, 게다가 더 빨리 상한다.

(단어) ★香蕉 xiāngjiāo 몡 바나나 | 放进 fàngjìn ~에 넣다 | ★冰箱 bīngxiāng 몡 냉장고 | 后 hòu 몡 (~한) 후 | ★容易 róngyì 혱 쉽다 | 变 biàn 됭 변하다, 바뀌다 | 黑 hēi 혱 검다 | ★而且 érqiě 졉 게다가 | 会 huì 조동 ~할 것이다 | ★坏 huài 혱 상하다 | ★更 gèng 뷔 더, 더욱 | 快 kuài 혱 (속도가) 빠르다

[TIP] 走进 zǒujìn 걸어 (안으로) 들어가다 | 跑出 pǎochū 뛰어 (밖으로) 나가다 | 爬上 páshàng 등반하여 오르다

문제 분석▼ 빈칸 앞의 동사 过는 '지내다, 보내다'의 뜻으로, 명사 生日와 함께 **过生日**(생일을 보내다)라는 표현을 완성할 수 있다.

A: 下星期六我同事<u>过</u>（ **A 生日** ），我还没想 　동사+목적어 好送他什么。 B: 车站附近有一家中国餐厅，你请他去那儿吃 顿饭，怎么样？	A: 다음 주 토요일에 내 회사 동료（ **A 생일** ）인데, 아직 뭘 선물해야 할지 생각하지 못했어. B: 정거장 근처에 중국 식당이 하나 있어. 네가 거기 가서 밥 한 끼 사는 게 어때?

단어 下星期六 xià xīngqīliù 다음 주 토요일 | ★同事 tóngshì 몡 동료 | 过生日 guò shēngrì 생일을 보내다 | 还 hái 틘 아직도 | 想好 xiǎnghǎo 잘 생각하다 | 送 sòng 툉 선물하다, 주다 | 什么 shénme 떼 무엇, 무슨 | 车站 chēzhàn 몡 정류장 | ★附近 fùjìn 몡 근처, 부근 | 餐厅 cāntīng 몡 식당 | 请 qǐng 툉 청하다, 부탁하다 | 吃饭 chīfàn 밥을 먹다 | 顿 dùn 양 번, 끼[끼니를 세는 단위] | 怎么样 zěnmeyàng 떼 어떠하다

|*실전* 트레이닝 2| 기본서 115쪽

　1. B　　　**2. C**　　　**3. C**　　　**4. B**

문제 분석▼ 그 식당의 요리(那家饭店的菜)는 다른 식당에 비해 '더 신선하다(更新鲜)'라고 했으므로 보기 B가 정답이다.

<u>虽然</u>这家饭馆的菜<u>比</u>别的地方贵一点儿， 　비록 ~하지만 그러나 ~하다 ~보다 <u>但是</u>更新鲜，所以我常常来这里吃饭。 ★ 那家饭店的菜:	이 식당의 요리는 다른 곳보다 좀 비싸지만, 더 신선하 다. 그래서 나는 자주 여기에 와서 밥을 먹는다. ★ 그 식당의 요리는:
A 很甜 **B 很新鲜** C 贵得多	A 아주 달다 **B 아주 신선하다** C 훨씬 비싸다

단어 虽然…但是… suīrán…dànshì… 쩝 비록 ~하지만 그러나 ~하다 | 菜 cài 몡 요리, 음식 | 比 bǐ 깨 ~보다[비교를 나타냄] | 别的 biéde 떼 다른 것, 다른 사람 | ★地方 dìfang 몡 곳, 장소 | 贵 guì 혱 (가격이) 비싸다 | ★更 gèng 틘 더, 더욱 | ★新鲜 xīnxiān 혱 신선하다 | 所以 suǒyǐ 쩝 그래서 | 常常 chángcháng 틘 항상, 자주 | 来 lái 툉 오다 | 这里 zhèlǐ 떼 이곳, 여기 | 吃饭 chīfàn 툉 밥을 먹다 | ★甜 tián 혱 달다

2

문제 분석▼ 그 가게의 케이크(那家店蛋糕)는 '사러 오는 사람이 많다(来买的人很多)'고 했으므로 잘 팔린다는 것을 알 수 있다. 따라서 보기 C가 정답이다.

这家店的蛋糕非常好吃，特别是香蕉蛋糕。我觉得香蕉蛋糕又好吃又新鲜。来买的人很多，很难买到。 　　　　　　　　～하고 ～하다	이 가게의 케이크는 아주 맛있다. 특히 바나나 케이크가. 나는 바나나 케이크가 맛있고 신선하다고 생각한다. 사러 오는 사람도 많아서 사기가 쉽지 않다.
★ 那家店蛋糕:	★ 그 가게의 케이크는:
A 太贵了 B 不太新鲜 **C 卖得很好**	A 너무 비싸다 B 별로 신선하지 않다 **C 잘 팔린다**

단어 家 jiā 양 집·점포·공장 등을 세는 단위 | 店 diàn 명 상점, 가게 | ★蛋糕 dàngāo 명 케이크 | 非常 fēicháng 부 굉장히, 아주 | 好吃 hǎochī 형 (먹는 것이) 맛있다 | ★特别 tèbié 부 특히 | ★香蕉 xiāngjiāo 명 바나나 | ★又 yòu 부 다시, 또 | ★新鲜 xīnxiān 형 신선하다 | ★难 nán 형 어렵다 | 贵 guì 형 (가격이) 비싸다 | 不太 bú tài 별로, 그다지 ～하지 않다 | 卖 mài 동 팔다

3

문제 분석▼ 중국의 녹차(中国的绿茶)는 '가족과 친구에게 선물하면(送给家人和朋友)', '그들이 분명 좋아할 것이다(他们一定会很喜欢的)'라고 했으므로, 녹차가 좋은 선물임을 알 수 있다. 따라서 보기 C가 정답이다.

中国的绿茶在世界上很有名，如果你要去中国旅游，可以带一些回来，送给家人和朋友，我觉得他们一定会很喜欢的。 　　　　　　　　　　만약	중국의 녹차는 세계에서 아주 유명해. 네가 만약 중국 여행을 간다면 좀 가져와서 가족이나 친구에게 선물해 주면 그들이 분명히 아주 좋아할 거야.
★ 说话人是什么意思?	★ 말하는 사람은 무슨 의미인가?
A 咖啡好喝 B 不同意去旅游 **C 绿茶是不错的礼物**	A 커피가 맛있다 B 여행 가는 것에 동의하지 않는다 **C 녹차는 좋은 선물이다**

단어 中国 Zhōngguó 고유 중국 | 绿茶 lǜchá 명 녹차 | ★世界上 shìjiè shang 세상에서, 세계에서 | ★有名 yǒumíng 형 유명하다 | ★如果 rúguǒ 접 만약 | 要 yào 조동 ～하고자 하다 | 旅游 lǚyóu 동 여행하다 | 可以 kěyǐ 조동 ～할 수 있다, ～해도 된다 | ★带 dài 동 (몸에) 지니다, 가지다 | 一些 yìxiē 양 약간, 조금 | 回来 huílai 동 돌아오다 | 送给 sònggěi 선물해 주다 | 家人 jiārén 명 가족 | 朋友 péngyou 명 친구 | ★一定 yídìng 부 반드시, 꼭 | 会 huì 조동 ～할 것이다 | 喜欢 xǐhuan 동 좋아하다 | 意思 yìsi 명 의미, 뜻 | 咖啡 kāfēi 명 커피 | 好喝 hǎohē 형 (마시는 것이) 맛있다 | ★同意 tóngyì 동 동의하다, 찬성하다 | 不错 búcuò 형 좋다, 괜찮다 | ★礼物 lǐwù 명 선물

4

해설 및 정답 **문제 분석▼** 본문에서 '새로 연 식당에 갔다(去新开的餐厅吃饭了)'고 했으므로 보기 B가 정답이다.

上个周末我家人去新开的 餐厅 吃饭了，点的菜很多。我们 点 了肉、鱼、面条、炒饭， 주문하다 还点了啤酒、果汁等等，一共才 花 了80块。 쓰다, 소비하다	지난 주말에 우리 가족은 새로 개업한 식당 에 가서 밥을 먹었는데, 많은 음식을 시켰다. 우리는 고기, 생선, 면 요리, 볶음밥 그리고 맥주와 과일 주스 등을 시켰는데, 다 합쳐 겨우 80위안이었다.
★ 那家餐厅 ： A 很有名 **B 刚开的** C 不便宜	★ 그 식당 은 ： A 아주 유명하다 **B 방금 열었다** C 싸지 않다

단어 ★周末 zhōumò 몡 주말 | 家人 jiārén 몡 가족 | 新 xīn 혱 새롭다 | 开 kāi 통 열다 | 餐厅 cāntīng 몡 식당 | 吃饭 chīfàn 통 밥을 먹다 | 点 diǎn 통 (요리·음식을) 주문하다 | 菜 cài 몡 요리, 음식 | 肉 ròu 몡 고기 | 鱼 yú 몡 물고기 | 面条 miàntiáo 몡 국수, 면 | 炒饭 chǎofàn 몡 볶음밥 | 还 hái 뷔 또, 다시 | ★啤酒 píjiǔ 몡 맥주 | ★果汁 guǒzhī 몡 과일 주스 | 等 děng 조 등, 따위 | ★一共 yígòng 뷔 모두, 전부 | ★才 cái 뷔 비로소, 겨우 | ★花 huā 통 쓰다, 소비하다 | 块 kuài 양 위안[중국 화폐의 기본 단위] | ★有名 yǒumíng 혱 유명하다 | 刚 gāng 뷔 방금, 막 | 便宜 piányi 혱 (값이) 싸다

6 명사의 호응 시간, 날씨

| *실전* 트레이닝 1 | 기본서 120쪽

정답 1. B   2. A   3. C   4. A   5. B   6. C

[1–3]

A 别着急，还有15分钟就做好了。 B 奇怪，刚才还是晴天，这会儿就阴了。 C 我这边还没结束呢，你再等我几分钟吧。	A 서두르지 마, 15분이면 다 돼. B 이상하네, 방금까지 맑았는데, 지금은 흐려졌네. C 난 아직 안 끝났어, 몇 분만 더 기다려.

1

해설 및 정답 **문제 분석▼** 우산을 챙겼냐는 질문에 날씨 변화에 대해 말한 보기 B가 어울린다.

A: ❶我看快下雨了，你带伞了没有？

B: ❷奇怪，刚才还是晴天，这会儿就阴了。

A: ❶금방 비가 올 것 같아, 너 우산 챙겼어?

B: ❷이상하네, 방금까지 맑았는데, 지금은 흐려졌네.

看 kàn 통 보다 | 快 kuài 분 곧, 머지않아 | 下雨 xiàyǔ 통 비가 내리다 | ★带 dài 통 (몸에) 지니다, 챙기다 | ★伞 sǎn 명 우산 | ★奇怪 qíguài 형 기괴하다, 이상하다 | ★刚才 gāngcái 명 방금 | ★还是 háishi 분 여전히, 아직도 | 晴天 qíngtiān 명 맑은 날씨 | 这会儿 zhèhuìr 대 이때, 지금 | 就 jiù 분 곧, 바로 | 阴 yīn 형 (날이) 흐리다

2

해설 및 정답 **문제 분석▼** 점심이 언제 다 되냐는 질문에 기다리라고 말하는 보기 A가 어울린다.

A: ❷午饭什么时候才能做好呢？我都饿了。
　　　언제야 비로소 ~할 수 있니?

B: ❹别着急，还有15分钟就做好了。

A: ❷점심은 언제 다 되는 거야? 나 배고파.

B: ❹서두르지 마, 15분이면 다 돼.

午饭 wǔfàn 명 점심(밥) | 什么时候 shénme shíhou 언제 | ★才 cái 분 비로소, 겨우 | 能 néng 조동 ~할 수 있다 | 做 zuò 통 하다 | 都 dōu 분 모두, 다 | ★饿 è 형 배고프다 | 别 bié 분 ~하지 마라[금지를 나타냄] | 着急 zháojí 통 조급해하다 | 分钟 fēnzhōng 명 분[시간의 양]

3

해설 및 정답 **문제 분석▼** 아직 끝나지 않아서 기다려 달라는 말(보기 C)과 8시 15분에 가는 게 어떠냐는 제안이 어울린다.

A: ❺我这边还没结束呢，你再等我几分钟吧。
　　　　　　아직 ~하지 않았다　　더 ~해라

B: ❸那我们8点一刻走，怎么样？
　　그러면, 그렇다면

A: ❺난 아직 안 끝났어, 몇 분만 더 기다려.

B: ❸그럼 우리 8시 15분에 가자, 어때?

这边 zhèbiān 대 이곳, 여기 | 还 hái 분 아직도 | ★结束 jiéshù 통 끝나다, 마치다 | 再 zài 분 또, 다시 | 等 děng 통 기다리다 | 分钟 fēnzhōng 명 분[시간의 양] | 那 nà 접 그러면, 그렇다면 | 点 diǎn 양 시 | 一刻 yí kè 명 15분 | 走 zǒu 통 가다, 떠나다 | 怎么样 zěnmeyàng 대 어떠하다

[4-6]

| A 节 jié 명 기념일 | B 虽然 suīrán 접 비록 ~하지만 | C 担心 dānxīn 통 걱정하다 |

4

해설 및 정답 **문제 분석▼** 节는 보통 단어 속에 활용되어 '명절, 기념일'을 의미하는데, 그 예로 **教师节**(스승의 날), **母亲节**(어머니의 날) 등이 있다.

今天是9月10日，教师（ **A 节** ）! 这是为老师准备的。
　　　　　　　　　　　　　　　　　~을 위해 준비하다

오늘은 9월 10일, 스승의 (**A 날**)이야! 이건 선생님을 위해 준비한 거야.

今天 jīntiān 몡 오늘 | 教师节 Jiàoshījié 몡 스승의 날 | ★为 wèi 꽤 ~을 위하여 | 老师 lǎoshī 몡 선생님 | 准备 zhǔnbèi 툉 준비하다

5

해설 및 정답 **문제 분석▼** 접속사 虽然은 '비록 ~하지만'이라는 뜻으로, 보통 뒤 문장에 但是, 可是(그러나)와 같이 써서 '虽然…, 但是/可是…(비록 ~하지만 (그러나) ~하다)'라고 자주 쓴다.

（ **B** 虽然 ）已经是春天了，但天气还是很冷。	（ **B 비록** ）이미 봄이 되었지만, 날씨는 여전히 춥다.

단어 虽然…但… suīrán…dàn… 젭 비록 ~하지만 그러나 ~하다 | 已经 yǐjīng 閂 이미, 벌써 | 春天 chūntiān 몡 봄 | 天气 tiānqì 몡 날씨 | ★还是 háishi 閂 여전히, 아직도 | 冷 lěng 혱 춥다

6

해설 및 정답 **문제 분석▼** 빈칸 앞의 부사 别는 동사 앞에 쓰여 '~하지 마'라는 뜻으로 금지를 나타낸다. 따라서 보기 중에서 동사 担心과 함께 쓰여 别担心(걱정하지 마)라는 표현을 완성하는 것이 적절하다.

A: 下雨了，你还在那里？ B: 别（ **C 担心** ），今天不忙，我早点儿回家。	A: 비가 오는데, 넌 아직 거기야? B: （ **C 걱정하지** ）마, 오늘 안 바빠서, 일찍 집에 들어갈 거야.

단어 下雨 xiàyǔ 툉 비가 내리다 | 还 hái 閂 아직도 | 在 zài 툉 ~에 있다 | 那里 nàlǐ 떼 거기, 그곳 | 别 bié 閂 ~하지 마라[금지를 나타냄] | ★担心 dānxīn 툉 걱정하다 | 今天 jīntiān 몡 오늘 | 忙 máng 혱 바쁘다 | 早 zǎo 혱 (때가) 이르다 | 点儿 diǎnr 몡 약간, 조금 | 回家 huíjiā 툉 집으로 돌아가다

| *실전* **트레이닝 2** | 기본서 **121쪽**

정답   1. A   2. B   3. A   4. B

1

해설 및 정답 **문제 분석▼** 외출하기 전(出门前)에 가방에 우산 하나를 넣는다(在包里放一把伞)고 했으므로 외출할 때 우산을 챙길 것이라는 사실을 알 수 있다. 따라서 보기 A가 정답이다.

这儿的夏天天气变化特别快，有时候上午还是晴天，中午就突然下起雨来，所以我出门前总会在包里放一把伞。	여기 여름 날씨는 변화가 아주 빠르다. 어떤 때는 오전에는 맑았다가, 점심에는 갑자기 비가 오기 시작한다. 그래서 나는 외출하기 전에 항상 가방에 우산을 하나 넣는다.

★ 他出门时：	★ 그는 외출할 때：
A 会带伞	**A 우산을 챙길 것이다**
B 没带钱包	B 지갑을 안 챙겼다
C 很不快乐	C 아주 즐겁지 않다

단어 这儿 zhèr 때 여기, 이곳 | 夏天 xiàtiān 명 여름 | 天气 tiānqì 명 날씨 | ★变化 biànhuà 통 변화하다 | ★特别 tèbié 부 특히, 각별히 | 快 kuài 형 (속도가) 빠르다 | 有时候 yǒu shíhou 가끔씩, 종종 | 上午 shàngwǔ 명 오전 | ★还是 háishi 부 여전히, 아직도 | 晴天 qíngtiān 명 맑은 날씨 | 中午 zhōngwǔ 명 점심 | ★突然 tūrán 부 갑자기 | 下雨 xiàyǔ 통 비가 내리다 | 所以 suǒyǐ 접 그래서 | 出门 chūmén 통 외출하다 | 前 qián 명 앞, 전 | 总 zǒng 부 늘, 언제나 | 会 huì 조동 ~할 것이다 | ★包 bāo 명 가방 | 里 lǐ 명 안, 속 | ★放 fàng 통 놓다, 두다 | ★伞 sǎn 명 우산 | 时 shí 명 때, 시기 | ★带 dài 통 (몸에) 지니다, 가지다 | 钱包 qiánbāo 명 지갑 | 快乐 kuàilè 형 즐겁다

2

해설 및 정답 **문제 분석▼** 오늘은 어제처럼 바람이 많이 불지 않는다(不像昨天风刮得那么大)고 했으므로, 어제는 바람이 많이 불었다는 것을 알 수 있다. 따라서 보기 B가 정답이다.

今天天气不错，不像昨天风刮得那么大。 동사+得+〈형용사〉: 동작 진행 후 그 동작에 대한 묘사, 소감 我们去爬山怎么样？	오늘은 날씨가 좋아서, 어제처럼 그렇게 바람이 많이 불지 않네. 우리 등산 가는 거 어때?
★ 根据这段话，可以知道：	★ 이 글을 통해 알 수 있는 것은：
A 现在是冬天	A 지금은 겨울이다
B 昨天风很大	**B 어제는 바람이 많이 불었다**
C 他们要去公园	C 그들은 공원에 가려고 한다

단어 今天 jīntiān 명 오늘 | 天气 tiānqì 명 날씨 | 不错 búcuò 형 좋다, 괜찮다 | ★像 xiàng 통 ~와 같다, 닮다 | 昨天 zuótiān 명 어제 | ★刮风 guāfēng 통 바람이 불다 | 那么 nàme 때 그렇게, 저렇게 | 大 dà 형 (비·눈이) 많다, 크다 | 去 qù 통 가다 | ★爬山 páshān 통 등산하다 | 怎么样 zěnmeyàng 때 어떠하다 | 现在 xiànzài 명 지금, 현재 | 冬天 dōngtiān 명 겨울 | ★公园 gōngyuán 명 공원

3

해설 및 정답 **문제 분석▼** 파란색(蓝色)을 사용하여 여름(夏季)을 나타낸다고 했으므로 보기 A가 정답이다.

不同的季节可以用不同的颜色来表示， ~을 사용하여 나타내다 我们用蓝色表示夏季，那秋季呢？	서로 다른 계절은 서로 다른 색깔로 표현할 수 있다. 우리는 파란색으로 여름을 표현하는데, 그럼 가을은?
★ 蓝色常被用来表示：	★ 파란색은 자주 무엇을 표현하는 데 사용되나：

| A 夏天 | B 秋天 | C 冬天 | A 여름 | B 가을 | C 겨울 |

단어 不同 bùtóng 혱 같지 않다, 다르다 | ★季节 jìjié 몡 계절 | 可以 kěyǐ 조동 ~할 수 있다 | ★用 yòng 동 사용하다, 쓰다 | 颜色 yánsè 몡 색깔 | ★表示 biǎoshì 동 나타내다 | 蓝色 lánsè 몡 파란색 | 夏季 xiàjì 몡 여름 | 那 nà 젭 그러면, 그렇다면 | 秋季 qiūjì 몡 가을 | 常 cháng 뷘 자주, 항상 | ★被 bèi 개 ~에 의하여 (~를 당하다) | 用来 yònglái 동 ~에 쓰다 | 冬天 dōngtiān 몡 겨울

4

해설 및 정답 **문제 분석▼** 과거 몇십 년 간(过去的几十年) 아버지가 쭉 열심히 일하셨다(一直很努力地工作)고 했으므로 보기 **B**가 정답이다.

过去的几十年, 爸爸一直很努力地工作, [형용사+地+동사 : 동작의 방식]
现在已经是他们学校的校长了。他告诉我, 要想做出成绩, 除了认真工作, 没有其他选择。

지난 몇십 년 간 아버지는 계속 열심히 일하셨다. 지금은 이미 그들 학교의 교장 선생님이 되셨다. 그는 나에게 성적을 내려면 열심히 일하는 것 외에 다른 선택이 없다고 말씀하신다.

★ 根据这段话, 可以知道 爸爸:

A 不喜欢工作
B 工作了很长时间
C 多和同事聊天儿

★ 이 글에 근거하면 아버지는:

A 일을 안 좋아하신다
B 오랜 기간 일하셨다
C 동료들과 많이 이야기하신다

단어 ★过去 guòqù 몡 과거 | 爸爸 bàba 몡 아빠 | ★一直 yìzhí 뷘 계속해서, 줄곧 | ★努力 nǔlì 동 노력하다 | 工作 gōngzuò 동 일하다 | 现在 xiànzài 몡 지금, 현재 | 已经 yǐjīng 뷘 이미, 벌써 | 学校 xuéxiào 몡 학교 | ★校长 xiàozhǎng 몡 교장 | 告诉 gàosu 동 알리다, 말하다 | 想 xiǎng 조동 ~하고 싶다 | 做出 zuòchū 해내다 | ★成绩 chéngjì 몡 성적, 결과 | ★除了 chúle 개 ~외에, ~을 제외하고 | ★认真 rènzhēn 혱 성실하다 | ★其他 qítā 데 기타, 그 밖 | ★选择 xuǎnzé 몡 선택 | 喜欢 xǐhuan 동 좋아하다 | 长 cháng 혱 (시간이) 길다 | 时间 shíjiān 몡 시간 | ★同事 tóngshì 몡 동료 | 聊天儿 liáotiānr 동 이야기하다, 수다를 떨다

---

7 개사의 호응 여가, 건강, 여행

| 실전 트레이닝 1 | 기본서 128쪽

정답
1. B 2. A 3. C 4. B 5. C 6. A

[1-3]

A 很多，像读书、画画儿、游泳，我都很感兴趣。 B 说了就没意思了，你自己看吧。故事很短，一两天就能看完。 C 今天我跟朋友一起去吃晚饭。	A 많지, 책 읽기, 그림 그리기, 수영하기, 난 모두 흥미가 있어. B 말하면 재미없잖아. 네가 스스로 봐. 이야기는 아주 짧아서, 하루 이틀이면 다 볼 수 있어. C 오늘 나는 친구와 함께 저녁을 먹으러 가.

1

(해설 및 정답) **문제 분석▼** 책에서 말하는 것이 무엇이냐는 질문에 '말하면 재미없고(说了就没意思了) 직접 보라(你自己看吧)'고 제안한 보기 B가 어울린다.

A: ❶这本书写得怎么样? 里面讲的是什么? B: ❸说了就没意思了，你自己看吧。故事很短，一两天就能看完。	A: ❶이 책은 (쓴 것이) 어때? 책에서 말하는 게 뭐야? B: ❸말하면 재미없잖아. 네가 직접 봐. 이야기는 짧아서, 하루 이틀이면 다 볼 수 있어.

(단어) 本 běn 양[책을 세는 단위] | 书 shū 명 책 | 写 xiě 동 (글씨를) 쓰다 | 怎么样 zěnmeyàng 대 어떠하다 | 里面 lǐmiàn 명 안, 안쪽 | ★讲 jiǎng 동 말하다, 이야기하다 | 什么 shénme 대 무엇, 무슨 | 说 shuō 동 말하다 | 就 jiù 부 곧, 바로 | 没意思 méi yìsi 재미가 없다, 단조롭다 | ★自己 zìjǐ 대 자기, 자신, 스스로 | 看 kàn 동 보다 | ★故事 gùshi 명 이야기 | ★短 duǎn 형 짧다 | 天 tiān 명 날, 일(日) | 能 néng 조동 ~할 수 있다 | 看完 kànwán 다 보다

2

(해설 및 정답) **문제 분석▼** 무슨 취미를 가지고 있냐는 질문에 많다(很多)고 대답한 뒤 흥미 있는 것들을 나열한 보기 A가 어울린다.

A: ❷除了打篮球，你还有什么爱好? B: ❹很多，像读书、画画儿、游泳，我都很感兴趣。	A: ❷농구 하는 것 말고, 넌 어떤 취미가 있어? B: ❹많지, 책 읽기, 그림 그리기, 수영하기, 난 모두 흥미가 있어.

(단어) ★除了 chúle 개 ~외에, ~을 제외하고 | 打篮球 dǎ lánqiú 농구를 하다 | 还 hái 부 또, 더 | 什么 shénme 대 무엇, 무슨 | ★爱好 àihào 명 취미 | 像 xiàng 동 ~와 같다 | 读书 dúshū 동 책을 읽다, 독서하다 | 画画儿 huà huàr 그림을 그리다 | 游泳 yóuyǒng 동 수영하다 | 都 dōu 부 모두, 다 | ★感兴趣 gǎn xìngqù 관심이 있다, 흥미를 느끼다

3

(해설 및 정답) **문제 분석▼** '是吗?'는 상대의 말에 호응하는 표현이고, '너희 어디에 가서 먹을 거니(你们去哪儿吃?)'라고 물었으므로, 친구랑 저녁 먹으러 간다고 말한 보기 C와 어울린다.

A: ❸今天我跟朋友一起去吃晚饭。 B: ❸是吗? 你们去哪儿吃?	A: ❸오늘 나는 친구와 함께 저녁을 먹으러 가. B: ❸그래? 너희는 어디에 가서 먹을 거니?

단어 今天 jīntiān 몡 오늘 | ★跟 gēn 꽤 ~와 | 朋友 péngyou 몡 친구 | 一起 yìqǐ 믽 같이, 함께 | 去 qù 됭 가다 | 吃 chī 됭 먹다 | 晚饭 wǎnfàn 몡 저녁밥, 저녁 식사 | 哪儿 nǎr 때 어디

[4-6]

A 除了 chúle 꽤 ~을 제외하고   B 健康 jiànkāng 혱 건강하다   C 有名 yǒumíng 혱 유명하다

4

해설 및 정답   **문제 분석▼** 문장을 해석했을 때 '건강한 몸을 갖다(有一健康的身体)'라는 표현이 적절하므로 보기 B가 정답이다.

只有经常运动, 才能有一个（**B 健康**）的身体。	자주 운동을 해야만이 （**B 건강한**）몸을 가질 수 있다.

오로지 ~해야만 비로소 ~할 수 있다   (…)的+명사

단어 ★只有…才能… zhǐyǒu…cái néng… ~해야만 비로소 ~할 수 있다 | ★经常 jīngcháng 믽 자주, 항상 | 运动 yùndòng 됭 운동하다 | ★健康 jiànkāng 혱 건강하다 | 身体 shēntǐ 몡 몸, 신체

5

해설 및 정답   **문제 분석▼** 문장을 해석했을 때 '가장 유명하니, 기회가 되면 소개시켜 주겠다'는 표현이 적절하므로 보기 C가 정답이다.

李医生在我们医院最（**C 有名**），有机会我介绍你们认识。	닥터 리(李)는 우리 병원에서 가장 （**C 유명해**），기회가 되면 소개해 줄게.

最+형용사

단어 医生 yīshēng 몡 의사 | 在 zài 꽤 ~에서 | 医院 yīyuàn 몡 병원 | 最 zuì 믽 가장, 제일 | ★有名 yǒumíng 혱 유명하다 | ★机会 jīhuì 몡 기회 | 介绍 jièshào 됭 소개하다 | 认识 rènshi 됭 (사람·길·글자를) 알다

6

해설 및 정답   **문제 분석▼** 개사 除了는 '~을 제외하고'라는 뜻으로, '除了…(以外), 都…(~을 제외하고 모두 ~하다)'라는 형식으로 자주 쓴다. 문장을 해석했을 때에도 '한 문장을 제외하고 모두 이해했다'는 표현이 적절하므로 보기 A가 정답이다.

A: 这几句话你读懂了吗? B: （**A 除了**）最后一句, 其他的我**都**明白。	A: 이 몇 문장을 너는 이해했니? B: 제일 마지막 한 문장（**A 을 제외하고**）, 다른 건 다 이해했어.

~을 제외하고 모두 ~하다

단어 几 jǐ 죙 몇 | 句 jù 떙 마디[말·언어의 단위] | 读懂 dúdǒng 읽고 이해하다 | ★除了 chúle 꽤 ~외에, ~을 제외하고 | ★最后 zuìhòu 몡 제일 마지막, 결국 | ★其他 qítā 때 기타, 그 밖 | 都 dōu 믽 모두, 다 | ★明白 míngbai 됭 이해하다, 알다

정답

1. C 2. C 3. B 4. C

1

해설 및 정답 **문제 분석▼** 밥을 다 먹고(吃完饭) 나가서 좀 걷는 게 괜찮다(可以出去走走)고 했고, 이렇게 하면(这样) 건강에도 좋다(对身体也好)고 했으므로 보기 C가 정답이다.

吃完饭不要马上坐下，可以出去走走，这样不容易发胖，对身体也好。 ~에 좋다	밥 먹고 바로 앉지 마, 밖에 나가서 좀 걸어야지. 그래야 살이 잘 안 찌고 건강에도 좋아.
★ 这句话主要想告诉我们:	★ 이 글이 우리에게 알려 주는 주된 내용은:
A 要相信自己 B 吃点儿药才行 C 饭后走走最健康	A 자기 자신을 믿어야 한다 B 약을 좀 먹어야 괜찮다 C 식사 후에 좀 걷는 것이 제일 건강하다

단어 吃饭 chīfàn 동 밥을 먹다 | 不要 búyào 조동 ~하지 마라, ~해서는 안 된다 | ★马上 mǎshàng 부 곧, 바로 | 坐下 zuòxià 앉다 | 出去 chūqù 동 나가다 | 走 zǒu 동 걷다 | 这样 zhèyàng 대 이렇게, 이와 같다 | ★容易 róngyì 형 쉽다 | 发胖 fāpàng 동 살찌다, 뚱뚱해지다 | 对 duì 개 ~에 대하여 | 身体 shēntǐ 명 몸, 신체 | ★主要 zhǔyào 부 주로 | 告诉 gàosu 동 알리다, 말하다 | 后 hòu 명 (~한) 후 | 要 yào 조동 ~해야 한다 | ★相信 xiāngxìn 믿다 | ★自己 zìjǐ 대 자기, 자신, 스스로 | 药 yào 명 약 | ★才 cái 부 비로소, 겨우 | 行 xíng 형 좋다 | 最 zuì 부 가장, 제일 | ★健康 jiànkāng 형 건강하다

2

해설 및 정답 **문제 분석▼** 바이 아가씨(白小姐)에게 많이 자야 한다(要多睡觉)고 했으므로 보기 C가 정답이다.

白小姐，你要多睡觉，如果睡得不好，만약 ~한다면 곧 ~할 것이다 身体就会出问题的。您听明白了吗？ ~할 것이다[미래 가능성 예측]	바이 아가씨, 많이 자야 해요. 잠을 잘 못 자면, 몸에 문제가 생겨요. 아셨죠?
★ 他希望白小姐:	★ 그는 바이(白) 아가씨가 어떻게 하기를 바라는가:
A 多休息 B 多运动 C 多睡觉	A 많이 쉬기를 B 많이 운동하기를 C 많이 자기를

단어 小姐 xiǎojiě 명 아가씨 | 要 yào 조동 ~해야 한다 | 多 duō 부 많이 | ★睡觉 shuìjiào 동 잠을 자다 | ★如果 rúguǒ 접 만약 | 身体 shēntǐ 명 몸, 신체 | 会 huì 조동 ~할 것이다 | 出 chū 동 나타나다, 드러나다 | 问题 wèntí 명 문제 | 听明白 tīng míngbai 알아듣다 | 希望 xīwàng 동 바라다, 희망하다 | 运动 yùndòng 동 운동하다

해설 및 정답 **문제 분석▼** 그는 역사에 관심이 많고(对历史很感兴趣) 역사에 관한 책(关于历史的书)도 자주 빌려 보며, 책 속의 역사 이야기가 재미있다(历史故事都非常有趣)고 했으므로 보기 **B**가 정답이다.

我对历史很感兴趣, 经常会去图书馆借几 ~에 관심이 있다 本关于历史的书来看。我觉得书上写的很多历 ~에 관한 史故事都非常有趣。	난 역사에 대해 관심이 많다. 자주 도서관에 가서 역사에 관한 책을 몇 권씩 빌려 본다. 나는 책에 쓰여 있는 많은 역사 이야기들이 너무 재미있었다.
★ 他喜欢看什么书?	★ 그는 어떤 책을 좋아하는가?
A 介绍节日的 **B 介绍历史的** C 介绍音乐的	A 기념일을 소개하는 것 **B 역사를 소개하는 것** C 음악을 소개하는 것

단어 对 duì 깨 ~에 대하여 | ★历史 lìshǐ 명 역사 | ★感兴趣 gǎn xìngqù 관심이 있다, 흥미를 느끼다 | ★经常 jīngcháng 부 자주, 항상 | 会 huì 조동 ~할 것이다 | ★图书馆 túshūguǎn 명 도서관 | ★借 jiè 동 빌리다 | 几 jǐ 몇 | 本 běn 양 책을 세는 단위 | ★关于 guānyú 깨 ~에 관하여 | ★历史 lìshǐ 명 역사 | 书 shū 명 책 | 看 kàn 동 보다 | 觉得 juéde 동 ~라고 생각하다, 여기다 | 写 xiě 동 (글씨를) 쓰다 | ★故事 gùshi 명 이야기 | 非常 fēicháng 부 굉장히, 아주 | 有趣 yǒuqù 형 재미있다, 흥미가 있다 | 介绍 jièshào 동 소개하다 | ★节日 jiérì 명 기념일, 명절 | ★音乐 yīnyuè 명 음악

해설 및 정답 **문제 분석▼** 맥주(啤酒)는 머리카락에 굉장히 좋다(对头发非常好)고 했으므로 보기 **C**가 정답이다.

啤酒不但可以喝, 而且也可以用来洗头 ~할 뿐만 아니라 게다가 ~하기도 하다 发。它能让头发长得更快, 对头发非常好。 ~에 좋다	맥주는 마실 수도 있고, 머리를 감는 데 쓸 수도 있다. 그것은 머리카락을 더 빨리 자라게 하고, 머리카락에도 아주 좋다.
★ 啤酒:	★ 맥주는:
A 很贵 B 可用来做饭 **C 对头发很好**	A 아주 비싸다 B 밥하는 데 쓸 수 있다 **C 머리카락에 좋다**

단어 ★啤酒 píjiǔ 명 맥주 | ★不但…而且… búdàn…érqiě… 접 ~할 뿐만 아니라 게다가 ~하다 | 可以 kěyǐ 조동 ~할 수 있다, ~해도 된다 | 喝 hē 동 마시다 | 也 yě 부 ~도 또한 | 用来 yònglái 동 ~에 쓰다 | 洗 xǐ 동 씻다, 빨다 | ★头发 tóufa 명 머리카락 | 它 tā 대 그것[사물이나 동물을 가리킴] | 能 néng 조동 ~할 수 있다 | 让 ràng 동 (~로 하여금) ~하게 하다 | 长 zhǎng 동 자라다 | 得 de 조 ~하는 정도(상태)가 ~하다 | ★更 gèng 부 더, 더욱 | 快 kuài 형 (속도가) 빠르다 | 对 duì 깨 ~에(게), ~에 대하여 | 非常 fēicháng 부 굉장히, 아주 | 贵 guì 형 (가격이) 비싸다 | 做饭 zuò fàn 동 밥을 하다

| *실전* 트레이닝 1 | 기본서 135쪽

정답
1. B 　　2. C 　　3. A 　　4. C 　　5. A 　　6. B

[1-3]

A 欢迎你再次来上海。	A 상하이에 다시 오신 것을 환영합니다.
B 没有，我又办了一个新的。	B 아니, 또 새로 만들었어.
C 银行马上就要关门了。	C 은행이 곧 문을 닫아요.

1

(해설 및 정답) **문제 분석▼** '찾았냐(找到了吗)'는 질문에 대해, '(찾지) 못했다(没有)'는 대답이 적절하므로 보기 **B**가 정답이다.

A: ❶王经理，您的护照找到了吗？	A: ❶왕 사장님, 여권 찾으셨어요?
B: ❷没有，我又办了一个新的。	B: ❷아니, 또 새로 만들었어.

(단어) ★经理 jīnglǐ 몡 사장, 책임자 | ★护照 hùzhào 몡 여권 | 找到 zhǎodào 찾아내다, 찾다 | ★又 yòu 뷔 다시, 또 | 办 bàn 통 처리하다 | 新 xīn 혱 새롭다

2

(해설 및 정답) **문제 분석▼** 보기 **C**의 '은행이 곧 문을 닫는다'는 결국 '(오늘은) 갈 수 없다'는 의미이므로, 문제 2번의 '내일 가도 된다(明天去也可以)'는 대답과 서로 어울린다.

A: ❸银行马上就要关门了。 　　　　　　곧 ~하다[임박을 나타냄]	A: ❸은행이 곧 문을 닫아요.
B: ❷没关系，我明天去也可以。 　　　　　　　　　~해도 괜찮다	B: ❷괜찮아요. 내일 다시 가도 돼요.

(단어) ★银行 yínháng 몡 은행 | ★马上 mǎshàng 뷔 곧, 바로 | 就要…了 jiùyào…le 곧 ~하다 | 关门 guānmén 통 문을 닫다, 영업을 마치다 | 没关系 méi guānxi 괜찮아요 | 明天 míngtiān 몡 내일 | 去 qù 통 가다 | 也 yě 뷔 ~도 또한 | 可以 kěyǐ 조동 ~해도 된다

3

(해설 및 정답) **문제 분석▼** 환영 인사(보기 **A**)에 대해서는 고맙다(谢谢)고 하고 못 본 사이에 많이 변했다는 반응이 적절하다.

| A: **Ⓐ** 欢迎你再次来上海。

B: **Ⓑ** 谢谢。几年不见，你的变化很大啊。 | A: **Ⓐ** 상하이에 다시 오신 것을 환영합니다.

B: **Ⓑ** 감사합니다. 몇 년간 못 뵈었는데, 많이 변하셨네요. |

단어 欢迎 huānyíng 통 환영하다 | 再次 zàicì 뷔 재차, 거듭 | 来 lái 통 오다 | 上海 Shànghǎi 고유 상하이, 상해 | 谢谢 xièxie 통 고마워요, 감사해요 | ★变化 biànhuà 명 변화

[4-6]

| A 已经 yǐjīng 뷔 이미, 벌써 | B 清楚 qīngchu 형 분명하다 | C 附近 fùjìn 명 근처, 부근 |

4

해설 및 정답 **문제 분석▼** 명사 附近은 단독으로도 쓰고 '장소명사+附近(~근처)'의 형식으로도 쓴다. 이 문장에서는 **火车站 附近**(기차역 근처)라는 표현이 적절하므로 보기 **C**가 정답이다.

| 您可以选择火车站（ **C 附近** ）的宾馆，住那儿会更方便。 | 당신은 기차역（ **C 근처** ）호텔을 선택할 수 있습니다. 거기 묵는 게 더 편할 겁니다. |

단어 ★选择 xuǎnzé 통 선택하다 | 火车站 huǒchēzhàn 명 기차역 | ★附近 fùjìn 명 근처, 부근 | 宾馆 bīnguǎn 명 호텔 | 住 zhù 통 묵다 | 那儿 nàr 때 그곳, 거기 | 会 huì 조동 ~할 것이다 | ★更 gèng 뷔 더, 더욱 | ★方便 fāngbiàn 형 편리하다

5

해설 및 정답 **문제 분석▼** 부사 已经은 주어 뒤, 술어(동사/형용사) 앞에 쓰여, '已经…了(이미 ~했다)'의 형식으로 동작이나 상황의 완료를 강조한다. 따라서 보기 **A**가 정답이다.

| 小姐，您的行李（ **A 已经** ）搬到房间里了，这是
_{이미 ~했다}
您的房卡。 | 아가씨, 당신의 짐은（ **A 이미** ）방에 옮겨 두었어요. 이것은 당신의 방 카드입니다. |

단어 小姐 xiǎojiě 명 아가씨 | 行李 xíngli 명 짐, 여행짐 | 已经 yǐjīng 뷔 이미, 벌써 | 搬到 bāndào ~로 옮기다 | 房间 fángjiān 명 방 | 里 lǐ 명 안, 속 | 房卡 fángkǎ 명 (호텔 등의) 카드 키

6

해설 및 정답 **문제 분석▼** 문장을 해석했을 때 '(사진을) 찍다(照)'라는 동작에 대한 묘사, 소감, 평가가 가능한 형용사는 보기 중 **清楚**(분명하다)가 있고, 빈칸 앞의 정도부사 **太**로 보아 빈칸에는 형용사나 심리감정동사를 써야 하기도 하므로 보기 **B**가 정답이다.

| A: 手机照得<u>不太</u>（ **B 清楚** ），你看这张怎么样？
　[不太]+형용사 : 그다지 ~하지 않다

B: 很好，照得不错。 | A: 휴대폰으로 찍은 건 별로 (**B 선명하지**) 않네, 이건 어때?

B: 좋아, 잘 찍었네. |

단어 手机 shǒujī 圆 휴대폰 | 照 zhào 图 (사진을) 찍다 | 不太 bú tài 별로, 그다지 ~하지 않다 | ★清楚 qīngchu 圆 분명하다 | 看 kàn 图 보다 | ★张 zhāng 圆 장[종이를 세는 단위] | 怎么样 zěnmeyàng 데 어떠하다 | 不错 búcuò 圆 좋다, 괜찮다

| *실전* 트레이닝 2 | 기본서 136쪽

정답

1. B　　　 2. C　　　 3. C　　　 4. A

1

해설 및 정답 **문제 분석▼** 이 버스(这辆公共汽车)는 위, 아래층이 있다(有上下两层)고 했으므로, 총 2층인 것을 알 수 있다. 따라서 보기 **B**가 정답이다.

| 这辆公共汽车有上下两层，很多人都愿意坐上边那层，因为坐得高，眼睛看得远，一路上经过的地方，你都可以看得更清楚。 | 이 버스는 위아래 2층이야. 많은 사람들이 위층에 앉기를 원해. 왜냐하면 높이 앉아야 멀리 보이니까. 도중에 지나가는 곳을 더 뚜렷히 볼 수 있어. |

★ 关于这辆公共汽车，可以知道：

A 司机很好
B 一共有两层
C 上层没有人坐

★ 이 버스에 관해 알 수 있는 것은:

A 운전기사가 좋다
B 총 2층이 있다
C 위층에는 앉은 사람이 없다

단어 ★辆 liàng 圆 대[차량을 세는 단위] | 公共汽车 gōnggòng qìchē 圆 버스 | ★层 céng 圆 층 | 都 dōu 图 모두, 다 | ★愿意 yuànyì 图 바라다, 원하다 | 坐 zuò 图 앉다 | 上边 shàngbian 圆 위쪽 | 因为 yīnwèi 젭 왜냐하면 | 得 de 조 ~하는 정도(상태)가 ~하다 | 高 gāo 圆 (높이가) 높다 | 眼睛 yǎnjing 圆 눈 | 远 yuǎn 圆 (거리가) 멀다 | 一路上 yílù shang 도중에 | ★经过 jīngguò 图 지나다, 거치다 | ★地方 dìfang 圆 곳, 장소 | 可以 kěyǐ 조통 ~할 수 있다 | ★更 gèng 图 더, 더욱 | ★清楚 qīngchu 圆 분명하다 | ★司机 sījī 圆 운전기사 | ★一共 yígòng 图 모두, 전부 | 上层 shàngcéng 圆 위층, 상층

2

해설 및 정답 **문제 분석▼** 손님(客人)들이 왔고, 나는 내일(明天) 그들을 데리고 창강을 유람하기로 했다(带他们…游长江)고 했으므로 보기 **C**가 정답이다.

客人们已经住进宾馆了，他们对那里的环境和服务都很满意，我已经跟他们说好了，明天早上9点半带他们坐船游长江。

★ 客人们明天会去：

A 看花
B 爬山
C 游长江

손님들은 이미 호텔에 들어왔다. 그들은 거기 환경과 서비스에 대해 아주 만족하고 있다. 나는 내일 아침 9시 반에 그들을 인솔해서 배 타고 창강을 유람하기로 이미 약속했다.

★ 손님들은 내일:

A 꽃 구경을 한다
B 등산한다
C 창강을 유람한다

단어 ★客人 kèrén 몡 손님, 방문객 | 已经 yǐjīng 뵘 이미, 벌써 | 住 zhù 됭 묵다 | 宾馆 bīnguǎn 몡 호텔 | 对 duì 꺠 ~에(게), ~에 대하여 | ★环境 huánjìng 몡 환경 | 服务 fúwù 몡 서비스 | ★满意 mǎnyì 됭 만족하다 | ★跟 gēn 꺠 ~와, ~에게 | 说好 shuōhǎo (어떻게 하기로) 구두로 결정하다, 약속하다 | 明天 míngtiān 몡 내일 | 早上 zǎoshang 몡 아침 | 点 diǎn 얭 시 | ★半 bàn 쥔 반 | ★带 dài 됭 이끌다, 데리다 | 坐船 zuò chuán 배를 타다 | 游 yóu 됭 유람하다 | 长江 Cháng Jiāng 고유 창강(长江), 양쯔강(扬子江)[강 이름] | ★花 huā 몡 꽃 | ★爬山 páshān 됭 등산하다

3

해설 및 정답 **문제 분석▼** 지금 모바일 지도가 생겼고(现在有了手机地图), 그것 덕분에 많이 편리해졌다(方便多了)고 했으므로 보기 C가 정답이다.

以前我要去一个不认识的地方，总是要问别人才能找到。现在有了手机地图，我想去哪儿，它就能带我去哪儿，方便多了。

★ 根据这段话，我们可以知道：

A 他喜欢去旅游
B 他很喜欢用旧的
C 手机地图很方便

전에 나는 모르는 곳에 갈 때 항상 다른 사람에게 물어봐야 찾을 수 있었다. 지금은 모바일 지도가 있어서, 내가 어디에 가고 싶으면 모바일 그것이 나를 그곳에 데려갈 수 있어서 훨씬 편리해졌다.

★ 이 글을 통해 우리가 알 수 있는 것은:

A 그는 여행 가는 것을 좋아한다
B 그는 옛날 것을 사용하기를 좋아한다
C 모바일 지도는 아주 편리하다

단어 ★以前 yǐqián 몡 이전 | 认识 rènshi 됭 (사람·길·글자를) 알다 | ★地方 dìfang 몡 곳, 장소 | ★总是 zǒngshì 뵘 늘, 항상 | 问 wèn 됭 묻다 | ★别人 biérén 떼 남, 타인 | ★才 cái 뵘 비로소, 겨우 | 找到 zhǎodào 찾아내다, 찾다 | 现在 xiànzài 몡 지금, 현재 | 手机 shǒujī 몡 휴대폰 | ★地图 dìtú 몡 지도 | 想 xiǎng 조동 ~하고 싶다 | 哪儿 nǎr 떼 어디 | 它 tā 떼 그것[사물이나 동물을 가리킴] | ★带 dài 됭 이끌다, 데리다 | ★方便 fāngbiàn 혱 편리하다 | ★喜欢 xǐhuan 됭 좋아하다 | 旅游 lǚyóu 됭 여행하다 | ★用 yòng 됭 사용하다, 쓰다 | ★旧 jiù 혱 낡다, 오래되다

해설 및 정답》 **문제 분석▼** 그가 운 것은 영화를 보고 지난 일이 생각났기 때문(想起了很多过去的事情)이라고 했으므로 보기 A가 정답이다.

没关系，我哭是因为看了一个电影，这 个电影使我突然想起了很多过去的事情。 _{~하게 만들다, 시키다} A是因为B : A는 B때문이다 ★他为什么哭? A 想起了过去 B 鼻子不舒服 C 不想说再见	괜찮아, 내가 우는 건 영화를 봐서야. 이 영화는 나에 게 갑자기 많은 지난 일들을 생각나게 했어. ★그는 왜 울었는가? A 지난 일이 생각나서 B 코가 불편해서 C 작별 인사를 하고 싶지 않아서

단어 没关系 méi guānxi 괜찮아요, 상관없어요 | ★哭 kū 图 (소리 내어) 울다 | 因为 yīnwèi 집 왜냐하면 | 看 kàn 图 보다 | 电影 diànyǐng 图 영화 | ★使 shǐ 图 (~에게) ~하게 하다, 시키다 | ★突然 tūrán 图 갑자기 | 想起 xiǎngqǐ 떠오르다, 생각나다 | ★过去 guòqù 图 과거, 옛일 | 事情 shìqing 图 일, 사건 | 为什么 wèishénme 대 왜 | ★鼻子 bízi 图 코 | ★舒服 shūfu 图 편안하다 | 再见 zàijiàn 图 잘 가요

9 관형어의 쓰임 길 찾기, 교통수단

| *실전* 트레이닝 1 | 기본서 143쪽

정답
> 1. C   2. A   3. B   4. A   5. C   6. B

[1-3]

A 天黑了，你一个人回家我不放心，你就叫出 　租车吧。 B 可以。你累不累? 坐下来喝点儿饮料，怎么 　样? C 不是，右边也可以。	A 날이 어두워졌어, 너 혼자서 집에 가는 거 마음이 안 놓 　이니까, 택시를 불러. B 그럼. 피곤해? 앉아서 음료수 좀 마시자, 어때? C 아니요, 오른쪽 것도 됩니다.

해설 및 정답 **문제 분석▼** 중간 것만(只有中间的) 탈 수 있는지를 묻는 질문은 오른쪽 것도 괜찮다(右边也可以)는 대답(보기 C)과 어울린다.

A: ❶ 只有中间的这个电梯能坐吗?	A: ❶ 중간에 있는 이 엘리베이터만 탈 수 있나요?
B: ❸ 不是，右边也可以。 　　　　　~도 괜찮다	B: ❸ 아니요, 오른쪽 것도 됩니다.

단어 只有 zhǐ yǒu ~만 있다, ~밖에 없다 | ★中间 zhōngjiān 阌 중간, 가운데 | ★电梯 diàntī 阌 엘리베이터 | 能 néng 조동 ~할 수 있다 | 坐 zuò 동 타다 | 右边 yòubian 阌 오른쪽, 우측 | 也 yě 부 ~도 또한 | 可以 kěyǐ 조동 ~해도 된다

해설 및 정답 **문제 분석▼** '괜찮다(没关系)'는 완곡하게 거절하는 말로, 택시를 부르라(你就叫出租车吧)는 제안(보기 A)과 어울린다.

A: ❹ 天黑了，你一个人回家我不放心，你就 叫出租车吧。	A: ❹ 날이 어두워졌어, 너 혼자서 집에 가는 거 마음이 안 놓이니까, 택시를 불러.
B: ❷ 没关系，我打电话让我哥来接我。 　　　　　　　　　~하게 하다	B: ❷ 괜찮아. 전화해서 오빠한테 데리러 오라고 하면 돼.

단어 天黑 tiān hēi 날이 어둡다, 해가 지다 | 回家 huíjiā 동 집으로 돌아가다 | ★放心 fàngxīn 동 안심하다, 마음을 놓다 | 叫 jiào 동 부르다, 호출하다 | 出租车 chūzūchē 阌 택시 | 没关系 méi guānxi 괜찮아요, 상관없어요 | 打电话 dǎ diànhuà 전화를 걸다, 전화하다 | 让 ràng 동 (~로 하여금) ~하게 하다 | 来 lái 동 오다 | ★接 jiē 동 마중하다

해설 및 정답 **문제 분석▼** 거리에 대해서 묻고 해지기 전에 도착할 수 있느냐는 질문에 대해, 가능하다(可以)는 대답과 피곤한지 되묻는 말(보기 B)이 서로 어울린다.

A: ❸ 还有多远? 太阳下山前我们能到吗?	A: ❸ 얼마나 더 가야 해? 해가 지기 전에 도착할 수 있어?
B: ❸ 可以。你累不累? 坐下来喝点儿饮料， 怎么样?	B: ❸ 그럼. 피곤해? 앉아서 음료수 좀 마시자, 어때?

단어 还 hái 부 또, 여전히, 아직도 | 多 duō 부 얼마나 | 远 yuǎn 형 (거리가) 멀다 | ★太阳 tàiyáng 阌 태양 | 下山 xià shān 동 해가 지다 | 前 qián 阌 앞, 전 | 能 néng 조동 ~할 수 있다 | 到 dào 동 도착하다, 이르다 | 可以 kěyǐ 조동 ~할 수 있다 | 累 lèi 형 피곤하다, 힘들다 | 坐下来 zuò xiàlai 앉다 | 喝 hē 동 마시다 | 点儿 diǎnr 양 약간, 조금[불확정적인 수량] | ★饮料 yǐnliào 阌 음료 | 怎么样 zěnmeyàng 대 어떠하다

[4-6]

A 关心 guānxīn 阌 관심	B 向 xiàng 개 ~을 향하여	C 街道 jiēdào 阌 큰길, 대로

해설 및 정답 **문제 분석▼** 구조조사 的 뒤에는 명사를 쓸 수 있다. 문장을 해석하면 '당신의 관심(你的关心)에 고맙다'라는 표현이 자연스러우므로 보기 **A**가 정답이다.

谢谢你的（ **A 关心** ），我做完事情后再找你。	당신의（ **A 관심** ）에 고마워요, 일을 다 마치고 난 후에 다시 연락할게요.

단어 谢谢 xièxie 图 고마워요 | ★关心 guānxīn 图 관심 | 做完 zuòwán 다 하다 | 事情 shìqing 图 일 | 后 hòu 图 뒤, 후 | 再 zài 图 또, 다시 | 找 zhǎo 图 찾다

5

해설 및 정답 **문제 분석▼** '장소명사+这边(이쪽)/那边(그쪽, 저쪽)/两边(양쪽)' 형식을 써서 위치(방위, 방향)를 자세하게 설명할 수 있다. 따라서 장소를 나타내는 보기 **C**가 정답이다.

春天了，（ **C 街道** ）两边的花儿都开了。	봄이다. （ **C 큰길** ）양쪽에 꽃이 모두 피었다.

단어 春天 chūntiān 图 봄 | ★街道 jiēdào 图 큰길, 대로 | ★花儿 huār 图 꽃 | 都 dōu 图 모두, 다 | 开 kāi 图 (꽃이) 피다

6

해설 및 정답 **문제 분석▼** 개사 向은 '~을 향하여'라는 뜻으로, 뒤에 방향을 나타내는 명사나 대명사를 쓴다. 따라서 빈칸 뒤에 방향을 나타내는 명사 前(앞)을 쓰면 向前走(앞으로 가다)라는 표현을 완성할 수 있다.

A：我该换钱了，你知道附近哪里有中国银行吗？ 　　~해야겠다, ~할 때가 되었다 B：这家饭馆旁边就有一个，出门（ **B 向** ）前走 　　[개사구]+동사 一百米就到了。	A: 나 환전해야 해. 근처 어디에 중국은행이 있는지 알아? B: 이 호텔 옆에 한 곳이 있어. 나가서 앞（ **B 으로** ）백 미터 가면 바로 있어.

단어 该 gāi 图 ~할 때가 되다 | 换钱 huànqián 图 환전하다 | 知道 zhīdào 图 알다, 이해하다 | ★附近 fùjìn 图 근처, 부근 | ★银行 yínháng 图 은행 | 家 jiā 图 집·점포·공장 등을 세는 단위 | 饭馆 fànguǎn 图 호텔, 식당 | 旁边 pángbiān 图 옆, 근처 | 出门 chūmén 图 문을 나서다 | ★向 xiàng 图 ~을 향하여 | 前 qián 图 (공간에서의) 앞 | 走 zǒu 图 걷다, 가다 | ★米 mǐ 图 미터(m) | 到 dào 图 도착하다, 이르다

| 실전 트레이닝 2 | 기본서 **144쪽**

정답
1. B　　2. A　　3. B　　4. C

해설 및 정답 **문제 분석▼** 돌아갈 때 조심해야 한다(回去的时候一定要小心点儿)고 했고, 좀 천천히 운전하라(慢点儿开车)고 했으므로, 조심해서 운전하기를 당부한다는 것을 알 수 있다. 따라서 보기 **B**가 정답이다.

外面刚下过雪，街道还没人打扫。你回去的时候一定要小心点儿，慢点儿开车，注意看路。 형용사+((一)点儿 : 조금 (더) ~하다 ★ 根据这段话，可以知道： A 车坏了 **B 要小心开车** C 他开车开得很慢	밖에 방금 눈이 와서 대로에는 아직 치우는 사람이 없어. 너 돌아갈 때 꼭 조심하고, 차 천천히 몰고, 길을 잘 봐야 해. ★ 이 글을 통해 알 수 있는 것은: A 차가 고장 났다 **B 차를 조심히 운전해야 한다** C 그는 차를 아주 천천히 운전한다

단어 外面 wàimian 명 바깥, 밖 | 刚 gāng 부 방금, 막 | 下雪 xiàxuě 동 눈이 내리다 | ★街道 jiēdào 명 큰길, 대로 | 还 hái 부 아직 | ★打扫 dǎsǎo 동 청소하다 | 回去 huíqu 동 돌아가다 | …的时候 …de shíhou ~할 때 | ★一定 yídìng 부 반드시, 꼭 | 要 yào 조동 ~해야 한다 | ★小心 xiǎoxīn 동 조심하다 | (一)点儿 (yì)diǎnr 약간, 조금 | 慢 màn 형 느리다 | 开车 kāichē 동 차를 몰다, 운전하다 | ★注意 zhùyì 동 주의를 기울이다, 신경 쓰다 | 路 lù 명 길, 도로 | 车 chē 명 자동차 | ★坏 huài 형 고장 나다

해설 및 정답 **문제 분석▼** 본문에서 길이 깨끗하고(很干净), 굉장히 예쁘다(非常漂亮)고 했으므로 보기 **A**가 정답이다.

这条街很干净，路两边都是花草，每年春天开花的时候，都非常漂亮，所以我很喜欢在这条路上跑步。 ~할 때 그래서 ★ 关于那条路，可以知道什么？ **A 干净漂亮** B 离车站很近 C 不方便买菜	이 길은 정말 깨끗하다. 길 양쪽에는 다 화초다. 매년 봄, 꽃이 필 때 아주 아름답다. 그래서 난 이 길을 달리는 것을 아주 좋아한다. ★ 그 길에 대해 알 수 있는 것은? **A 깨끗하고 아름답다** B 정류장에서 가깝다 C 장 보기 불편하다

단어 ★条 tiáo 양 길을 세는 단위 | 街 jiē 명 거리, 큰길 | ★干净 gānjìng 형 깨끗하다 | 路 lù 명 길, 도로 | 花草 huācǎo 명 꽃과 풀 | 每年 měi nián 매년, 해마다 | 春天 chūntiān 명 봄 | 开花 kāihuā 동 꽃이 피다 | 非常 fēicháng 부 굉장히, 아주 | 漂亮 piàoliang 형 예쁘다 | 所以 suǒyǐ 접 그래서 | 喜欢 xǐhuan 동 좋아하다 | 在 zài 개 ~에서 | 跑步 pǎobù 동 달리기를 하다, 조깅을 하다 | 离 lí 개 ~로부터 | 车站 chēzhàn 명 정류장 | 近 jìn 형 가깝다 | ★方便 fāngbiàn 형 편리하다 | 买菜 mǎi cài 장 보다, 야채를 사다

3

해설 및 정답 **문제 분석▼** 본문에서 우리 집 쪽에 공항이 생겼다(我家这边有了机场)고 했으므로 보기 B가 정답이다.

我在<u>离</u>家很远的地方上大学，以前每次
~로부터
去学校，我都要先坐一个多小时的汽车到火车
站，然后再坐10多个小时的火车。<u>后来</u>我家
~여, 남짓
这边有了机场，<u>去学校就快多了</u>。
형용사+〈多了〉: 훨씬 (더) ~하다

★ 为什么<u>后来他去学校快多了</u>？

A 可以坐火车
B 可以坐飞机
C 已经毕业了

나는 집에서 먼 곳에서 대학을 다닌다. 전에는 매번 학교를 갈 때 먼저 한 시간 남짓 차를 타고 기차역에 가서 다시 10시간이 넘게 기차를 탔다. <u>이후</u>에 우리 집 쪽에 공항이 생겨서 <u>학교에 가는 것이 훨씬 빨라졌다</u>.

★ 왜 <u>이후에는 학교에 가는 것이 훨씬 빨라졌는가</u>?

A 기차를 탈 수 있어서
B 비행기를 탈 수 있어서
C 이미 졸업해서

在 zài 께 ~에서 | 离 lí 께 ~로부터 | 家 jiā 몡 집 | 远 yuǎn 혱 (거리가) 멀다 | ★地方 dìfang 몡 곳, 장소 | 上大学 shàng dàxué 대학교에 다니다 | ★以前 yǐqián 몡 이전 | 每次 měi cì 매번 | 学校 xuéxiào 몡 학교 | ★先 xiān 뷔 먼저 | 坐 zuò 동 (차나 비행기를) 타다 | 小时 xiǎoshí 몡 시간[시간의 양] | 汽车 qìchē 몡 자동차 | 到 dào 동 도착하다, 이르다 | 火车站 huǒchēzhàn 몡 기차역 | ★然后 ránhòu 접 그런 후에 | 再 zài 뷔 또, 다시 | 火车 huǒchē 몡 기차 | ★后来 hòulái 몡 그 후, 그 뒤 | 机场 jīchǎng 몡 공항 | 快 kuài 혱 (속도가) 빠르다 | 为什么 wèishénme 때 왜 | 飞机 fēijī 몡 비행기 | 已经 yǐjīng 뷔 이미, 벌써 | 毕业 bìyè 동 졸업하다

4

해설 및 정답 **문제 분석▼** 본문에서 그는 아침에 택시를 타고 회사에 왔다(坐出租车来公司了)고 했으므로 보기 C가 정답이다.

<u>早上我</u>在车站等了40多分钟，也没等到
我要坐的那辆公共汽车。我担心再等下去<u>会</u>迟
~할 것이다[미래 가능성 예측]
到，<u>就坐出租车来公司了</u>。

★ <u>他</u>今天<u>早上</u>：

A 迟到了
B 起床晚了
C 打车上班的

<u>아침</u>에 <u>나</u>는 정류장에서 40분 넘게 기다렸는데, 그래도 내가 타야 할 그 버스가 오지 않았다. 나는 더 기다린다면 지각할까 봐 걱정돼서 <u>택시를 타고 회사에 왔다</u>.

★ <u>그는</u> 오늘 <u>아침에</u>：

A 지각했다
B 늦게 일어났다
C 택시를 타고 출근했다

早上 zǎoshang 몡 아침 | 在 zài 께 ~에서 | 车站 chēzhàn 몡 정류장 | 等 děng 동 기다리다 | 分钟 fēnzhōng 몡 분[시간의 양] | 坐 zuò 동 (차나 비행기를) 타다 | ★辆 liàng 얭 대[차량을 세는 단위] | 公共汽车 gōnggòng qìchē 몡 버스 | ★担心 dānxīn 동 걱정하다 | 再 zài 뷔 또, 다시 | 会 huì 조동 ~할 것이다 | ★迟到 chídào 동 지각하다 | 出租车 chūzūchē 몡 택시 | 来 lái 동 오다 | 公司 gōngsī 몡 회사 | 今天 jīntiān 몡 오늘 | 起床 qǐchuáng 동 기상을 하다, 일어나다 | 晚 wǎn 혱 늦다 | 打车 dǎ chē 동 택시를 타다 | 上班 shàngbān 동 출근하다

기본서 **145**쪽

정답										
1. B	2. D	3. C	4. F	5. A	6. B	7. D	8. C	9. E	10. A
11. B	12. A	13. F	14. C	15. D	16. A	17. B	18. E	19. F	20. C
21. A	22. C	23. B	24. C	25. B	26. B	27. A	28. A	29. C	30. C

[1-5]

A 去洗洗手，准备碗筷吧。你妈妈呢?

B 那我再换个大一点儿的包，这个包放不下了。

C 这双运动鞋是新买的? 多少钱买的?

D 找个时间去医院检查检查吧。

E 当然。我们先坐公共汽车，然后换地铁。

F 这位就是我的新男朋友。

A 가서 손 씻고, 밥그릇과 젓가락 좀 준비해라. 엄마는?

B 그럼 나 좀 더 큰 가방으로 바꿀게. 이 가방에는 더 넣을 수 없어.

C 이 운동화는 새로 산 거야? 얼마에 산 거야?

D 시간 내서 병원에 가서 검사 좀 해봐.

E 당연하지. 우리는 먼저 버스를 타고 나서 지하철로 갈아타면 돼.

F 이 사람은 나의 새 남자 친구야.

1

해설 및 정답 **문제 분석▼** 사과를 좀 더 가져가라는 말에 가방이 작으니 바꿔야겠다는 것이 적절하다.

A: ❶ 把这几个苹果也拿上吧。

B: ❷ 那我再换个大一点儿的包，这个包放不下了。

A: ❶ 이 사과 몇 개도 가져가.

B: ❷ 그럼 나 좀 더 큰 가방으로 바꿀게. 이 가방에는 더 넣을 수 없어.

단어 ★把 bǎ 껜 ~을 | 几 jǐ 囹 몇 | 苹果 píngguǒ 圀 사과 | 也 yě 囝 ~도 또한 | ★拿 ná 图 잡다, 들다 | 那 nà 쥅 그러면, 그렇다면 | 再 zài 囝 또, 다시 | ★换 huàn 图 바꾸다, 교환하다 | 一点儿 yìdiǎnr 囹 조금 | ★包 bāo 圀 가방 | ★放 fàng 图 놓다, 두다

2

해설 및 정답 **문제 분석▼** 치아가 점점 아프다는 말에 병원 가서 검사해 보라는 제안이 적절하다.

A: ❷ 我的牙越来越疼了。

B: ❹ 找个时间去医院检查检查吧。

A: ❷ 내 이가 점점 아파.

B: ❹ 시간 내서 병원에 가서 검사 좀 해봐.

단어 牙 yá 圀 이, 치아 | 越来越 yuèláiyuè 囝 더욱더, 점점, 갈수록 | ★疼 téng 阌 아프다 | 找 zhǎo 图 찾다 | 时间 shíjiān 圀 시간 | 去 qù 图 가다 | 医院 yīyuàn 圀 병원 | ★检查 jiǎnchá 图 검사하다, 점검하다

3

해설 및 정답　**문제 분석▼** 얼마에 샀냐는 질문에 800위안이라는 대답이 적절하다.

A: **C**这双运动鞋是新买的？ 多少钱买的？	A: **C**이 운동화는 새로 산 거야? 얼마에 산 거야?
B: **3**800多块，虽然比较贵，但穿着很舒服。	B: **3**800위안 넘어. 좀 비싸긴 하지만 신으면 아주 편해.

단어　★双 shuāng ❸ 쌍, 켤레[쌍이나 짝을 이룬 물건을 세는 단위] | 运动鞋 yùndòngxié ❸ 운동화 | 新 xīn ❸ 새롭다 | 买 mǎi ❸ 사다 | 多少钱 duōshao qián 얼마예요? | 块 kuài ❸ 위안[중국의 화폐 단위] | 虽然⋯但⋯ suīrán⋯dàn⋯ 비록 ~하지만 그러나 ~하다 | ★比较 bǐjiào ❹ 비교적 | 贵 guì ❸ (가격이) 비싸다 | 穿 chuān ❸ (신발을) 신다 | 着 zhe ❹ ~하고 보니 ~하다 | ★舒服 shūfu ❸ 편안하다

4

해설 및 정답　**문제 분석▼** 누구냐는 질문에 나의 새 남자 친구라는 대답이 적절하다.

A: **4**方便给我们介绍一下吗？ 他是谁啊？	A: **4**소개 좀 해줄 수 있어? 그 사람은 누구야?
B: **F**这位就是我的新男朋友。	B: **F**이 사람은 나의 새 남자 친구야.

단어　★方便 fāngbiàn ❸ 편리하다 | 给 gěi ❹ ~에게 | 介绍 jièshào ❹ 소개하다 | 一下 yíxià ❹ 동사 뒤에 쓰여 '좀 ~하다'의 뜻을 나타냄 | 谁 shéi ❹ 누구 | ★位 wèi ❹ 분[사람을 세는 단위] | 新 xīn ❸ 새롭다 | 男朋友 nánpéngyou ❸ 남자 친구

5

해설 및 정답　**문제 분석▼** '엄마는(妈妈呢)?'이라는 질문에 그녀(她)는 텔레비전을 보고 있다는 대답이 적절하다.

A: **A**去洗洗手，准备碗筷吧。 你妈妈呢？	A: **A**가서 손 씻고, 밥그릇과 젓가락 좀 준비해라. 엄마는?
B: **5**她在看电视，我去叫她。	B: **5**엄마는 텔레비전을 보고 있어요. 제가 가서 부를게요.

단어　去 qù ❸ 가다 | 洗 xǐ ❸ 씻다 | 手 shǒu ❸ 손 | 准备 zhǔnbèi ❸ 준비하다 | 碗筷 wǎnkuài ❸ (밥)그릇과 젓가락 | 在 zài ❹ ~하고 있다 | 看 kàn ❸ 보다 | 电视 diànshì ❸ 텔레비전 | 叫 jiào ❸ 부르다

[6-10]

A 昨天的雨下得非常大，我没带伞。	A 어제 비가 많이 왔는데, 우산을 안 가져갔어.
B 别担心，我坐出租车去，10分钟就到学校了。	B 걱정 마세요. 저 택시 타고 갈 거예요. 10분이면 학교에 도착해요.
C 爸，您不是说给我带礼物了吗？是什么？让我看看。	C 아빠, 저한테 선물을 가져다주신다고 안 하셨어요? 뭐예요? 보여 주세요.
D 没关系，我觉得你这样更好看。健康才是最重要的。	D 괜찮아, 내 생각엔 너는 지금이 더 예뻐. 건강이 제일 중요하니까.
E 天气太热了，我们喝杯绿茶吧。	E 날씨가 너무 더운데, 우리 녹차 마시자.

6

(해설 및 정답) **문제 분석▼** 곧 시험이니 서두르라는 말에 10분이면 곧 학교에 도착한다는 반응이 적절하다.

A: ❻<u>快点儿吧，再有一个小时就要考试了</u>。

B: ❸<u>别担心，我坐出租车去，10分钟就到学校了</u>。

A: ❻빨리 좀 해. 한 시간만 있으면 시험이야.

B: ❸걱정 마세요. 저 택시 타고 갈 거예요. <u>10분이면 학교에 도착해요.</u>

(단어) 快 kuài 혱 (속도가) 빠르다 | (一)点儿 (yì)diǎnr 혱 약간, 조금 | 再 zài 면 또, 다시 | 小时 xiǎoshí 몡 시간[시간의 양] | 就要···了 jiùyào···le 곧 ~하다 | 考试 kǎoshì 통 시험을 보다 | 别 bié 면 ~하지 마라[금지를 나타냄] | ★担心 dānxīn 통 걱정하다 | 坐 zuò 통 (차나 비행기를) 타다 | 出租车 chūzūchē 몡 택시 | 去 qù 통 가다 | 分钟 fēnzhōng 몡 분[시간의 양] | 到 dào 통 도착하다. 이르다 | 学校 xuéxiào 몡 학교

7

(해설 및 정답) **문제 분석▼** 또 살이 쪘다(又胖了)는 말에 괜찮다(没关系)며 더 보기 좋다(更好看)고 위로하는 것이 적절하고, 건강(健康)에 대한 조언도 어울린다.

A: ❼<u>你看，我又胖了三公斤</u>。

B: ❹<u>没关系，我觉得你这样更好看</u>。健康才是最重要的。

A: ❼봐봐, 나 또 3킬로그램 쪘어.

B: ❹괜찮아, 내 생각엔 너는 지금이 더 예뻐. 건강이 제일 중요하니까.

(단어) ★又 yòu 면 다시, 또 | ★胖 pàng 혱 살찌다, 뚱뚱하다 | ★公斤 gōngjīn 혱 킬로그램 | 没关系 méi guānxi 괜찮아요, 상관없어요 | 觉得 juéde 통 ~라고 생각하다, 여기다 | ★更 gèng 면 더, 더욱 | 好看 hǎokàn 혱 아름답다, 보기 좋다 | ★健康 jiànkāng 혱 건강하다 | ★才 cái 면 비로소, 겨우 | 最 zuì 면 가장, 제일 | ★重要 zhòngyào 혱 중요하다

해설 및 정답 **문제 분석▼** 선물을 달라는 말에 가방에 있으니 직접 가져가라는 반응이 적절하다.

A: **C** 爸，您不是说给我带礼物了吗？是什么? 让我看看。

B: **8** 在行李箱里呢，你自己去拿吧。

A: **C** 아빠, 저한테 선물을 가져다주신다고 안 하셨어요? 뭐예요? 보여 주세요.

B: **8** 캐리어에 있어. 직접 가져가렴.

단어 说 shuō 图 말하다 | 给 gěi 겐 ~에게 | ★带 dài 图 (몸에) 지니다, 가지다 | ★礼物 lǐwù 명 선물 | 什么 shénme 데 무엇, 무슨 | 让 ràng 图 (~로 하여금) ~하게 하다 | 看 kàn 图 보다 | 在 zài 图 ~에 있다 | ★行李箱 xínglixiāng 명 트렁크, 캐리어 | 里 lǐ 명 안, 속 | ★自己 zìjǐ 데 자기, 자신, 스스로 | 去 qù 图 가다 | ★拿 ná 图 잡다, 들다, 가지다

해설 및 정답 **문제 분석▼** 녹차를 마시자는 제안에 좋다(好的)고 승낙하며 목이 마르다고 하는 것이 적절하다.

A: **E** 天气太热了，我们喝杯绿茶吧。

B: **9** 好的，我也有点儿渴了。

A: **E** 날씨가 너무 더운데, 우리 녹차 마시자.

B: **9** 그래, 나도 좀 목말라.

단어 喝 hē 图 마시다 | 杯 bēi 양 잔, 컵 | 绿茶 lǜchá 명 녹차 | 也 yě 图 ~도 역시 | 有点儿 yǒudiǎnr 图 조금, 약간[부정적인 어투가 강함] | ★渴 kě 형 목마르다, 갈증 나다

해설 및 정답 **문제 분석▼** 왜 병이 났냐는 질문에 비가 왔는데 우산이 없었다고 대답을 한다면, 비를 맞고 병이 났다는 것으로 유추할 수 있다.

A: **10** 你怎么又生病了?

B: **A** 昨天的雨下得非常大，我没带伞。

A: **10** 너는 왜 또 아파?

B: **A** 어제 비가 많이 왔는데, 우산을 안 가져갔어.

단어 怎么 zěnme 데 어떻게, 어째서 | ★又 yòu 图 다시, 또 | 生病 shēngbìng 图 아프다, 병이 생기다 | 昨天 zuótiān 명 어제 | 下雨 xiàyǔ 图 비가 내리다 | 非常 fēicháng 图 굉장히, 아주 | ★带 dài 图 (몸에) 지니다, 가지다 | ★伞 sǎn 명 우산

[11-15]

A 为了 wèile 꽤 ~을 위해서	B 留学 liúxué 동 유학하다
C 机会 jīhuì 명 기회	D 年轻 niánqīng 형 젊다
E 声音 shēngyīn 명 소리	F 结束 jiéshù 동 끝나다, 마치다

11

해설 및 정답 **문제 분석▼** 빈칸 뒤의 时는 '~할 때'의 의미로 보기 중에서 留学, 结束, 年轻과 함께 '유학할 때', '마칠 때' '젊을/어릴 때'라고 쓸 수 있다. 하지만 문장을 해석해 보면 '외국에서 유학할 때 만났다'는 것이 자연스러우므로 정답은 **B**이다.

我和丈夫是在国外（ **B 留学** ）时认识的。 　　　　　　~에서 유학하다	저와 남편은 외국에서 (**B 유학할**) 때 알게 되었어요.

단어 丈夫 zhàngfu 명 남편 | 在 zài 꽤 ~에서 | 国外 guówài 명 외국 | ★留学 liúxué 동 유학하다 | 时 shí 명 때 | 认识 rènshi 동 (사람을) 알다

12

해설 및 정답 **문제 분석▼** 개사 为了는 '~을 위하여'의 의미로 목적을 이끌 때 쓴다. 그리고 해석해 보면, 수준을 높여야 하는 목적이 문제를 더 잘 해결하기 위해서라는 것이 적절하므로 정답은 **A**이다.

（ **A 为了** ）更好地解决问题，必须提高自己的水平。	문제를 더 잘 해결하(**A 기 위해서**)는 반드시 자기 실력을 향상시켜야 한다.

단어 ★为了 wèile 꽤 ~을 위해서 | ★更 gèng 부 더, 더욱 | ★解决 jiějué 동 해결하다 | 问题 wèntí 명 문제 | ★必须 bìxū 부 반드시, 꼭 | ★提高 tígāo 동 향상시키다 | ★自己 zìjǐ 대 자기, 자신, 스스로 | ★水平 shuǐpíng 명 실력, 수준

13

해설 및 정답 **문제 분석▼** 조동사 能 뒤에는 동사를 써야 하고, 문장을 해석했을 때 '회의를 10시 반에 마칠 수 있나요?'라고 하는 것이 적절하므로 정답은 **F**이다.

会议10点半能（ **F 结束** ）吗？外面有人找你。 　会议가 끝나다	회의는 10시 반이면 (**F 끝나**)나요? 밖에 어떤 분이 당신을 찾으세요.

단어 ★会议 huìyì 명 회의 | 点 diǎn 양 시 | ★半 bàn 주 반 | 能 néng 조동 ~할 수 있다 | ★结束 jiéshù 동 끝나다, 마치다 | 外面 wàimian 명 바깥, 밖 | 找 zhǎo 동 찾다

14

해설 및 정답　**문제 분석▼** 동사 有의 목적어가 없고, 문장을 해석했을 때 '많은 기회가 있다'고 위로하는 것이 적절하므로 정답은 C이다.

别难过了，以后还<u>有</u>很多（ **C 机会** ）。	힘들어하지 마, 다음에도 (**C 기회**)가 많이 있어.

　　　　　　└ 동사+목적어 ┘

단어　别 bié 閉 ~하지 마라[금지를 나타냄] | ★难过 nánguò 閉 괴롭다, 힘들다 | ★以后 yǐhòu 閉 이후 | 还 hái 閉 또, 더 | ★机会 jīhuì 閉 기회

15

해설 및 정답　**문제 분석▼** 빈칸에 들어가서 명사 人과 어울려 쓸 수 있는 표현은 年轻人(젊은 사람)이므로 정답은 D이다.

现在的（ **D 年轻** ）人结婚越来越晚了。	지금의 (**D 젊은**) 사람들은 결혼이 점점 늦어진다.

단어　现在 xiànzài 閉 지금, 현재 | ★年轻 niánqīng 閉 젊다 | ★结婚 jiéhūn 閉 결혼하다 | 越来越 yuèláiyuè 閉 더욱더, 점점, 갈수록 | 晚 wǎn 閉 늦다

[16-20]

A 简单 jiǎndān 閉 간단하다	B 地方 dìfang 閉 곳, 장소
C 疼 téng 閉 아프다	D 爱好 àihào 閉 취미
E 帮忙 bāngmáng 閉 도움을 주다	F 借 jiè 閉 빌리다

16

해설 및 정답　**문제 분석▼** 정도부사 比较 뒤에는 형용사나 심리감정동사가 필요하므로 보기 중에서 简单(간단하다), 疼(아프다)가 어울릴 수 있다. 하지만 문장을 해석했을 때 '시험 문제가 간단하다/쉽다'는 것이 적절하므로 정답은 A이다.

A: 我觉得这次的考试题<u>比较</u>（ **A 简单** ）。 B: 真的吗？但是我有好几个题不知道该怎么回答。	A: 이번 시험 문제는 비교적 (**A 쉬웠던**) 것 같아. B: 정말이야? 나는 어떻게 대답해야 할지 모르는 문제가 여러 개 있던데.

단어　觉得 juéde 閉 ~라고 생각하다, 여기다 | 这次 zhècì 떼 이번 | 考试 kǎoshì 閉 시험 | 题 tí 閉 문제, 시험 문제 | ★比较 bǐjiào 閉 비교적 | ★简单 jiǎndān 閉 간단하다 | 真的 zhēnde 閉 참으로, 정말로 | 但是 dànshì 쩝 그러나 | 好几个 hǎo jǐ ge 여러 개 | 知道 zhīdào 閉 알다, 이해하다 | 该 gāi 閉 ~해야 한다 | 怎么 zěnme 떼 어떻게 | ★回答 huídá 閉 대답하다

17

해설 및 정답 **문제 분석▼** 빈칸 앞에 양사(个)가 있는 것을 보고 빈칸에 명사가 필요하다는 것을 알 수 있다. 또한 동사 去(가다)의 목적어로 장소(대)명사가 어울리므로 보기 **B**가 정답이다.

A：晚上在哪儿见面？ B：就上次我们去过的<u>那个</u>（ **B 地方** ），那儿附 那+양사+목적어(명사) 近有一家咖啡馆很安静。	A: 밤에 어디서 볼까? B: 저번에 우리 갔던 그(**B 곳**)말이야. 그 근처에 조용한 카페가 한 곳 있어.

단어 晚上 wǎnshang 몡 저녁 | 在 zài 께 ~에서 | 哪儿 nǎr 때 어디 | ★见面 jiànmiàn 통 만나다 | 就 jiù 븜 곧, 바로 | 上次 shàngcì 몡 지난번, 저번 | ★地方 dìfang 몡 곳, 장소 | ★附近 fùjìn 몡 근처, 부근 | 咖啡馆 kāfēiguǎn 몡 커피숍, 카페 | ★安静 ānjìng 혱 조용하다

18

해설 및 정답 **문제 분석▼** 동사 需要 뒤에는 목적어를 쓸 수 있고, 문장을 해석했을 때 '도움을 필요로 하다(需要帮忙)'라고 하는 것이 적절하므로 정답은 **E**이다.

A：你怎么买了这么多东西，<u>需要</u>（ **E 帮忙** ） 동사+목적어 吗？ B：你给我开一下门吧，谢谢。	A: 너 왜 이렇게 많은 물건을 샀어? (**E 도와줘**)? B: 문 좀 열어줘. 고마워.

단어 怎么 zěnme 때 어째서 | 买 mǎi 통 사다 | 这么 zhème 때 이렇게 | 多 duō 혱 (양·나이가) 많다 | 东西 dōngxi 몡 물건, 것 | ★需要 xūyào 통 필요하다 | ★帮忙 bāngmáng 통 돕다 | 给 gěi 께 ~에게 | 开门 kāimén 통 문을 열다 | 谢谢 xièxie 통 고마워요, 감사해요

[TIP] 중국어 문장에서는 (대)명사뿐만 아니라 동사도 목적어 역할을 할 수 있다.
我很喜欢茶。　나는 차를 좋아한다.
Wǒ hěn xǐhuan chá.
我很喜欢喝茶。　나는 차 마시는 것을 좋아한다.
Wǒ hěn xǐhuan hē chá.

19

해설 및 정답 **문제 분석▼** 조동사 可以 뒤에는 동사를 써야 하고, 문장을 해석했을 때 '책을 몇 권 빌릴 수 있나요'라고 하는 것이 적절하므로 정답은 **F**이다.

A：学校图书馆一次可以（ **F 借** ）几本<u>书</u>？ 책을 빌리다 B：5本，一个月后还就可以。	A: 학교 도서관에서는 한 번에 책을 몇 권(**F 빌릴**) 수 있어? B: 5권. 한 달 후에 반납하면 돼.

단어 学校 xuéxiào 몡 학교 | ★图书馆 túshūguǎn 몡 도서관 | 一次 yí cì 1회, 한 번 | 可以 kěyǐ 조통 ~할 수 있다 | ★借 jiè 통 빌리다 | 几 jǐ 준 몇 | 本 běn 양 권[책을 세는 단위] | 书 shū 몡 책 | 后 hòu 몡 (~한) 후 | ★还 huán 통 돌려주다, 반납하다 | 就 jiù 븜 곧, 바로

20

해설 및 정답 **문제 분석▼** 문장을 해석했을 때 '다리가 아프다'라고 하는 것이 어울리므로 정답은 C이다.

A: 你都很长时间没锻炼了，下午和我去爬山吧。 B: 我昨天刚打了篮球，今天腿还（ **C 疼** ）呢。 주어+술어	A: 너 오랫동안 운동하지 않았잖아, 오후에 나랑 같이 등산 가자. B: 나 어제 막 농구를 해서, 오늘 다리가 아직 (**C 아파**).

단어 都 dōu 뤈 이미, 벌써 | 时间 shíjiān 뎽 시간 | ★锻炼 duànliàn 뎜 단련하다 | 下午 xiàwǔ 뎽 오후 | 去 qù 뎜 가다 | ★爬山 páshān 뎜 등산하다 | 昨天 zuótiān 뎽 어제 | 刚 gāng 뤈 방금, 막 | 打篮球 dǎ lánqiú 농구를 하다 | 今天 jīntiān 뎽 오늘 | ★腿 tuǐ 뎽 다리 | 还 hái 뤈 아직도 | ★疼 téng 뎽 아프다

21

해설 및 정답 **문제 분석▼** 첫 번째 경기가 우리 반(我们班)과 3반의 경기라고 했으므로, 말하는 이는 학생일 가능성이 높다.

三年级的足球赛明天下午开始，第一个就是我们班和3班的比赛，有兴趣的同学可以早点儿到运动场去看看。 ★ 说话人： A 是学生 B 回答问题 C 认真地工作	3학년 축구 경기를 내일 오후에 시작하는데, 첫 번째는 우리 반과 3반의 경기이다. 관심 있는 친구들은 조금 더 일찍 운동장에 가서 볼 수 있다. ★ 말하는 이는: A 학생이다 B 질문에 대답한다 C 열심히 일한다

단어 ★年级 niánjí 뎽 학년 | 足球赛 zúqiú sài 축구 경기 | 明天 míngtiān 뎽 내일 | 下午 xiàwǔ 뎽 오후 | 开始 kāishǐ 뎜 시작하다 | 第一个 dì-yī ge 뎽 첫 번째, 맨 처음 | ★班 bān 뎽 학급, 반 | ★比赛 bǐsài 뎽 시합, 경기 | ★兴趣 xìngqù 뎽 재미, 흥미 | 同学 tóngxué 뎽 학교(반) 친구 | 可以 kěyǐ 졲뎜 ~할 수 있다, ~해도 된다 | 早 zǎo 뎽 (때가) 이르다 | (一)点儿 (yì)diǎnr 뎡 약간, 조금 | 到 dào 뎜 도착하다, 이르다 | 运动场 yùndòngchǎng 뎽 운동장 | 看 kàn 뎜 보다 | 学生 xuésheng 뎽 학생 | ★回答 huídá 뎜 대답하다 | 问题 wèntí 뎽 문제, 질문 | ★认真 rènzhēn 뎽 성실하다 | 工作 gōngzuò 뎜 일하다

해설 및 정답 · **문제 분석▼** 이해가 안 되는 일(不明白的事情)이 있으면 그(즉, 小李)에게 물어보면 된다고 했으므로 보기 **C**가 정답이다.

别看小李年轻，他已经在这儿工作10年了。你有什么不明白的事情或者不知道该怎么解决的问题，都可以问他。 A或者B：A 혹은 B	샤오리가 젊다고만 생각하지 마. 그는 이미 여기서 10년을 일했어. 네가 모르는 일이 있거나 어떻게 처리해야 하는지 모르는 문제가 있을 때, 모두 그에게 물어보면 돼.
★ 如果有什么不懂的, 可以: A 迟到 B 查词典 **C 问小李**	★ 만약 모르는 일이 있으면: A 지각할 수 있다 B 사전을 찾을 수 있다 **C 샤오리에게 물을 수 있다**

단어 别看 bié kàn ~라고 보지 마라 | ★年轻 niánqīng 톙 젊다 | 已经 yǐjīng 뷘 이미, 벌써 | 在 zài 꺤 ~에서 | 这儿 zhèr 떼 여기, 이곳 | 工作 gōngzuò 뚱 일하다 | ★明白 míngbai 뚱 이해하다, 알다 | 事情 shìqing 똉 일, 사건 | ★或者 huòzhě 젭 ~든지, ~거나 | 知道 zhīdào 뚱 알다, 이해하다 | 该 gāi 뚱 ~해야 할 것이다, 대개는 ~일 것이다 | 怎么 zěnme 떼 어떻게, 어째서 | ★解决 jiějué 뚱 해결하다 | 问题 wèntí 똉 문제 | 可以 kěyǐ 조똥 ~할 수 있다, ~해도 된다 | 问 wèn 뚱 묻다, 질문하다 | ★如果 rúguǒ 젭 만약 | 懂 dǒng 뚱 알다, 이해하다 | ★迟到 chídào 지각하다 | 查 chá 뚱 들추어 보다, (뒤져서) 찾아보다 | ★词典 cídiǎn 똉 사전

해설 및 정답 · **문제 분석▼** 소리를 좀 더 크게 해달라(声音大一点儿)고 했으므로 지금은 소리가 작다는 것을 알 수 있다. 따라서 보기 **B**가 정답이다.

喂? 你在哪儿呢? 你声音大一点儿, 好吗? 我刚才没听清楚你在说什么。 형용사+一点儿 : 조금(더) ~하다	여보세요? 너 어디야? 목소리 좀 크게 해줄래? 나는 방금 뭐라고 했는지 못 들었어.
★ 那个人的声音: A 很大 **B 有点儿小** C 比较清楚	★ 그 사람의 목소리는: A 아주 크다 **B 좀 작다** C 비교적 분명하다

단어 喂 wéi 깥똔 (전화상에서) 여보세요 | 在 zài 뚱 ~에 있다 | ★声音 shēngyīn 똉 목소리, 음성 | 大 dà 톙 (크기가) 크다 | 一点儿 yìdiǎnr 똉 조금 | ★刚才 gāngcái 똉 방금 | 听清楚 tīng qīngchu 분명하게 듣다, 잘 듣다 | 在 zài 뷘 ~하고 있다 | 说 shuō 뚱 말하다 | 有点儿 yǒudiǎnr 뷘 조금, 약간[부정적인 어투가 강함] | ★比较 bǐjiào 뷘 비교적

해설 및 정답   **문제 분석▼** 문제에 부딪혔을 때(遇到问题的时候) 그가 도와준 적 있다(帮助过我)고 했으므로 보기 **C**가 정답이다.

他在我感冒的时候照顾过我，在我 遇到问题 的时候 帮助过我，在我心中，他是我最好的朋友。
　　　　~할 때

내가 감기에 걸렸을 때 그는 나를 돌봐주었고, 내가 문제에 부딪혔을 때 나를 도와준 적이 있다. 내 마음속에 그는 가장 좋은 친구이다.

★ 我 遇到问题 时，他：

★ 내가 문제에 부딪혔을 때 그는：

A 非常生气
B 身体不舒服
C 帮我解决问题

A 매우 화를 냈다
B 몸이 불편했다
C 나를 도와 문제를 해결했다

단어   在…的时候 zài…de shíhou ~할 때 | ★感冒 gǎnmào 통 감기에 걸리다 | ★照顾 zhàogù 통 돌보다, 보살펴 주다 | ★遇到 yùdào 통 만나다, 마주치다 | 问题 wèntí 명 문제 | 帮助 bāngzhù 통 돕다 | 心中 xīnzhōng 명 마음속, 내심 | 朋友 péngyou 명 친구 | 非常 fēicháng 부 굉장히, 아주 | ★生气 shēngqì 통 화를 내다 | 身体 shēntǐ 명 몸, 신체 | ★舒服 shūfu 형 편안하다 | ★解决 jiějué 통 해결하다

해설 및 정답   **문제 분석▼** 맥주 페스티벌(啤酒节)에는 술 마시는 것(喝酒) 외에 공연도 재미있다(表演好看)고 했으므로 보기 **B**가 정답이다.

每年10月4日，这个城市都会举行"啤酒节"，会有很多国家的人来参加。啤酒节 上，除了 喝酒 外，这里的表演更是好看，你 还 会在
└─ 除了…外, 还 ~외에/제외하고 ~도 또한
这儿遇到很多名人。

매년 10월 4일, 이 도시는 "맥주 페스티벌"을 개최하는데, 많은 나라의 사람들이 와서 참가한다. 맥주 페스티벌에서는 맥주를 마시는 것 외에도 이곳의 공연도 더 재미있고 또한 유명 인사들을 많이 만날 수도 있다.

★ 在 啤酒节 上：

★ 맥주 페스티벌에서：

A 不能喝酒
B 能看到表演
C 一共有几千种啤酒

A 술을 마시면 안 된다
B 공연을 볼 수 있다
C 맥주가 총 몇천 가지 있다

단어   每年 měi nián 매년 | ★城市 chéngshì 명 도시 | ★举行 jǔxíng 통 개최하다, 거행하다 | 啤酒节 píjiǔjié 명 맥주 페스티벌 | ★国家 guójiā 명 나라, 국가 | ★参加 cānjiā 통 참가하다, 참여하다 | ★除了 chúle 개 ~외에, ~을 제외하고 | 喝 hē 마시다 | 酒 jiǔ 명 술 | ★表演 biǎoyǎn 명 공연 | ★更 gèng 부 더, 더욱 | 好看 hǎokàn 형 보기 좋다 | 还 hái 부 또, 더 | 在 zài 개 ~에서 | 遇到 yùdào 통 만나다, 마주치다 | 名人 míngrén 명 유명 인사 | 能 néng 조동 ~할 수 있다 | ★一共 yígòng 부 모두, 전부 | ★种 zhǒng 양 종류, 가지

26

小张上午脸色不太好，同学们以为他病了，问他怎么了，他笑着回答说："昨晚看电影，两点才睡觉。"	샤오장은 오전에 얼굴색이 별로 안 좋았다. 친구들은 그가 아픈 줄 알았다. 그에게 왜 그러냐고 물었더니, 그는 웃으면서 "어제저녁에 영화를 보고, 2시에 잤거든."이라고 대답했다.
★ 小张昨天晚上：	★ 샤오장은 어제저녁에：
A 发烧了 **B 看电影了** C 玩儿电脑了	A 열이 났다 **B 영화를 봤다** C 컴퓨터를 했다

단어 上午 shàngwǔ 阌 오전 | 脸色 liǎnsè 阌 안색, 얼굴색 | 不太 bú tài 별로, 그다지 ~하지 않다 | 同学 tóngxué 阌 학교(반) 친구 | ★以为 yǐwéi 阌 ~인 줄 알다 | 病 bìng 阌 병나다 | 问 wèn 阌 묻다, 질문하다 | 怎么了 zěnme le 무슨 일이야? | 笑 xiào 阌 웃다 | ★回答 huídá 阌 대답하다 | 昨晚 zuówǎn 阌 어제저녁 | 看 kàn 阌 보다 | 电影 diànyǐng 阌 영화 | ★才 cái 阌 비로소, 겨우 | 睡觉 shuìjiào 阌 잠을 자다 | 昨天 zuótiān 阌 어제 | 晚上 wǎnshang 阌 저녁 | ★发烧 fāshāo 阌 열이 나다 | 玩儿 wánr 阌 놀다 | 电脑 diànnǎo 阌 컴퓨터

27

新买的这个冰箱比以前那个旧的好多了，它的声音非常小，几乎没有声音，不会影响我们的工作和休息。	새로 산 이 냉장고는 전에 그 오래된 것보다 훨씬 좋다. 그것은 소리가 아주 작은데, 거의 소리가 없어서, 우리의 일과 휴식에 영향을 주지 않을 것이다.
★ 新冰箱怎么样？	★ 새 냉장고는 어떠한가？
A 声音很小 B 用电不多 C 出现了问题	**A 소리가 작다** B 전기가 적게 든다 C 문제가 생겼다

단어 新 xīn 阌 새롭다 | 买 mǎi 阌 사다 | ★冰箱 bīngxiāng 阌 냉장고 | 比 bǐ 阌 ~보다[비교를 나타냄] | ★以前 yǐqián 阌 이전 | ★旧 jiù 阌 낡다, 오래되다 | 它 tā 阌 그것[사물이나 동물을 가리킴] | ★声音 shēngyīn 阌 소리 | 非常 fēicháng 阌 굉장히, 아주 | ★几乎 jīhū 阌 거의 | 会 huì 阌 ~할 것이다 | ★影响 yǐngxiǎng 阌 영향을 주다, 영향을 끼치다 | 工作 gōngzuò 阌 일 | 休息 xiūxi 阌 쉬다, 휴식하다 | 怎么样 zěnmeyàng 阌 어떠하다 | ★用 yòng 阌 사용하다, 쓰다 | 电 diàn 阌 전기 | ★出现 chūxiàn 阌 출현하다 | 问题 wèntí 阌 문제

28

해설 및 정답 **문제 분석▼** 배운 것을 기억하고 싶다면(要想把学过的东西记住) 복습해야 한다(应该复习一下)고 했으므로 보기 **A**가 정답이다.

学过的东西，如果不经常看，很容易就会 忘记。所以，要想把学过的东西记住，每过 一段时间就应该复习一下。

~을 꼭 기억하다

★ 为了记住学过的东西，应该：

A 经常复习
B 不懂就问
C 认真完成作业

배웠던 것을 만약 자주 보지 않으면 쉽게 잊어버린다. 그래서 배운 것을 기억하기 위해서는 일정 시간이 지날 때마다 복습을 좀 해야 한다.

★ 배웠던 것을 기억하기 위해서는:

A 자주 복습해야 한다
B 모르면 물어봐야 한다
C 열심히 숙제를 완성해야 한다

단어 学 xué 통 배우다 | 东西 dōngxi 몡 물건, 것 | ★如果 rúguǒ 쪱 만약 | ★经常 jīngcháng 뵈 자주, 항상 | ★容易 róngyì 혱 쉽다 | 就 jiù 뵈 곧, 바로 | ★忘记 wàngjì 통 잊다 | 所以 suǒyǐ 쪱 그래서 | 要 yào 조동 ~하고자 하다 | 想 xiǎng 조동 ~하고 싶다 | ★把 bǎ 깨 ~을 | 记住 jìzhu 통 확실히 기억해 두다 | 每 měi 때 매, ~마다 | ★过 guò 통 지나다, 경과하다 | 段 duàn 양 얼마 간의[일정 기간이나 시간을 세는 단위] | 时间 shíjiān 몡 시간 | 应该 yīnggāi 조동 마땅히 ~해야 한다 | ★复习 fùxí 복습하다 | 一下 yíxià 통 동사 뒤에 쓰여 '좀 ~하다'의 뜻을 나타냄 | ★为了 wèile 깨 ~을 위해서 | 懂 dǒng 알다, 이해하다 | 问 wèn 통 묻다, 질문하다 | ★认真 rènzhēn 혱 성실하다 | ★完成 wánchéng 통 완성하다 | ★作业 zuòyè 몡 숙제, 과제

29

해설 및 정답 **문제 분석▼** 우리 집의 그 고양이(我们家的那只猫)는 낮에 잔다(白天睡觉)고 했으므로 보기 **C**가 정답이다.

猫和人不同，它们不怕黑，因为它们的眼 睛在晚上更容易看清楚东西。我们家的那只 猫就总是习惯白天睡觉，晚上出来走动。

★ 关于那只猫，可以知道什么？

A 不喜欢晚上
B 害怕换环境
C 喜欢白天休息

고양이와 사람은 다르다. 고양이는 어두운 것을 무서워하지 않는다. 고양이의 눈은 밤에 더 쉽게 사물을 뚜렷하게 보기 때문이다. 우리 집의 그 고양이는 늘 낮에는 자고, 밤에 나와서 움직인다.

★ 그 고양이에 관해서 알 수 있는 것은?

A 밤을 좋아하지 않는다
B 환경이 바뀌는 것을 무서워한다
C 낮에 쉬는 것을 좋아한다

단어 猫 māo 몡 고양이 | 不同 bùtóng 혱 같지 않다, 다르다 | 怕 pà 통 무서워하다 | 黑 hēi 혱 검다 | 因为 yīnwèi 쪱 왜냐하면 | 眼睛 yǎnjing 몡 눈[신체 부위] | 在 zài 깨 ~에서 | 晚上 wǎnshang 몡 저녁 | ★更 gèng 뵈 더, 더욱 | ★容易 róngyì 쉽다 | 看清楚 kàn qīngchu 분명하게(뚜렷하게) 보다 | 东西 dōngxi 몡 물건, 것 | 家 jiā 몡 집 | ★只 zhī 양 마리[주로 날짐승이나 길짐승을 세는 단위] | 就 jiù 곧, 바로 | ★总是 zǒngshì 뵈 늘, 항상 | ★习惯 xíguàn 통 습관이 되다, 익숙해지다 | 白天 báitiān 몡 낮, 대낮 | 睡觉 shuìjiào 통 잠을 자다 | 出来 chūlai 통 (안에서 밖으로) 나오다 | 走动 zǒudòng 통 걷다, 움직이다 | ★关于 guānyú 깨 ~에 관하여 | 喜欢 xǐhuan 통 좋아하다 | ★害怕 hàipà 통 두려워하다, 무서워하다 | ★换 huàn 통 바꾸다, 교환하다 | ★环境 huánjìng 몡 환경 | 休息 xiūxi 쉬다, 휴식하다

해설 및 정답 **문제 분석▼** 어제 가져간 옷이 내 것이 아니라고(**不是我的**) 했으므로 물건을 잘못 가져갔다는 것을 알 수 있다. 따라서 보기 C가 정답이다.

你好，我今天才发现，<u>昨天**从**你们这儿</u> 　　　　　　　　　　～에서 가지고 돌아가다 <u>拿回去</u>的衣服不是我的，裙子和皮鞋都不是我 的，这双皮鞋太大了，你帮我看一下，是谁拿 错了。 ★ 根据这段话，可以知道她： A 非常高兴 B 是卖衣服的 **C 拿错了东西**	안녕하세요, 어제 여기서 가지고 간 옷이 제 것이 아닌 것을 오늘에서야 알았어요. 치마랑 구두 다 제 것이 아니 에요. 이 구두는 너무 커요. 좀 봐주세요. 누가 잘못 가져 갔나 봐요. ★ 이 글에 근거하면 그녀는: A 아주 기쁘다 B 옷을 파는 사람이다 **C 물건을 잘못 가져갔다**

단어 今天 jīntiān 명 오늘 | ★才 cái 부 비로소, 겨우 | ★发现 fāxiàn 동 발견하다 | 昨天 zuótiān 명 어제 | 从 cóng 개 ~에서, ~로부터 | ★拿回去 ná huíqu 들고 가다, 가지고 가다 | 衣服 yīfu 명 옷 | ★裙子 qúnzi 명 치마 | ★皮鞋 píxié 명 구두 | ★双 shuāng 양 켤레 | 太 tài 부 너무, 지나치게 | 帮 bāng 동 돕다 | 一下 yíxià 양 동사 뒤에 쓰여 '좀 ~하다'의 뜻을 나타냄 | 谁 shéi 대 누구 | 拿错 nácuò 잘못 가지다(잡다) | 非常 fēicháng 부 굉장히, 아주 | 高兴 gāoxìng 형 기쁘다 | 卖 mài 동 팔다 | 东西 dōngxi 명 물건, 것

1 문장의 종류 평서문, 의문문, 명령문, 감탄문

| 실전 트레이닝 | 기본서 160쪽

정답
1. 他们很关心这件事。
2. 你怎么现在才来?
3. 爷爷经常给他儿子打电话。
4. 这个地方真安静啊!
5. 他是三年级的体育老师。

1

| 很　　他们　　这件事　　关心 |

해설　*Step 1.* 먼저 술어가 될 동사나 형용사를 찾고, 그다음에 술어가 동사라면 적절한 목적어를 찾는다.

他们 + 关心 + 这件事	그들은 이 일에 관심이 있다
주어　　술어(동사)　목적어	

Step 2. 부사 很은 형용사나 심리감정동사 앞에 쓴다.

他们 + [很] + 关心 + 这件事	그들은 이 일에 매우 관심 있다
↳ 매우 관심 있다	

정답　**他们很关心这件事。**　그들은 이 일에 관심이 많다.
Tāmen hěn guānxīn zhè jiàn shì.

단어　★关心 guānxīn 통 관심을 갖다, 관심을 기울이다 | 件 jiàn 양 건[일이나 사건 등을 세는 단위] | 事 shì 명 일

2

| 你　　怎么现在　　来　　才 |

해설　*Step 1.* 먼저 술어가 될 동사나 형용사를 찾고, 그다음에 술어가 동사라면 적절한 목적어를 찾는다.

你 + 来	네가 오다
주어　술어(동사)	

Step 2. 怎么现在는 '어째서 지금'의 의미로 술어 앞에 쓰고, 부사 才와 함께 '怎么现在才…(어째서 지금에서야 ~하니)'
의 형식으로 쓰여 불평이나 불만을 나타낸다.

| 你 + [怎么现在] + [才] + 来 | 너는 어째서 지금에서야 오니? |

(정답) **你怎么现在才来?**　너는 어째서 지금에서야 오니?
Nǐ zěnme xiànzài cái lái?

(단어) 怎么 zěnme 때 어째서 | 现在 xiànzài 명 지금, 현재 | ★才 cái 분 이제서야

3

| 经常　　爷爷　　打电话　　给他儿子 |

(해설) *Step 1.* 먼저 술어가 될 동사나 형용사를 찾고, 그다음에 술어가 동사라면 적절한 목적어를 찾는다.

| 爷爷 + 打电话
　주어　술어(동사)+목적어 | 할아버지가 전화를 한다 |

Step 2. 부사 经常은 '자주'의 의미로 술어 앞에 쓰고, 给他儿子는 打电话 앞에 써서 동작의 대상이 누구인지를 정
확하게 만든다.

| 爷爷 + [经常] + [给他儿子] + 打电话
　　　　부사　　　개사구　　　술어(동사)
　　　　　　　　~에게 전화를 하다 | 할아버지는 자주 그의 아들에게 전화를 한다 |

(정답) **爷爷经常给他儿子打电话。**　할아버지는 자주 그의 아들에게 전화를 한다.
Yéye jīngcháng gěi tā érzi dǎ diànhuà.

(단어) ★爷爷 yéye 명 할아버지 | ★经常 jīngcháng 분 자주, 항상 | 给 gěi 개 ~에게 | 儿子 érzi 명 아들 | 打电话 dǎ diànhuà
전화를 걸다, 전화를 하다

4

| 真　　这个地方　　啊　　安静 |

(해설) *Step 1.* 먼저 술어가 될 동사나 형용사를 찾고, 그다음에 술어가 동사라면 적절한 목적어를 찾는다.

| 这个地方 + 安静
　주어　　술어(형용사) | 이곳은 조용하다 |

Step 2. 정도부사 真은 형용사 앞에 쓰고, 조사 啊는 문장 끝에 쓰여 감탄의 어투를 강조한다.

| 这个地方 + [真] + 安静 + [啊]
　　　　　정말 ~하구나 | 이곳은 정말 조용하구나 |

（정답） **这个地方真安静啊!** 이곳은 정말 조용하구나!
Zhège dìfang zhēn ānjìng a!

（단어） ★**地方** dìfang 圆 장소, 곳 | **真** zhēn 凰 정말, 진짜 | ★**安静** ānjìng 圈 조용하다

5

他是	体育	三年级的	老师

（해설） *Step 1.* 먼저 술어가 될 동사나 형용사를 찾고, 그다음에 술어가 동사라면 적절한 목적어를 찾는다.

他是 + 老师 주어+술어　목적어	그는 선생님이다

Step 2. 的는 '〜의'라는 의미로 명사 앞에 쓸 수 있다.

他是 + (三年级的) + 体育 + 老师 └─ 3학년의 체육 선생님 ─┘	그는 3학년의 체육 선생님이다

（정답） **他是三年级的体育老师。** 그는 3학년 체육 선생님이다.
Tā shì sān niánjí de tǐyù lǎoshī.

（단어） ★**年级** niánjí 圆 학년 | ★**体育** tǐyù 圆 체육 | **老师** lǎoshī 圆 선생님

---

2 동사

| 실전 트레이닝 | 기본서 **167쪽**

（정답）
1. 她最后决定把自行车卖了。
2. 我不喜欢用铅笔做作业。
3. 大家先看看照片。
4. 其他学生的成绩也有很大提高。
5. 他们已经想了很多办法。

1

她最后	卖了	决定	把自行车

Step 1. 먼저 술어가 될 동사나 형용사를 찾고, 그다음에 술어가 동사라면 적절한 목적어를 찾는다.

她最后 + 决定 + ? 주어　　　　술어(동사)　목적어	그녀는 결국 ?을 결정했다

Step 2. 명사, 동사, 형용사를 수식하는 부분을 찾는다.

[把自行车] + 卖了 └─ ~을 팔다 ─┘	자전거를 팔다

Step 3. 의미를 생각해 보고 전체 문장을 마무리한다.

她最后 + 决定 + [把自行车]卖了 주어　　　술어(동사)　　　목적어	그녀는 결국 자전거를 팔기로 결정했다

정답 **她最后决定把自行车卖了。** 　그녀는 결국 자전거를 팔기로 결정했다.
Tā zuìhòu juédìng bǎ zìxíngchē mài le.

단어 ★最后 zuìhòu 명형 최후(의), 맨 마지막(의) | ★决定 juédìng 동 결정하다 | ★把 bǎ 개 ~을 | ★自行车 zìxíngchē 명 자전거 |
卖 mài 동 팔다

2

用铅笔做作业　　　喜欢　　我　　　不

해설 *Step 1.* 먼저 술어가 될 동사나 형용사를 찾고, 그다음에 술어가 동사라면 적절한 목적어를 찾는다.

我 + 喜欢 + 用铅笔做作业 주어　술어(동사)　　　목적어	나는 연필로 숙제 하는 것을 좋아한다

Step 2. 부사 不는 술어 앞에 써서 부정문을 만든다.

我 + 不 + 喜欢 + 用铅笔做作业 └─── 안 좋아하다 ───┘	나는 연필로 숙제 하는 것을 안 좋아한다

정답 **我不喜欢用铅笔做作业。** 　나는 연필로 숙제 하는 것을 싫어한다.
Wǒ bù xǐhuan yòng qiānbǐ zuò zuòyè.

단어 喜欢 xǐhuan 동 좋아하다 | ★用 yòng 동 사용하다, 쓰다 | 铅笔 qiānbǐ 명 연필 | 做 zuò 동 하다 | ★作业 zuòyè 명 숙제, 과제

3

先　　　照片　　大家　　看看

해설 *Step 1.* 먼저 술어가 될 동사나 형용사를 찾고, 그다음에 술어가 동사라면 적절한 목적어를 찾는다.

大家 + 看看 + 照片	여러분 사진을 보세요
주어　술어(동사)　목적어	

Step 2. 부사 先은 '먼저'라는 의미로 술어 앞에 쓴다.

大家 + 先 + 看看 + 照片	여러분 먼저 사진을 보세요
└─┘↗ 먼저 보다	

정답 **大家先看看照片。** 　여러분 먼저 사진을 보세요.
Dàjiā xiān kànkan zhàopiàn.

단어 大家 dàjiā 때 모두들, 여러분 | ★先 xiān 뮈 우선, 먼저 | ★照片 zhàopiàn 몡 사진

4

很大	有	也	提高	其他学生的成绩

해설 *Step 1.* 먼저 술어가 될 동사나 형용사를 찾고, 그다음에 술어가 동사라면 적절한 목적어를 찾는다.

其他学生的成绩 + 有 + 提高	다른 학생의 성적이 향상되었다
주어　　　　술어(동사)·목적어	

Step 2. 부사 也는 '~도 또한'의 의미로 술어 앞에 쓰고, 很大는 '매우 크다'의 의미로 명사 앞에 的 없이 바로 쓸 수 있다.

其他学生的成绩 + [也] + 有+	다른 학생의 성적도 큰 향상이 있다
└─┘↗ ~도 있다	=다른 학생의 성적도 크게 향상되었다
(很大) + 提高	
└─┘↗ 큰 향상	

정답 **其他学生的成绩也有很大提高。** 　다른 학생들의 성적도 많이 향상되었다.
Qítā xuésheng de chéngjì yě yǒu hěn dà tígāo.

단어 ★其他 qítā 때 기타, 그 밖 | 学生 xuésheng 몡 학생 | ★成绩 chéngjì 몡 성적 | 也 yě 뮈 ~도 또한 | 大 dà 혱 (크기가) 크다 |
★提高 tígāo 몡동 향상(시키다), 향상(되다)

5

很多	他们	已经	办法	想了

(해설) *Step 1.* 먼저 술어가 될 동사나 형용사를 찾고, 그다음에 술어가 동사라면 적절한 목적어를 찾는다.

他们 + 想了 + 办法	그들은 방법을 생각했다
주어 술어(동사) 목적어	
└ 방법을 생각하다 ┘	

Step 2. 부사 已经은 '이미'의 의미로 술어 앞에 쓰고, 很多는 '매우 많다'의 의미로 명사 앞에 的 없이 바로 쓸 수 있다.

他们 + [已经] + 想了 + (很多) + 办法	그들은 이미 많은 방법을 생각했다
이미 생각했다 많은 방법	

(정답) 他们已经想了很多办法。   그들은 이미 많은 방법을 생각했다.
Tāmen yǐjīng xiǎngle hěn duō bànfǎ.

(단어) 已经 yǐjīng 凰 이미, 벌써 | 想 xiǎng 图 생각하다 | ★办法 bànfǎ 圀 방법, 수단

---

3) 동사가 여러 개인 문장   연동문, 겸어문, 존현문

| *실전* 트레이닝 | 기본서 174쪽

(정답)
1. 我的小猫在房间里。
2. 她每天都去学校接她孩子。
3. 你让我想一想吧。
4. 你敢不敢开车上班?
5. 你们学校有多少学生?

1

我的小猫   房间   在   里

(해설) *Step 1.* 먼저 술어가 될 동사나 형용사를 찾고, 그다음에 술어가 동사라면 적절한 목적어를 찾는다. 동사 在는 '~에 있다'는 의미로 장소 표현을 목적어로 취한다.

我的小猫 + 在 + 房间	내 고양이는 방(?)에 있다
주어 술어(동사) 목적어	
└ 방에 있다 ┘	
[존현문] 존재하는 것+在/동사在+존재하는 장소	

Step 2. 里는 '안, 속'이라는 의미로 명사 뒤에 써서 장소 표현을 완성한다.

我的小猫 + 在 + 房间 + 里	내 고양이는 방 안에 있다
└ 방 안 ┘	

（정답） **我的小猫在房间里。** 　내 고양이는 방 안에 있다.
Wǒ de xiǎomāo zài fángjiān li.

（단어） 在 zài 동 ～에 있다 | 房间 fángjiān 명 방

2

| 接她孩子 | 她 | 去 | 每天都 | 学校 |

（해설） *Step 1.* 먼저 술어가 될 동사나 형용사를 찾고, 그다음에 술어가 동사라면 적절한 목적어를 찾는다.

她 + 去 + 学校 그녀는 학교에 간다
주어　술어(동사)　목적어

她 + 接她孩子 그녀는 그녀의 아이를 마중한다
주어　술어(동사)+목적어

Step 2. 한 문장에 여러 개의 동사가 등장하면 시간 발생 순서의 원칙대로 배열한다.

她 + 去 + 学校 + 接她孩子
　　　동사1　　　　　동사2(목적)

그녀는 그녀의 아이를 마중하러 학교에 간다

Step 3. 每天都는 술어(첫 번째 동사) 앞에 쓴다.

她 + [每天都] 去 + 学校 + 接她孩子
　　　　　　　동사1　　　　　동사2(목적)

그녀는 매일 그녀의 아이를 마중하러 학교에 간다

（정답） **她每天都去学校接她孩子。** 　그녀는 매일 그녀의 아이를 마중하러 학교에 간다.
Tā měi tiān dōu qù xuéxiào jiē tā háizi.

（단어） 每天 měi tiān 매일 | 学校 xuéxiào 명 학교 | ★接 jiē 동 마중하다 | 孩子 háizi 명 자녀, 자식

3

| 让我 | 你 | 吧 | 想一想 |

（해설） *Step 1.* 동사 让은 '시키다, ～하게 하다'의 의미로 첫 번째 동사가 된다. 동사 让이 쓰인 겸어문도 시간 발생 순서의 원칙대로 동사를 배열한다.

너는 나를 시킨다
你 + 让我 + 想一想
　　　동사1　　동사2 내가 생각해 보도록

너는 내가 생각해 보게 한다

Step 2. 조사 吧는 '～해라, ～하자'의 의미로 문장 맨 끝에 쓴다.

你 + 让我 + 想一想 + 吧
　　└─ 너는 ～해라 ─┘

너는 내가 생각해 보게 해줘

(정답) **你让我想一想吧。** 생각 좀 해볼게.
Nǐ ràng wǒ xiǎng yi xiǎng ba.

(단어) 让 ràng 图 (~로 하여금) ~하게 하다 | 想 xiǎng 图 생각하다

4

你	开	上班	敢不敢	车

(해설) *Step 1.* 먼저 술어가 될 동사나 형용사를 찾고, 그다음에 술어가 동사라면 적절한 목적어를 찾는다.

开 + 车 차를 운전하다	上班 출근하다
술어(동사) 목적어	술어(동사)

Step 2. 한 문장에 여러 개의 동사가 등장하면 시간 발생 순서의 원칙대로 배열한다.

你 + 开 + 车 + 上班	너는 차를 운전해서 출근한다
동사1(수단, 방식)　　동사2	

Step 3. 敢不敢은 '(감히) ~할 수 있니 없니'라는 의미로 술어(첫 번째 동사) 앞에 써서 의문문을 만든다.

你 + [敢不敢] + 开 + 车 + 上班	너는 운전해서 출근할 수 있니 없니?

(정답) **你敢不敢开车上班?** 너는 차를 몰고 출근할 엄두가 나니?
Nǐ gǎn bu gǎn kāichē shàngbān?

(단어) ★敢 gǎn 조동 감히 ~하다 | 开车 kāichē 图 차를 몰다, 운전하다 | 上班 shàngbān 图 출근하다

5

多少	有	你们学校	学生

(해설) *Step 1.* 먼저 술어가 될 동사나 형용사를 찾고, 그다음에 술어가 동사라면 적절한 목적어를 찾는다.

你们学校 + 有 + 学生	너희 학교에 학생이 있다
주어　　술어(동사) 목적어	
[존현문] 존재하는 장소+有/동사着+존재하는 것	

Step 2. 의문대명사 多少는 '얼마, 몇'의 의미로 명사 바로 앞에 쓸 수 있다.

你们学校 + 有 + (多少) + 学生	너희 학교에 학생이 얼마나 있니?
얼마/몇 명의 학생	

(정답) **你们学校有多少学生?**   너희 학교에 학생이 얼마나 있니?
Nǐmen xuéxiào yǒu duōshao xuésheng?

(단어) 有 yǒu 통 ~이 있다, (가지고) 있다 | 多少 duōshao 때 얼마, 몇 | 学生 xuésheng 명 학생

4 동태조사 동작의 완료 了, 지속 着, 경험 过

| *실전* 트레이닝 | 기본서 180쪽

(정답)
1. 他们在吃面条呢。
2. 现在快10点了吧?
3. 床上放着几件衣服。
4. 她还没去过欧洲。
5. 考试终于结束了。

1

| 呢　　他们　　吃　　在　　面条 |

(해설) *Step 1.* 먼저 술어가 될 동사나 형용사를 찾고, 그다음에 술어가 동사라면 적절한 목적어를 찾는다.

| 他们 + 吃 + 面条
주어　술어(동사)　목적어 | 그들은 국수를 먹는다 |

Step 2. 부사 在는 동사 앞에 써서 동작의 진행(~하고 있다)을 의미한다.

| 他们 + 在 + 吃 + 面条 | 그들은 국수를 먹고 있다 |

Step 3. 조사 呢는 문장 맨 끝에 쓰고, 부사 在와 함께 써서 진행의 의미를 강조하기도 한다.

| 他们 + **在** + 吃 + 面条 + **呢**
　　　~하고 있다, ~하는 중이다 | 그들은 국수를 먹고 있다 |

(정답) **他们在吃面条呢。**   그들은 국수를 먹고 있다.
Tāmen zài chī miàntiáo ne.

(단어) 在 zài 부 ~하고 있다, ~하는 중이다 | 吃 chī 통 먹다 | 面条 miàntiáo 명 국수, 면

吧	现在	快	了	10点

해설

Step 1. 시간, 날짜, 나이, 금액 등의 표현은 명사 자체가 술어 역할을 할 수 있다.

现在 + 10点 주어　술어(명사)	지금은 10시다

Step 2. 快는 1음절 형용사(빠르다)이지만, 동사 바로 앞에서 부사(빨리)처럼 쓸 수 있다. 또한 了와 함께 써서 상황의 임박을 나타내기도 한다.

现在 + 快 + 10点 + 了 　　　끝 ~하다	이제 곧 10시다

Step 3. 조사 吧는 문장 맨 끝에 써서 강한 추측(분명 ~일 것이다) 혹은 질문(~이지?)을 나타낸다.

现在 + 快 + 10点 + 了 + 吧	이제 곧 10시지?

정답　**现在快10点了吧?**　이제 곧 10시지?
Xiànzài kuài shí diǎn le ba?

단어　现在 xiànzài 명 지금, 현재 | 快 kuài 부 곧, 머지않아 | 点 diǎn 양 시[시간을 나타냄]

着	几件衣服	放	床上

해설

Step 1. 먼저 술어가 될 동사나 형용사를 찾고, 그다음에 술어가 동사라면 적절한 목적어를 찾는다.

? + 放 + 几件衣服 주어　술어(동사)　목적어 　　　옷을 놓다	몇 벌의 옷을 놓다

Step 2. 조사 着는 동사 바로 뒤에 써서 상태의 지속(~한 상태이다)을 나타내고, 장소 표현과 함께 존현문을 만든다.

床上 + 放 + 着 + 几件衣服 주어　술어(동사)　　　목적어 [존현문] 존재하는 장소+有/동사着+존재하는 것	침대 위에 몇 벌의 옷이 놓여 있다

정답　**床上放着几件衣服。**　침대에 옷이 몇 벌 놓여 있다.
Chuáng shang fàngzhe jǐ jiàn yīfu.

단어　床 chuáng 명 침대 | 上 shàng 명 위 | ★放 fàng 동 두다, 놓다 | 几 jǐ 수 몇 | 件 jiàn 양 벌[옷 등을 세는 단위] | 衣服 yīfu 명 옷

4

还没　　她　　去　　欧洲　　过

해설 *Step 1.* 먼저 술어가 될 동사나 형용사를 찾고, 그다음에 술어가 동사라면 적절한 목적어를 찾는다.

她 + **去** + **欧洲**	그녀는 유럽에 간다
주어　[술어(동사)] 목적어	
유럽에 가다	

Step 2. 조사 过는 동사 바로 뒤에 써서 경험(~한 적 있다)을 나타낸다.

她 + **去** + **过** + **欧洲**	그녀는 유럽에 간 적 있다
간 적 있다	

Step 3. 还没는 '아직 ~하지 않았다'라는 의미로 술어 앞에 써서 부정문을 만들고, 동사 뒤의 조사 过와 함께 써서 경험이 없음을 나타내기도 한다.

她 + [**还没**] + **去** + **过** + **欧洲**	그녀는 아직 유럽에 간 적 없다
아직 ~한 적 없다	

정답 **她还没去过欧洲。** 　그녀는 아직 유럽에 간 적 없다.
Tā hái méi qùguo Ōuzhōu.

단어 还 hái 閉 아직 | 没 méi 閉 ~하지 않았다 | ★欧洲 Ōuzhōu 고유 유럽

5

终于　　考试　　了　　结束

해설 *Step 1.* 먼저 술어가 될 동사나 형용사를 찾고, 그다음에 술어가 동사라면 적절한 목적어를 찾는다.

考试 + 结束	시험이 끝나다
주어　　술어(동사)	

Step 2. 조사 了는 동사 뒤 혹은 문장 끝에 써서 동작이나 상황의 완료를 나타낸다.

考试 + 结束 + **了**	시험이 끝났다

Step 3. 부사 终于는 '마침내, 결국'의 의미로 술어 앞에 쓰고, 조사 了와 함께 써서 상황이 끝났음을 강조하기도 한다.

考试 + [**终于**] + 结束 + **了**	시험이 마침내 끝났다
마침내 ~했다	

정답 **考试终于结束了。** 　시험이 드디어 끝났다.
Kǎoshì zhōngyú jiéshù le.

단어 考试 kǎoshì 몡 시험 | ★终于 zhōngyú 뿐 마침내, 결국 | ★结束 jiéshù 동 끝나다, 마치다

5 구조조사 的, 地, 得

| 실전 트레이닝 | 기본서 186쪽

정답
1. 你丈夫的眼镜怎么了?
2. 我姐姐的裤子和裙子都是白色的。
3. 她跑得不太快。
4. 大家都高兴地唱歌跳舞。
5. 他是坐飞机来的。

1

| 的 | 丈夫 | 怎么了 | 眼镜 | 你 |

해설 *Step 1.* 먼저 술어가 될 동사나 형용사를 찾고, 그다음에 술어가 동사라면 적절한 목적어를 찾는다.

| ? + 怎么了 | ?은 왜 그래? |
| 주어   술어 | |

Step 2. 的는 '~의'라는 의미로 명사 앞에 쓸 수 있고, 가족, 학교, 회사 관계를 나타낼 때는 的를 생략할 수 있다.

| ((你) + 丈夫 + 的) + 眼镜 | 네 남편의 안경 |

Step 3. 의미를 생각해 보고 전체 문장을 마무리한다.

| ((你) + 丈夫 + 的) + 眼镜 + 怎么了 | 네 남편의 안경은 왜 그래? |
| 주어   술어 | |

정답 **你丈夫的眼镜怎么了?** 네 남편의 안경은 왜 그래?
Nǐ zhàngfu de yǎnjing zěnme le?

단어 丈夫 zhàngfu 몡 남편 | ★眼镜 yǎnjìng 몡 안경 | 怎么了 zěnme le 무슨 일이야?

2

| 裤子和裙子 | 都 | 白色的 | 我姐姐的 | 是 |

해설 *Step 1.* 먼저 술어가 될 동사나 형용사를 찾고, 그다음에 술어가 동사라면 적절한 목적어를 찾는다.

A + 是 + B 주어 술어 목적어	A는 B이다

Step 2. 的는 '~의'라는 의미로 명사 앞에 쓸 수도 있고, '~의 것'이라는 의미로 명사를 대신할 수도 있다.

(我姐姐的) + 裤子和裙子 우리 언니(누나)의 바지와 치마	(白色的) + 裤子和裙子 흰색의 바지와 치마

Step 3. 의미를 생각해 보고 기본 문장을 마무리한다.

我姐姐的 + 裤子和裙子 + 是 + 白色的 주어 술어 목적어	우리 언니(누나)의 바지와 치마는 흰색(의 것)이다

Step 4. 부사 都는 '모두, 다'의 의미로 술어 앞에 쓰고, 복수의 개념인 주어 뒤에 쓴다.

我姐姐的 + 裤子和裙子 + [都] + 是 + 白色的 복수의 개념+都 : 바지와 치마 모두	우리 언니(누나)의 바지와 치마는 모두 흰색(의 것)이다

정답 **我姐姐的裤子和裙子都是白色的。**   우리 언니(누나)의 바지와 치마는 모두 흰색이다.
Wǒ jiějie de kùzi hé qúnzi dōu shì báisè de.

단어 姐姐 jiějie 몡 누나, 언니 | ★裤子 kùzi 몡 바지 | 和 hé 젭 ~와, ~랑 | ★裙子 qúnzi 몡 치마 | 都 dōu 팀 모두, 다 | 白色 báisè 몡 흰색

3

得   不太   快   她   跑

해설 *Step 1.* 먼저 술어가 될 동사나 형용사를 찾고, 그다음에 술어가 동사라면 적절한 목적어를 찾는다.

她 + 跑 주어 술어(동사)	그녀는 뛴다

Step 2. '동사 得'는 동작이 발생한 후 그 동작에 대한 묘사, 소감, 평가를 표현할 때 쓴다. 따라서 동작을 묘사할 수 있는 표현(형용사)이 제시어 중에 있는지 살펴보아야 한다.

她 + 跑 + 得 + 〈快〉 동사得+〈형용사〉: 빨리 뛰다, 뛰는 게 빠르다	그녀는 뛰는 게 빠르다

Step 3. 不太는 '그다지 ~하지 않다'는 의미로 형용사 앞에 쓴다.

她 + 跑 + 得 + 〈[不太] 快〉 그다지 빠르지 않다	그녀는 뛰는 게 그다지 빠르지 않다

(정답) **她跑得不太快。** 그녀는 그다지 빨리 달리지 못한다.
Tā pǎo de bú tài kuài.

(단어) 跑 pǎo 图 달리다, 뛰다 | 得 de 图 ~하는 정도(상태)가 ~하다 | 不太 bú tài 그다지 ~하지 않다 | 快 kuài 혱 (속도가) 빠르다

---

4 ▶

> 高兴地　　　大家　　　唱歌跳舞　　　都

(해설) *Step 1.* 먼저 술어가 될 동사나 형용사를 찾고, 그다음에 술어가 동사라면 적절한 목적어를 찾는다.

| **大家** + **唱歌跳舞**
주어　　　술어(동사) | 모두들 노래를 부르고 춤을 춘다 |

Step 2. '형용사 地'는 동사 앞에 써서 동작이 어떻게 발생하는지 그 의미를 정확하게 만든다.

| **大家** + **[高兴地]** + **唱歌跳舞**
[형용사地]+동사 | 모두들 즐겁게 노래를 부르고 춤을 춘다 |

Step 3. 부사 都는 '모두, 다'의 의미로 술어 앞에 쓰고, 복수의 개념인 주어 뒤에 쓴다.

| **大家** + **[都]** + **[高兴地]** + **唱歌跳舞**
복수의 개념+都 : 모두들 다 | 모두들 다 즐겁게 노래를 부르고 춤을 춘다 |

(정답) **大家都高兴地唱歌跳舞。** 모두들 즐겁게 노래를 부르고 춤을 춘다.
Dàjiā dōu gāoxìng de chànggē tiàowǔ.

(단어) 大家 dàjiā 떼 모두들, 여러분 | 高兴 gāoxìng 혱 기쁘다 | 唱歌 chànggē 图 노래를 부르다 | 跳舞 tiàowǔ 图 춤을 추다

---

5 ▶

> 坐飞机　　　来　　　他　　　是　　　的

(해설) *Step 1.* 먼저 술어가 될 동사나 형용사를 찾고, 그다음에 술어가 동사라면 적절한 목적어를 찾는다.

| **他** + **坐飞机** 그는 비행기를 탄다
주어　　술어+목적어 | **他** + **来** 그는 온다
주어　　술어 |

Step 2. 한 문장에 여러 개의 동사가 등장하면 시간 발생 순서의 원칙대로 배열한다.

| **他** + **坐飞机** + **来**
동사1(방식, 수단) 동사2 | 그는 비행기를 타고 온다 |

Step 3. 是…的 구문은 이미 발생한 동작을 언제, 어디서, 어떻게, 누가 했는지 강조할 때 쓰고, 是는 강조하고자 하는 시간, 장소, 방식, 행위자 표현 앞에, 的는 동사 뒤에 쓴다.

방식, 수단 他 + **是** + 坐飞机 + 来 + **的** 是+[시간/장소/방식/행위자]+동사+的	그는 비행기를 타고 왔다

(정답) **他是坐飞机来的。** 그는 비행기를 타고 왔다.
Tā shì zuò fēijī lái de.

(단어) 坐 zuò 통 (차나 비행기를) 타다 | 飞机 fēijī 명 비행기

6 수사와 양사(양의 개념)

| 실전 트레이닝 | 기본서 **195**쪽

(정답)
1. 我吃了好几个面包。
2. 我买了一些吃的。
3. 你们去树下坐一会儿。
4. 你多吃一点儿吧。
5. 那家咖啡馆比较安静。

1

吃了	我	面包	好几个

(해설) *Step 1.* 먼저 술어가 될 동사나 형용사를 찾고, 그다음에 술어가 동사라면 적절한 목적어를 찾는다.

我 + **吃了** + **面包** 주어 술어(동사) 목적어 빵을 먹다	나는 빵을 먹었다

Step 2. 양사 个는 사람이나 사물을 세는 일반적인 단위로 명사 앞에 쓴다.

我 + 吃了 + (好几个) + 面包 여러 개의 빵	나는 여러 개의 빵을 먹었다

(정답) **我吃了好几个面包。** 나는 빵을 여러 개 먹었다.
Wǒ chīle hǎo jǐ ge miànbāo.

(단어) 好 hǎo 부 수량이 많음을 강조함[주로 수량사 앞에 쓰임] | 几 jǐ 수 몇 | ★面包 miànbāo 명 빵

一些　　买了　　我　　吃的

해설 *Step 1.* 먼저 술어가 될 동사나 형용사를 찾고, 그다음에 술어가 동사라면 적절한 목적어를 찾는다.

我　+　买了　+　吃的	나는 먹을 것을 샀다
주어　　술어(동사)　목적어	
먹을 것을 사다	

Step 2. 양사 些는 불특정한 복수를 나타내는 단위로 명사 앞에 쓴다.

我　+　买了　+　(一些)　+　吃的	나는 몇몇의 먹을 것을 샀다
몇몇의 먹을 것	

정답 **我买了一些吃的。**　나는 먹을 것을 좀 샀다.
Wǒ mǎile yìxiē chī de.

단어 买 mǎi 图 사다 | (一)些 (yì)xiē 鸳 몇몇, 조금, 약간[확실하지 않은 적은 수량을 나타냄]

去　　你们　　一会儿　　坐　　树下

해설 *Step 1.* 먼저 술어가 될 동사나 형용사를 찾고, 그다음에 술어가 동사라면 적절한 목적어를 찾는다.

你们　+　去　+　树下	너희는 나무 아래에 간다	你们　+　坐	너희는 앉다
주어　　술어　　목적어		주어　　술어	

Step 2. 한 문장에 여러 개의 동사가 등장하면 시간 발생 순서의 원칙대로 배열한다.

你们　+　去　+　树下　+　坐	너희는 나무 아래에 가서 앉다
동사1　　　　　　동사2	

Step 3. 一会儿은 '잠깐, 잠시 동안'의 의미로 동작이 발생한 시간의 양을 의미하고 동사 뒤, 목적어(명사) 앞에 쓴다.

你们　+　去　+　树下　+　坐　+　〈一会儿〉	너희는 나무 아래에 가서 잠시 앉아라
동사1　　　　　　동사2 + 〈시간의 양〉	

정답 **你们去树下坐一会儿。**　너희는 나무 아래에 가서 잠시 앉아라.
Nǐmen qù shù xià zuò yíhuìr.

단어 ★树 shù 鸳 나무 | 下 xià 鸳 아래 | 坐 zuò 图 앉다 | ★一会儿 yíhuìr 鸳 잠시, 잠깐

4

> 多吃　　吧　　你　　一点儿

해설 *Step 1.* 먼저 술어가 될 동사나 형용사를 찾고, 그다음에 술어가 동사라면 적절한 목적어를 찾는다.

你 + 多吃	너는 더(많이) 먹어라
주어　　술어	

Step 2. 一点儿은 '조금'의 의미로 사물의 적은 양을 의미하고 동사 뒤, 목적어(명사) 앞에 쓴다.

你 + 多吃 + ⟨一点儿⟩	너는 많이 좀 먹어라
동사+⟨사물의 양⟩	

Step 3. 조사 吧는 '~해라, ~하자'의 의미로 문장 맨 끝에 쓴다.

你 + 多吃 + ⟨一点儿⟩ + 吧	많이 좀 드세요
└─ 너는 ~해라 ─┘	

정답 **你多吃一点儿吧。**　많이 좀 드세요.
Nǐ duō chī yìdiǎnr ba.

단어 多 duō 혱 (양이나 나이가) 많다 | 一点儿 yìdiǎnr 양 조금

5

> 安静　　比较　　那　　咖啡馆　　家

해설 *Step 1.* 먼저 술어가 될 동사나 형용사를 찾고, 그다음에 술어가 동사라면 적절한 목적어를 찾는다.

咖啡馆 + 安静	커피숍이 조용하다
주어　　술어(형용사)	

Step 2. 양사 家는 이윤을 추구하는 곳을 세는 단위로 명사 앞에 쓰고, 부사 比较는 형용사나 심리감정동사 앞에 쓴다.

(那 + 家) + 咖啡馆 + [比较] + 安静	그 커피숍은 비교적 조용하다
这/那+양사+명사 : 그 커피숍　　비교적 조용하다	

정답 **那家咖啡馆比较安静。**　그 커피숍은 비교적 조용하다.
Nà jiā kāfēiguǎn bǐjiào ānjìng.

단어 家 jiā 양 집·점포·공장 등을 세는 단위 | ★咖啡馆 kāfēiguǎn 몡 커피숍, 카페(cafe) | ★比较 bǐjiào 뷔 비교적 | ★安静 ānjìng 혱 조용하다

| 실전 트레이닝 | 기본서 201쪽

정답 1. 我妈妈不会做饭。　　　　　　　　　2. 你什么时候能来?

　　 3. 现在可以走了。　　　　　　　　　　4. 家长要关心自己的孩子。

　　 5. 你不应该在这儿拍照。

1

| 不　　　做饭　　　会　　　我妈妈 |

해설　*Step 1.* 먼저 술어가 될 동사나 형용사를 찾고, 그다음에 술어가 동사라면 적절한 목적어를 찾는다.

| 我妈妈 + 做饭 | 우리 엄마가 밥을 한다 |
| 주어　술어(동사)+목적어 | |

Step 2. 不会는 '~할 줄 모르다, ~할 수 없다'라는 의미로 술어 앞에 쓴다.

| 我妈妈 + [不会] + 做饭 | 우리 엄마는 밥을 할 줄 모른다 |

정답　**我妈妈不会做饭。**　우리 엄마는 밥을 할 줄 모른다.
　　　　Wǒ māma bú huì zuòfàn.

단어　会 huì 조동 ~할 줄 알다 | 做饭 zuòfàn 동 밥을 하다

2

| 什么　　　能　　　来　　　你　　　时候 |

해설　*Step 1.* 먼저 술어가 될 동사나 형용사를 찾고, 그다음에 술어가 동사라면 적절한 목적어를 찾는다.

| 你 + 来 | 너는 온다 |
| 주어　술어(동사) | |

Step 2. 조동사 能은 '~할 수 있다'라는 의미로 술어 앞에 쓴다.

| 你 + [能] + 来 | 너는 올 수 있다 |

Step 3. 때를 나타내는 말은 술어 앞에 쓴다.

你 + [什么 + 时候] + 能 + 来	너는 언제 올 수 있니?

(정답) **你什么时候能来?**   너는 언제 올 수 있니?
Nǐ shénme shíhou néng lái?

(단어) 什么时候 shénme shíhou 언제 | 能 néng [조동] ~할 수 있다

3

可以   现在   走   了

(해설) *Step 1.* 먼저 술어가 될 동사나 형용사를 찾고, 그다음에 술어가 동사라면 적절한 목적어를 찾는다.

? + 走 주어 술어(동사)	? 가 떠나다

Step 2. 조동사 可以는 '~해도 된다, ~할 수 있다'라는 의미로 술어 앞에 쓴다.

? + [可以] + 走 주어 술어(동사)	? 가 떠나도 된다

Step 3. 명사 现在는 '때를 나타내는 말'로 주어 역할을 할 수 있다.

现在 + [可以] + 走 주어 술어(동사)	지금은 떠나도 된다

Step 4. 조사 了는 조동사와 함께 쓸 경우, 문장 끝에 써서 새로운 상황의 출현이나 변화를 나타낸다.

现在 + [可以] + 走 + 了 ~해도 되게 되다	이제는 떠나도 된다(원래는 떠나면 안 됐음)

(정답) **现在可以走了。**   이제 가도 된다.
Xiànzài kěyǐ zǒu le.

(단어) 现在 xiànzài [명] 지금, 현재 | 可以 kěyǐ [조동] ~해도 된다 | 走 zǒu [동] 가다, 떠나다

4

孩子   自己的   家长   要   关心

해설 *Step 1.* 먼저 술어가 될 동사나 형용사를 찾고, 그다음에 술어가 동사라면 적절한 목적어를 찾는다.

家长 + 关心 + 孩子 주어　술어(동사)　목적어	학부모는 아이에게 관심을 갖는다

Step 2. 的는 '~의'라는 의미로 명사 앞에 쓸 수 있다.

家长 + 关心 + (自己的) + 孩子 　　　　　　자신의 아이	학부모는 자신의 아이에게 관심을 갖는다

Step 3. 조동사 要는 술어(동사) 앞에 쓴다.

家长 + [要] + 关心 + (自己的) + 孩子 　　　조동사　동사	학부모는 자신의 아이에게 관심을 가져야 한다

정답 **家长要关心自己的孩子。**　학부모는 자신의 아이에게 관심을 가져야 한다.
Jiāzhǎng yào guānxīn zìjǐ de háizi.

단어 ★家长 jiāzhǎng 몡 (미성년의) 학부모, 보호자 | 要 yào 조동 ~해야 한다 | ★关心 guānxīn 동 관심을 갖다 | ★自己 zìjǐ 대 자기, 자신

5

不　　你　　在这儿　　应该　　拍照

해설 *Step 1.* 먼저 술어가 될 동사나 형용사를 찾고, 그다음에 술어가 동사라면 적절한 목적어를 찾는다.

你 + 拍照 주어　술어(동사)	너는 사진을 찍는다

Step 2. 在这儿은 '여기에서'라는 의미로, 동사(拍照) 앞에 서로 호응해서 쓸 수 있다.

你 + [在这儿] + 拍照 　　　개사구　　~에서 사진을 찍다	너는 여기에서 사진을 찍는다

Step 3. '不+应该'는 '~해서는 안 된다'의 의미로 술어 앞에 쓴다. 개사구와 함께 올 때에는 보통 조동사를 먼저 쓴다.

你 + 不 + 应该 + [在这儿] + 拍照 　　　조동사　　개사구　술어(동사)	너는 여기에서 사진을 찍어서는 안 된다

정답 **你不应该在这儿拍照。**　당신은 여기서 사진을 찍으면 안 됩니다.
Nǐ bù yīnggāi zài zhèr pāizhào.

단어 应该 yīnggāi 조동 마땅히 ~해야 한다 | 在 zài 개 ~에서 | ★拍照 pāizhào 동 사진을 찍다

|*실전* 트레이닝| 기본서 209쪽

1. 别忘了给我打电话。　　　　2. 今天的英语考试比较简单。

3. 这些孩子多可爱啊!　　　　4. 孩子们都还没起床。

5. 他们学校的环境一直很好。

1

| 别　　打电话　　忘了　　给我 |

해설 *Step 1.* 먼저 술어가 될 동사나 형용사를 찾고, 그다음에 술어가 동사라면 적절한 목적어를 찾는다.

| X + 忘了 + ? X가 ?을 잊었다 | 打电话 전화를 걸다 |
| 주어　술어(동사)　목적어 | 술어(동사)+목적어 |

Step 2. 기본 문장을 완성한다.

| X + 忘了 + 打电话 | X가 전화하는 것을 잊었다 |
| 주어　술어(동사)　목적어 | |

Step 3. 부사 别는 '~하지 마라'의 의미로 술어 앞에 쓰고, 给我는 打电话 앞에 써서 동작의 대상이 누구인지를 정확하게 만든다.

[别] + 忘了 + [给我] + 打电话	나에게 전화하는 거 잊지 마
술어(동사)　　　　목적어	
~에게 전화를 하다	

정답 **别忘了给我打电话。** 　나에게 전화하는 거 잊지 마.
Bié wàngle gěi wǒ dǎ diànhuà.

단어 别 bié 뷔 ~하지 마라[금지를 나타냄] | 忘 wàng 통 (지난 일을) 잊다 | 给 gěi 개 ~에게 | 打电话 dǎ diànhuà 전화를 걸다, 전화를 하다

2

| 英语考试　　简单　　今天的　　比较 |

해설 *Step 1.* 먼저 술어가 될 동사나 형용사를 찾고, 그다음에 술어가 동사라면 적절한 목적어를 찾는다.

| 英语考试 + 简单 | 영어 시험이 간단하다 |
| 주어　　　술어(형용사) | |

Step 2. 的는 '~의'라는 의미로 명사 앞에 쓰고, 부사 比较는 형용사나 심리감정동사 앞에 쓴다.

(今天的) + 英语考试 + [比较] + 简单	오늘의 영어 시험은 비교적 간단하다
오늘의 영어 시험 / 비교적 간단하다	

(정답) 今天的英语考试比较简单。　오늘 영어 시험은 비교적 간단하다.
Jīntiān de Yīngyǔ kǎoshì bǐjiào jiǎndān.

(단어) 英语 Yīngyǔ 몡 영어 | 考试 kǎoshì 몡 시험 | ★比较 bǐjiào 뷔 비교적 | ★简单 jiǎndān 혱 간단하다

3

啊 　 这些 　 多 　 可爱 　 孩子

(해설) *Step 1.* 먼저 술어가 될 동사나 형용사를 찾고, 그다음에 술어가 동사라면 적절한 목적어를 찾는다.

孩子 + 可爱	아이가 귀엽다
주어　술어(형용사)	

Step 2. 些는 불특정한 복수를 나타내는 단위로 명사 앞에 쓰고, '多+형용사+啊'의 형식은 감탄의 의미를 강조한다.

(这些) + 孩子 + [多] + 可爱 + 啊	이 아이들은 얼마나 귀여운가!
이 아이들 / 얼마나 ~한가	

(정답) 这些孩子多可爱啊!　이 아이들은 얼마나 귀여운가!
Zhèxiē háizi duō kě'ài a!

(단어) 这些 zhèxiē 때 이런 것들 | 孩子 háizi 몡 (어린)아이 | 多 duō 뷔 얼마나[감탄문에 쓰여 정도가 매우 높음을 나타냄] | ★可爱 kě'ài 혱 귀엽다

4

还 　 孩子们 　 没 　 起床 　 都

(해설) *Step 1.* 먼저 술어가 될 동사나 형용사를 찾고, 그다음에 술어가 동사라면 적절한 목적어를 찾는다.

孩子们 + 起床	아이들이 일어나다
주어　술어(동사)	

Step 2. 还没는 '아직 ~하지 않았다'라는 의미로 술어 앞에 써서 부정문을 만들고, 부사 都는 '모두, 다'의 의미로 술어 앞에 쓰고, 복수의 개념인 주어 뒤에 쓴다.

孩子们 + [都] + [还没] + 起床	아이들은 모두 아직 일어나지 않았다
복수의 개념+都 : 아이들 모두 아직 일어나지 않았다	

(정답) **孩子们都还没起床。** 아이들은 모두 아직 일어나지 않았다.
Háizimen dōu hái méi qǐchuáng.

(단어) 们 men 접미 ~들[인칭대명사나 사람을 지칭하는 명사 뒤에 쓰여 복수를 나타냄] | 起床 qǐchuáng 동 기상하다, 일어나다

5

环境 一直 好 很 他们学校的

(해설) *Step 1.* 먼저 술어가 될 동사나 형용사를 찾고, 그다음에 술어가 동사라면 적절한 목적어를 찾는다.

环境 + 好 주어　술어(형용사)	환경이 좋다

Step 2. 부사인 一直와 很은 모두 술어 앞에 쓰는데, 특히 정도부사 很은 형용사 바로 앞에 쓴다.

环境 + [一直] + [很] + 好 很+형용사	환경이 줄곧 매우 좋다

Step 3. 的는 '~의'라는 의미로 명사 앞에 쓸 수 있다.

(他们学校的) + 环境 + [一直] + [很] + 好 그들 학교의 환경	그들 학교의 환경은 줄곧 매우 좋다

(정답) **他们学校的环境一直很好。** 그들 학교의 환경은 항상 매우 좋다.
Tāmen xuéxiào de huánjìng yìzhí hěn hǎo.

(단어) ★环境 huánjìng 명 환경 | ★一直 yìzhí 부 계속해서, 줄곧

9 개사

| 실전 트레이닝 | 기본서 215쪽

(정답)
1. 我们经常在学生食堂吃饭。
2. 孩子从房间里出去了。
3. 我对音乐有兴趣。
4. 机场离我家不太远。
5. 他长得和他儿子很像。

吃饭   我们   在学生食堂   经常

해설 *Step 1.* 먼저 술어가 될 동사나 형용사를 찾고, 그다음에 술어가 동사라면 적절한 목적어를 찾는다.

我们 + 吃饭	우리는 밥을 먹는다
주어 술어(동사)	

Step 2. 在学生食堂은 동사(吃) 앞에 서로 호응해서 쓸 수 있다.

我们 + [在学生食堂] + 吃饭	우리는 학생 식당에서 밥을 먹는다
└─ ~에서 먹다 ─┘	

Step 3. 부사 经常은 술어 앞에 쓰고, 개사구와 함께 올 때에는 보통 부사를 먼저 쓴다.

我们 + [经常] + [在学生食堂] + 吃饭	우리는 자주 학생 식당에서 밥을 먹는다
부사 개사구 술어(동사)	

정답 **我们经常在学生食堂吃饭。**   우리는 자주 학생 식당에서 밥을 먹는다.
Wǒmen jīngcháng zài xuésheng shítáng chīfàn.

단어 ★经常 jīngcháng 图 자주, 항상 | 在 zài 게 ~에서 | 食堂 shítáng 圆 (기관·단체 내의) 구내 식당

2

从   出去   孩子   房间里   了

해설 *Step 1.* 먼저 술어가 될 동사나 형용사를 찾고, 그다음에 술어가 동사라면 적절한 목적어를 찾는다.

孩子 + 出去	아이가 나간다
주어 술어(동사)	

Step 2. 개사 从은 '~로부터, ~에서'의 의미로, 명사 房间里와 함께 从房间里(방 안에서)라는 표현을 만들 수 있다.

孩子 + [从房间里] + 出去	아이가 방 안에서 나간다
개사구 술어(동사)	
└─ ~에서 나가다 ─┘	

Step 3. 조사 了는 동사 뒤 혹은 문장 끝에 써서 동작이나 상황의 완료를 나타낸다.

孩子 + [从房间里] + 出去 + 了	아이가 방 안에서 나갔다

정답 **孩子从房间里出去了。**   아이가 방에서 나갔다.
Háizi cóng fángjiān li chūqu le.

단어 孩子 háizi 몡 (어린)아이 | 从 cóng 캐 ~에서, ~로부터 | 房间 fángjiān 몡 방 | 出去 chūqu 동 나가다

3

兴趣　　对　　有　　我　　音乐

해설 *Step 1.* 먼저 술어가 될 동사나 형용사를 찾고, 그다음에 술어가 동사라면 적절한 목적어를 찾는다.

我 + 有 + 兴趣 주어　술어(동사)	나는 흥미를 가지고 있다

Step 2. 개사 对는 '~에 (대해)'의 의미로, 명사 音乐와 함께 对音乐(음악에 대해)라는 표현을 만들 수 있다.

我 + [对 音乐] + 有 + 兴趣 　　개사구　술어(동사) 　　~에 흥미가 있다	나는 음악에 흥미가 있다

정답 我对音乐有兴趣。　나는 음악에 흥미가 있다.
Wǒ duì yīnyuè yǒu xìngqù.

단어 对 duì 캐 ~에 대하여 | ★音乐 yīnyuè 몡 음악 | ★兴趣 xìngqù 몡 재미, 흥미

4

离我家　　不太　　机场　　远

해설 *Step 1.* 먼저 술어가 될 동사나 형용사를 찾고, 그다음에 술어가 동사라면 적절한 목적어를 찾는다.

机场 + 远 주어　술어(형용사)	공항은 멀다

Step 2. 개사 离는 A와 B 사이의 시간적, 공간적 거리를 말할 때 쓴다.

机场 + [离我家] + 远 　　개사구　술어(형용사) A+[离B]+近/远 : A는 B에서 가깝다/멀다	공항은 우리 집에서 멀다

Step 3. 부사 不太는 '그다지 ~하지 않다'는 의미로 형용사 앞에 쓴다.

机场 + [离我家] + [不太] + 远 　　　　　　그다지 멀지 않다	공항은 우리 집에서 그다지 멀지 않다

정답 机场离我家不太远。　공항은 우리 집에서 별로 멀지 않다.
Jīchǎng lí wǒ jiā bú tài yuǎn.

단어 机场 jīchǎng 圏 공항 | 离 lí 涧 ~로부터 | 不太 bú tài 그다지 ~하지 않다 | 远 yuǎn 圏 (거리가) 멀다

5

| 像 | 他长得 | 很 | 和他儿子 |

해설 *Step 1.* '동사 得'는 동작이 발생한 후 그 동작에 대한 묘사, 소감, 평가를 표현할 때 쓴다. 따라서 동작을 묘사할 수 있는 표현이 제시어 중에 있는지 살펴보아야 한다.

| 他长得 + 〈像〉 | 그는 생긴 것이 닮았다 |
동사得+〈묘사 표현〉: 닮게 생기다

Step 2. 동사 像은 의미적으로 '닮은 대상'이 필요하므로, 和他儿子와 함께 호응하여 쓸 수 있다.

| 他长得 + 〈[和他儿子] + 像〉 | 그는 생긴 것이 그의 아들과 닮았다 |
~와 닮다

Step 3. 정도부사 很은 술어 바로 앞에 쓴다.

| 他长得 + 〈[和他儿子] + [很] + 像〉 | 그는 생긴 것이 그의 아들과 매우 닮았다 |

정답 他长得和他儿子很像。   그는 그의 아들과 매우 닮았다.
Tā zhǎng de hé tā érzi hěn xiàng.

단어 ★长 zhǎng 图 생기다 | 和 hé 涧接 ~와, ~(이)랑 | 儿子 érzi 圏 아들 | ★像 xiàng 图 닮다

---

⑩ 把자문, 被자문, 비교문

│ 실전 트레이닝 │ 기본서 223쪽

정답 1. 她决定把手机送给弟弟。   2. 她终于把教室打扫干净了。

3. 护照被我妈妈带来了。   4. 蛋糕都被他吃了。

5. 这里的事情跟那里一样重要。

1

送给　　　　她决定　　　　把手机　　　　弟弟

해설 *Step 1.* 개사 把는 '~을'의 의미로, 목적어를 술어(동사) 앞으로 가져와 강조할 때 쓰고, 술어(동사) 뒤에는 동작 후의 결과가 어떤지 보충해 주는 기타성분이 반드시 필요하다.

[把手机] + 送给 + 弟弟	휴대폰을 선물해서 남동생에게 주다
[把+목적어]　술어(동사)　기타성분	=휴대폰을 남동생에게 선물해 주다

Step 2. 동사 决定은 의미적으로 문장 전체의 술어 역할을 하는 것이 적합하다.

她决定 + [把手机] + 送给 + 弟弟	그녀는 휴대폰을 남동생에게 선물해 주기로 결정했다
[把+목적어] + 술어(동사) + 기타성분	
주어+술어 +　　　　　목적어	

정답 **她决定把手机送给弟弟。**　　그녀는 휴대폰을 남동생에게 선물해 주기로 결정했다.
Tā juédìng bǎ shǒujī sònggěi dìdi.

단어 ★决定 juédìng 图 결정하다 | 手机 shǒujī 圀 휴대폰 | 送给 sònggěi ~에게 주다(선물하다) | 弟弟 dìdi 圀 남동생

终于　　　打扫　　　把教室　　　干净了　　　她

해설 *Step 1.* 개사 把는 '~을'의 의미로, 목적어를 술어(동사) 앞으로 가져와 강조할 때 쓰고, 술어(동사) 뒤에는 동작 후의 결과가 어떤지 보충해 주는 기타성분이 반드시 필요하다.

她 + [把教室] + 打扫 + 干净了	그녀는 교실을 청소해서 깨끗하게 만들었다
주어　[把+목적어]　술어(동사)　기타성분	=그녀는 교실을 깨끗하게 청소했다

Step 2. 부사 终于는 술어 앞에 쓰고, 개사구와 함께 올 때에는 보통 부사를 먼저 쓴다.

她 + 终于 + [把教室] + 打扫 + 干净了	그녀는 마침내 교실을 깨끗하게 청소했다
주어　부사　[把+목적어]　술어(동사)　기타성분	

정답 **她终于把教室打扫干净了。**　　그녀는 마침내 교실을 깨끗하게 청소했다.
Tā zhōngyú bǎ jiàoshì dǎsǎo gānjìng le.

단어 ★终于 zhōngyú 图 마침내, 결국 | 教室 jiàoshì 圀 교실 | ★打扫干净 dǎsǎo gānjìng 깨끗하게 청소하다

护照　　被　　带来了　　我妈妈

(해설) *Step 1.* 被는 '~에 의하여'의 의미로, 동작의 행위자가 주어 자리가 아닌 被 뒤에 위치한다.

护照 + [被 + 我妈妈] + 带来了　가져오는 동작의
　　　　　　　　　　　　　　행위자 : 엄마

[被자문] 주어+[被+동작의 행위자]+술어(동사)+기타성분

여권은 우리 엄마에 의해 가져와졌다
=여권은 우리 엄마가 가져왔다

(정답) **护照被我妈妈带来了。**　여권은 우리 엄마가 가져왔다.
Hùzhào bèi wǒ māma dàilai le.

(단어) ★护照 hùzhào 몡 여권 | ★被 bèi 껜 ~에 의하여 (~를 당하다) | 带来 dàilai 통 가져오다, 가져다주다

4

都　　被他　　蛋糕　　吃了

(해설) *Step 1.* 被는 '~에 의하여'의 의미로, 동작의 행위자가 주어 자리가 아닌 被 뒤에 위치한다.

蛋糕 + [被他] + 吃了
　　　　　　　먹는 동작의 행위자 : 그

[被자문] 주어+[被+동작의 행위자]+술어(동사)+기타성분

케이크는 그에 의해 먹어졌다
=케이크는 그가 먹었다

Step 2. 부사 都는 '모두, 다'의 의미로 술어 앞에 쓴다. 여기서는 복수의 개념일 수 있는 주어 뒤, 개사구 앞에 쓴다.

蛋糕 + 都 + [被他] + 吃了
　　　　부사　　개사구　술어
　　　복수의 개념+都 : 케이크 모두

케이크는 다 그에 의해 먹어졌다
=케이크는 다 그가 먹었다

(정답) **蛋糕都被他吃了。**　케이크는 그가 다 먹었다.
Dàngāo dōu bèi tā chī le.

(단어) ★蛋糕 dàngāo 몡 케이크

一样　　这里的　　跟那里　　事情　　重要

해설 *Step 1.* 먼저 술어가 될 동사나 형용사를 찾고, 그다음에 술어가 동사라면 적절한 목적어를 찾는다.

事情 + 重要 주어　　술어(형용사)	일이 중요하다

Step 2. 개사 跟은 비교의 대상과 함께 술어 앞에 써서 비교문을 만든다.

事情 + [跟那里] + 一样 + 重要 　　　　　└─ ~와 똑같다 [비교문] A+[跟B]+一样+형용사	일은 저기와 똑같이 중요하다

Step 3. 的는 '~의'라는 의미로 명사 앞에 쓴다.

(这里的) + 事情 + [跟那里] + 一样 + 重要	여기의 일은 저기와 똑같이 중요하다

정답 这里的事情跟那里一样重要。　여기 일은 저기와 똑같이 중요하다.
Zhèlǐ de shìqing gēn nàlǐ yíyàng zhòngyào.

단어 事情 shìqing 명 일, 사건 | ★跟 gēn 개 ~와 | ★一样 yíyàng 형 같다, 동일하다 | 重要 zhòngyào 형 중요하다

11 보어

| 실전 트레이닝 | 기본서 231쪽

정답
1. 小猫把牛奶都喝完了。
2. 他终于考上名牌大学了。
3. 他总是把自己的房间打扫得很干净。
4. 我觉得他马上就会从美国回来。
5. 风刮得越来越大了。

1

小猫	喝完	把牛奶	了	都

해설 *Step 1.* 제시어에 개사 把가 등장하면 특이한 어순을 먼저 떠올려야 한다. 把는 '~을'의 의미로, 목적어를 술어(동사) 앞으로 가져와 강조할 때 쓴다.

小猫 + [把 + 牛奶] + 喝完 주어　　　[把+목적어]　 술어(동사)+기타성분	고양이가 우유를 다 마신다

Step 2. 부사 都는 '모두, 다'의 의미로 술어 앞에 쓰고, 복수의 개념인 주어 뒤에 쓴다.

小猫 + [把 + 牛奶] + [都] + 喝完	고양이가 우유를 모두 다 마신다
복수의 개념+都 : 우유를 다	

Step 3. 조사 了는 동사 바로 뒤나 문장 끝에 쓰여 동작이나 상황의 완료를 나타낸다.

小猫 + [把 + 牛奶] + [都] + 喝完 + 了	고양이가 우유를 모두 다 마셨다

(정답) **小猫把牛奶都喝完了。**　고양이가 우유를 다 마셨다.
Xiǎomāo bǎ niúnǎi dōu hēwán le.

(단어) 牛奶 niúnǎi 명 우유 | 喝完 hēwán 다 마시다

2

名牌大学了　　他　　考上　　终于

(해설) *Step 1.* 먼저 술어가 될 동사나 형용사를 찾고, 그다음에 술어가 동사라면 적절한 목적어를 찾는다.

他 + 考 〈上〉 + 名牌大学了	그는 명문대학에 붙었다
주어　술어(동사)+〈보어〉　목적어	

Step 2. 부사 终于는 '마침내, 결국'의 의미로 술어 앞에 쓰이는데, 조사 了와 함께 써서 상황이 끝났음을 강조하기도 한다.

他 + [终于] + 考〈上〉 + 名牌大学了	그는 결국 명문대학에 붙었다
마침내 ~했다	

(정답) **他终于考上名牌大学了。**　그는 결국 명문대학에 붙었다.
Tā zhōngyú kǎoshàng míngpái dàxué le.

(단어) ★终于 zhōngyú 부 마침내, 결국 | 考上 kǎoshàng 시험 보고 붙다, 합격하다 | ★名牌 míngpái 명 유명 상표, 유명 브랜드 | ★大学 dàxué 명 대학

3

打扫得　　总是　　很干净　　把自己的房间　　他

(해설) *Step 1.* 개사 把는 '~을'의 의미로, 목적어를 술어(동사) 앞으로 가져와 강조할 때 쓰고, 술어(동사) 뒤에는 동작 후의 결과가 어떤지 보충해 주는 기타성분이 반드시 필요하다.

他 + [把自己的房间] + 打扫得 + 很干净	그는 자신의 방을 청소해서 깨끗하게 만든다
주어　　[把+목적어]　　술어(동사)　기타성분	=그는 자신의 방을 깨끗하게 청소한다

Step 2. 부사 总是는 술어 앞에 쓰고, 개사구와 함께 올 때에는 보통 부사를 먼저 쓴다.

他 +	[总是] +	[把自己的房间] +	打扫得 +	很干净	그는 늘 자신의 방을 깨끗하게 청소한다
주어	부사	[把+목적어]	술어(동사)	기타성분	

(정답) **他总是把自己的房间打扫得很干净。**   그는 늘 자신의 방을 깨끗하게 청소한다.
Tā zŏngshì bǎ zìjǐ de fángjiān dǎsǎo de hěn gānjìng.

(단어) ★总是 zŏngshì 뷔 늘, 항상 | ★自己 zìjǐ 団 자신, 스스로 | 房间 fángjiān 뗑 방 | ★打扫 dǎsǎo 됨 청소하다 | ★干净 gānjìng
뗑 깨끗하다

4

从美国	我觉得	他	回来	会	马上就

(해설) *Step 1.* 먼저 술어가 될 동사나 형용사를 찾고, 그다음에 술어가 동사라면 적절한 목적어를 찾는다.

我觉得 + 생각하는 내용	나는 ~라고 생각한다	他 + 回来	그가 돌아온다
술어(동사) 목적어		주어 술어(동사)	
~라고 생각하다			

Step 2. 기본 문장을 완성한다.

我觉得 + 他 + 回来	나는 그가 돌아온다고 생각한다
주어+술어(동사) 목적어	
주어+술어(동사)	

Step 3. 개사 从은 '~로부터, ~에서'의 의미로, 장소명사(美国)와 함께 从美国(미국에서)라는 표현을 만들 수 있다.

我觉得 + 他 + [从美国] + 回来	나는 그가 미국에서 돌아온다고 생각한다
~에서 돌아오다	

Step 4. 부사 马上은 술어 앞에 쓰고, 개사구와 함께 올 때에는 보통 부사와 조동사를 먼저 쓴다.

我觉得 + 他 + [马上就] + [会] + [从美国] + 回来	나는 그가 곧 미국에서 돌아올 거라고 생각한다
부사 조동사 개사구 술어(동사)	

(정답) **我觉得他马上就会从美国回来。**   나는 그가 곧 미국에서 돌아올 거라고 생각한다.
Wŏ juéde tā mǎshàng jiù huì cóng Měiguó huílai.

(단어) 觉得 juéde 됨 ~라고 생각하다, 여기다 | ★马上 mǎshàng 뷔 곧 | 从 cóng 깨 ~에서 | 美国 Měiguó 고유 미국 | 回来 huílai
됨 (화자가 있는 곳으로) 되돌아오다

5

刮得	风	大	越来越	了

해설 *Step 1.* 먼저 술어가 될 동사나 형용사를 찾고, 그다음에 술어가 동사라면 적절한 목적어를 찾는다.

风 + 刮得 주어　술어(동사)	바람이 ~하게 불다

Step 2. '동사 得'는 동작이 발생한 후 그 동작에 대한 묘사, 소감, 평가를 표현할 때 쓴다. 따라서 동작을 묘사할 수 있는 표현(형용사)이 제시어 중에 있는지 살펴보아야 한다.

风 + 刮得 + 〈大〉 └──↗ 동사得+〈형용사〉: 세게 불다	바람이 세게 분다

Step 3. 정도부사 越来越는 형용사나 심리감정동사 앞에 쓴다.

风 + 刮得 + 〈[越来越]大〉了 └──↗ 부사+형용사: 정정 세다	바람이 점점 세게 분다

정답 **风刮得越来越大了。**　바람이 점점 세게 분다.
Fēng guā de yuèláiyuè dà le.

단어 风 fēng 명 바람 | 刮 guā 동 (바람이) 불다 | 越来越 yuèláiyuè 부 점점, 갈수록, 더욱더 | 大 dà 형 크다

12 비슷한 발음, 비슷한 한자

| *실전* 트레이닝 1 | 기본서 242쪽

정답
1. 元　2. 因　3. 自　4. 少　5. 见

1

해설 및 정답 **문제 분석▼** 가격 표현은 '元 yuán 위안 〉 角 jiǎo 자오 〉 分 fēn 펀'을 쓰고, '1위안'은 '10자오'와 같으므로 빈칸의 정답은 元 yuán이다.

一（元）是10角，一角是10分。 Yì yuán shì shí jiǎo, yì jiǎo shì shí fēn.	<u>1위안은 10자오이고, 1자오는 10펀이다.</u>

단어 ★元 yuán 양 위안[중국의 화폐 단위] | ★角 jiǎo 양 자오[중국의 화폐 단위로, 1위안(元)의 10분의 1] | ★分 fēn 양 펀[중국의 화폐 단위로, 1위안(元)의 100분의 1]

2

문제 분석▼ '왜냐하면, ~때문에'라는 뜻으로 원인이나 이유를 표현할 수 있는 단어에는 因为 yīnwèi가 있다.

感冒了要注意休息，（ 因 ）为健康最 Gǎnmàole yào zhùyì xiūxi, yīnwèi jiànkāng zuì 重要。 zhòngyào.	감기에 걸리면 휴식을 취해야 한다. 왜냐하면 건강이 가장 중요하기 때문이다.

단어 ★感冒 gǎnmào 图 감기에 걸리다 | 要 yào 조동 ~해야 한다 | ★注意 zhùyì 图 주의하다 | 休息 xiūxi 图 쉬다, 휴식하다 | 因为 yīnwèi 접 왜냐하면 | ★健康 jiànkāng 혱 건강하다 | ★重要 zhòngyào 혱 중요하다

3

문제 분석▼ '자기, 자신'이라는 뜻의 단어에는 自己 zìjǐ가 있다.

做选择的时候，最重要的是知道（ 自 ）己 Zuò xuǎnzé de shíhou, zuì zhòngyào de shì zhīdào zìjǐ 想要什么。 xiǎng yào shénme.	선택을 할 때에 가장 중요한 것은 자신이 무엇을 원하는지 아는 것이다.

단어 做 zuò 图 하다 | ★选择 xuǎnzé 몡 선택 | 时候 shíhou 몡 때, 시각 | 最 zuì 위 가장, 제일 | ★重要 zhòngyào 혱 중요하다 | 知道 zhīdào 图 알다, 이해하다 | ★自己 zìjǐ 데 자기, 자신, 스스로 | 想 xiǎng 조동 ~하고 싶다

[TIP] 自는 가운데 줄이 2개 있으므로, 白 bái(하얗다, 희다)와 혼동하지 않도록 주의해야 한다.

4

문제 분석▼ '몇, 얼마'라는 뜻으로, 개수를 물어볼 때 쓸 수 있는 단어에는 多少 duōshao가 있다.

你知道世界上有多（ 少 ）种病吗？ Nǐ zhīdào shìjiè shang yǒu duōshao zhǒng bìng ma?	넌 세상에 몇 가지 병이 있는지 알아?

단어 知道 zhīdào 图 알다, 이해하다 | ★世界 shìjiè 몡 세상 | 多少 duōshao 데 몇, 얼마 | ★种 zhǒng 양 종류, 가지 | 病 bìng 몡 (사람의) 병, 질병

5

문제 분석▼ '보이지 않게 되다, 사라지다'라는 뜻으로 쓸 수 있는 표현에는 不见了 bú jiàn le가 있다.

马越跑越快，慢慢地就不（ 见 ）了。 Mǎ yuè pǎo yuè kuài, mànmàn de jiù bú jiàn le.	말이 달릴수록 빨라지더니 서서히 사라졌다.

단어 ★马 mǎ 몡 말[동물] | ★越 yuè 위 ~(하)면 ~(할)수록['越…越…'의 형식으로 쓰임] | 跑 pǎo 图 달리다, 뛰다 | 慢 màn 혱 느리다 | 就 jiù 위 바로, 곧 | 见 jiàn 图 보(이)다

　　1. 左　　　2. 双　　　3. 开　　　4. 错　　　5. 打

1

해설 및 정답 **문제 분석▼** 방향 표현은 边 biān을 쓰는데, 'zuǒbian'은 左边(왼쪽)이라고 쓴다.

从哪边走更近? （ **左** ）边还是右边? Cóng nǎbiān zǒu gèng jìn? Zuǒbian háishi yòubian?	어느 쪽으로 걸어가야 더 가까울까요? <u>왼쪽</u> 아니면 오른 쪽?

단어 从 cóng 깨 ~에서, ~부터 | 边 biān 졉미 쪽, 측 | 走 zǒu 동 걷다, 가다 | ★更 gèng 분 더, 더욱, 훨씬 | 近 jìn 형 가깝다 | 左边 zuǒbian 명 왼쪽 | ★还是 háishi 젭 아니면[선택의문문에 쓰임] | 右边 yòubian 명 오른쪽

2

해설 및 정답 **문제 분석▼** 명사 鞋 xié(신발) 앞에 쓸 수 있는 양사는 双 shuāng이다.

这 （ **双** ）运动鞋才穿了几天就坏了。 Zhè shuāng yùndòngxié cái chuānle jǐ tiān jiù huài le.	이 운동화는 겨우 며칠 신었는데 망가져 버렸다.

단어 ★双 shuāng 양 켤레[쌍이나 짝을 이룬 물건을 세는 단위] | 运动 yùndòng 동 운동하다 | ★鞋 xié 명 신발 | ★才 cái 분 겨우 | 穿 chuān 동 (신발을) 신다 | 几 jǐ 수 몇 | 天 tiān 명 날, 일 | 就 jiù 분 바로, 곧 | ★坏 huài 형 망가지다

[TIP] 양사 双 shuāng은 筷子 kuàizi(젓가락)를 셀 때에도 쓴다.

3

해설 및 정답 **문제 분석▼** '(에어컨을) 켜다'라는 뜻으로 쓸 수 있는 표현에는 打开 dǎkāi가 있다.

我已经把空调打 （ **开** ）了，一会儿就不热了。 Wǒ yǐjīng bǎ kōngtiáo dǎkāi le, yíhuìr jiù bú rè le.	제가 이미 <u>에어컨을 켰으니</u>, 곧 덥지 않을 겁니다.

단어 已经 yǐjīng 분 이미, 벌써 | ★把 bǎ 깨 ~을 | ★空调 kōngtiáo 명 에어컨 | 打开 dǎkāi 동 (기계를) 켜다 | ★一会儿 yíhuìr 명 곧, 짧은 시간 내 | 就 jiù 분 바로, 곧 | 热 rè 형 덥다

4

해설 및 정답 **문제 분석▼** '잘못 기억하다'라는 뜻으로 쓸 수 있는 표현에는 记错 jìcuò가 있다.

你记 （ **错** ）路了吗? Nǐ jìcuò lù le ma?	너는 길을 잘못 기억했어?

단어 记错 jìcuò 잘못 기억하다 | 路 lù 명 길, 도로

[TIP] '잘못 쓰다(썼는데 틀렸다)'는 写错 xiěcuò라고 하고, '잘못 가다(갔는데 틀렸다)'는 走错 zǒucuò라고 한다.

5

(해설 및 정답) **문제 분석▼** '공을 치다'라는 뜻으로 쓸 수 있는 표현에는 打球 dǎqiú가 있다.

每天早上我都去跑步或者（**打**）球。 Měi tiān zǎoshang wǒ dōu qù pǎobù huòzhě dǎqiú.	매일 아침 나는 조깅을 하거나 <u>공놀이한다</u>.

(단어) 早上 zǎoshang 몡 아침 | 跑步 pǎobù 통 조깅을 하다, 달리기를 하다 | ★或者 huòzhě 젭 ~거나, 혹은 | 打球 dǎqiú 통 공놀이를 하다, 구기 운동을 하다

---

13 다른 발음, 비슷한 한자

|*실전* 트레이닝 1 | 기본서 251쪽

정답
1. 别　　2. 有　　3. 着　　4. 过　　5. 把

1

(해설 및 정답) **문제 분석▼** '~하지 마라'라는 뜻으로 조사 了 le와 함께 금지를 표현할 수 있는 단어에는 别 bié가 있다.

已经很晚了，（**别**）上网了。 Yǐjīng hěn wǎn le, bié shàngwǎng le.	(시간이) 이미 늦었으니 인터넷을 하지 <u>마라</u>.

(단어) 已经 yǐjīng 閍 이미, 벌써 | 晚 wǎn 톙 (규정된 혹은 적합한 시간보다) 늦다 | 别 bié 閍 ~하지 마라[금지를 나타냄] | ★上网 shàngwǎng 통 인터넷을 하다

2

(해설 및 정답) **문제 분석▼** '~(장소)에 ~(물건)이 있다'라는 뜻으로 존재를 표현할 수 있는 동사에는 有 yǒu가 있다.

冰箱里（**有**）一瓶水，是给你的。 Bīngxiāng li yǒu yì píng shuǐ, shì gěi nǐ de.	냉장고에 물이 한 병 있는데, 너에게 주는 거야.

(단어) ★冰箱 bīngxiāng 몡 냉장고 | 里 lǐ 몡 안, 속 | 瓶 píng 얭 병 | 水 shuǐ 몡 물 | 给 gěi 통 주다

해설 및 정답 **문제 분석▼** '보고 있다'라는 뜻으로 동작이나 상황의 지속을 표현할 때에는 동사 바로 뒤에 着 zhe를 쓴다.

| 这双鞋看（**着**）真漂亮。
Zhè shuāng xié kànzhe zhēn piàoliang. | 이 신발은 <u>보고 있으니</u> 정말 예쁘다. |

단어 ★双 shuāng 양 켤레[쌍이나 짝을 이룬 물건을 세는 단위] | ★鞋 xié 명 신발 | 看 kàn 동 보다 | 着 zhe 조 ~하고 있다 | 真 zhēn 분 정말, 진짜 | 漂亮 piàoliang 형 예쁘다

해설 및 정답 **문제 분석▼** '~한 적 없다'라는 뜻으로 경험이 없음을 표현할 때에는 '没 méi+동사+过 guo'를 쓴다.

| 我没穿（**过**）这种裙子。
Wǒ méi chuānguo zhè zhǒng qúnzi. | 난 이런 치마를 <u>입어 본 적이 없다</u>. |

단어 穿 chuān 동 (옷을) 입다 | 过 guo 조 ~한 적 있다[경험을 나타냄] | ★种 zhǒng 양 종류, 가지 | ★裙子 qúnzi 명 치마

해설 및 정답 **문제 분석▼** 목적어를 동사 앞으로 옮길 때에는 개사 把 bǎ를 쓰는데, '[把+목적어]+打开(~을 열다)' 순서가 된다.

| 请（**把**）门打开一下。
Qǐng bǎ mén dǎkāi yíxià. | 문을 좀 <u>열어 주세요</u>. |

단어 请 qǐng 동 (상대가 어떤 일을 하길 바라는 의미로) ~하세요 | ★把 bǎ 개 ~을 | 门 mén 명 문 | 打开 dǎkāi 동 열다 | 一下 yíxià 양 동사 뒤에 쓰여 '좀 ~하다'의 뜻을 나타냄

| *실전* **트레이닝 2** | 기본서 251쪽

정답

　　1. 中　　　2. 出　　　3. 家　　　4. 手　　　5. 月

해설 및 정답 **문제 분석▼** '중간, 가운데'라는 뜻으로 위치를 표현하는 명사에는 中间 zhōngjiān이 있다.

| （**中**）间看手机的一定是我姐姐。
Zhōngjiān kàn shǒujī de yídìng shì wǒ jiějie. | <u>가운데</u>에서 휴대폰을 보고 있는 사람은 분명 나의 누나(언니)다. |

단어 ★中间 zhōngjiān 명 가운데 | 看 kàn 동 보다 | 手机 shǒujī 명 휴대폰 | ★一定 yídìng 분 반드시, 꼭 | 姐姐 jiějie 명 누나, 언니

해설 및 정답 **문제 분석▼** '택시'라는 뜻의 단어에는 出租车 chūzūchē가 있다.

| 电影院离这儿很远，我们坐（**出**）租车
Diànyǐngyuàn lí zhèr hěn yuǎn, wǒmen zuò chūzūchē
去吧。
qù ba。 | 영화관은 여기에서 멀어, 우리 택시 타고 가자. |

电影院 diànyǐngyuàn 몡 영화관, 극장 | 离 lí 개 ~로부터 | 这儿 zhèr 때 여기, 이곳 | 远 yuǎn 혭 (거리가) 멀다 | 坐 zuò 동 (차나 비행기 등을) 타다 | 出租车 chūzūchē 몡 택시 | 吧 ba 조 ~하자[문장 끝에 쓰여 제안을 나타냄]

3

해설 및 정답 **문제 분석▼** '집을 생각하다'라는 뜻의 표현은 想家 xiǎng jiā라고 한다.

| 这里的饭菜让他想（**家**）了。
Zhèlǐ de fàncài ràng tā xiǎng jiā le。 | 이곳의 음식은 그가 집을 생각하도록 만들었다. |

这里 zhèlǐ 때 여기 | 的 de 조 ~의 | 饭菜 fàncài 몡 밥과 반찬, 식사 | 让 ràng 동 (~로 하여금) ~하게 하다 | 想家 xiǎng jiā 집 생각을 하다

해설 및 정답 **문제 분석▼** '화장실'이라는 뜻의 단어는 洗手间 xǐshǒujiān이다.

| 洗（**手**）间就在电梯旁边。
Xǐshǒujiān jiù zài diàntī pángbiān。 | 화장실은 바로 엘리베이터 옆쪽에 있다. |

★洗手间 xǐshǒujiān 몡 화장실 | 就 jiù 튀 바로, 곧 | 在 zài 동 ~에 있다 | ★电梯 diàntī 몡 엘리베이터 | 旁边 pángbiān 몡 옆, 근처

해설 및 정답 **문제 분석▼** '달'이라는 뜻의 단어는 月亮 yuèliang이다.

| 妈妈，是不是天黑了？（**月**）亮出来了吗?
Māma, shì bu shì tiān hēi le? Yuèliang chūlai le ma? | 엄마, 날이 어두워졌어요? 달이 떴어요? |

妈妈 māma 몡 엄마 | 天 tiān 몡 하늘 | 黑 hēi 혭 어둡다 | ★月亮 yuèliang 몡 달 | 出来 chūlai 동 나오다

기본서 **252쪽**

정답
1. 站在中间的那个人是谁?
2. 她不愿意用冷水洗澡。
3. 我一点儿也不累。
4. 我只去过一次。
5. 牛奶都被小猫喝了。
6. 回　　7. 节　　8. 心　　9. 月　　10. 让

1

| 中间的 | 是谁 | 站在 | 那个人 |

해설 *Step 1.* 먼저 술어가 될 동사나 형용사를 찾고, 그다음에 술어가 동사라면 적절한 목적어를 찾는다.

| A ＋ 是谁　A는 누구니? | 站在 ＋ 中间的 ＋ ? 　중간에 서있는 ? |
| 주어　술어+목적어 | 동사在　　장소 |

Step 2. 的는 '~의'라는 의미로 명사 앞에 쓸 수 있다.

| (站在 ＋ 中间的 ＋ 那个)人 ＋ 是谁 | 중간에 서있는 저 사람은 누구니? |

정답 **站在中间的那个人是谁?**　중간에 서있는 저 사람은 누구니?
Zhànzài zhōngjiān de nàge rén shì shéi?

단어 ★站在 zhànzài ~에 서있다 | ★中间 zhōngjiān 명 중간 | 谁 shéi 데 누구

2

| 用 | 洗澡 | 她 | 不愿意 | 冷水 |

해설 *Step 1.* 먼저 술어가 될 동사나 형용사를 찾고, 그다음에 술어가 동사라면 적절한 목적어를 찾는다.

| 她 ＋ 用 ＋ 冷水　그녀는 찬물을 쓴다 | 她 ＋ 洗澡　그녀는 샤워한다 |
| 주어　술어(동사)　목적어 | 주어　술어(동사) |

Step 2. 한 문장에 여러 개의 동사가 등장하면 시간 발생 순서의 원칙대로 배열한다.

| 她 ＋ 用 ＋ 冷水 ＋ 洗澡 | 그녀는 찬물로 샤워한다 |
| 　동사1(수단, 방식)　　동사2 |

Step 3. 不愿意는 '~하고 싶지 않다'는 의미로 술어(첫 번째 동사) 앞에 쓴다.

她 + [不愿意] + 用 + 冷水 + 洗澡   그녀는 찬물로 샤워하기를 원치 않는다
　　　　　　　　　　↑ 동사1
　　　　　　　　　　　　　　　　↑ 동사2(목적)

정답 她不愿意用冷水洗澡。   그녀는 찬물로 샤워하기를 원치 않는다.
Tā bú yuànyì yòng lěngshuǐ xǐzǎo.

단어 ★愿意 yuànyì 동 바라다, 원하다 | ★用 yòng 동 사용하다, 쓰다 | 冷水 lěngshuǐ 명 냉수, 찬물 | ★洗澡 xǐzǎo 동 목욕하다

3

| 一点儿也 | 我 | 累 | 不 |

해설 **Step 1.** 먼저 술어가 될 동사나 형용사를 찾고, 그다음에 술어가 동사라면 적절한 목적어를 찾는다.

我 + 累   나는 피곤하다
주어　술어(형용사)

Step 2. 부사 不는 술어 앞에 써서 부정문을 만들고, '一点儿也不…(조금도 ~하지 않다)'의 형식으로 부정의 의미를 강조할 수 있다.

我 + [一点儿也 + 不] + 累   나는 조금도 피곤하지 않다

정답 我一点儿也不累。   나는 하나도 안 피곤하다.
Wǒ yìdiǎnr yě bú lèi.

단어 一点儿 yìdiǎnr 양 조금도, 전혀[부정형으로 쓰임] | 也 yě 부 ~도 또한 | 累 lèi 형 피곤하다

4

| 一次 | 只 | 去 | 我 | 过 |

해설 **Step 1.** 먼저 술어가 될 동사나 형용사를 찾고, 그다음에 술어가 동사라면 적절한 목적어를 찾는다.

我 + 去   나는 간다
주어　술어(동사)

Step 2. 조사 过는 동사 바로 뒤에 써서 경험(~한 적 있다)을 나타낸다.

我 + **去** + **过**   나는 간 적 있다
　　　↑ 간 적 있다

Step 3. 양사 次는 동작이 발생한 동작의 양을 의미하고 동사 뒤, 목적어(명사) 앞에 쓴다.

我 + 去 + 过 + 〈一次〉	나는 한 번 간 적 있다
술어(동사)　　　동작의 양	

Step 4. 부사 只는 '단지, 오로지'의 의미로 술어 앞에 쓴다.

我 + 只 + 去 + 过 + 〈一次〉	나는 단지 한 번 간 적 있다

정답 **我只去过一次。**　　나는 딱 한 번 가봤다.
Wǒ zhǐ qùguo yí cì.

단어 ★只 zhǐ 囲 단지, 다만, 오직 | 去 qù 图 가다 | 次 cì 떙 번, 차례[동작의 횟수를 세는 단위]

5

牛奶　　小猫　　都　　被　　喝了

해설 *Step 1.* 개사 被는 '～에 의하여'의 의미로, 동작의 행위자가 주어 자리가 아닌 被 뒤에 위치한다.

牛奶 + [被 + 小猫] + 喝了	우유는 고양이에 의해 마셔졌다
마신 동작의 행위자 : 고양이	
[被자문] 주어+[被+동작의 행위자]+술어(동사)+기타성분	

Step 2. 부사 都는 '모두, 다'의 의미로 술어 앞에 쓰고, 복수의 개념인 주어 뒤에 쓴다.

牛奶 + 都 + [被 + 小猫] + 喝了	우유는 모두 고양이에 의해 마셔졌다
복수의 개념+都 : 우유 모두	=우유는 모두 고양이가 마셨다

정답 **牛奶都被小猫喝了。**　　우유는 고양이가 다 마셨다.
Niúnǎi dōu bèi xiǎomāo hē le.

단어 牛奶 niúnǎi 떙 우유 | ★被 bèi 깨 ～에 의하여 (～를 당하다) | 小猫 xiǎomāo 떙 고양이 | 喝 hē 图 마시다

6

해설 및 정답 **문제 분석▼** 명사 问题 wèntí(문제)와 호응할 수 있는 동사는 回答 huídá(대답하다)이다.

谁能（回）答黑板上的这个问题?	누가 칠판에 있는 이 문제에 답할 수 있나요?
Shéi néng huídá hēibǎn shang de zhège wèntí?	

단어 谁 shéi 데 누구 | 能 néng 조동 ～할 수 있다 | ★回答 huídá 图 대답하다 | ★黑板 hēibǎn 떙 칠판 | 问题 wèntí 떙 문제, 질문

7

해설 및 정답 문제 분석▼ 양사 个 ge뒤에는 명사를 쓸 수 있으므로 节目 jiémù(프로그램)이 정답이다.

下一个（节）目就是你的了，你准备一下。　　다음 프로그램은 바로 당신 차례입니다. 준비해 주세요.
Xià yí ge jiémù jiù shì nǐ de le, nǐ zhǔnbèi yíxià.

단어 下一个 xià yí ge 다음 | ★节目 jiémù 명 프로그램 | 就 jiù 부 바로, 곧 | 准备 zhǔnbèi 동 준비하다 | 一下 yíxià 양 동사 뒤에
쓰여 '좀 ~하다'의 뜻을 나타냄

8

해설 및 정답 문제 분석▼ 문장을 해석했을 때 운전을 조심하라(开车小心 kāichē xiǎoxīn)고 하는 것이 어울린다.

外面下雪了，你让孩子开车小（心）点儿。　　밖에 눈이 내리니, 당신이 아이한테 운전을 조심해서 하라
Wàimian xiàxuě le, nǐ ràng háizi kāichē xiǎoxīn diǎnr.　　고 하세요.

단어 外面 wàimian 명 바깥 | 下雪 xiàxuě 동 눈이 내리다 | 让 ràng 동 (~로 하여금) ~하게 하다 | 孩子 háizi 명 아이 | 开车 kāichē
동 운전하다 | ★小心 xiǎoxīn 동 조심하다, 주의하다 | (一)点儿 (yì)diǎnr 양 조금

9

해설 및 정답 문제 분석▼ 날짜를 표현할 때에는 '*월(月 yuè) *일(日 rì / 号 hào)'라고 한다.

10（月）21号是我的生日，晚上你们　　10월 21일이 내 생일이야, 저녁에 너희들 밥 먹으러 우리
Shí yuè èrshíyī hào shì wǒ de shēngrì, wǎnshang nǐmen　　집에 와.
来我家吃饭吧。
lái wǒ jiā chīfàn ba.

단어 月 yuè 명 월[날짜를 나타냄] | 号 hào 명 일[날짜를 나타냄] | 生日 shēngrì 명 생일 | 晚上 wǎnshang 명 저녁 | 来 lái 동 오다 |
家 jiā 명 집 | 吃饭 chīfàn 동 밥을 먹다 | 吧 ba 조 ~하자[문장 끝에 쓰여 제안을 나타냄]

10

해설 및 정답 문제 분석▼ '~하게 하지 마'라고 표현할 때에는 '别让 bié ràng…'을 쓴다.

别（让）孩子们吃太多蛋糕。　　아이들에게 너무 많은 케이크를 먹게 하지 마라.
Bié ràng háizimen chī tài duō dàngāo.

단어 别 bié 부 ~하지 마라[금지를 나타냄] | 让 ràng 동 (~로 하여금) ~하게 하다 | 孩子 háizi 명 (어린)아이 | 们 men 접미
~들[인칭대명사나 사람을 지칭하는 명사 뒤에 쓰여 복수를 나타냄] | 吃 chī 동 먹다 | 太 tài 부 너무 | ★蛋糕 dàngāo 명 케이크

新 **HSK**

3급

키포인트	해설집	모의고사 2회
한눈에 보이는 공략	간략하고 명쾌한 설명	실전에 강한 문제 2회분

단어장	동영상 강의	MP3 파일
1~3급 필수 단어 600	친절하고 명확한 강의	무료 다운로드

MP3 파일 다운로드 & 모의고사 강의 제공
www.booksJRC.com

14720

ISBN 979-11-6148-004-6
ISBN 979-11-6148-002-2 (세트)

기본서+해설집+모의고사(2회)+단어장+MP3 파일 무료 다운로드